主編／褚幼義
Chief-editor／CHU Youyi

褚民誼

紀實全傳

第四卷 捨身濟世

編寫組

主編：褚幼義

成員（以姓氏筆畫為序）：

  大 彪

  王 蘭（Valentina de Monte）

  褚幼義

  褚叔炎

  褚季燊

  褚孟嫄

  澤爾丹

  韓曉明（Jonathan Henshaw）

（本書版權歸主編所有）

導讀

　　褚民誼是民國時期一位令人矚目的歷史人物，他為實行社會革命、踐行三民主義的多彩人生，及其所涉及的紛繁人物和事件，跌宕起伏，是那個波瀾壯闊時期不可分割的一個組成部分。以人民利益為核心，以真實史料為基礎，是當今歷史研究應該遵循的準則。本書的編寫，就是在「以人為本」思想的啟示下，褚氏後人於2005年到浙江湖州南潯老家和曾經的民國首都南京「尋根之旅」的調查訪問醞釀起步的，歷經近廿年來編寫組們對原始資料廣泛深入的探尋、收集、整理，而終成此五卷一套的《褚民誼紀實全傳》。

　　本書著者除詳細查閱國內外圖書館和檔案館的有關材料外，還親至有關處所深入調查研究，尋覓遺存至今的珍貴文物資料，再現褚民誼當年活動的場景。例如，先後多次探訪南潯老家；遍訪他在南京主持修建的各大古寺和諸多有關的文化單位；三度訪問他曾以校為家長期擔任校長的上海中法國立工學院舊址；參觀他曾參與籌備的杭州西湖博覽會紀念館；踏訪貴州盤縣他曾率京滇週覽團往返路經的要隘之地；以及國民革命策源地廣州，他學成歸國效力之始執掌國立廣東大學和抗戰勝利前夕最終任職廣東省長之地，如此等等。此外還先後專程赴境外調查研究，如：2009年訪問法國里昂中法大學遺址和里昂市立圖書館；2014年到美國國會圖書館特許調閱了褚民誼之特藏相冊十五部；2016年到臺北之中國國民黨黨史館、中華民國國史館和國家圖書館[1]，獲准查閱許多珍貴的原始資料，包括曾經的保密檔案、書信和被毀古跡之原始拓片等等。

　　本書作為紀實性的傳記，力求內容真實可靠，能經得起檢驗。編入書中的材料均經編者親閱。引用材料時盡量摘錄其原文，並用標楷體示出褚民誼的言論。對於歷史上的單位和人物，一律使用當年實際使用的稱謂，除原文中已有者外，均不冠以「匪」「偽」等附加詞。

　　本書是集體努力的結晶。編寫組成員中，包括褚民誼的後人褚孟嬛、褚叔炎、褚季燊和褚幼義姐弟四人，以及民國史研究者澤爾丹先生和大彪先生，法國里昂市立圖書館原中文部主任王蘭（Valentina de Monte）女士和加拿大英屬

---

[1] 書中分別簡稱為「臺黨史館」「臺國史館」和「臺國圖」。

哥倫比亞大學歷史學系中國近代史研究者韓曉明（Jonathan Henshaw）先生。在本書收集資料和調查研究過程中得到了眾多有關人士的大力支持、協助和鼓勵，這裡一併致以衷心感謝！本書中倘有不足甚或謬誤之處，尚請讀者不吝指正補充。

　　本書梳理了豐富的原始資料，力圖從造福民眾的視角，撥開迷霧，將一部真實的褚民誼生平事蹟全面地呈現於世人前。此前曾率先由「秀威資訊」於2021年1月出版的《重行傳－褚民誼生平紀實》，可視為本書先期的精練本，以滿足讀者的不同需求。

　　褚民誼生於1884年，值此誕辰一百四十週年之際，謹以本書永鐫紀念！

主編褚幼義，2024年1月17日於北京

目次

編寫組 ……………………………………………………………………… 3

導讀 ………………………………………………………………………… 5

第四篇　在淪陷區的作為（1937-1945）……………………………… 9

　第一章　抗戰爆發，堅守崗位 …………………………………… 11
　　第一節　法租界內，維護教育 ……………………………………… 11
　　第二節　發展生產，鬻書救難 ……………………………………… 26
　　第三節　恪盡職守，真忱可鑒 ……………………………………… 38

　第二章　參政初衷，早期活動 …………………………………… 47
　　第一節　獄中自述，坦言動機 ……………………………………… 47
　　第二節　和平基礎，合作共贏 ……………………………………… 52
　　第三節　謳歌寂然，真情流露 ……………………………………… 65
　　第四節　重修雞鳴，修美向善 ……………………………………… 82

　第三章　外交部長，駐日大使 …………………………………… 87
　　第一節　職權範圍，迎來送往 ……………………………………… 87
　　第二節　奉命東渡，出使睦鄰 ……………………………………… 100
　　第三節　觀音大士，普度眾生 ……………………………………… 122
　　第四節　收回租界，撤廢法權 ……………………………………… 141

　第四章　一如既往，重視文體 …………………………………… 177
　　第一節　文化溝通，化解干戈 ……………………………………… 177
　　第二節　陽明與禪，明心見性 ……………………………………… 199
　　第三節　力所能及，普惠於民 ……………………………………… 209

第四節　崑曲集淨，元音試譯……………………………………… 249

　　第五節　移風易俗，花甲同慶……………………………………… 263

第五章　盡心竭力，維護國寶 ……………………………………… 275

　　第一節　保護文物，執掌文管……………………………………… 275

　　第二節　竭誠維護，國父遺珍……………………………………… 287

　　第三節　管理孔廟，尊師重教……………………………………… 300

　　第四節　重建骨塔，萬世景仰……………………………………… 306

第四篇

在淪陷區的作為
（1937-1945）

褚民誼《1940年國民政府還都紀念特刊》

第一章　抗戰爆發，堅守崗位

第一節　法租界內，維護教育

　　1937年七七盧溝橋事變爆發之初，蔣介石和汪精衛正在江西廬山上召集「廬山談話會」。這次由黨國最高領導親自出面舉行的談話會，是年來日益緊張的國內外局勢下，於6月份開始籌備的。《申報》先後於6月14日和23日報道稱，行政院蔣院長和中政會汪主席，邀請各大學院校長、教授一百數十人和各界領袖共約二百餘人至四百人左右，分期赴廬山談話，經中政會、教育部籌備就緒，將於7月15日至8月15日分三批在廬山舉行。此時的褚民誼接受蔣院長的委託，帶領京滇週覽團長途跋涉，於5月底剛剛返回南京（詳情見第三篇第六章之第七節「京滇週覽，通途西南」），經短暫的總結和向在京滬的黨政和社會各界進行報告後，按約上廬山於7月7日面謁蔣介石復命，並參與廬山談話活動。如右圖所示，《申報》7月8日以「蔣汪昨商談政情」及「褚民誼謁蔣報告京滇週覽經過」等為題，報道了當時廬山談話會之組織和褚氏謁蔣之情況，謂「廬山談話會被邀者二百五十人，陪客六十餘人。談話係交換意見性質，不取決議形式。被邀請者對各種問題，均可發揮意見，並不分組。陪客則分為政治、經濟、外交、財政、教育五組，每組設召集人二，將由葉楚傖、王寵惠、邵力子、陳布雷等分任，各組已準備種種題目，備談話時提出研究。「中政會汪主席，於七日午偕中委褚民誼等，往訪蔣委員長，兩氏就國內政情，及廬山談話會事均有商談。褚氏則向蔣委員長報告京滇週覽經過甚詳；並呈贈京滇途中所攝照片。蔣委員長對褚氏率領全體團員

《申報》（1937，7，8）報道，蔣、汪召開廬山談話會情況及褚民誼謁蔣報告京滇週覽經過

長征萬裡之辛勞，及所獲之成績，倍加嘉慰，約一時始辭出。」

7月15日第一期廬山談話會按計劃如期開始，「報到人數連陪客計百廿八人，平（北平）各大學教授張奚若等九人，十五日亦趕到。「汪、蔣聯名歡宴，招待九天期限，因時局關係，將酌予縮短。」（《申報》1937，7，16）接著，第二期廬山談話會於7月26日開始，提前於29日結束，到來賓及參加者共七十二人，會議閉幕時，「以第二期談話會同人名義，發電勖勉宋委員長哲元，及二十九軍全體將士。」同時根據戰爭形勢的嚴重惡化，決定第三期廬山談話會延期舉行。（《申報》1937，7，27-30）

1937年8月1日褚民誼談當前中央各要人意志完全一致，已準備抗戰，（《申報》1937，8，2）

面對日軍大舉入侵，中華民族生死存亡的緊急關頭，中央高層要人間的意志統一和精誠團結，其重要意義不言而喻，褚民誼一如既往地盡力予以維護。正如本書第三篇中所述，他曾在國民革命的北伐決勝時期，為彌合寧、滬、漢三方的嚴重分歧，實現國民黨的大一統局面，以及九一八事變突發後，為解決中樞南京與廣東方面的尖銳對立，組建各派聯合政府一致對外等重要歷史轉折關頭，均努力斡旋於各派要人之間，發揮了積極的作用。

褚民誼從廬山回來後，在掌理上海中法國立工學院的同時，作為中央委員積極參與南京中樞的有關決策活動，頻繁奔波於寧滬之間。他於8月1日在上海短暫停留的百忙中，曾應媒體之訪發表談話，《申報》於次日（見右上圖）予以披露稱：「中委褚民誼氏，昨晨七時，乘車到滬，辦理中法國立工學院招生事宜，當晚即行返京。據褚氏談，九一八以來中央即抱定不容再失寸土之決心，積六年之準備，此乃人所共知。不圖日本今又施故技，平津形勢，相繼突變，已迫我國民族至最後關頭，目前不出於抗戰之一途，否則祇有滅亡。中央已經作種種緊急準備，各要人間之抗戰意志，完全一致。汪主席之由廬返京，即為與各要人隨時共商大計。現汪氏雖因操勞，體力欠佳，然極興奮，不計個人之健康，並不欲來滬檢驗。至於第三次廬山談話會，原擬展期，現已決定停止舉行矣。」

為了謀劃抗戰大計，8月初在南京緊急召開最高國防會議，全國各軍事要人麇集首都共商對策，做出了實行全面抗戰、開闢淞滬戰場等重大決策。據《時事新報》（1937，8，10）報道，遠在西南邊陲的滇省主席龍雲立即奉召，偕隨員一行五人，專程由昆明乘機，路經成都、西安、武漢，於8月9日下午抵京，「京中各界前往歡迎者極眾，有蔣委員長代表姚味辛、汪主席代表褚民誼，軍政部何應欽……等百餘人。」龍氏向記者略謂，「此行晉京謁蔣委員長及中樞當局，報告滇省軍政並請示。本人與滇省軍民，願在領袖領導之下，遵從命令，為國家民族生存而抗戰到底。」坦稱「事已至此應少說廢話多負責任。」

　　當年出版的《抗日畫報》，是八一三上海抗戰爆發後，為及時報道上海及全國的抗戰實況，由上海新生出版社出版的《新生畫報》的號外。從1937年9月1日起創刊，直至11月11日上海淪陷前夕停刊，共計出版15期，是一份真實記錄抗戰歷史的珍貴資料。在其創刊不久的第5期（1937，9，21）上，如下圖所示，以醒目的「集全國將才於一堂‧抱期殲倭寇之決心」為通欄標題，選

1937年8月齊聚南京共商抗戰大計的全國眾多軍事首領們：白崇禧、李濟琛、劉湘、蔡廷楷、戴戟、陳銘樞、蔣光鼐和龍雲等，左下圖是何應欽（右）和褚民誼（左）等在南京機場迎接龍雲（中）的照片（《抗日畫報》第5期，1937，9，21）

第一章　抗戰爆發，堅守崗位

登了危難時刻齊聚京城議事的全國多位軍界名宿。按文中介紹，他們是：桂軍主腦白崇禧、前訓練總監李濟琛、川軍領袖劉湘、前十九路軍軍長蔡廷楷、前淞滬警備司令戴戟、前第四軍軍長陳銘樞、前十九路軍總指揮蔣光鼐和滇軍領袖龍雲等。褚民誼不久前曾率團圓滿完成了京滇週覽的使命，足跡遍及半個中國，帶去了中央對地方的德意，同時也密切了他與途經各地的軍政首腦，特別是週覽目的地、西南邊陲領袖龍雲之間的聯繫。該欄目的圖片中（見其左下圖），刊登了龍雲乘機飛抵南京，在機場受到何應欽和褚民誼等人熱烈歡迎的照片，對應的圖注原文為「軍政部長何應欽（右）中央委員褚民誼（左）等歡迎滇軍領袖龍雲（中）抵京」。[2]

「七七事變」後不久，褚民誼即於8月10日晚，應中央廣播電台之邀，在該台發表題為〈大家要努力準備抗戰〉的廣播演講[1.46]，動員民眾同仇敵愾，各盡國民應盡之義務和責任，犧牲一切，準備抗戰。演詞全文刊登於次日之《時事新報》。後頁右上圖所示，是刊登在《廣播週刊》[2.26]1937年第150期上該文的首頁。他從分析我國積貧積弱之歷史由來，及孫總理實行三民主義救國的大義開始說道：「各位同胞，我們立國有四千餘年了，期間一治一亂循環不已，推究其中的原因，不外乎二種：第一是民生問題不能解決，內部發生混亂，但演變的結果，仍是以暴制暴而已；第二是歷代帝王為家天下起見，實施愚民政策，重文輕武，民眾無訓練無組織，以致異族侵凌，入主中原，或一百餘年，或二百餘年不等；但我國有固有的文化、立國的基礎，結果不獨異族被我們同化，且使我們的版圖益形擴大；世界上許多古國，先後滅亡，而我國的生命，猶能延長到現在者，就是靠我們固有的文化和我們立國的基礎。

我們中國因有固有的文化光明，和立國的基礎雄厚，遂生出一種自尊自大的心理，外來文明，鄙棄不道，奇技巧藝，懸為厲禁，愚民政策，牢不可破；致演成積弱不振，為東方之老大病夫國，列強著著爭先，而我處處落後。至滿清中葉，鴉片戰爭及焚燒圓明園之事起，外強中乾之形大露，繼以中法之役，國事益非；於是本黨孫總理上書李鴻章，條陳一切應行興革事宜，而其說不見用，遂奔走革命，以推翻滿清政府，而求中國之自由平等為目的。其後甲午庚子諸役，每次失敗，每次割地賠款，更覺得非將中國造成一現代國家，不

---

[2] 同樣的這張照片，在近年來的某些出版物中，竟然隨心所欲地編註成「1938年12月，汪精衛、陳璧君、褚民誼、曾仲鳴等飛離重慶，到達昆明，受到雲南省主席龍雲南與周佛海的迎接」，其謬誤不言自明。」

14 褚民誼紀實全傳 第四卷 捨身濟世

能得到自由平等，更不能生存於天演競爭之林。總理因為瞭然歷代愚民政策之謬誤，乃提倡民權主義，以開民智，以伸民意；因為瞭然過去政府只知剝削人民，乃提倡民生主義，以足民用，以富國基；因為瞭然人民漫無組織無訓練，祇知有家，不知有國，祇知為私，不知為公，乃提倡民族主義，以強民力，以固國本；孜孜矻矻，堅韌不拔，所以辛亥革命，能於最短期間，將黑暗專制的滿清政府推倒，建立民主共和的國家；但此時的民眾，雖經喚起，而仍無訓練與組織；加以腐敗之官僚，仍舊盤踞，爭權奪利之軍閥，接種而起，致國家徒有共和之名，而無共和之實。迨至民國十四年，本黨深知非除去共和國家之一切障礙物，不能實現三民主義，遂誓師北伐，革命勢力，突飛猛進，不期年而奄有長江流域，定都金陵。其後再繼續北伐，而敵人恐我革命成功，全國統一，不利於彼之侵略中國政策，遂造出濟南慘案，嗣後又造出九一八事變，強佔瀋陽，造出一二八事變，迫立淞滬協定，造出長城各口之戰，迫立塘沽協定，敵人對我侵掠不已，致國難之嚴重，為有史以來所未有。

中央政府丁茲艱危之境，揭示一面抵抗、一面交涉之旨，原期餘出時間，謀內部之統一，物質之準備，精神之訓練，忍辱負重，艱苦締造，以便全力應敵。而觀察粗淺者，不明此衷，以為政府節節退讓，而無抗戰的決心，此實大錯誤的。敵人知道我們是要抗戰的，知道我們現在是全國統一、民心一致的，知道我們為國家爭人格、為民族爭生存而奮鬥的，迫不及待，所以最近又演出盧溝橋事變，佔我平津重鎮，毀我文化機關，屠殺居民。刀在頭上，生死存亡，間不容髮；所以　蔣委員長說明現在已到最後關頭，汪主席演講，我們對於此次事變，人人要有決死之心，處處要為犧牲之地。全國上下，敵愾同仇，焦土抗戰的口號，不期然而然的充滿全國了。同時各綏靖主任、各省主席、各軍政長官，群集首都，彼此商討，莫非救亡圖存的大問題，其精誠團結，共赴國難之熱烈，實從來所未有，而中國抵抗外侮的力量，由此益加顯著，人民對

1937年8月10日褚民誼在中央廣播電台發表〈大家要努力準備抗戰〉的演講（《廣播週報》[2.26]1937年第150期）[1.46]

於政府數年來埋頭苦幹之隱衷不能瞭然者，至此當恍然大悟。此次敵人占據平津，為吞併中國之第二步驟，凡我同胞，無論男女老少，應一致奮起，各盡國民應盡之義務，各盡國民應盡之責任，犧牲一切，準備抗戰。

大家要知道我們到這時候已非抗戰不可，敵人的飛機大炮如何猛烈是不怕的，人人要有赴湯蹈火之忱，破釜沉舟之志，不信謠言，不聽離間，服從政府的主張，信任政府的政策，忍痛耐苦，持久抗戰。古人說：『置之死地而後生，置之亡地而後存』，我們今天抱死裏求生、亡裏圖存之願，一定可以得到最後勝利的。

我們中國有四千餘年之歷史，四萬萬方里之肥沃土地，物產豐美，人民優秀，要在世界上爭光榮。我親愛的同胞，希望一致奮起，為民族圖生存！為國家復失地！才不愧為中國國民！才不愧為四千年神明之遺胄！才對得起我們先總理及死難諸烈士！才對得起我們的祖宗及未來的子孫！同胞們，大家一齊起來！努力準備抗戰吧！最後勝利是屬於我們的。大家要努力！大家要努力準備！大家要努力準備抗戰！」其精闢的分析，和慷慨激昂的號召，縈繞於耳，催人奮進！

這裡要補充說明的是，南京中央廣播電台是當時國民黨對民眾進行宣傳和教育的重要喉舌，其上發表的重要演講的演詞，刊登在由中國國民黨中央廣播事業管理處編印，於1934年9月17日創刊的《廣播週報》[2.26]上。褚民誼經常應邀結合形勢和任務在其上發表演講，如〈首都舉行防空演習的意義〉（1934年11月24日第11期）、〈新生活運動與健康運動〉（1935年8月17日第48期）、〈推廣識字運動的方法〉（1935年9月2日第53期）以及〈大家要努力準備抗戰〉（1937年8月10日第150期）等。右圖所示，是其中刊登在《廣播週報》[2.26]第11期上，褚民誼於1934年11月17日在中央廣播電台發表講話〈首都舉行防空演習的意義〉時的實

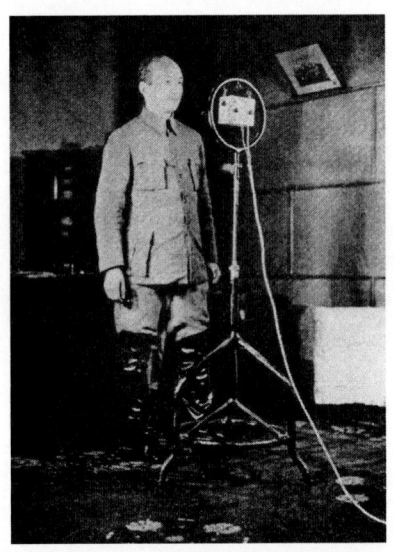

1934年11月17日褚民誼在中央廣播電台發表講話〈首都舉行防空演習的意義〉之實況（《廣播週報》[2.26]第11期）

況。他在講話中強調空軍在現代立體戰爭中的重要地位，說明這次在首都舉行的防空演習的目的，在於向民眾宣傳防空知識，使民眾知道國防的重要和空軍的動作，學會避免空軍襲擊的方法，以便在空襲到來時與政府配合盡量減少損失。

1937年8月13日開始的淞滬之戰，拉開了全面抗戰的大幕。經我國軍民三個月的頑強抵抗、浴血奮戰，日軍終以其海陸空軍之力，於11月12日佔領了除租界區外的上海全市，並進而分兵西進直逼首都南京。國民政府為適應戰況，統籌全域長期抗戰起見，於11月20日發佈自即日起移駐重慶的宣言。（《申報》1937，11，21）並相應作出了國府五院遷至重慶，財政部、外交部及衛生署遷往漢口，交通部遷至長沙，軍事機關仍設南京等撤離安排。（《申報》1937，11，18）12月13日南京失陷，軍事機關堅持到最後，才全部西撤。

褚民誼自1935年底卸任行政院秘書長後，即不再在政府內任職。他曾被委任為國民大會代表選舉總事務所副主任的工作，也因戰爭爆發而終止。此時他的主要職務是擔任中法國立工學院的中方院長，負責主持學校院務。雖然日軍攻佔上海，但該校位於法租界內，教學仍能繼續進行。鑒於該學院是我國唯一一所由中法兩國政府共同辦理的高等學校，不僅涉及兩國文化交流，培養工業專門人材，而且有關兩國邦交，值此兵荒馬亂之際，堅守崗位責無旁貸。政府決定西撤後，據褚民誼在其〈自述〉[1.61]中的回憶，他於1937年11月6日離開南京，轉輾途經鎮江、揚州、南通等處，乘船於11日到達上海，在法租界內維護滬上教育。

褚民誼到達上海後，不斷以各種方式與西撤的中央繼續保持聯繫。除通過教育部這個有工作關係的公開渠道外，他還以與中央要員私人通信的方式，及時與後方互通情況。臺灣國民黨黨史館內存有吳稚暉收藏的數十封褚民誼的致函，其中就有多封抗戰初期的信件，記載了他在該時期內活動的實況。

中央決定西遷後，褚、吳兩人即從南京分赴上海和重慶兩地，後頁左上圖這張吳稚暉檔案內的照片（「臺黨史館」稚127490）無疑就是褚民誼到機場送別吳稚暉時的合影。在當時戰亂的情況下，吳氏此行飛往重慶，搭乘的是機身上標明德國漢莎航空公司（LUFTHANSA）的飛機，停泊在臨時的停機坪上，背景處還可見到一些行色匆匆的其他乘客。

在編號為「稚07335」的檔案中，保存了兩人告別後，褚民誼先期寫給吳稚暉的二封信。他在落款11月15日上午的第一封信（見後頁右上圖）中寫道，「弟

褚民誼（左）到機場送別吳稚暉（右）自京赴渝時的合影（「臺黨史館」稚127490）

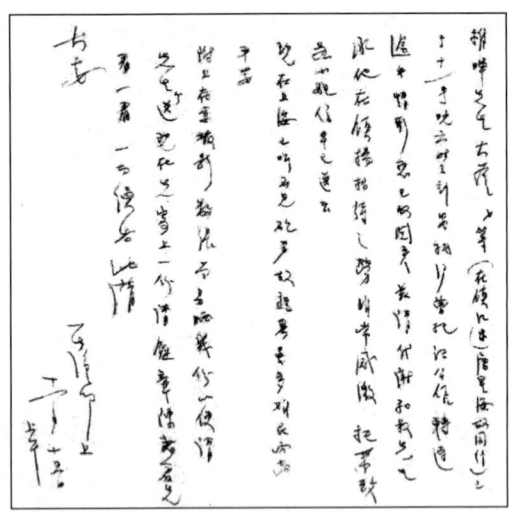

1937年11月15日褚民誼從寧到滬後致在渝吳稚暉的第一封信（「臺黨史館」稚07335）

等（在鎮江遇唐星海故同行）已於十一號晚六時安抵滬，曾托汪公館轉達途中情形，想已收閱矣。茲請代謝和叔先生，承他在鎮揚（鎮江和揚州）招待之勞，非常感激。」「現在上海已聽不見炮聲，故租界雖多難民，而尚平安。」信中結尾時稱「附上在京攝影數張」（其中當必包含上述這張機場送別時的合影）。

第二封信是他收到吳氏來電後於11月29日的回函。信中在答覆托辦的馬某學生繼續學業的事宜後稱，「此間孤島生活，弟終日蟄伏，除辦理日常校務外，關於其他各大學之與租界當局有所交涉，亦多為之盡力。現一切情形尚稱安靖，各學校當局尚能團結一致、涇渭分明，學生亦安分守己、埋頭攻讀，一時似不致有何意外變故，藉以奉慰。」他在據聞即將在重慶召開中央全會後說道，「弟恐不能來渝，一則交通不便；二則旅費太貴；三則多往返亦太惹人注目也。」

信的最後附言，「孤島生活扼要：除三餐一覺外，每日練拳、習字、教書、拍曲、看報、談天等等，有此規定職務與正當娛樂，故亦不覺閒也。」聊以數語，但又不乏生趣地向摯友稟告了他初到「孤島」上海時的起居生活，以釋牽掛。

在抗戰初期戰火紛飛的江南地區，上海的租界區是唯一仍保持相對平靜和繁榮的「孤島」，雖有大量市民逃難離滬，但由於從非租界區和週邊地區的湧

入，該特區內人口不減反增。昔日的上海為文化之藪，高等教育，包括大學、獨立學院及專科為數眾多，據《申報》（1938，10，11）報道，戰後上海的高等教育，有少數遷往內地，但亦有從戰地轉來及私人在此籌設新校者。文中按最近的調查統計，列出了當時全上海四十餘所高等學校的名單，其中與褚民誼直接相關的就有他所主持的「中法國立工學院」和「中法大學藥學專科」，以及他任董事長的「南通學院」和「東南醫學院」等多所。如何籌集到足夠的經費，是使學校正常運轉的關鍵，特別是中法國立工學院，如第三篇第九章之第一節「辛勤耕耘，中法工院」中所述，該校的教學完全依照法國工科學院的體系進行，除中國教授外還聘有多位法籍教員，然而向學生收取的費用卻十分優惠。按中法雙方共管的規定，該校的財政由兩國政府分擔。中國政府西遷後，財政部和教育部先在漢口，後到重慶辦公，國家財政奇緊，加之交通阻隔，籌措學校經費困難重重。

褚民誼在致吳稚暉的信函中，屢屢談及維持中法國立工學院正常運行之艱辛。特別是教育部未能按中法雙方協議如期足額撥款，學校因辦學資金嚴重不足，而面臨停擺的危機。為此，他在信中一再籲請吳氏能在後方協力與教育部等上級部門溝通，以儘早擺脫困境。

例如，他在1938年2月25日的信（「臺黨史館」稚07332）中寫道，「弟自去歲十一月初旬來滬，即長川駐院，擺脫一切，專理院務。本院以有中法兩國合辦關係，且院址設於法租界，以故尚稱安全，學生到校者，達戰前全數三分之二以上，尚能安心攻讀，一切保持常態，堪慰。

廑系目前所困難者厥為經費問題，教育部已欠發本院經費三個月，法方嘖有煩言，甚至表示如我方經費再無確實辦法，未便單獨負責，惟有出於停辦之一途。以是本院已呈風雨飄搖之勢。而學生因受戰事影響，家庭接濟中斷者實繁有徒，學膳兩費無所從出，均由弟個人及吳凱聲、許曉初兩君私囊墊款維持，每月約需五六百元之鉅，長此亦非個人力所能勝。惟念本院締造之艱難，將有二十年之歷史。且係特殊性質，為中法兩國合辦之僅有文化教育事業，職責所在，自應盡力維持，所望教部能按月撥發經費，毋令中斷耳。茲值華林先生赴漢之便，爰將本院近況縷晰奉陳，並乞晤見立夫（教育部長陳立夫）先生時，竭力一言，為道本院特殊情形，務須維持此僅有之中法合辦教育機關，而按月接濟經費（現每月七折發，不過四千二百元耳），以免法方趨於消極，是所感幸。」

為了解決學校緊迫的經費問題，以及謀劃生產建設協會事宜，褚民誼還於1938年5月和8月先後兩次從上海繞道香港，前往漢口、重慶等地，直接與當局面商（詳情見下節）。經過他的多方努力，學校經費問題稍有緩解，但仍僅能不定期地獲得打了折扣的撥款，對此，後期法方甚至提出要將該校併入震旦大學的主張，該校的運行一直處於苦苦支撐的狀態。（「臺黨史館」稚07336和稚07329）

　　此外還要提到的是，南通學院是頗受實業界歡迎的一所專門學校（詳見第三篇第九章之第三節「胸懷全局，屬行教育」），由於地處戰區，曾一度停課。通過董事會褚民誼等人的多方籌措，將該校轉移到上海租界區內復課。為了進一步爭取教育部的支持，褚民誼於1938年12月19日致函吳稚暉（「臺黨史館」稚07330），簡述了該校的復課過程，並懇請吳氏從旁予以協助。「南通學院因地處戰區，陷於停頓。」他在信中寫道，「今夏循學生之請，遷滬開學，賃定江西路大廈為校舍，設備尚稱完善，在校學生約百六七十人，教授資歷均極整齊，或為專任、或為各大工廠之技師，教材豐富，殊不易得。經費來源除取之於學費外，則望教部及南通大生紡織公司之補助以資挹注。大生方面由民誼及張校董敬禮數度接洽，已允設法按月貼助二千元，如校務發達仍可續予增益。教部方面亦經該部代表蔣建白兄蒞校調查，允將實情返部代達，尚祈吾兄便中再與陳部長立夫兄一談，俾該部補助得以早日頒發。通院有悠久之歷史，對於實業界供獻殊大，而紡科為全國僅有之學府，尤難聽其陷於停滯。想兄必樂於維護也。詳情由建白兄到渝面罄。」

　　在褚民誼等滬上教育界人士的努力支撐下，上海的教育事業在艱苦環境中得以為繼。《申報》1939年1月21日和22日，連載了署名崇淦，題為〈上海特輯——抗戰中之上海學校教育〉的綜述文章。「上海為中國第一大都會」，該文寫道，「不僅為全國工商業及經濟之中心，教育文化事業之發達，亦幾為全國冠。抗戰開始後，因地處衝要，首陷戰區，教育文化機關之遭受砲火摧殘者，損失雖尚無統計，堪稱空前浩劫。所幸教育行政當局暨各級教育人員，咸能公忠體國，艱苦支撐，其陷於戰區之學校，於可能範圍內已有一部分遷入租界開學；其原在租界者，則弦歌未綴，以迄於今。復以滬市戰後人口之激增，就學青年之眾多，應社會之需要而所設之學校亦屬不少。其他如由於戰區之擴大，鄰境各省學校之遷滬復校者亦有多所。凡此種種，皆足以勉維教育命脈於不替。」

　　接著，該文對上海高等教育、中等教育和初等教育的概況逐一進行了敘

述。關於高等教育，上海全市專科以上學校，在戰前共有31所。除分佈在特區[3]之11所外，其餘20校，已悉陷戰區；而特區各校中，亦有原址環境特殊，另遷其他安全地點上課者，損失之鉅，可以概見。幸賴各校當局，實心苦幹，先後遷入租界相繼復課者截至目前止，除商船學校等五校停辦，同濟大學遷設內地外，餘均繼續維持。物質損失雖鉅，精神奮發益甚。文中列舉了上海市戰後八所專科以上學校的現狀，以示梗概。其中學校規模最大的是交通大學，有理科、工科和管理三個學院，教職員219人，學生674人。中法國立工學院也名列其中，有土木工程系和機械電機系，教職員44人，學生61人。

正如前面第三篇第九章「從教育人，孜孜不倦」中所述，褚民誼曾任國民政府教育行政委員，自他身居上海執掌中法工專以來的十餘年間，時刻關心著全上海教育事業的發展。早在1927年6月間，他就被推舉為上海教育委員會主席，在政局的轉折關頭，主持滬上教育。1928年秋他從歐洲考察歸來，在主政中法工專的同時，經常到各大中學校講演，提倡和鼓勵學生全面發展，頻繁公諸報端。1931年初他又發起上海各大學校長間的輪流交換演講活動和定期聯誼活動，得到了熱烈響應。針對國家經濟建設的迫切需要，褚民誼十分重視工科專門人材的培養，將原中法工專發展為獨立的工科學院。交通大學是我國歷史悠久，以實業為目標的一所中外馳名的大學，與中法國立工學院的培養目標一致，兩校的關係更為密切。1928年11月，褚民誼曾應邀到交通大學發表演講，以〈勖學生以科學救國〉為題，刊登在《申報》（1928，11，7）上，並彙編在論文集[1.10]中。

1937年11月上海淪陷，在租界區外的國立交通大學，校區被佔，損失嚴重，但師生們決不放棄，克服一切困難，遷入法租界繼續開課。據〈上海高等教育現狀〉一文中報道（《申報》1938，10，21），當時的交大分在呂班路（今重慶南路）震旦大學和愛麥虞限路（今紹興路）中華學藝社二地上課。褚民誼則及時伸出援助之手，將中法國立工學院內設備完善的試驗工廠提供給交大使用，甚至交由該校管理，這對於工科專業的教學來說可謂雪中送炭。

交通大學於1939年成立43週年之際舉行紀念大會，褚民誼博士應邀到會發表演說（在南京第二歷史檔案館可查閱到他的演詞大意記錄）。他以交大的光榮歷史和培養人才的重任，勉勵處於逆境中的師生們道：「我極愉快地來參加

---

[3] 包括法租界和公共租界兩個特區。

交通大學第43週年紀念，並顏德慶榮受美國里海（Lehigh）大學法科名譽博士學位盛會。」中國實業教育可說是肇始於交大。在此四十三年中，交大備受種種困苦，且與許多困難奮鬥以求達到其目的。

「吾國目前在實業及交通界，大部分工程師均出自該大學。該大學從前原稱『南洋學院』……經過許多階段，始變成今日之交通大學。其所經過之路程是很光明的，其前途，尤其是對於將來建國事業之前途，充滿著無限的希望。在此抗戰時期中，吾國急需要專門人材。

自從1937年8月13日事變以來，交通大學備受種種困苦，但該校無論處境如何，仍始終保持其勇往直前、不撓不挫之精神。該校備受艱苦，與各種殘暴行為反抗，學校在此奮鬥歷程中乃益見發展。

在此困難情境中，我能給交大一種寶貴的幫助，這是使我很快樂的。為便利於學生實習計，我曾將中法工學院工廠交於交大管理。如是，可使兩校學生常有接觸之機會。」

接著，他對舊友顏德慶博士[4]被美國理海大學授予法學名譽博士學位表示祝賀，稱他「係一有為之人，同時其道德及教育均足以使我們敬仰。」並指出「我尤所敬愛者，即此名譽博士學位乃由交大間接授予顏博士，此足證明海內外人士極重視顏博士在實業及交通界上之工作成績。「我現從事工業教育事業。我辦理的成績雖少，但我很慶幸能追隨於我的先輩之後，繼續努力於此種專門教育事業。」

最後，他以「祝賀交通大學前途無限，希望將來仍能繼續祝賀其五十年，一百年，以至無限年度的週年紀念」的願望，結束其熱情洋溢的演講。

褚民誼一貫提倡體育運動，在第三篇第八章「全民體育，重在健身」中已有詳述。1933年和1935年相繼成功地在南京和上海召開了第五屆和第六屆全運會，掀起了全國體育運動的熱潮。繼而，我國又於1936年正式大規模組團參加第11屆奧運會，會上中國武術團的表演，在國際上博得了高度讚譽。在上述諸多活動中，無不沁透著褚民誼的心血。

按照全運會每兩年輪流在首都和外地召開一次的規定，第七次全國運動會預訂於1937年雙十節再度在南京舉行，教育部於1937年3月份開始著手籌備，聘王世杰任籌委會主任委員，褚民誼、雷震副之，郝更生為總幹事

---

[4] 顏德慶（1878-1942），早年留學美國理海大學，獲工程師碩士學位，曾任中國接收鐵路委員長，在對日談判中堅持原則，成功收回膠濟鐵路管理權等。

（《申報》1937，3，20）褚氏率行政院京滇週覽團返京後即積極參與籌備工作，曾於7月9日主持全運會第八次常務會議，對大會作出具體安排。（《申報》1937，7，10）遺憾的是，由於戰爭爆發，這次全運會被迫停辦。值此救亡圖存的緊急關頭，褚民誼於10月間聯絡同仁，在上海發起籌組體育界救亡協會，積極開展活動。

如右下圖所示，褚民誼在全民抗日救亡的嚴重時刻，在1937年《中華月刊》（第5卷，第1期）上，發文〈救亡時期的國民健康問題〉[1.45]，強調國民健康在救亡時期尤為重要，號召廣大體育界人士，明確任務，用實際行動報效國家。他開篇說明當前緊迫的救亡形勢後疾呼道，「時至今日，舉國上下，莫不以救亡圖存為急務。顧空言清談，適足誤國，必須有慎密之計劃，堅定之主張，周詳慎審，確定方針，積極前進，以赴事功。而救亡之計多端，尤應彼此分工合作，一德一心，各盡所長，貢獻祖邦，庶幾眾志成城，堅凝不拔，雖有強敵，莫感誰何。夫以我國廣土眾民，寧甘束手待斃，今吾舉救亡時期的國民健康問題，與國人一商榷之。

以言國民健康，蓋不外兩個原則；其一講求衛生，其一注意體育。講求衛生，所以從事清潔、公德、防疫、免災，使民眾生活有規律、有節制，社會有秩序，能安定，防制疾病，使之莫從發生。注意體育，所以鍛鍊身心，使體魄日臻康強，平均發達，雖有疾病而能加以抵抗，直接延長個人之生命，間接促進民族之繁榮。吾國積弱之原因，雖有多端，而不知講求衛生、注重體育，實為致命之傷……所謂東亞病夫之一名詞，雖屬外人譏諷之談，而實足以代表一切貧弱之原因。蓋國民非有堅強之體魄，與忍勞耐苦之習性，則一方疾病乘之，醫藥消耗增多，不幸夭亡，損失尤鉅；同時生產方面，亦因之減少，是為兩重損失。最近衛生署調查發表，吾國人民平均壽命，僅三十歲左右，思之寧不悚懼。夫當三

褚民誼在1937年《中華月刊》（第5卷，第1期）上發表的論文〈救亡時期的國民健康問題〉[1.45]

第一章 抗戰爆發，堅守崗位 23

十之年，正屬有為之時，壽命驟爾斬絕，則個人、家族以及社會、國家之損失為何如乎？吾為此懼，覺衛生與體育，實有積極提倡之必要，且不僅盡提倡之能事為已足，必須製成方案，貢獻政府，見諸實施，強迫推行；務使普及，俾全民臻於康強；整個民族之健康問題，賴以解決。」

「當此邊疆風雲緊急、前線戰士抗戰熱烈之時，吾人尤宜各自為備，務使前僕後繼，摒力以赴，以我整個民族之力量，維持我獨立自主國家之尊嚴，毋使尺土寸地，有所損失。是故人人應磨礪以須，以必死之心，求生存之道，各自準備為國犧牲，以盡國民天職。然而國民無健康之身體，曷足言此？是故救亡時期，國民健康問題，尤為重要，願國人加之意焉！」

1936年柏林第11屆奧運會（時稱「世運會」）結束後，原訂於1940年9月在日本東京舉行第12屆奧運會，盧溝橋事變之初中國體育協會仍籌備參加。然而隨著事態的發展，日益暴露出日本侵略者的暴行和野心，受到了國際輿論的普遍譴責。《申報》於1937年10月16日報道稱，「英國國際聯盟同志會暨體育協會，為反對暴日侵華破壞和平起見，迭次提議1940年世運會在日本舉行時，英選手當拒絕參加，具見懲兇除暴，人同此心。茲悉本市體育界方面，對該項主張，極表贊同。同時由中委褚民誼籌組中之體育界救亡協會，昨亦致函全國體育協會[5]建議，即日發電英國國際聯盟同志會暨體育協會，表示採取一致行動，藉予暴日以精神上之制裁云。」文後披露了上述信函的全文。

緊接著美、法等國紛紛響應，表示決與英國聯合行動，拒絕參加在日本舉行之奧運會，褚民誼對此發表談話，以遠東運動會上日人陰謀的前車之鑒，進一步說明這一抵制行動的重要意義，呼籲取消日帝國會員資格，移往他國舉辦奧運會。如後頁右上圖所示，《申報》於1937年10月19日報道謂：「本市體育界，自籌組體育救亡協會，響應英國拒絕參加1940年世運會後，昨據關係方面訪晤中委褚民誼氏談話，據稱『奧林匹克運動會組織目的，為維護世界和平，藉運動競技，提高人類道德。現日本在華屠殺無辜良民，已表失其道德，各國自應厭惡之，不與競爭。況我國適當其衝，曩日遠東運動會，在菲律賓舉行時，日人以要挾各國承認偽滿參加競賽，竟非法解散遠運會組織。以此喻彼，則將來世運在日本舉行，日人仍可縱使一切偽組織參加，屆時我國人對此，又將作何感想。故深望政府當局，不妨加以考慮。至體育界方面，亦應乘此時機，電請各國，呼籲和

---

[5] 該協會時已遷內地。

平，召集奧林匹克執行委員會，討論如何取消日帝國會員資格，並謀將是年世運會移往他國舉行。此舉雖無關大局，惟移轉國際視聽，不無少補云。』」

在強大的國際輿論壓力下，日本為繼續其侵華戰爭，於1938年宣佈放棄承辦第12屆奧運會，國際奧委會隨即決定將會址移至芬蘭，時間定在1940年7月20日至8月4日，這場抵制在日本召開奧運會的活動獲得了成功。

嗣後，中華全國體育協進會董事會於1939年2月5日在重慶開會決定選派足球、籃球兩隊參加第12屆世運會。（《申報》1939，2，6）褚民誼得訊後即致電教育部，《申報》於是年2月26日報道稱，「褚民誼前日曾致教育部一電，請特別注重國術，組織國術團赴會表演，茲將原電文探錄如下：『重慶教育部陳部長、顧、張兩次長、並轉戴院長季陶兄、王儒堂兄均鑒：第十二屆世運會，定於明年在芬蘭舉行，我國例應參加，如已決定，此時即應著手籌備。回憶上屆參加結果，各種比賽均落人後，幸有國術表演，尚受外人歡迎，爭光不少。本屆似應特別注重，一切組織與選手，其範圍應較上次為擴大，其質量尤當較為精良充實。關於上海方面之任務，如蒙見委，弟當勉力效勞。希望此次充分籌備之結果，獲得國際之榮譽。而國術團且可利用此時機，於大會畢後再赴各國表演一次，以發揚我國固有之尚武精神；亦有利於抗戰建國之宣傳。愚見當否，究應如何進行，統乞酌奪，電復為盼，弟褚民誼叩（養[6]）。』」

褚民誼呼籲與英、美、法等國聯合抵制在日本舉行第12屆奧運會（《申報》1937，10，19）

不久，如右圖所示，《申報》（1939，3，31）上，以「陳部長函覆褚民誼，贊同國術參加世運——將在重慶、港、滬各

1939年3月30日教育部長陳立夫覆函褚民誼贊同其派國術表演團參加1940在芬蘭舉行的第12屆奧運會的建議（《申報》1939，3，31）

---

[6] 22日之電報電碼。

地，籌備訓練選拔工作」為題報道稱，褚民誼前向教育部發出之「養」電，提出在重慶及港滬各地，同時選拔國術真才，參加奧運會的建議後，於昨日（3月30日）「已接得教部陳部長的復函，對於建議各節，深表贊同，業已轉函參加十二屆世運會籌備委員會查照辦理矣。並聞褚氏即將本其夙昔倡導國術之素志，積極從事籌備訓練選拔工作云。」然而，不幸的是，由於第二次世界大戰在歐洲爆發，第12屆奧運會終於被迫停止舉行。

第二節　發展生產，鬻書救難

　　褚民誼以民生為三民主義之核心，十分重視生產建設和國民經濟的發展。已如前面第三篇第五章和第六章中的有關章節章所述，早在1931年他就歷盡千難萬險親赴新疆考察，從國家安全和發展經濟的全局出發，大力倡導開發大西北。九一八事變後，他出任行政院秘書長，於1932年12月國民黨四屆三中全會上正式提出了開發西北的提案及計劃大綱。1933年任全國經濟委員會委員，1934年初他被任命為行政院新疆建設計劃委員會主任，主持制定了〈新疆建設計劃大綱草案〉。1935年底他辭去行政院秘書長後，對國計民生中的迫切問題仍十分關注，先後於1935年12月國民黨五屆一中全會和1937年2月五屆三中全會上，提出與百姓衣食攸關的〈調劑生產以利民生〉和〈請政府督促改良鹽質以重民食〉等提案，為解決當時影響生產和社會生活的急迫問題出謀劃策。

　　1937年4月初，褚民誼受行政院委託帶著中央的德意，率京滇週覽團驅車萬里直達雲南昆明，並深入中緬邊境，往返路經安徽、江西、湖南、貴州、四川、廣西諸省，沿途實地考察國情民情，深感文化與經濟過分集中之弊。5月中旬回京後他向中央提出了「文化普遍，經濟均配」兩點建議[1.45]，著力加以提倡。是年7月全面抗戰爆發，發展後方經濟和文化建設更顯迫切。為此，褚民誼在中央的支持下，聯合各界有識之士，於1937年12月發起成立「生產建設協會」。據《申報》（1938，3，22）報道，該會的發起人包括我國農、工、商、學、金融等各界領袖徐新六、林康侯等人，「總會設滬，各省市設分會，會長為褚民誼，副會長為林康侯、唐繼虞，董事為李宗黃、翁文灝、唐星海等，以推進全國生產建設為宗旨，並決定先從滇省著手。」

　　褚民誼在1938年3月23日致吳稚暉的信（「臺黨史館」稚07333）中，在告知由於中法工學院法方院長返國，需在滬主持校務，無法參加本月在漢口召開

的國民黨全國臨時代表大會,已向大會秘書處請假等情之後,接著寫道,「又生產建設協會業經組織成立,並經派員赴昆明實地察勘,歸來將制定方策努力進行,弟於暑假期內並擬入滇一行。並附奉本會緣起、章則各一份,即乞詧存賜教為幸。」信中所寄的〈生產建設協會緣起〉和〈生產建設協會章程〉兩個文件,如右下圖所示,均印發於1937年12月6日生產建設協會成立之際。

「我國經濟建設與文化建設向以過度集中流於畸形發展早為舉世所詬病,以致邊遠省份民智落後,寶藏未興」,協會成立的緣起中開宗明義地寫道,「故目前之急迫問題,厥惟推進內地經濟建設與文化建設,庶可人盡其才、地盡其利、物盡其用、貨暢其流,職是發起生產建設協會,深望全國農、工、商、學、實業、金融各界有志人士,共同加入。先以雲南一省之因地制宜、因材施教,而設計籌劃。按照一定步驟,依次開辦各項實業,如農墾、森林、畜牧、礦產、製造,同時訓練及造就實用人才,使各項實業得以逐漸發達,於國計民生所關重大,允宜集思廣益,藉群策群力,以底於成。」

在協會的章程中,按照「推進全國生產建設」之宗旨,列舉出協會的主要工作大綱如下:

一、調查或蒐集各種有關生產建設之實在資料,分別編制報告以供各方參考;

二、依據實在資料對各種生產事業為具體之設計;

三、徵集人才、資金,使各項具體設計得以實現;

四、隨時以生產建設之重要意見建議政府;

五、提倡職業教育並培植專門人才。

附屬工作:

一、舉辦專門人才登記並介紹生產工作;

二、接受生產建設問題之諮詢。

章程中確定,協會設於上海,得設分會於各省市。此外,還對會員資格、

1937年12月褚民誼等人發起成立的「生產建設協會」緣起和章程文件之首頁(「臺黨史館」稚07333)

第一章　抗戰爆發,堅守崗位

組織機構以及經費來源等項，相應作出規定。

該協會是在全面抗戰爆發的形勢下成立的。當時雖然全國戰火紛飛，但在上海租界這個繁榮的特區內，局勢仍相對平穩。褚民誼留駐於此，一方面如前節所述，受教育部委託繼續主持中法國立工學院的院務，努力維護滬上教育；另一方面，力圖利用上海這個基地，推動內地生產建設，以增強禦敵國力。他在上海組織成立「生產建設協會」以後，便以較大的精力多方謀劃，努力爭取各方面的支持，在培植專業人才、向國內外集資興業以及出版生產知識叢書等方面，積極開展工作。

人才和資金是發展生產建設的基礎。抗戰初期政府撤入內地，褚民誼從南京回到上海，繼續履行中法國立工學院中方院長主持院務之責。這所中法雙方政府合辦的工學院位於法租界內，受戰事的影響較少，在經費等問題初獲解決後，很快恢復了正常運轉。為了利用這個有利條件，儘快地培養出專業的實用人才，褚民誼向教育部提出了在該學院內開設「職業班」的建議。當時的教育部業已隨政府西遷，他於1938年4月19日致信吳稚暉（「臺黨史館」稚07334）詳述了在本院開設「職業班」的醞釀過程，並寄去「緣起」一文（見右圖），希望吳氏先行稟告教育部，然後他於暑期再赴部當面陳請。他在信中寫道：

「關於中法國立工學院之經費已收到，至本年一月份，想今後仍當源源匯寄，不虞中斷。校務一是如恆，學生均能安心嚮學，堪慰。竊念自滬戰發生以來，此間專科以上各學校，莫不受有影響，或遷移內地，或更臨時校舍開學，情形至為悽慘，獨本院因院址在法租界，且有中法合辦之關係，倖免於任何損失。現今交通、光華、之江等大學，或借用課堂，或借用工廠，均與本院發生關係。本院亦以該校等在患難中，而盡互助之責矣。本年暑假內學生多有籍隸戰區不能返里者，因開設暑期補習班，除為本校學生補習外，

1938年4月褚民誼向教育部建議在中法國立工學院內開設職業班之「緣起」首頁（「臺黨史館」稚07334）

兼收校外學生，予各國立或私立工科學生以補習之機會。抑弟更有進一步之計劃，擬於暑假後開設職業班，利用本校之超越環境與優良設備，廣收各校初中畢業學生，授以工科之實在技能，略於學理而側重實習，三年有成，務使學生畢業後有專門之技能以自立成為技師。此種技師國家承平時可以之分佈各省，從事生產建設事業；非常時期則可用之於國防方面，以故關係頗為重要。此意前經與先生談及，深蒙贊許。此次穆岱居斯達夫（即穆岱之第二子，蕭子昇先生同他來華，聞已過漢見委員長、孔院長矣）來華，曾到本院參觀，亦同此主張。爰決意切實進行，務底於成。附奉『緣起』一份，即祈台覽。弟暑假期內擬漢口、重慶一行，面聆大教。關於茲事，尚乞向教部代為先容，弟暑假期內當赴教部當面陳請也。」

他在請吳老轉呈教育部的「緣起」一文（見右上圖）中，詳盡地申述了在中法國立工學院內開設職業班之理由。「我國工業落後寶藏未興，有豐厚之資源而無充實之國力」，他憂切地寫道，「以致啟人覬覦，招致外侮。夫工業之所以不振，蓋由於人才缺乏，坐令利棄於地，此誠舉世所詬病，而有識者所同悲，亟應力圖挽救者也。挽救之道，惟有培植大量工業人才，積極從事生產建設，以期增厚國力，為亡羊補牢之計。且值此非常時期，欲圖充實國防，抗戰勝利，非軍隊機械化不可，在在需利用工業人才與出品，始克出奇制勝。是故馬達救國一語，由吳稚暉先生倡之，實有至理。

本院係屬工業專校，每年造就人才後先相望，服務於國家社會，所在多有，均卓然有所表現。第以本院學驗並重，各項專門學科均以法文直接講授，以故需時過久。自初級（法文補習班）入校至於畢業，其間經過八年（補習班一年、高中三年、大學四年）之悠久歲月，必需學生之家境富裕，而又天資穎悟，趙苦嚮學，持之以恆，始克完成其學業，否則鮮有不受中途淘汰者。法文補習班學生八九十人，迨至畢業後僅十餘人，蓋逐年淘汰以去。且以注重法文，故中途轉學他校與由他校來院插班均屬非易，是可惜也。民誼之愚，認為補偏救弊，而使人才易於速成，便於普及實用起見，亟應增設職業班，與本院各級班次同時並進，既無妨礙，而利用固有之教室、工廠、機械、圖書、設備，稍事擴充，注重實驗，略於學理，專收初中畢業學生，授以各種機械實驗之課程，三年有成，務使學畢可以致用。雖不能博得高等工業專家之名義，而有特殊技能以自見。在個人既易於謀生，不致如大學畢業生之出路困難；在國家社會且賴以增進生產之效率，亦不致如今日之年費鉅金，而造成若干高等遊

民之為可惜。蓋此等大量工業實用技師畢業後，平時可以分佈內地各省，從事生產建設事業；一旦有事，則亦可擔任國防上機械方面之任務，其裨補實大，誠屬目前當務之急。民誼此意蓄之已久，前歲曾與稚暉先生商榷，極蒙贊許。今次法國穆岱居斯達夫先生來滬參觀本院，認為本院處於安全之環境，有優良之設備而不加以利用，殊屬可惜。其意與民誼有不相謀而相合者。以是認為茲事亟應進行，不容再緩，所望中法兩國人士予以助力進而教之，政府從而督促扶植，俾得早底於成，曷勝大願。」文中呈現出他從培植人才入手，千方百計力圖強國利民，以解國家危難之情懷。

隨後不久，褚民誼即抽空赴港、穗、漢等地，爭取學院經費，並開拓生產建設事宜。5月21日他在漢口致函時居重慶的吳稚暉（「臺黨史館」稚07336），告知此行之經過。他於5月9日下午從虹口登上法國郵輪，次日離滬，12日晨抵港。在港見蕭子昇及張靜江先生等人，並曾到廣州會見方君璧，然後於16日晨飛漢口。「此次來漢」，他寫道，「一為學校經費事；一為生產建設協會事。校款打了五折，實沒有法維持，只好關門。現在略加一點，亦總不能維持。至於生產建設本國資本指不到，只好利用外資。現在很有頭緒，故來中央告訴他們，使他們曉得，不致將來反對。現在主管機關都贊同，如行政院、經濟部、資源委員會等，認為非利用外資不可。大約十天後可有一決定也。」信中稱，他將於22日乘機飛回香港，再去看望張靜江和蔡元培先生。李石曾則從法國由馬賽飛西貢後乘船來港，於27日到達。他即搭乘李氏來港之船返滬，預計二十八、九日抵達。並告之曰，「大約七、八月，民（自稱）又要來漢，由漢而重慶、昆明。屆時先生能同去更好，因生產建設要組織公司，其前途甚有希望，故民願化大部分力量用於此」等云云。

在當時戰亂的情勢下，要迅速地將沿海發達的工業向南方內地轉移，絕非易事，遇到了缺乏資金和投資風險等一系列問題，而舉步維艱。褚民誼等人為克服困難進行了多方努力。已如第三篇第七章之第五節「醫藥並重，培植人才」中所述，褚民誼為彌補我國醫藥事業的短板，積極致力於發展民族新藥業，與業界關係密切，並親自擔任中西和中法大藥房的董事長。據《新申報》（1938，10，10）上來自上海的一篇報道稱，「褚民誼氏，為鼓勵新藥業向華南發展，並親自赴滇黔考察，擬在昆明設廠。昨據該業負責人談稱，此事之投資問題，已發生重大困難。該業中對於發展華南新藥業之投資，各廠均因過去受戰事影響，損失極大。目前之經營僅屬勉力撐持，是以財力甚感缺乏，雖有

少數藥廠，可向華南遷移，惟因未知華南藥業之前途如何，致又不敢冒險。但中法中西等藥廠，資本較為充裕，對發展華南藥業較有興趣，聞已聯合數廠將再度派員赴華南調查，等云。」

1938年8月25日《南洋商報》上，以「實施戰時生產，褚民誼赴越，推動僑胞投資」為題報道稱，「生產建設協會，由褚民誼氏任會長，集中中央及地方之人力財力，致力於生產建國，並以海外僑胞熱心於祖國建設，為促進僑胞投資實業起見，褚氏昨日特由漢乘機南來抵港，短期內即出國宣傳。留港期內，並擬召集僑港之軍政名流、殷商鉅賈，談商一切。聞陳伯南（濟棠）、區芳浦、霍芝庭、杜月笙等，屆時亦將參加斯會。黨國元老蔡元培、張靜江二氏，亦將南來與會云。記者往訪褚氏於旅邸，承發表南來任務。」褚氏言道，生產建設協進會去年十一月間在上海成立後，得到汪主席和孔部長的大力支持，「目的在集中全民力量，啟發富源，以增厚戰時生產建設。中央當局，年來埋頭於建國工作，成績極為良好。當京滇公路通車之日，曾組織週覽團，由本人任團長，出發沿路視察，將所得向中央報告。當時深感經濟文化太過集中於沿海岸線，文化則集中於上海、北平。乃以所知條陳中央，有將經濟文化推行至內地之必要。當時國人對此，尚未加以注意。『八一三』以後，始覺此點關係重要，且以事機迫切，勢非如此不可。當時本人以為應自動作有組織之遷移，後為事實所迫，被動遷出，至損失不少。苟能從十年前幹去，則時至今日，其發展必有可觀。

七、八年前，本人曾有西北之行，已有推進內地經濟文化之意。曾有新疆建設委員會之發起，隸轄於中央行政院，並草擬若干計劃，並將觀感所及作一總報告，惜而未見諸實行。因一般人心理，多以為沿海岸線交通便利，適宜於經濟文化之發展，不願遷入內地去。去年本人又到西南諸省，深以西南氣候溫暖、土地肥沃，比西北尤見良好，但經濟文化較為落伍。故建議組織生產建設委員會，從事開發。其後經派有多批人員赴川、滇、貴一帶實地調查，以為生產建設之準備。

本人前此第二次赴滇，中間居留十五月，深覺昆明已較前繁盛，人口增加，學校工廠林立，一年來之進步，其迅速處大可比擬十年，如已經三五年後之猛進建設，當可進上五、六十年之發展。故此次主張向農工礦方面發展。同時並以海外華僑，注重於國內建設，踴躍投資，故擬赴安南一行，廣事宣傳，吸引華僑投資祖國。庶幾在此期間，先行奠定經濟基礎。以西南各省資源之豐富，實為全國各地之冠，如四川之自流井鹽、錫、鐵、鉛，及川康邊之金礦，

黔滇之石礦、顏料等，與乎土地之肥沃，氣候之適宜，均為各地所不及者。苟能大量投資，賡續啟發，則對於國計民生，抗戰資源，當有無限裨益也。漢口情形甚好，抗戰前途樂觀。此次赴越，行程未定，但將於最短期內前往。將來返國，沿途不更他適，將遙程返渝報告云。」

這篇報道，勾勒出褚民誼在暑假期間，離開上海到漢口、香港、重慶、昆明等地，甚至計劃出國越南，為發展內地建設，擴大宣傳，招商引資，而四處奔忙的情景。在大力提倡投資興業發展內地經濟的同時，他還十分關注扶植廣大民間小工業的發展。為此，由生產建設協會出面組織編寫了《生產教育叢書》，以普及實用的生產知識，這在當時戰爭狀態下，特別是對實行生產自救，無疑是雪中送炭。

《生產教育叢書》第一輯，首先以化學工業為內容，由世界書局印行，於1939年2月面世（後頁圖示出的是其中的第三冊）[1.48]。生產建設協會會長褚民誼和總幹事戴策任主編，著者汪向榮。該書正文前刊登了〈生產建設協會刊行生產教育叢書緣起〉以及褚民誼所寫的序言〈褚序〉和著者汪向榮所寫的序言〈自序〉。

褚民誼的序言寫於1938年雙十節，著重闡述的是創辦生產建設協會之緣起和經過。結尾他寫道：「本會成立迄今，歷時十月，同人雖不斷努力，成效猶未大著，似無若何顯明之工作；但因同仁之倡導，文化教育以及工商業之自動遷往滇省者，已有多起。故此一年來，滇省各種事業之發達，直有一日千里之勢。茲為力求普及一般民眾以生產事業之常識起見，爰有生產教育叢書之發行，並以化學工業為一切生產建設之基本，乃先從刊行化學工業一書著手，區區微忱，不過欲向國人貢其一得之愚而已。「至於本會之職責，端在提倡各種小工業，個人有力者個人經營之；其較大之實業，或合資、或利用外資而不喪失主權，是在國人之群策群力，奮起以赴此鵠的。而本會則盡其匡助之任務，所謂成功不必自我也。」

關於出版本書的意義，他在〈生產建設協會刊行生產教育叢書緣起〉中寫道：「邇來國人都倡言生產建設，而其成就尚鮮，究厥原因，雖有多端，而資金與人才之缺乏，實為最大之原因。吾華廣土眾民、物產豐富，在理生產建設事業宜若可為，發皇光大，是在吾人之努力。夷考歐美各國生產建設事業，所由興盛，殆莫不基於生產教育之發達。教育所以培植人才，人才具備，始不患建設之無成。吾國大學生之習農工者，不過數千人，其幸而卒業者，又大抵未能本其所

學而力行。棲棲皇皇，惟功名利祿之是求，其能盡瘁於生產事業者實寡。故此時而言生產教育，誠以普及為首要。當本會成立之初，同人即有纂輯生產教育叢書之議，旨在使社會大眾業餘之暇，得以略窺生產學術之要領。惟是生產學術種類甚多，博大精深，浩如煙海。今第一輯所編述者，先於化學工藝；良以物質文明，無不仰賴於化學工藝之製造，即吾人飲食起居之間，無論鉅細，亦莫不有關於化學工業；故化學工業乃生產實業之初步工作，亦可謂之基本工作，吾人爰由斯著手焉。「海內顯達覽本叢書倘亦有所感發，興起以自奮於生產建設事業者，則豈惟本會之榮，抑亦為國利民福之道，同人不敏，引領望之。」

1939年2月褚民誼、戴策主編，汪向榮編著，世界書局印行的《生產建設協會生產教育叢書第一輯第三冊——教育用品製造》[1.48]：（右上）封面；（中上）扉頁；（左上）協會刊行該叢書之緣起；（右下）褚民誼序首頁；（中下）汪向榮自序首頁

第一章　抗戰爆發，堅守崗位　　33

（右）《生產建設協會生產教育叢書第一輯》[1.48]之封底內頁：第一輯」全五冊之內容簡介；（左）出版頁

著者汪向榮，素愛化學工業，積有豐富的實踐經驗。他在「自序」中介紹本叢書通俗實用的特點時寫道：「欲從事小工業，則必須得一導引。而小本工業之製造，普通均祕而不宣，坊間發售者，大都價極昂貴，又滿篇理論，不切實際，故仍無補於事也。使有志者，借鏡無從，此固為我國惡習之遺毒，然亦未始非國人自私之表現耳。今生產建設協會鑒及此點，欲求改革，其始即發行本叢書，以通俗為主，務使得人手一冊，一掃積習，而俾有志者則不再嘆入無門焉。

「作者編著本書，自問極為審慎，凡書中所列，或經作者親自實驗；即或未能實驗，則亦參考中外同類書籍，更參以小工業製造諸先輩之意見。凡未經實驗而亦未得參考者，蓋入擯棄之列。同時更以坊間諸書，或重理論，或專重製法，而忽略其裝幀。殊不知今日之商品成本，裝幀所化為其大部，而實在成本僅為其小部。因參考西書，將各物之裝幀說明詳列。「此外，凡原料之性狀、製法、用途、及應注意之點，均不厭其煩，詳為邏列；其所以然者，則求有志者得有感便而已。」

該叢書初版問世之時，正逢國難日蹙之際，如右上圖所示，書末之封底內頁，在介紹《生產教育叢書第一輯》之內容時，強調指出，「當今非常時期，一切企業均遭破壞，失業者麕集都市，雖云暫可救濟，然此究治標而非治本之法。本叢書之發行，即指導普通一般人士，從事小本工業而達自立之道，使失業者得以自行謀生，以收治本之效。」本書計劃共分一、二兩輯[7]，不但內容充實，而且售價低廉。第一輯先行問世，全五冊：

---

[7] 叢書第一輯出版後不久，抗日戰爭局勢發生變化，褚民誼從上海去南京參加汪精衛組織的南京國民政府，「生產建設協會」隨之停止活動，叢書第二輯未能如願出版。

（1）**化妝品製造**　書中所列之化妝品製法，多至九十種，舉凡現今市上流行者無不論及，而其所述之製法等又係參考最新之資料而成，故本書之出版，實為失業者之唯一明燈；

（2）**日用品製造**　書中所列者，範圍極廣，舉凡日用之品，均在其列，本書中詳述其處方製法者有四十餘種，更有附以圖者，故只須依本書而行，莫不達成功之境者；

（3）**教育用品製造**　教育用品在我國向來多半均依賴外國之輸入，實際其製造方法手續亦殊簡便。本書之中，即將各種教育用品之製造方法介紹，想必不久教育用品市場，當不致再見有外貨充斥焉；

（4）**食用品製造**　食用品之本雖輕，而利最厚，然普通之人因未得其法，致只得望之興嘆而已。本書則除將一切食用品介紹之外，更將調味品介紹。故本書種類繁多，應有盡有，且手續簡單，極合家庭製造之用。

（5）**家用藥品製造**　書中所述，盡為家用必備之藥品，均為家常必備之良藥。本書除對家用藥品之製造，加以詳述外，且更附以時令病預防及治療方法，故實為家庭必備書籍之一種。

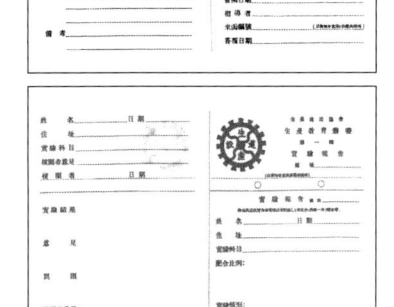

1939年版《生產教育叢書第一輯》中所附的生產建設協會回執：（上）問題解答；（下）實驗報告[1.48]

前第二頁圖所示為生產教育叢書第一輯中的第三冊，書名《教育用品製造》。五冊書封面上的書名分別均由褚民誼題寫，封面配圖相同，但顏色各異，以便區分，例如，第一冊「化妝品製造」為偏鮮豔的橙色，第二冊「食用品製造」以黃色為主調，第三冊「教育用品製造」（見前第二頁圖）則為藍色等等。

為了使該書的發行收到應有的實效，生產建設協會還很注意收集讀者的反饋，書後附有黑、紅兩種回執數張（見右上兩圖）。前者是針對讀者提出的問題進行解答；後者是收集使用者的實驗結果，以便具體指導和交流。兩者填寫後，均要求統一寄到生產建設協會，及時備案處理，其惠民之用心可謂良苦。

《生產教育叢書第一輯》，作為生產教育的普及讀物，內容豐富，實用性

強，1939年2月首版發行後，深受讀者歡迎。一年後五冊書於1940年8月再版。此時，與初版相比，只是將封面上「褚民誼題」幾個字略去，其它均未變動。接著五冊書先後於1942-43年間出第三版；1944年左右再分別出第四版。抗戰勝利以後，於1947-48年出第五版，此時根據政局的需要，把褚民誼、戴策主編以及〈褚序〉刪除。但是即便如此，書名仍沿用褚民誼的字體，叢書的〈緣起〉也保留了下來，發行人則改為褚民誼的摯友李石曾（煜瀛）。上述諸版本均由上海世界書局印行，發行人世界書局總經理陸高誼[8]，在困難的條件下，屢次再版這套質優價廉的普及讀物，做出了不懈努力。還要補充的是，抗戰期間曾於1944年左右在湖南用「土紙」出版了「湘一版」，看來是在非淪陷區內出版的，情況與第五版相同。

　　褚民誼除注重推行普及教育以外，還努力設法為上海的小本貧民資本提供優惠的資金支援。如下圖所示，1937年7月17日《申報》上，報道了題為「趙晉卿、褚民誼組織小本貸款所——救濟小本貧民資本，免利借給菜販入手」的一則消息謂：「本埠基督教領袖趙晉卿，中委褚民誼等，因鑒小本貧民之資本，大半重利借來，殊深憫憐，特行徵得高鐵庵、鬱葆青、黃瑞生、劉鴻源、張秉鑫、鄭仲山、郁元英、邵和元諸君，集資組織民生社小本貸款所，先從免利借給福佑路菜販入手，再行徐圖推廣。借額暫定每戶五元，每十日還洋一元，五十天還清。事務所附設法租界白爾路集仁助材會內，定本月二十五日，開始借貸。從此福佑路菜販，可免重利借本之負擔，誠小本貧民之福音也。」

1937年7月趙晉卿、褚民誼等組織小本貸款所救濟上海小本貧民資本之報道（《申報》1937，7，17）

---

[8] 他也是支持「中國戲劇史」[1.47]得以在1938年12月出版的一位主要人物。

在日軍佔領上海，戰火遍及江南廣大地區的情勢下，上海租界區的方寸「孤島」內，難民人數激增，難民收容所收容的難民達數十萬之眾。1938年10月18日上海總商會會長虞洽卿發起組織上海難民救濟協會，積極統籌各項救濟計劃，並成立勸募委員會，大力宣傳徵集善款，組織各種義演募捐活動。褚民誼是一位知名的書法家，積極予以支持和響應。如右圖所示，從1939年1月7日至9日，上海難民救濟協會在《申報》上連續三天發佈〈褚民誼先生鬻書救難啟〉，全文如下：「褚民誼先生書法宗顏柳，出入晉唐，書名之盛掩其政治，平日籠鵝挾縑而求者，接踵於門。比居海上不廢翰墨，以徇本會之請，願書聯五百，以貽當世愛慕其墨寶者。所收潤資，悉以捐助本會救濟難民，並指定以一部分撥允教育難童之用。本會復以潤值請，先生笑曰，既以為振卹流離計，吾何忍懸高值以炫世，每聯具國幣五金足矣，此尤見先生風格之過人。嘗聞釋氏之救世度人設種種法，今先生此舉，亦此物此志也，是為啟。

附訂書例如下：一、先生此次書聯，規定以五百付為限，為求減輕求者負擔起見，每付僅收潤資國幣五元；二、定件人須自備紙張，其長度以四尺至六尺為限，素宣及色牋均可，劣紙不書；三、潤資須與紙張同時並送，以送到之日起算，越十日取件；四、本會暨上海市新藥業同業公會（龍門路）、上海市製藥同業公會（同孚路）及中法大藥房、冠生園與本埠各該分店均代收書件；五、先生此次鬻書助賑，雖規定以聯對為限，但求者如需其他各件亦可照寫，其潤資須照先生最近所訂普通潤資例減半收取，並限定以二月十五日為截止期，聯對不在此例。」

值得指出的是，目前網上或網下見到的褚民誼所書寫的對聯拍品，推斷大都是當年鬻書救難時的作品。

《申報》（1939，1，7-9）上發佈的「褚民誼先生鬻書救難啟」

第三節　恪盡職守，真忱可鑒

　　褚民誼在上海堅守崗位，盡力維護教育，努力促進生產和救助難民期間，抗戰形勢和國內政局不斷發生變化。日本佔領的淪陷區內，先後於1937年12月在北平成立了以王克敏為首的「臨時政府」和1938年3月在南京成立了以梁鴻志為首的「維新政府」。1938年3月29日至4月1日，國民黨在漢口召開全國臨時代表大會，制定和通過了抗戰建國綱領，蔣介石和汪精衛分別當選為總裁和副總裁。在抗日戰場上，國際調停失敗後，烽火不斷蔓延，10月廣州和武漢相繼失守，11月長沙在實行焦土政策後陷落。11月3日日本近衛首相發表第二次對華聲明，改變對華政策，提出和談條件。在這樣的情勢下，汪精衛派代表與日方會談，達成密約後，他和陳璧君偕曾仲鳴等隨員，從重慶出發經昆明，於12月19日飛抵越南河內。日本近衛首相於12月22日發表第三次對華聲明，提出「善鄰友好、共同防共、經濟提攜」調整中日關係三原則，及實現的條件。與此呼應，汪精衛於12月29日通過香港公開發出致國民黨中央的「艷電」，要求接受近衛第三次聲明所提出的中日關係之三原則，與日本停戰談和。重慶國民黨中央公開拒絕，於1939年1月1日議決，開除汪精衛黨籍。蔣介石曾希望汪精衛出國赴歐暫避未果，3月20日汪精衛遇刺，他的親信曾仲鳴中彈不治身亡。汪氏隨即於4月25日離開河內，在日方接應下，乘輪船於5月6日抵達上海，並立即於31日偕周佛海等飛抵日本東京，與日本當局商談在南京組織中央政府問題後，於6月18日返回上海積極進行籌組活動。

　　上海法租界是淪陷區內由法國人管理的一個特區，雖受日本侵略勢力包圍，但仍可與外界溝通，國際國內各派政治勢力在此明爭暗鬥，錯綜複雜。作為國民黨要員的褚民誼躋身其間，地位特殊，倍受各方關注，更需謹慎從事，苦心周旋，方能不負重托，維護滬上教育。汪精衛上述一系列密謀活動，遠在上海的褚民誼事先並不知曉。當他從報上得知汪精衛出走河內以後，仍然繼續堅守崗位，保持與西遷至重慶的中央政府之間的密切聯絡。例如，汪精衛離開重慶赴河內不久，在國民黨最高當局的秘密情報中，就有一則1939年1月31日來自上海的「敵方情報」（「臺國史館」002-080200-00513-030-002x），「據AM之報告，陳立夫最近向當地市黨部周漢培（潘公展之寵子）密電稱，據蔣介石之委託，徵求褚民誼對汪精衛之意見，同時中央對汪極力取寬大的處置，

今後決不至對汪有處罰通緝令之舉，請褚勸汪毋出於過激之行動云。」至於褚氏公諸於眾的活動則不勝枚舉，已如前述，褚民誼此時曾為派遣國術團參加奧運會，向在重慶的教育部以及考試院和外交部的負責人提出建議，並願承擔在上海的組團工作。《申報》先後於1939年3月2日和31日公佈了褚民誼的建議，以及教育部陳立夫部長復函表示贊同的消息。他還曾於1939年春率領中法國立工學院之教職員及學生進行國民公約宣誓（見〈自述〉[1.61]），如此等等，顯示出他在風雲譎變的形勢下，繼續堅持維護黨內團結和國家利益的一貫立場。

然而，由於他曾在汪精衛主政行政院的一段時間內，擔任過行政院秘書長，且與汪精衛有親戚關係，因而一時成為某些媒體追逐涉獵的新聞對象。汪氏出逃河內和發表「艷電」後不久，傳出了褚民誼秘密離開上海的謠言。此時，褚民誼正駐守中法國立工學院內，閉門為賑災書寫對聯。為進行辟謠，如下圖所示，《申報》於1939年1月6日刊登了題為「褚民誼並未離滬──褚之秘書發表談話，否認參加政治活動」的消息：「快訊社本埠訊，留滬之中央委員褚民誼，日來盛傳有秘密離滬之說。昨日快訊社記者往訪褚氏之時，褚之秘書田守成則代表褚氏發表談話，鄭重否認渠已離滬，並與汪互通函電，參加政治活動之傳說。」據田氏談，褚氏自去年國軍西撤後，即留滬專職於文化事業，並主持中法工業學校事務，擺脫政治活動。「此次汪事之發生，褚亦僅見報載。惟彼因地位困難，拒絕批評，乃係事實，但須鄭重聲明與汪事決無關係。現渠並未離滬，每日上午至中法學校辦公，今日（五日）亦然。頃因本市難民救濟協會擴大募捐，要求褚氏寫聯五百副，以募賑款。故每日餘暇，即在寓所揮毫寫聯，以致暫時拒見賓客。」對上述謠傳，公開予以澄清。

1939年1月6日《申報》上辟謠稱，褚民誼並未離滬參加汪精衛的政治活動

然而，隨著事態的發展，汪精衛行將離開河內北赴上海。消息一經傳出，對褚民誼的流言蜚語和揣測攻擊大肆升級，並從上海擴散到內地重慶，例如，早在汪精衛啟程前二周的4月10日，就有發自香港的電報，密呈蔣委員長（「臺國史館」002-080103-00010-029-001a——002a），密據報「汪系滬情報機關主持者為褚民誼、吳凱聲等，每月由日特務機關撥助十萬元」，專事倒蔣反共刺探情報活動，該機關為周佛海到滬後方成立」等云云，可見當時流言之盛。在迫不得已的情況下，褚民誼在報刊上公開發表了「維持中法工學院始終不渝，絕不參加任何政治工作」的鄭重聲明。右下圖是《申報》1939年4月25至27日連續三天，大幅刊登的〈褚民誼啟事〉，全文如下：

「民誼任中法國立工學院院長於今年十有二年，平素往返京滬每週兩次。迨前年底國軍西撤，即常川駐滬專任院務。誠以本院為中法兩國所合辦，不僅溝通兩國文化，培植工業專材，抑且有關邦交。故民誼擺脫政治生活，以維持本院為唯一之職責。且個人素性淡於榮利，亦不樂於仕進。夙昔愛好音樂戲劇，倡導體育衛生，此則國人所習知者。去年底汪先生離渝，民誼於翌日始見報載，事前絕未聞之，事後亦並無任何表示。乃有不諒解者，揣測紛紜。民誼深自檢點，除到校辦公、授課、講學，並駕書濟賑外，終日蟄伏足不出戶，有何活動之可言。乃報載滬市各團體致蔣總裁之電，涉及本人。姑不論其措辭全屬虛構，即所謂各團體，亦均未見具名。在先外間流言漸熾，友朋有以見告者，均一笑置之。今則變本加厲，不能不有所表白。總之，民誼之日常生活，一如既往維持中法工學院始終不渝，絕不參加任何政治工作，用特鄭重啟事，敬希公鑒。」

與此同時，褚民誼於4月26日致重慶教育部主管司長吳俊昇函，在催請向中法工學院撥款的同時，著重表達其遵部囑維護滬上教育，以及秉持不參加政治工作的立場，並隨信附上前述〈褚民誼啟事〉以及在法文上海日報上刊登相應內容的剪報。此外還一併呈

1939年4月25至27日《申報》上刊登的〈褚民誼啟事〉

上致教育部陳立夫部長等人的信函，信中最後特請「代向委座（蔣介石委員長）前致敬，並陳明一切」。上述兩封信均示於後頁圖，其全文分列於下。

致吳俊昇函：「俊升我兄司長勛鑒：前為屬院（注：指教育部所屬之「中法國立工學院」）法方停付經費事迭函奉陳，計荷垂詧。屬院曾奉行政院魏秘書長來電謂，此事已奉交財政部核復。弟亦同時電達財政部鄒、徐兩次長，請其迅賜援例，如數借撥，尚未奉復。仍乞我公，就近與鄒、徐兩公協商，請其從速核定撥付，無任感盼。

抑有陳者，弟自國軍西撤後，即常川駐滬，維持屬院院務，同時並遵奉鈞部意旨，協助各校進行。如前次暨南大學，最近懷久女中，以及二區法院易長（前院長王思默與現任院長楊琦之交替）所發生之糾紛，均竭力與租界當局疏解，幸得平安無事。而屬院兩年以來維持現狀，一切教育方針均遵鈞部指示而行，學生視前增多，院務日呈蓬勃之現象，誠堪告慰左右。乃近頃外間流言紛起，對弟多所揣測，報章雜誌刊載虛構之消息，對弟有所不利。迫不得已，只得刊登啟事，聲明絕不參加任何政治工作，專以維持屬院為唯一之職責。同時並有電陳部座表明一切。茲將該電另紙抄奉，並附剪報一頁，敬祈惠詧，乞即向部座前陳明真相。渝方同志有以弟之近況見詢者，亦乞代為說明，庶不致因報道之不實，而為惡意之宣傳所蒙蔽是幸。專開奉懇，敬次勛安，並候示復。褚民誼啟，四月廿六日」

致陳立夫部長函：「重慶教育部陳部長，顧、張兩次長鈞鑒：竊弟自國軍西撤後常川駐滬，係遵鈞部意旨，專辦工學院院務，並協助各校進行，兩年以來始終未問外事。近頃流言紛起，社會人士多所揣測，報章雜誌刊載虛構之消息，對弟不利，欲向報端表白，竟被通知禁載，以致真相莫明。近閱美聯社發自重慶新華日報及時事新報所載之消息，及昨日滬報載上海各團體電蔣總裁嚴懲汪黨，均涉及弟名。所謂各團體皆未見具名，不知何指，顯係偽冒。至謂弟四出活動，更屬無稽。弟終日蟄伏校舍，辦理校務，足不出戶，有何活動之可言。總之，弟盡瘁黨國卅餘年，向以辦理教育為職志，今後仍持此志，始終不渝。為特電陳，乞代向委座前致敬，並陳明一切，不勝感禱。弟褚民誼叩（有[9]）。」

---

[9] 電報代碼25日。

教育部諸領導接到褚民誼來函，並代向蔣委員長陳明後，經過研究由吳司長出面，於5月18日復信謂：「重行先生大鑒：四月廿六日大函奉悉，經代轉陳，奉囑業向委座代為陳明。部中同仁，對先生並無懷疑，希一本愛黨愛國真忱，努力維護滬上教育，外間流言，不必計及，久則是非白，不足為慮德累也。至關於經費一節，已奉院令，正在向中法庚款委員會調查中，並希察照，專此奉復，敬頌教安。弟吳俊昇。」（上述褚民誼與教育部之間來往信函的原文現存南京「中國第二歷史檔案館」，全宗號：五一，案卷號：2722）

上述的公函往來，在澄清真相的同時，充分肯定了政府西撤後，褚民誼奉教育部的旨意，恪盡職守，一本愛黨愛國之真忱，為辦理中法工學院校務和維護滬上教育所作的努力。

褚民誼身處遠離後方中央的上海法租界孤島內，面對流言的責難，經費的拮据，甚至法方的掣肘等重重困難，卻並未動搖他堅持辦學、培育建設人才的決心。學校經費拮据是當時的主要難題，為此，他千方百計地爭取各方支持，力圖予以解決。在接到上述5月18日教育部回函後不久，他於6月2日，致函重慶摯友吳稚暉（「臺黨史館」稚07329），以迫切的心情詳述當時學校因經費問題而面臨停辦的困境，並提出謀求解決的辦法，希望一直關心教育事業的吳老，就近向中央有關要人據實進言，促進這一涉及學校前途的問題儘快得以解決，全文如下：

「弟自前歲來滬後，長川駐院，維持此間文化教育事業，除去歲暑期曾赴漢渝一行外，終日蟄伏足跡未出法租界，每日上午到校辦公，下午在寓寫

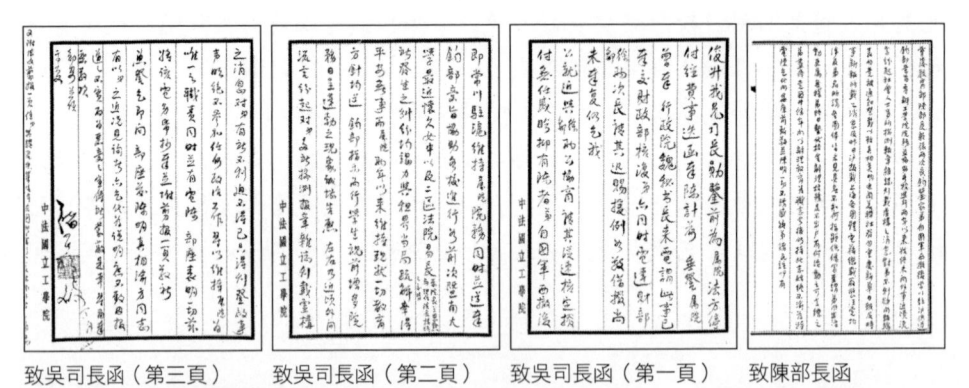

致吳司長函（第三頁）　致吳司長函（第二頁）　致吳司長函（第一頁）　致陳部長函

1939年4月26日褚民誼致重慶教育部吳俊昇司長和陳立夫部長的信函（「中國第二歷史檔案館」，全宗號：五一，案卷號：2722）

字，應難民協會之請，鬻書濟賑，對於外事概不與聞。前月滬上各報頗多不實之紀載，對弟有所揣測，故不得已刊登啟事（啟事一則前曾寄上）用以表白。現外間流言已漸息矣。惟是敝院又因經費發生恐慌，緣敝院經費向由中法雙方分擔，我方由教育部每月補助六千元，現以七折發放，實得四千二百元；法方於每年之初一次補助美金一萬八千元，該款係由中法教育基金委員會法國代表團支撥。本年因中政府停付庚款，該會即將本院之補助費隨之而停付。但其理由殊不充足，因政府所停付者係二十八年（1939年）之庚款。該會用以支配補助本院者，係二十七年（1938年）之庚款，照理應於二十九年（1940年）始可停付。震旦大學本年仍照付，其補助之性質與本院相同，且本院係國立，震旦係私立教會學校，乃辦法兩歧，輕重不分，寧得謂之公平。不獨此也，按照中法協定第四條所載，中法經費雙方分擔，我方由教育部、法方由外交部負責。其實法方政府自始對於本院即未支撥款項，歷年來均用庚款補助，此點法方已佔便宜。今庚款停付，按照協定，應由法方負責另籌之款。乃大使戈思默之表示，則未根據協定，僅云可略與本院以補助，而其數目又未確定。且以本院既感覺經費困難，不如併入震旦大學，將工科與震旦合併，而中學部改為職業學校，此種辦法實屬難以奉行。姑無論堂堂兩國國立學校併入私立教會學校無此前例，不免成為笑柄；即就學校本身言，亦斷難如此辦理。誠以職業學校係屬中學性質，教育部所直轄者，均係專科以上之學校。如本院改為中學，即不能稱為國立，不能隸屬於教育部取得補助費，一言以蔽之，根本不能存在矣。至於法大使所以有此表示，吾人細加揣測，恐由於與本院同類性質之學校，忌憚本院之年來漸有進步，學費廉（大學每學期廿五元，中學每期十五元），而生徒日多，故從幕後掣肘耳。吾人雖經此打擊，仍排除萬難以前進，一本初衷，努力不懈，已將經費困難情形迭電陳明教育部。幸我賢明之教育部，對於本院具有維持之決心，每月補助費均按期電匯，且已呈請行政院，對於法方停付之補助費，轉飭財政部援例按數借撥。行政院亦有復電到院，交財政部核復。竊念茲事既有例可援，財政部當能通融借撥。蓋庚款早遲總須撥付，目前借撥一些，將來再行扣還，於情於理均無窒礙。不過本院目前經費困難已極，本月份後所有款項均已用罄，此後如無挹注即難維持。此一學期來已苦力支撐，每月僅賴教部四千二百元辦理工科四個年級、高中三個年級、法文補習班一級，學費又極低廉，且學生受戰事影響，學費多數不能照付，此外毫無其他收入。所幸法方去年補助費因美金漲價得有餘款，才能勉強維持一個學期。今餘款均已

用盡,此後無以為繼矣。目前惟一之希望只有財部核准借撥,則下學期仍可照常開學,絃誦不致中綴。但現今已屆學年終了,一切下學期之事,均須著手準備,如教員之繼續延聘、招生廣告之刊登,均需亟待辦理。乃因經費尚無著落,致使一籌莫展。本院辦理迄今十有八年,造就人才後先相望,由法比留學而歸者亦有五十餘人,服務國家社會均能有所建樹,其餘大學本科畢業者均已赴後方工作。當此國家積極從事建設之際,此種工業人才正大量需要,吾人方努力製造之不遑,安能聽其中途而廢乎。本院畢業生具有工程師之資格,惟須經過八年之陶冶,今尚有三百餘學生未曾畢業,此輩均已學至中途,如果不幸停辦,此輩轉學甚感困難(因係肄習法文),在國家無異少去三百餘工程師,亦為一種損失。況類此之人才,尚繼續層出不窮,則國家之損失為何如乎。更之,本院已具有悠久之歷史,亦可謂有相當之成就,目前停頓實屬異常痛心之事。姑無論辦事人之精神擲諸虛牝,而使全功盡棄,將何以對國家乎。夫本院雖云中法合辦,實則所造就者,中國之人才,供中國使用。故吾人應明瞭此點,即使法方無維持誠意,或不用全力維持,我國應獨立維持之。因法大使戈思默即將赴渝,誠恐對於本院有所改弦更張,故將詳情奉達左右。

　　夙承先生愛護本校,尚乞有以援手,往見孔院長庸之公,一為進言,請其從速核定借撥經費電匯滬院,如全數不能,則先借撥半數,其餘半數俟下半年再撥。同時並請往晤陳部長立夫兄,一為說項,請為同樣之進行,對於本院務須維持始終,即使財部不予核定,亦請另籌別法,或加增本院補助之數目,就近與法大使商酌。庶本院得能繼續不墜,皆出公之大力宣傳,弟個人感激,全體師生胥物其賜矣。」

　　正如信中所述,他希望吳稚暉先生接信後,即向當時的行政院院長孔祥熙以及教育部長陳立夫等後方要人具情報告。為鄭重起見,該信用「中法國立工學院」公牋書寫,結尾處簽名並蓋章。這封長達12頁的手書信函,實際上是一篇向中央的工作彙報,從一個側面記述了他為國為民,在上海恪盡職守,排除萬難辦教育的精神和實際行動。

　　這裡值得指出的是,在本書前面第三篇中列舉的大量事實說明,褚民誼一貫反對黨內派系鬥爭,努力維護在三民主義思想指導下的團結統一,認為這是國家強盛、抵禦外侮的關鍵所在。特別是他很不願意看到蔣介石和汪精衛這兩位黨內最有影響力的人物之間出現裂痕。在蔣、汪屢次重大的分合事件中,他都從不參與,一直身居中樞,按照他所提倡的實行三民主義的救國之道,在關

心黨務的同時，心無旁騖地投身於文化教育、體育衛生、經濟建設等各項造福民眾的事業中，並擇機努力調和蔣汪之間的分歧，促進兩者之間的合作。抗戰全面爆發國府西遷後，他受教育部的委託留守上海法租界內，專心維護教育。汪精衛這次脫離重慶的事件，與以往一樣，褚民誼事前並未參加預謀，事發後也未與汪進行聯絡。相反地卻繼續與重慶的中央政府保持密切聯繫，如上所述，不但公開發表〈褚民誼啟事〉並致函教育部陳明真相；而且還特意向蔣委員長轉達他堅守崗位，絕不參與政治活動的立場。汪精衛等一行5月初到達上海停留在非租界區內，數月以來他未予理會。直至汪精衛、周佛海等人與日方密談，在南京籌組政府取得進展，褚民誼才應汪氏之約到江灣進行密談。談話中，汪精衛除說明自己的政治主張外，還告之曾與蔣介石多次談話的經過，說明他與蔣委員長進行的是一明一暗相互聯係的救國工作。在當時國際局勢日趨惡化、淪陷區人民遭日本侵略者蹂躪日甚的情勢下，身在淪陷區內的褚民誼，於8月份在上海召開「國民黨第六次代表大會」前夕，決然棄教從政，參加了汪精衛所組織的南京國民政府。關於褚民誼的參政初衷及其經過，將在下章中詳述。

第二章　參政初衷，早期活動

第一節　獄中自述，坦言動機

　　自1937年底國民政府西遷後，如前所述，褚民誼便駐留在淪陷區上海法租界內，按教育部的旨意，忠於職守，努力維護滬上教育，並在汪精衛離渝事件發生後，多次向公眾和中央政府公開表明其不參與政治的立場。然而在1939年8月汪精衛邀他密談以後，為何會迅速改變態度，參與到汪精衛組織的「和平運動」（簡稱「和運」）和在南京建立的國民政府（本書以後簡稱「南京政府」）中去呢？他在抗戰勝利之初的南京扣押期間，於1945年11月11日撰寫的參加和運之〈褚民誼自述〉[1.61]中，曾對此作出坦誠的回答。近半個世紀以後，這篇自述以〈自白書〉為名，刊登在南京市檔案館編輯、江蘇古籍出版社於1992年7月出版的《審訊汪偽漢奸筆錄》[3.66]一書中。

　　該書系由南京市檔案館從其館藏的國民政府各級法院審理的大量「汪偽漢奸」檔案中，選擇其中22名重要被告（包括陳公博、周佛海、褚民誼、溫宗堯、江亢虎等人）的審訊材料，按人物匯編而成，並補充了中國第二歷史檔案館和江蘇省檔案館收藏的部分檔案，具有較高的歷史參考價值。全書正文共計1494頁，分為上、下兩冊，上冊之276頁至334頁，刊登了褚民誼如下八份審訊材料：

1. 自白書（原名〈褚民誼自述〉）（1945，11，11）；
2. 江蘇高等法院檢察官偵查筆錄（1946，3，17）；
3. 江蘇高等法院檢察官起訴書（1946，3，21）；
4. 褚民誼之答辯書（寫於1946年3月下旬至4月上旬）；
5. 江蘇高等法院審訊筆錄（1946，4，15）；
6. 江蘇高等法院刑事判決（1946，4，22）；
7. 褚陳舜貞為請復審褚民誼案致最高法院聲請狀（1946，5，3）；
8. 最高法院特種刑事判決（1946，5，24）；

其中〈褚民誼自述〉（以下簡稱〈自述〉）[1.61]和〈褚民誼之答辯書〉

（以下簡稱〈答辯書〉）[1.62]兩文，是他本人先後在南京拘押和蘇州監禁期間撰寫的。發表在上書中所依據的檔案材料，如下圖所示，分別是他親筆書寫呈報的〈褚民誼自述〉（書中稱之為〈自白書〉）的原件，以及他當年致江蘇高等法院對檢察官起訴書所作答辯的正文和副文的印刷件。該書出版時，對上述兩件除更改標題和添加標點外，文字上未予變動。（右下圖中可略見編輯出版時對〈答辯書〉添加標點的情況）

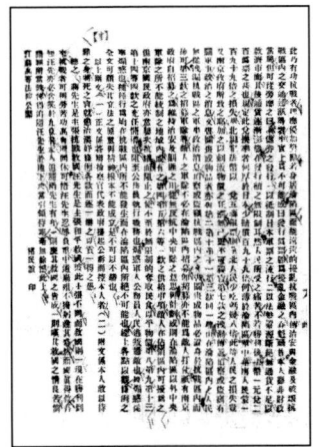

1946年3至4月間褚民誼在蘇州獄中撰寫的〈答辯書〉[1.62]之印刷件尾頁，其標點係書[3.66]編者所加

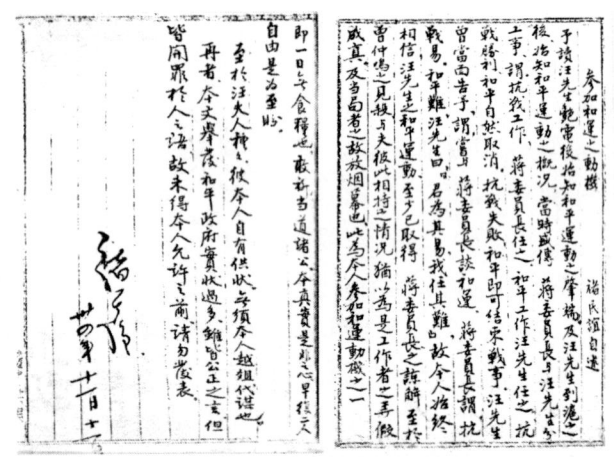

1945年11月11日褚民誼在南京扣押期間手書的〈褚民誼自述〉[1.61]：（右）首頁；（左）簽名尾頁（編入[3.66]書中時插入標點並改稱為〈自白書〉）

〈褚民誼自述〉全文萬餘字，分為「參加和運之動機」「參加和運之經過」「到粵前後」和「忠實之批評」四個部分。他首先從蔣汪之戰和分工、國際形勢之險惡以及保障淪陷區內之廣大民眾三個方面，來說明其參加和運之動機：

「予讀汪先生艷電後，始知和平運動之肇端；及汪先生到滬之後，始知和平運動之概況。當時盛傳蔣委員長與汪先生分工事，謂抗戰工作，蔣委員長任之；和平工作，汪先生任之。抗戰勝利，和平自然取消；抗戰失敗，和平即可結束戰事。汪先生曾當面告予，謂嘗與蔣委員長談和運，蔣委員長謂抗戰易，和平難。汪先生曰：『君為其易，我任其難』。故本人始終相信汪先生之和平運動至少已取得蔣委員長之諒解。至於曾仲鳴之見殺與夫彼此相持之情況，猶以為是工作者之弄假成真，及當局者之故放煙幕也。此本人參加和運動機之一。

鑒於『九・一八』後，英、法之操縱國聯，優容侵略，及美國置身國聯之外，與英、法一鼻孔出氣之態度，深恐彼等始終保持此種態度，使德、日等國恣意侵略。以為吾人處此，實不能不有退一步之自全方法。適汪先生倡導和運，更基於上項理念，遂深信和平運動即退一步之自全方法。

　　在今日而作此言，即本人亦自知為不合時宜，顧當時之有此見解，則自信絕非杞憂。使德、日等國在當時能利用英、法等國在國聯之態度，借軍事求取外交上之勝利，則被犧牲者必仍為吾人。乃德、日等國不自量力，一意窮兵黷武，放棄勝利之機會，故今日之敗，德、日等國所自取也。更有進者，使德、日等國一方面尊重英、美之利益；一方面肆其侵略於弱小，則今日之敗是否能有，中外有心人自必各有其至公至正之批評，不俟本人辭費。乃德國不但侵略英、美而又犯蘇，日本不但侵華而且及於英、美，故其敗也不可免焉。

　　今日中國之勝利，實由於與盟國並肩作戰之功。本人雖以參加和運而待罪，但中國之強既所深盼，盟國立場自亦知所尊重。本文為本人參加和運之實錄，且用以作為供狀，對於過去情況不能違言。若以批評盟邦過去態度為不宜，亦惟有在此先求諒解而已，此為本人參加和運動機之二。

　　以淪陷區域之廣大，安能責全體民眾一概西遷？此為不可能之事。在淪陷區中，見日人對民眾之肆行侵虐，不但痛憤，抑且不忍。和運以救民為口實，本人以為最少限度，亦必作到『委曲求全，加以保障』。因此種工作在淪陷區中實極需要，並自信此種意念必能深獲同情於國人。故以『我不入地獄，誰入地獄』之理念參加此種工作，此為本人參加和運動機之三。

　　本人與汪先生為姻戚，但汪先生從前所有之政治主張本人從未參與，以政治至公，不能因私人戚誼為之左右。往事彰彰，無庸自辯。此次參加和運者，簡單言之，即基於以上三種動機也。（附註）汪先生以前之政治行動，如中山艦事件、寧漢分裂、平津擴大會議、廣州非常會議等，本人始終在中央服務，均未參與。」

　　至於參加和運之具體經過，他回溯道：

　　「本人在京參與抗戰，至二十六年（1937年）十一月六日始離京赴滬。時京滬路阻，轉道鎮江、揚州、南通，至十一日晚始抵滬上。是夜猶聞炮聲隆然。翌日轉寂，人謂國軍撤退矣，本人因中法國立工學院事暫時留滬。

二十七年（1938年）七月[10]，曾經港至漢。同年八月復經港至漢，更由港轉滇至渝。兩度往返之間，既未聞汪先生談及和運，亦未聞中央對本人有所命及，而滬上校務及經費等事牽纏，不能不重返上海。

　　二十七年（1938年）冬，本人在報上讀汪先生艷電，始知和平運動已然肇端，但本人是時絕無參加之意向。茲舉事實以証之：汪先生之艷電在二十七年冬季，本人在二十八年春猶率所長之中法國立工學院之教職員及學生舉行國民公約宣誓，並為卻除社會人士之疑慮，曾在上海各大報刊登巨幅啟事廣告，聲明一切蓋猶親戚歸親戚，政治歸政治之一貫的態度也。

　　汪先生到滬之後，首先說明其從戰爭中救國家、從水火中救民族之報負。次即說明與蔣委員長談話之經過，即所謂『君為其易，吾任其難』之言是也。本人聆後，乃知汪先生之和平運動並非純為彼個人之政治主張，乃為與蔣委員長一暗一明之連繫的救國工作。加以日人殘虐民眾，踩躪地方，到處皆有慘不忍聞，至是始開始為參加和運之考慮。

　　延至二十八年（1939年）八月間，見淪陷區中日人淩虐民眾之事日益加甚，維新、臨時兩政府一無能力加以保障，愈以為和平運動為當前所急需要，因即決定參加和運，從事保民，並肯切認定汪先生之一切行動皆為適應當前需要之必須的措施，絕不疑為叛國或附敵之行為也。

　　汪先生使人與影佐、今井等曾簽定所謂內約者，本人初不知之。後來一切復黨、還都，及取消南京維新、北平臨時兩政府等事，皆根據內約所規定而行，始有所曉。本人對於汪先生當時以死力爭，仍以中國國民黨為政治樞紐一事極表贊同，蓋黨既不分，既隱然與渝猶為一體也。加以當時日人所最切齒者即為中國國民黨，汪先生能力持其事，期以必成，故當時心中轉服其義。

　　經過在上海召開之六全大會以後，復黨工作既已完成，本人因贊同此項主張，故允任中央黨部秘書長，以示並未脫離中央之意，蓋本人曾一度任二屆四全會之中央黨部秘書長也。

　　經過南京、青島兩次會議，維新、臨時兩政府取消，旋即組府還都。本人在此階段中，除一度主持修復南京各機關建築物外，對於政治決策可謂一無主張，因本人原非政治人才，對於此種多面關係之政治施設深恐不能得當。一切大計除汪先生一人決策外，參與機要者另有其人，本人之位雖尊要，不過旅進

---

[10] 筆誤，應為五月，詳情見第四篇第一章之第二節「發展生產，驚書救難」。

旅退而已。

　　二十九年（1940年）三月三十日還都南京。未還都前，汪先生在愚園路曾言，擬令本人長海部。本人未聞軍旅之學，海部何以克當？正考慮間，汪先生又謂，改使本人長外部，時在第一次中央政治會議開會前也。外交之事，雖亦非本人所學，因其接近日人，可以外交方式達到保護民眾之目的，故即表示接受。

　　在外交部不久，汪先生與阿部特使根據內約，簽定中日基本條約，駐日使節無人，遂命本人赴日。在日九個月，復令本人還長外交，直至今年四月未易他職。本人此次追述參加和運之經過，目的只在紀實，絕不願自作辯護。但立志既在水火中維護民眾，則行為與意志相合之事實，既無別人肯代本人列舉，自亦不得不秉筆直書，以存真像。在日九個月中，曾巡視日本各大都市，直至北海道，對於留日僑胞生活上、教育上之種種救濟及改善，或與日政府協商，或與各地名流聯絡，使此種救濟及改善工作頗多成就。茲為避免誇張，故不復詳記，留待公正人士之從而調查可也。

　　在外交部長任內，代民眾向日人索還房屋、財產、車船、工廠以及其他一切社會利益共有多起。尤其從日本憲兵之任意逮捕、拘押及橫施酷刑之掌握中，完成許多保全民眾之身體、居住等權益事項為最足留念。因政府懦弱，雖未完成具體的積極功效，但在消極方面，固已自信可告慰於許多被屈之當事民眾也。

　　本人既立意在協助民眾，故外交工作一以酬酢、連絡為要務，期以個人之情感，完成所負之使命。至於外交上之政治決策，完全由汪先生乾綱獨斷。本人既志不在此，且行格勢禁，亦不容有所表示，故一切外交大計在實行之前，本人可謂咸無所知也。

　　本人懷疑和運之根本問題，始於對英美宣戰，以為果得蔣委員長諒解，似不應牽及外交。故當時曾向汪先生進言，謂即係日人之意，亦應由日人請求後，再行決定，不宜自動地趕上去。汪先生謂，萬一抗戰失敗，吾人非此不能取得戰後之國際地位。本人無法，只得緘默。

　　接收租界為外部職務，本人指揮所屬小心處理，蓋自任外長以來，惟此一事為政治的外交工作也。

　　近在廣州『光粵報』中得讀蔣委員長撰述『中國之命運』一書，始知民國二十二年（1943年）一月十二日，英、美等國亦有交還租界、撤廢治外法權之聲明。當時日本原定於一月十五日交還租界，忽又以緊急之通知，改為一月九

日舉行。彼時實不知日人之意義究竟何在。今乃知係與英、美等國爭兩日之先也。噫，國際情形固如是已。」

褚民誼在上述獄中自述的前兩部分，「參加和運之動機」和「參加和運之經過」中，傾訴了他在水火中不惜為救國救民而入「地獄」的志向，這也將為本章後續提供的諸多事實所印證。該自述中的「到粵前後」和「忠實之批評」兩部分，以及他後來於庭審前撰寫的答辯書，將分別在嗣後適當的章節中引用。

關於汪精衛對日方針的決斷過程和情況，在原周佛海親信金雄白（筆名朱子家）撰寫的《汪政權的開場與收場》[3.85]一書中，有較詳細的回憶，可供參考印證。

第二節　和平基礎，合作共贏

褚民誼決意參加汪精衛倡導的「和平運動」以後，為了不致影響他原來執掌的中法工學院的教學正常運轉，即於1939年8月底脫離學校，遷居於租界區外愚園路1136弄內。嗣後，在〈微電之總答復〉（見文集[1.52]）一文中，他對此舉參加政治工作對於中法工學院有何影響的問詢時，回答曰：「余既決定參加政治工作，立即離開學校，以免學校捲入政治漩渦。且全校師生，均未與聞政治。余之離校，彼等事前亦未之知。余早將校務，委託代理。同時電知重慶教部。深望全校師生，安心教讀，合力維持學校，繼續不墜。」他更深情地說道：「余長該校已十二年，歷經艱難，撐支至今，殊屬不易。平素愛護學生，猶如家人子弟，斷不忍目睹彼等失學。更知政治主張，各有不同，對於為國儲材之目的，初無二致。教育應有特立獨殊之精神，況工業專科，當此建國需才之際，尤關重要。故余在校，絕鮮與學生談論政治，且諄諄告誡，希望彼等埋首苦攻，以達學成致用之目的。故不致因余個人之去就，而影響學校之進止。」那時他雖已離校，但仍對中法工學院十分牽掛，在10月2日致時居國外的李石曾書（見文集[1.52]）中，在告知其政治選擇的同時，著重報告了該校面臨經費短缺，特別是法方年來無意續辦該校等狀況，籲請李氏「設法斡旋，俾使中法合辦之文化事業不致中斷。」並在此表達其「今雖離校，仍願從旁竭力贊助」的積極態度。

在汪精衛的主持下，8月28日在上海召開了「國民黨第六次全國代表大會」，褚民誼任監察委員會常務委員，並兼任秘書長。國民黨曾於1927年出現

寧漢分裂的嚴重局面，褚民誼在那個時期也出任過中央秘書長，為恢復黨的團結統一，發揮了積極作用。在這次重掌秘書長的前夕，他於9月5日向在重慶的中央執監委員發出「微電」，表達他「以國家之興亡為前提」「可戰則戰，當和則和」「熟權利害，善加選擇」的主張。黨的分裂是他不願意看到的，為此他明確表示「民誼當盡最大之努力，從中斡旋」，以儘早實現黨之再度復合。（見文集[1.52]）

　　文中談到蔣同志（指蔣介石）雖言抗戰到底，實不斷與日進行議和。他以自己的經歷說明，「即民誼在滬，當汪同志（指汪精衛）未離渝前，亦曾數度與孔庸之（孔祥熙）同志之代表，向對方洽談如何停戰、如何談判、如何撤兵，且曾以函電報告經過。民誼本良心之主張，認為和平早一日實現，人民早一日脫離痛苦。初不知主張議和，足以獲罪也。」褚民誼參與的這項活動，是在戰局逐步轉變為持久消耗戰的情勢下，日本近衛內閣試圖改變其對華方針而發生的。1938年10月底近衛派他的親信早水親重等人由東京飛滬，與重慶國民政府行政院長孔祥熙派遣的代表樊光以及在滬的褚民誼會晤。臺灣國史館內藏有一份會談後褚民誼與樊光於10月31日（世日）呈報孔祥熙，並由孔於11月5日密電時在湖南南嶽蔣介石的四頁檔案資料（「臺國史館」002-080103-00028-004-001a至004a）。該密電全文如下：「蔣委員長賜鑒迪密，據上海褚民誼、樊光致汪副總裁及弟世電稱，頃據日本近衛親信早水親重等由東京飛滬面告，近來日人對華認識，確已覺悟，除少數在華軍閥外，咸主張對華須尚和平，免致再誤。此次錯誤係因日本內政組織不良所致。現已由四相會議決定，以政治革命方式，組一全國一黨，以改正對外觀念。黨綱大意，含有承認中國此次抗戰求民族解放為合理，及同情中國一黨治國之組織，並保證中國之主權完整之意。近衛為黨首，板垣副之，杉原正已為總幹事，秋山定輔為人事負責人。擬於十一月三日由內閣發宣言，其內容當多涉及中日問題，亦即黨之主張。但恐被在華日軍閥反對，又慮委座肯否接受。至在華日軍閥，該黨自信可以克服，惟對委座，懼無把握。且近衛甚願效張伯倫赴德故事，願意到華晉謁委座。故希望在該黨宣言前後，得到若干諒解，不致使該黨宣言發生誤會，及於事無濟，故托為轉陳云。誼光等以為，中國此次抗戰，為日軍閥之侵略，其內部既有反軍閥組織，為中國之福。中國似宜予以援助；且在未得確保前，與繼續抗戰並無衝突。倘所稱各節，確係實情，即東亞可以轉危為安。因該員懇轉甚殷，又察其來意頗誠，用敢密陳，至應如何答復之處，切懇我公向委座

密商，電示祗遵等語，特電奉達，即請鑒核，弟祥熙微機秘渝叩」（002a至004a）。右圖是該檔案中，國民政府軍事委員會辦公廳機要室接孔祥熙密電後，於11月7日呈報蔣介石的摘錄文件（001a）。

1939年11月，上海的建社出版部，由戴策編輯，出版了《褚民誼先生最近言論集》[1.52]。在該書的初版中匯集了褚民誼參政近三個月來發表的重要言論九篇。除上述〈致重慶中央執監委員電〉〈微電的總答復〉和〈致李石曾書〉三篇外，有二篇是針對當時詭譎變幻的國際局勢進行分析的文章，〈世界大勢之後顧與前瞻〉和〈波蘭瓦解之我觀〉。其餘四篇是在

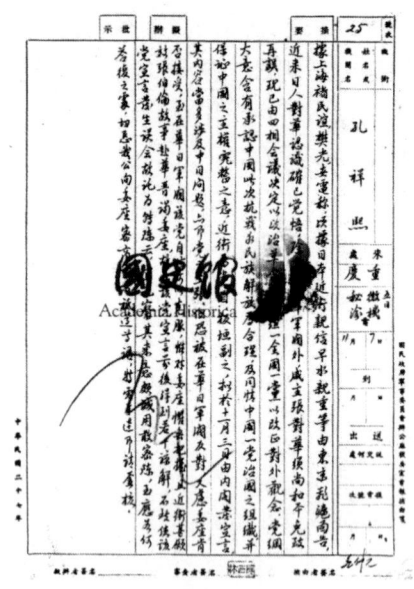

1938年11月5日孔祥熙向蔣介石呈報派員與日方會談情況之機密文件摘錄（「臺國史館」002-080103-00028-004-001A）

中央黨部總理紀念週上的兩次演講，以及在中華日報和日本大阪每日新聞華文半月刊及日本時事評論等報刊雜誌上發表的文章，分別題為〈經濟合作原理〉〈中日和平的基礎〉〈中日經濟合作應有之認識〉和〈中日和平與文化合作〉。這幾篇以「中日和平、共存共榮」為中心的文章，集中表達了他為爭取國家自主獨立而謀求和平的立場，明確指出「我們這次主張和平，不是苟安一時，而是為東亞兩大民族的福利，求得永遠合理解決」而提出的。中日雙方的人民和有識之士，應該從這次不幸發生的戰事給東亞造成的空前未有的慘劇中，溯本窮源，覺醒過來，拿出誠意，平等合作，才能真正達到共存共榮的目標，從而實現東亞以至世界的持久和平。」

他在〈中日和平的基礎〉一文中，面向中日雙方讀者，簡明扼要地闡述了上述主張。如後頁右圖所示，在該文集初版文前的編者按語中稱：「本文係應日本大阪每日新聞社出版之華文半月刊一週紀念號而作[11]。敘述雖簡，而闡明和平運動之立場，使日本人民認識和平之真義，與和平以後應有的作為。本報

---

[11] 後又轉載於1939年10月26日《中華日報》。

54　褚民誼紀實全傳　第四卷　捨身濟世

鑒於有人以為『日本和平理論輸入中國，而沒有將中國和平運動理論輸向日本』，故褚先生此文實有發表之必要，特為專載於此。」全文如下：

「中日戰爭之必須結束，在現今兩國人民之間，是已充滿著此種信念。東亞和平之必須奠定，在現今兩國的政治家間，是已認識其重要性。

我們認為中日戰爭的結束，並不因為日本軍事上已經勝利而望和，使之適應此次歐戰中的國際形勢。也並不因為中國戰敗而求和，使之暫表屈服而準備再度的報復。如果是那樣的話，不但我們決不會主張和平，或許日本也不需要和平。因為若以前者的說法，日本未曾以二年多爭戰的經驗而認識滅亡中國的不可能性。若以後

1939年11月出版的《褚民誼先生最近言論集》上發表的文章〈中日和平的基礎〉之首頁 [1.52]

者的說法，則沒有正確估計中國民族的創造性，和中國數千年曆史維繫的要素。所以中日和平的真實目的，是在奠定東亞永久的和平，進而求世界永久的和平。換言之，結束中日戰事不是勝敗的結果，而在期求東亞以及求世界和平之實現，必以中日和平為基礎這一觀點上。

我們深深的覺得，這次中日戰爭的原因，雖很複雜，但兩國間都有一種傳統思想的錯誤。以軍備來說，因為日本是島國，故需要強大的海軍，正和英國需有強大海軍同樣的理由，但日本陸軍的軍備似在國防需要之上。我們試看英國海陸軍力的比例和日本海陸軍力的比例是適成相反，這就使人明白，為什麼日本的陸軍力如此的強大呢？在中國方面看來是日本完全在準備侵略，同時以近世中日關係史上看，確也不少證明日本以軍事劫奪的行為。但中國不特沒有海軍即陸軍也沒有良好設備，這樣形勢的結果造成了中國人民『畏日』和『仇日』的心理。其次，以政治經濟來說，日本自維新以後，政治和經濟的進步，一日千里而堪與歐美比擬，無疑的是中國的先進。在客觀上，中國政治經濟的改革，因為地理的關係，必然以通過日本來吸收為較易。但事實上日本確利用

第二章　參政初衷，早期活動 · 55

強制性的條約來企圖達到此目的，而這些條約又是以壓力來形成（如二十一條等）。這樣，不但使中國感覺惡劣，而且使國際為之不安。其結果，中國政治經濟的改革非但不通過日本，反而厭談中日政治經濟的合作。再次，以文化教育來說，日本是以吸收中國古代文化而介維新以成歐西文化的先進。其教育制度，因種族、文字的關係，理應易於達到一致。但事實上，日本的教育是以侵華、侮華為其目的，未曾致力於中日文化教育的溝通。這樣的結果是，中國新文化運動站在反對帝國主義的立場，並以抵抗侵略為其教育的目標。

我們認為中日兩國，無論在種族上、地理上、歷史上，其政治文化經濟都容易溝通和合作，兩國的繁榮和兩國的和平也很易確立。但為了中日最近種種的關係，例如上面所述，竟為兩國和平的障礙。我們雖不信這些是兩國人民間的真意，也不能信為兩國政治家的真意。至少我們可以說，日本過去在形式上是用強力而沒有真誠使中國人民瞭解。不然，中國決不會被迫而採取遠交近攻的政策，同時中國人民也決不致有非準備武力不足以抵抗侵略的偏激觀念。

現在經過二年多的戰爭，大家已覺悟過來了。在日本方面，知道即使滅亡中國也不能維持東亞和平，認識了中華民族之不可侮，所以有近衛聲明且以之昭告於世界。在中國方面，也知道了遠交近攻政策是不足以解決中日問題，同時也認識日本的國力，是有助於中國的建設，所以有中國國民黨汪主席艷電之響應。不但如此，中日兩國又認識了唯平等的友好的和平，才能支持東亞的繁榮而不受國際動蕩的影響或漩渦。

我們以為東亞和平的責任是應由中日兩國來分擔，這基礎才能鞏固。的確，中國現在的國力是不充實的，我們希望由於日本的協助，使中國自身得以建設而且有利於日本，以中國的地大物博和人口眾多，不愁不能分擔重大的責任。不過，由於中日最近三十年間的不良關係，應如何使兩國能彼此互信？我們確認，第一必須放棄以武力征服或武力復仇的觀念，只有在分擔奠定東亞永久和平的觀點上，中日各自充實國防，不以之作彼此相爭的工具。第二，我們必須以兩國彼此有利的情形下，建設整個繁榮東亞的經濟合作，以之避免彼此獨佔的形勢。第三，我們必須基本的溝通兩國固有的文化和改善教育制度，然後兩國的傳統思想得以打破，兩國人民因思想的融和而一致。這樣，東亞永久和平得以確立，世界和平才有曙光。

大阪每日新聞社因大阪每日半月刊一週紀念，預備出一特刊，鑒於中日反共和平空氣的澎湃，索文於我。我覺得大阪每日華文半月刊，負有溝通中日兩

國文化，融洽兩國人民思想和情感的使命。際此第二次歐戰激起之秋，我們應秉古訓所謂，一切『建立於民』的原則上，來努力中日和平的基礎，完成東亞百年的大計。因此，申述如上的感想，希望兩國人民互勉，向此前途邁進。」

褚民誼在文中深入分析和尖銳批判了近年來中日關係惡化的癥結所在，明確地指出，同種同文的中日兩大民族，必須摒棄以往的錯誤觀念，走「和平發展、合作共贏」的道路。這是一條「建立於民」、符合兩國人民根本利益的光明之道。正是秉持這一理念，褚民誼在淪陷區內，竭盡所能，為促使這一目標的實現，為減輕民眾的苦難和國家元氣的損失，進行不懈的努力。嗣後歷史的發展證明，日益膨脹的日本軍國主義勢力，一意孤行，為擺脫其不可避免的困境，不斷擴大侵略，直至挑起太平洋戰爭，而最終走向滅亡，向包括中國和日本本國人民在內的東亞和全世界人民犯下了不可饒恕的罪行。

此後不久，1940年1月褚民誼又在日本權威性的《日本時事評論》（Nippon Hyoron）上發表文章，從經濟合作的角度，再度闡述中日關係應和平相處共存共榮的觀點。如後頁右上圖所示，1940年1月17日英文版《華北導報》[2.14]上刊登了哈瓦斯（Havas）1月8日從東京發來的，題為〈新政權並非『傀儡』〉的文章，扼要披露了褚民誼這篇文章的內容，記者寫到：「人稱汪精衛得力助手的褚民誼博士，在擁有大量讀者的《日本時事評論》上發表宏論，坦率地『告誡』日本讀者，日本的對華政策是錯誤和『不公平』的。褚博士指出，過去幾年，特別是自滿洲事變以來的歷史表明，日本迷戀於顯示武力……企圖通過對中國施加政治和軍事壓迫，以解決其經濟危機，這種辦法是錯誤的。

如果日本深入思考自己以及中國的地理位置，就切莫試圖採用歐美侵略中國的做法。並稱，日本是激起中國民眾對帝國主義深惡痛絕的主要原因。

日本基於軍事力量的算盤。其目的是要實現『日本工業、中國農業』的口號……要一個國家永久處於農業狀態，是毫無道理的。

國民黨的任務是要進行國家的經濟建設，單邊壟斷將斷送經濟合作。

『中國意欲抗拒強加在他頭上的政治和軍事壓迫。』他說道。『另一方面，中國只樂意響應那些和平建設的建議。』

他進一步向日本當局指出，在中國的日本佔領區內，至今仍存在嚴重的『不平等』，例如，所謂的『華中開發公司』，是一個半官方的組織，中國人實際上不可能參加。

『中日經濟合作』，他告誡說，『必須以平等為基礎。資金、勞力和技術是三個基本要素。我們決不允許以損害我們國家的領土和主權完整，來乞求經濟合作。』」

褚民誼這篇在《日本時事評論》上發表的專論，是他擔任國民黨秘書長後不久，於10月份中央黨部舉行總理紀念週上的演講，曾以〈中日經濟合作應有之認識〉為題，發表在1939年11月18日的《中華日報》上，並收集在《褚民誼先生最近言論集》[1.52]中。該文在深刻總結近代中日關係發展的歷史經驗教訓的基礎上，系統地闡發了中日應進行平等經濟合作的思想。是一篇很具代表性的論文，特全文轉載於本節後的附錄2中。

1940年1月17日《華北導報》上以〈新政權並非「傀儡」〉為題，披露褚民誼在《日本時事評論》上發表的題為〈中日經濟合作應有之認識〉的論文（《華北導報》[2.14]1940，1，17）

關於《褚民誼先生最近言論集》[1.52]，這裡要補充說明的是，其首版於1939年11月出版發行後，緊接著又分別於1940年1月和2月再版和三版。其中收集的言論也隨時間的延長而相應地從初版時的9篇增加到三版時的20篇。第三版的《褚民誼先生最近言論集》（1940，2）及其中的著者肖像示於下圖，其論文目錄給出在後面本節的附錄1中。

1940年2月出版的《褚民誼先生最近言論集》第三版的封面（右）及著者肖像（左）。其論文目錄見本節附錄1[1.52]

《附錄1》《褚民誼先生最近言論集》（第三版）目錄[1.52]（1940，2）

　　致重慶中央執監委員電（1939，9，5《中華日報》）
　　微電的總答覆（1939，9，12《中華日報》）
　　世界大勢之後顧與前瞻（1939，9，17《中華日報》）
　　波蘭瓦解之我觀（1939，9，30《中華日報》）
　　致李石曾書（1939，10，2《中華日報》）
　　經濟合作原理（1939，10，17《中華日報》）
　　中日和平之基礎（1939，10，26《中華日報》）（原載於日本大阪每日新
　　　　聞社出版之《華文半月刊一週紀念號》）
　　中日經濟合作應有之認識（1939，11，18《中華日報》）（1940年1月
　　　　《日本時事評論》）
　　中日和平與文化合作（1939，11，21《中華日報》）
　　斥樂景濤在渝荒謬談話（1939，11，30《中華日報》）
　　重慶偏安局勢之檢討（1939，12，2《中華日報》）
　　兔死狐悲（1939，12，4《中華日報》）
　　政治建設（1939，12，17《中華日報》）
　　希望於二十九年（1940，1，1《中華日報》）
　　廣東展望（1940，1，1《中華日報》）
　　自力更生（1940，1，1《民族日報》）
　　為和平運動告國人（1940，1，3中央廣播電台廣播）
　　最後忠告（1940，1，18《中華日報》）
　　和平與革命（1940，2，1《南華日報》）
　　和平與建國（1940，2，5《中華日報》）
　　（注：本文集第一版（1939，11）中僅包括前九篇論文）

《附錄2》褚民誼著〈中日經濟合作應有之認識〉全文（[1.52]）

  我們對於這次中日戰爭的形成，有始終一貫的觀念，就是日本需要中國的資源以充實他的國力，滿足大和民族的理想生活，因之錯用了政治的與軍事的壓力，希望達到經濟問題的解決。在中國呢？所謂地大物博、資源豐富，一切蘊藏，如加開發，不但可以充實自己國家的實力，滿足中華民族崇高的生存條件，還可以給世界任何國以幫助。但因科學的落後、軍備的不修、和政治的不安定，經濟的建設無由發展。中國國民黨所負的使命，即在維持領土主權的原則下，完成經濟建設的任務。如果領土主權而不能完整，則所謂經濟合作，就等於一面倒的獨佔。所以政治的與軍事的壓力是必須抵抗，和平建設的方案是樂於接受。這就是中日七七事件以後之所以打起來，而經過二年多以後之所以彼此主張和平的理由。

  其次，我們感覺到這次中日戰爭中的流弊，就是大家都上了第三國際的當。因為中日兩國都需要生存，都需要繁榮，所謂共存共榮是大家要增加生產，發展文化的水準。戰爭的結果是，消耗了人力、物力和財力，並毀滅了人類的文明。以二年多的情形來說：中國人的死傷固然比日本人大，但中國人口眾多，其影響沒有日本來得緊要；至於財政上的損失，中國固難以支持，而日本戰費以每月五萬萬日元計算，及其他消耗則二年多來已達二百萬萬日元以上，這個損失是不為不小了。所以在七七事變以前，日本軍人以為威嚇威嚇如九一八事件那樣，就可以得到很大的利益。而第三國際確看到了這種機會，命令中國共產黨勾結蔣介石抗日，目的在消耗日本的國力。依他們的估計，中國即使將國力消耗了竭盡，日本國力也就消耗了一半以上，這樣中日都沒有辦法，蘇俄就可以收漁人之利。不但中日無由以共存共榮，而赤化東亞的目標或可不勞而獲。再退一步言，蘇俄固維恐天下不亂，即其他國家亦無不坐觀中日兩敗俱傷。所以英首相張伯倫有言：「日本即使勝利也得向英國借錢。」由此可知，中日兩國生存與發展決非戰爭所能得之結果。所以日本因解決經濟問題而不惜出以戰爭，到現在才知道上了不易復元的一個大當。近衛聲明之所以「不割地、不賠款」「維持領土主權行政的完整」就覺悟了這一點。在中國，不但抗戰之無把握，而有先日本崩潰之可能。版圖固將成為蘇俄之附庸不必說，而赤化生產落後之中國，其人民之痛苦何以堪，故有汪先生之艷電，進而恢復行使國民黨之職權，重負救國之大任。

中日問題之解決，日本既放棄軍事征服與政治的侵略，而以防共為安定社會的基礎，以經濟合作為奠定兩國永久和平與共存共榮，則中國不但沒有滅亡，且進而分擔這東亞永久和平的責任。所以中日和平以後兩國所共同維繫之點，厥以經濟合作問題為最重大。

　　論中日經濟問題，我們必須檢討一下中日經濟關係的過程。在明末清初以前，這過程載諸史冊，我們固不遑列舉，但有人以為明末清初以前的經濟關係即是原始式的爭奪。實則那時候交通工具沒有發達，航海術還沒有精通，歐西文化也還沒有完全東漸。雖然兩國沿海人民偶有往還，自尚不能確斷為兩國正當經濟關係的開始。直至日本明治維新奏功，而中國海禁亦大開，不但國際關係日益頻繁，而外國貨幣也從此流入了中國。所以我們把明末清初到民元為近世中日關係的第一時期，當不為過。在這一時期之中，一方面日本內面藩籬制度之摒棄，海軍國防之建立；外面與國際通商，拼力走入資本主義之大道，且由此樹於歐美政治外交陣容之林。一方面在中國，則清廷政治腐敗，國家經濟制度之不確立，工商企業亦無由開展，其結果是國際政治侵略隨經濟的深入而漸次壓迫。迨中日之戰、日俄之戰、及八國聯軍之役以後，日本隨之亦要求賠款、割地、劃租界地等，一般武力為後盾的辦法，以之遂欲於經濟的開展。實則中日兩國以同文同種和地理的關係，自無須效歐美的方式作侵略中國之企圖。所以在此時期中所表現的，不是親善而是敵對。中國人之怨恨帝國主義因之亦以日本為最受影響，其結果中國民族主義思想的澎湃而致形成辛亥革命之成功。為了這緣故，中日關係又轉入了第二時期，這時期自民元起至民十五軍閥政治崩潰為止。我們知道由於第一時期武力的侵略，中日正當經濟關係依舊沒有建立，同時各國均勢制度漸漸形成起來。迨歐戰發生，日本的輕工業極度發達，各國無暇東顧。於是日本乘此機會思有以獨霸中國、獨霸東亞，除從德國手裏奪取青島外，更提出二十一條作政治上的壓迫，以條約來束縛中國。實則這種方式，無異於第一時期，因為一則中日同是協約國，乘火打劫為國際輿論所不許；二則美國的地位在歐戰中有舉足輕重之勢，其對遠東，更不能讓日本獨得厚利，因之二十一條的結果入於僵局。歐戰結束後，華盛頓會議之舉行，九國公約之成立，使日本二十一條之目的未達，而所謂均勢制度則予以確定。我們雖然不能承認均勢制度對於中國為有利，但日本除被承認有所特殊地位外亦一無所得。如果日本對於政治壓迫的失敗具有相當的覺悟的話，也還可以從純粹經濟立場上進行提攜，但事實上並不如此努力。我們試看那時候國內

各種國際投資的企業，如中日、中英、中俄、中德等，其中日本的投資僅約佔總投資額百分之三十以上，而且大部分在東四省及華北，華中方面為數極少。即以漢冶萍而論，是中日合作事業中之較早者，但漢冶萍公司是可謂失敗的。失敗的原因在那裏呢？由於中國方面者固不能否認，但該公司一則與中國並無利益；一則管理與技術方面均無進步。所以在此時期中，只有經濟獨佔的企圖，沒有平等互惠的經濟合作之事實，使中國人不能相信所謂經濟合作是有利的。再則日本輕工業在歐戰以後又大受影響，雖然利用關稅之優惠，儘量傾銷商品於中國市場，但仍然不能提高中國人的信仰。我們相信，日本的財力決不能全部負擔開發中國的蘊藏而無須其他國際的投資，則所謂獨佔的企圖事實上亦難以辦到。及至本黨出師北伐，奠都南京，中日關係又轉入一個新的時期。這新的時期，我們可謂之中日經濟關係的第三時期。我們知道，在北伐初時，外交上雖然是聯俄反英，但國共間的摩擦甚烈，對於日本並沒有特殊提出抗日主張或且還有相當好感，而外交政策的決定尚有待乎奠定和統一。因為中國民族主義的思潮澎湃到了極點，內而建設新中國，外而徵拔次殖民地的地位，謀取獨立自由與平等，這種國民革命運動之成功是必然無疑的。日本如能從新檢討其過去政策，而與新中國為友，則中日關係，必定有一大轉變。不料日本一則暗助於軍閥，再則阻撓北伐如濟南慘案等。另一方面因為國民政府用迅速的外交手腕收回漢口九江的英租界，因之國民政府奠都南京以後，將反英政策一變而為親英政策。實則五四運動固有抗日之原素，而北伐的成功亦以五四運動為最大的原素。如果日本能與國民政府從新建設平等的友誼，或尚不致立刻改變反英為親英。這一段外交史實雖然尚有許多可以討論的餘地，但日本毫沒有一些改易更張之意，確是挫折中之一大原因。

　　同時，因為中國的親英離俄，日本乃發動武力，造成九一八事變，創立所謂滿洲國。冀以滿洲國的典型逐步以日滿經濟一體的口號，引申所謂中日滿經濟集團的統一，於是中日經濟關係形勢又更趨惡劣，而日本在國際外交局勢中陷入了困難的局面。即以中國貨幣改革而論，實由英美相助推行，進而入於英人之掌握。日本於此理應翻然改圖，真誠合作，但實際仍迷於武力，不願中國自身之意旨。再以一九三五年所提中日經濟合作的理論觀察，更有一絕大的阻力。這阻力就是所謂「日本工業、中國農業」這一口號。在這口號之下，日本以為中國農業可由日本以技術的指導，以農業生產品大量售予日本，同時並易取需要的工業品；另一方面設立中日貿易協會，企圖傾銷日貨，優勢於中

國市場。這樣中國變了消費者，經濟利益完全為日本所得，且將這個永遠置於農業社會組織之下，而毫無生氣。我們知道，一個國家由農業到工業，是必然的趨勢，也是必有的要求，沒有一個國家可以永遠停滯於農業社會階段，除非是殖民地次殖民地，中國當然不能永遠處於殖民地地位，永遠是他國工業原料品之供給者。固然中國原料品可以供給他國，但必須有自主的主權來發展自己的工業，所以中日經濟合作也必須以平等互惠的原則，來顧全中國自己的建設需要，即日本也應願意如此才可以開展到共同繁榮的目的。但是這第三時期之中，日本曾一面以武力作種種要求的後盾；一面以片面的經濟合作理論來企圖獨佔利益。縱使這幾多年以來互有經濟考察團的派遣和往來，而實際上依舊格格不相入，反不如英國的積極幫助解決中國的貨幣，得到一般人民的同情。同時，在歐洲方面，英俄正以「民主」二字為媒介，漸次接近，予中共以勾結蔣介石之機會。西安事變之後，乃急速形成聯英聯俄政策，終而造成這一次中日空前的大戰。

我曾經說過，凡事不平則鳴，平則互利。而所謂平，尤必須有平的事實。現而日本軍事佔領區，就華中來說，隨著軍事而開展的，是一種所謂華中開發公司，地域的廣大，權益範圍的優越，一切超過了國際公法所允許的條件。在這獨霸的公司下，又發動了各種事業獨佔的小公司，這些公司的資本號稱雖然相當的大，但實際上的資金並不多，只是將事變以前所遺留下來的財產或物資暫維現狀。而這些財產又並不完全顧及中國商人的意志，而藉軍事佔領以沒收下來的。也有中國某種商人願意加入合作作為資本，而財產的估價又非常之低。我們根據報告，在淪陷區內不但沒有純粹中國民營的公司，甚至一個比較大的商店也有被壓迫的可能。凡此種種都不能謂為平，不能引人民以信仰。其結果淪陷區的工業依舊逃避於租界，逃避於西南。事實是勝於一切的雄辯。我們希望今後的經濟合作必須有真真互惠互利的辦法與方案。

由於二年來戰爭的覺悟，過去歷史的檢討與事實失敗的教訓，日本已經表示真誠的合作，改善過去辦法，中國自然樂於接受，但具體的方案尚有容待於各種專門家來研究、來制定。不過我覺得，中國產業之所以落後，影響經濟的開展，最大的原因是在均勢制度的確定，和日本與其他列強的種種協定。因之，中國沒有自主的經濟政策，一任處於被動的地位。第二，是中國產業界有依附政治的思想，而沒有支配政治的思想。因為中國過去產業界借政治勢力來操縱市面，壓倒同一產業的團體，結果引成了官僚利用鉅賈以發財。於是鉅

賈官僚連合一氣，官僚可以低利通融資本，而普通商人反得不到這利益。因為官僚愈發財，鉅賈愈入為官僚的掌握，普通商人也就愈不能開展，其結果一切企業無辦法。而鉅賈大賈之結合，也沒有真真在企業上謀發達，而只是投機。我們只有看中國市場投機風氣之盛，就為了這緣故。反觀歐美情形與歷史，那就大不相同。他們可以和政府要求，也可以和官吏鬥爭；他們握著民主政治的要義，更把握著民主主義之下的民生經濟。所以，遠有歐洲中古時代的反對貴族，爭取民主；近有美國產業界可以支配政治動向的諸般歷史和現狀。我們如果能反省一下，當知殉身於獨裁的錯誤。第三，是中國產業界的沒有遠大眼光，唯小利是圖。中國的工業近年來極有蓬勃的氣象，但均因不能腳踏實地而失敗。譬如，每種實業新興的時候，必大家效倣、競爭，不肯集中人力、財力、智力，謀整個的開展，結果因為東一個廠、西一個廠的緣故，大家都失敗了，這就小的而言。資本大些的，就極力作表面的擴展，沒有謀技術上的進步，使生產品改良。只注意在量的方面，而忽略在質的方面。結果，其失敗之慘，馴至無人敢作實業企圖的刺激，這只要看上海中日兩國所辦的棉紗事業就可以知道。所以捷克的拔佳、美國的福特，都以一小工業而成大企業家，中國則有很大資本的企業，而終歸於失敗。

　　上面所述，雖為中國經濟上的病態，也應使中國商人的覺悟。但主要原因還在沒有獨立的經濟政策和國際均勢制度的束縛。因為我們需要國際投資，確沒有方法去利用，反使外資所利用；我們需要技術合作確沒有方法去利用技術，更沒有注意到中國經濟的動力是中國的勞工。所以國際投資變成了供給原料與消耗商品，技術的指導變為事業的管理。好像增加生產與開發經濟資源只有資本和技術，勞工是非主要的條件。須知資本與勞力乃是生產的二個主要因素，技術是把兩者聯繫形成具體的經濟狀態。俗語說得好：「出錢出力，各分利益。」那末所謂經濟合作，我們既是出錢，又是出力，如何能使人家的利益多，我們的利益少，甚至毫無利益而被人獨佔呢？這是每一個中國人民的信念，而且希望日本人民認識和瞭解的。

　　由於資本、勞力和技術三者的平衡和三者之不能偏廢，是中日經濟合作，必根據平等互惠的原則。和構成經濟問題的三個主要因素來研究一具體方案乃為上策。我們不能因為談經濟合作而牽動領土主權行政的完整，我們必須就純粹經濟問題的立場來謀取中日兩國的共利，然後可以達到兩國共存共榮的目的。

　　我們指出了中日經濟合作上難以接近的歷史原因與中國自身沒有經濟政策

的錯誤。我們就想到，中國國民黨主席汪精衛先生於民國二十二年在南京有言曰：「沒有相當的國力，不但不能與人言抵抗，也不能與日人言親善」。換句話說：「能自存始能共存。不能自存，則不能共存。」最近日首相平沼氏亦有言曰：「凡爾賽和約充滿了勝敗的偏見和功利思想。其結果遂招致了今日的世界的局面，而陷於連自己所創設的國際聯盟也不能維持的窘境。日本這次和平條件則以道義觀念代替功利觀念，對於中國不僅無勝敗的偏見，並且有同憂患共安樂的誠意，這樣東亞的永遠和平便能夠確保。」所以中日經濟合作，必先解決中國的民生問題，實現民生主義，完成民主政治，然後中日能永久和平、能共存共榮，這就是中日經濟合作問題上，中日兩國人民必有的認識與必有的努力。

第三節　謳歌寂然，真情流露

　　1937年12月首都南京陷落，入侵日軍瘋狂奸婬擄掠，數十萬百姓慘遭殺戮，大量居民流離失所，四處流亡，瀕臨絕境。國內外慈善機構和人士紛起組織形形式式的難民營，盡力予以救助。2000年仲夏，在棲霞寺鹿野堂後院亂石堆內發掘出褚民誼於1940年撰寫的《寂然上人碑》（簡稱《上人碑》）碎塊，揭示和確證了在南京大屠殺期間，留守在棲霞寺內的僧人，在寂然法師（見右圖）帶領下，組織佛教難民收容所，救助二萬餘難民的光輝事跡。該碑共二塊，各被砸成兩半，拼接起來每塊尺寸寬約1.42米、高約0.47米。其拓片，如後頁上圖所示，現已收集和發表在該寺住持隆相法師和辦公室主任徐業海編輯、鳳凰出版社2009年12月出版的《南京棲霞山貞石錄》[3.83]一書中。該碑今鑲嵌在寺內退居堂廊牆上，其現況及復原後碑之全文載於本節後的附錄1中。後頁下圖是攝於2007年的棲霞寺前景。

寂然上人像[3.58]

被砸毀的《寂然上人碑》復原後的一對拓片，每塊碑之尺寸約為1.42MX0.47M[3.83]

位於棲霞山主峰西麓的棲霞寺（2007年）

南京古稱金陵，為我國六朝古都，在其東北約二十公里處，有一座北臨長江的江南名山－棲霞山。這裡風景秀麗，春來花木蔥蘢，秋到霜楓爛漫，有「第一金陵明秀山」（乾隆詩句[3.83]）的美譽。因山中盛產藥材，可以滋養攝身，故曾稱攝山。其主峰鳳翔峰，海拔284公尺。著名的棲霞寺，始建於南齊永明年間，坐落在該峰西麓，攝山也因寺而取名為棲霞山。棲霞寺連同周圍大片所屬山區構成的棲霞聖地，在悠久的歷史中積澱了深厚的文化底蘊，素有「一座棲霞山，半部金陵史」之盛名。清乾隆六下江南，有五次駐蹕於此，更使棲霞名噪一時。由於棲霞山臨江屏立，地勢險要，歷來為兵家必爭之地，致使棲霞寺屢遭兵燹，幾經興衰。清咸豐五年（1855年）清軍與太平軍在此激戰，遭到一次最嚴重的破壞，千年古剎變成一片廢墟。直至民國八年（1919年）原同盟會員、鎮江金山江天寺的高僧宗仰上人來寺住持，才使棲霞走向復興。1921年宗仰圓寂後，先後隨同他從鎮江來的法徒若舜、法孫寂然等人繼承遺志，苦心經營。若舜法師任住持，終年募化行腳四方；寂然法師協管內務，日夜操勞，營建殿堂。浩繁的修建工程至1929年完工，由僅存老屋八椽的破廟，重建為金陵首剎，實現了棲霞寺的復興大業。

　　「上人」是佛教界對得道高僧的尊稱。寂然上人碑記述和頌揚了寂然法師「重實而輕名」的光輝一生。寂然上人（1893-1939），家姓嚴，20歲出家，1919年受戒後，在鎮江金山江天寺修行頓悟。1921年來棲霞寺奉事剃度師振禪和尚養病至終。未幾，宗仰上人亦病，寂然法師悉心照料，若舜法師深為感動和賞識。宗仰圓寂後，若舜繼任住持，邀法師擔任監院，綜理寺內事務。碑中詳述了法師為中興棲霞大業，終日操勞，盡心竭力所作的貢獻之後，特別記載了如下一段抗日戰爭時期淪陷區內可歌可泣的動人事蹟：

　　「……民國二十六年七月盧溝橋事起，風火彌漫旋及滬京，載道流亡慘不忍睹。上人用大本、志開兩法師之建議與襄助，設佛教難民收容所於本寺，老弱婦孺獲救者二萬三千餘人，日供兩餐，時逾四月，道途寧靜始遣之歸，真盛德也！事變以後，若老在香港，卓公住泰州，上人留守棲霞，苦極艱深困行忍邁，鐵肩負厄處之怡然。總上人一生名位不求其高，而立德立功則汲汲焉惟恐不及，輕名重實，可敬也矣！」（注：碑文原無標點，為本書著者所加。）

　　在上人碑重見天日以前，這段珍貴歷史已鮮為人知。民國時期，為了中興棲霞，若舜法師四處講道募資，曾到香港宏法，聽經問道者成千上萬，佛教事業在港蓬勃發展。1930年在香港創建棲霞下院－鹿野苑，所得佈施善款，全部送歸

棲霞用以復建本寺。1937年抗日戰爭全面爆發，南京陷落前，大部分僧人離寺，避至香港和內地等處。寂然法師則與十余僧人堅持留守護廟，其中包括了當時寺內住持之一的明常法師，他也參與了救助難民的工作。1939年寂然法師積勞成疾，年方46便英年早逝。同年，明常法師接任方丈。抗戰勝利後，外避僧眾紛紛返回。1946年明常法師往香港重建鹿野苑。1962年香港鹿野苑出版了由朱潔軒編著的《棲霞山志》[3.58]，書中對1937年救助難民的事蹟也有如下記述：

「師[12]目睹哀鴻，怵然心傷與寂然監院及其徒眾等，在棲霞寺設難民所，廣事收容，不期而至者三萬餘人，盡出寺儲，以供糒糧，不足，地方紳士孔廣財、秦景韓、紀敦五、紀仰彰，為之募繼，敵酋恐滋事生變，促解散，師抗顏爭，觸怒頑敵。……迄至南京秩序稍定，始陸續遣散，先後達四月有奇，耗米麥雜糧百萬斤。」

當時在棲霞山的東麓，有一座江南水泥廠，在南京大屠殺期間，德國人京特（Karl Günther）和丹麥人幸德貝格（B.A. Sindperg）受聘成立護廠隊，並在場內設立安全區，接納眾多難民。他們對附近棲霞寺內設立的佛教難民收容所十分關心，給與積極的支持和協助，例如曾對日軍侵擾難民營的暴行提出抗議以及開辦臨時診所救助受傷難民等等。京特還用手中的相機，記錄了棲霞寺難民收容所的實況，留下了寶貴的歷史資料。後頁圖中選登了其中的三幅，分別示出聚集和棲息在廟宇內以及廟宇後院舍利塔附近和石窟洞內眾多難民的情況。隨著難民人數的急劇增加，寺院內已不敷按置，收容所不斷擴大到寺廟外的大片地區。

現今在美國耶魯大學神學院圖書館（Yale University，Divinity School Library）題為「南京大屠殺項目：照片和電影」的檔案中，珍藏了大量南京大屠殺時期攝製的捐贈影像資料。後兩頁圖示出的是，該館藏品中在棲霞山攝製的兩份有關難民營的資料：其一是美國神父老約翰·馬吉[13]（John G. Magee, Sr.），於1938年初，用16毫米手提攝像機攝製的難民營電影（電影剪輯編號 Magee_Reel_9_clip.mp4），圖中顯示的是該電影的依次七張截屏。

另一是美國神父歐內斯特·福斯特[13]（Emest H. Foster）夫婦於1938年3月拍攝的題為「南京郊外棲霞山難民棚」的三張照片（照片編號YDS-RG008-265-0002-0039）。作者經對照確認，上述兩份影像資料記錄的都是前述「棲霞寺佛教難民收容所」的當年實況。那時棲霞寺周圍的廣大山區均屬廟

---

[12] 書中以明常法師為主線，尊稱他為「師」。
[13] 兩人在南京淪陷期間曾分任國際紅十字會南京委員會主席和秘書等職。

產，馬吉的攝像是從棲霞寺的正門開始的，廟前的池塘和水池至今猶在。由於難民眾多，廟堂內不足收容，大批難民被安置在附近搭建的簡易草棚內，外圍築有籬笆，並有大路與外界相通，可見身居其中的難民們，雖然生活艱苦，但

（左上）廟內大佛前聚集的難民
（左下）後院舍利塔附近聚集的難民
（右側）廟外石洞佛窟內棲身的難民
南京大屠殺期間，在棲霞寺院內外接納大批難民的情景（德國人京特攝）

1938年初美國神父老約翰・馬吉用16毫米手提攝像機攝製的電影剪輯中，南京棲霞寺難民收容所景象的截屏圖（美國耶魯大學神學院圖書館檔案：電影剪輯編號MAGEE_REEL_9_CLIP.MP4）。電影截屏圖順序示于各圖左下角,從（1）至（7）

1938年3月美國神父歐內斯特·福斯特夫婦拍攝的南京棲霞寺難民收容所的照片(美國耶魯大學神學院圖書館檔案：照片編號YDS-RG008-265-0002-0039）

秩序井然。數以千百計大大小小的難民棚，逶迤延綿，蔚為壯觀，其規模之大，令人驚嘆！此外，上述福斯特的三張照片是在3月份拍攝的，這也是棲霞寺難民營堅持長達四月之久的一個證明。

此外，該難民收容所中也曾收留和掩護過被打散的抗日將士。其中就有當時參加南京保衛戰的中校主任參謀廖耀湘。他化裝後由村民和廣舒帶到棲霞寺難民收容所暫避，然後過江逃生，嗣後成為國民黨的抗日名將。他曾參加緬甸反擊戰，戰功顯赫，升任新六軍軍長。抗戰勝利後，廖耀湘榮歸南京，於1945年11月12日偕和廣舒重訪棲霞寺，題詞「凱旋還京與舊友重臨棲霞」至今仍存廟內。相傳今日寺院山門上的「棲霞古寺」四個字也是他所題。

在當時南京大屠殺白色恐怖氣氛籠罩下，寂然法師毅然挺身而出，以十數僧眾，傾全廟之力，設立堪稱當年規模最大的佛教難民收容所，手無寸鐵地與日軍的干擾和破壞相周旋，救助數以萬計流離失所的老弱婦孺，提供最基本的食宿和醫療保障，長達四月之久，而且還掩護眾多抗日將士，其艱辛不言而喻。事後他終因積勞成疾，於1939年10月12日圓寂。其門生大本、覺民、志開等仰戴他的功德，為使之永垂不朽，通過雪煩法師的引介，請原鎮江金山江天寺的長輩仁山法師撰稿，並請當時已從上海來到南京任職的褚民誼題書，由雕刻家黃慰萱刻石，一座豐碑——《寂然上人碑》，於西元1940年10月28日（按佛教傳統紀為「中華民國紀元第一更辰重陽日」）落成，莊嚴地鑲嵌在棲霞寺方丈門內牆的顯要位置上。

上人碑在其最後部分的落款處，依次記載了上述撰稿人、題寫人、立碑日期和篆刻人的內容。但是從發掘出來的碑上可見（其拓片示於本節前圖），這四行字跡均被鑿除。復原其內容，是恢復該碑歷史真相的重要組成部分。1940年3月由上海佛學書局編輯出版的《佛學半月刊》第203期上刊登有署名「仁山」的「寂然大師碑銘」，與發掘出來的碑文吻合，是碑的歷史和撰稿人的

重要佐證。依佛門性氏，撰稿人的具名應為「釋仁山」。九九重陽歷來是祭祖祈福的吉日，按佛教傳統，立碑日期定於1940年的重陽日，也當無疑義。

至於題寫人的確認則十分慎重。褚民誼是一位書法家，其楷書獨具一格，廣為人知。寺內至今一直保存著他的多幅墨寶真跡，開始時廟內即依此做出辨別。2007年仲夏，本書編者褚幼義按線索前往棲霞寺實地考察，驚喜地發現了碑上殘留下來的直接證據。褚民誼字重行，如右圖所示，在被刻損的褚民誼名字的下方，有兩枚鈐印。上面一個幾乎完全被鑿壞；然而下面一個卻倖存完好，可以清晰地辨認出，這是用篆體刻寫的「重行」二字。回過頭來再推敲上面那枚鈐印剩餘的痕跡，似應為「褚民誼印」四個字。這樣，褚民誼作為題碑人就確證無疑了。鑒於1940年代褚民誼題寫的

褚民誼（字重行）在《寂然上人碑》上被損的兩枚鈐印。下面一個保留完整，篆體字「重行」清晰可見

多塊碑文，均標明由吳縣黃慰萱刻石，此碑顯然也不會例外。至此，寂然上人碑落款部分的密碼就全部破譯了，復原後的碑銘全文見本節後的附錄1。

寂然上人碑的命運，無疑與題碑人密切相關，2000年上人碑重見天日後，棲霞寺內年近八旬的老人王煜明，作為見證人，道出了長期埋在心中該事件的記憶。王煜明十歲出家，1935年棲霞寺的超塵法師為他取名為「煜明」。1947年他曾去丹陽。1949年棲霞寺內眾僧人紛紛離開南京，他被召回委託守護寺廟，有「王住持」之稱，直至1953年由靜海寺的光鑒法師來寺接任，他便離寺還俗，在棲霞山南京鉛鋅錳礦工作。文革後棲霞寺恢復活動，他被請回在寺內做些勤雜工作。2000年上人碑被發現後，他為復原該碑的歷史提供了許多重要線索，並講述了他親歷其境的如下砸碑經過。澄清了此前曾有過的對該碑被毀過程的種種猜測。

1950年代初期，南京市人民政府成立後不久，當時的南京市領導偕同上海市領導來棲霞寺參觀遊覽，被迎入方丈院內。當看到方丈門內牆上的《寂然上人碑》後，憤憤地指責題碑人，並對寺內竟然恭立該碑十分不滿。在當時的形

勢下，廟裡人膽小，受此責難，便趕緊把碑取下，鑿去落款，砸斷棄置（這裡還要感謝鑿碑人，不管有意無意，保留了撰稿人和題寫人下面的印章，為事後的辨認留下了確證）。從此，不但該碑銷聲匿跡，其上銘刻的寂然法師的事蹟也因諱忌緘言而逐漸被人們淡忘。《上人碑》頌揚的是愛國愛民的高僧，揭示的是日軍侵華的罪行。這麼一個令國人肅然起敬的豐碑，在淪陷時期內得以樹立，卻反而在抗日勝利後被砸毀，這樣的顛倒遭遇，太令人反思了！

在日本軍國主義鐵蹄的大舉入侵下，中華民族遭受了空前的劫難。在敵強我弱，大片國土淪喪，人民塗炭日甚的情勢下，如何拯救國家、保護人民，考驗著每一個有良知的中國人。拿起武器奮起與日寇抗爭，顯然是抵禦入侵的主要鬥爭方式和主戰場，為此碧血疆場的英雄兒女，眾目睽睽，值得永世傳頌。然而，還存在一個非武裝鬥爭的隱蔽戰場。特別是在已落入敵手的廣大淪陷區內，如何以各種方式保存國家元氣，為廣大淪陷區的百姓盡力爭取生存條件，是放在當地愛國志士面前必須應對的問題，寂然法師就是這樣一位代表人物。

南京大屠殺期間褚民誼留駐上海，堅持維護教育。此後，為了在淪陷區內以和平方式達到護國保民的目的，於1940年初到南京，出任汪精衛組織的國民政府行政院副院長兼外交部長。他對南京棲霞寺寂然法師這一愛國主義壯舉感同身受，視為典範，大力頌揚，欣然提筆，書寫碑銘。也就是在這位「高官」的出面主持下，使這段在日軍暴行下的悲壯歷史，在當時日軍嚴厲管制的眼皮底下，得以樹碑立傳而流傳下來。

褚民誼應邀題碑並非偶然，他與棲霞山寺早就結下了不解的情緣。九一八事變後，為聯合各派勢力一致對外，他於1932年毅然從上海到南京出任蔣汪聯合執政下的國民政府行政院秘書長。經歷短暫的遷都洛陽返回後，他即常駐南京，經常業餘偕友遊歷棲霞，在欣賞大好河山景色之餘，對其往昔遭受破壞未能得到應有的修復而深感惋惜。他身為秘書長，深知國難時期經費之短缺，便採取募捐集資的辦法，盡力予以復興。

在棲霞寺廟堂上行不遠的半山腰處，有一個觀景的好地方，原建有「暢觀亭」，供遊人在此修憩賞景，但已坍塌荒蕪。1934年間褚民誼首先著手對此進行集資重建，於11月25日舉行落成典禮。《南京圖畫週刊》於同年12月2日報道該典禮的盛況謂：「南京棲霞山寺院，在明清時最為繁盛。洪楊（注：指太平天國）亂後，遂無一椽之存，最近經該寺住持若舜，募化重建，方見殿閣巖然，復成巨剎。該山中峯向有石樑勝境，舊有暢觀亭，江山在望，為一山風景

最勝之處,不知何時傾圮,僅存遺址。聞該山住持,已請由褚民誼集資重建新亭,建築數月,業已竣工,特於上月二十五日舉行落成典禮,因該山正當紅葉絢爛之際,首都人士多予其盛。」

該畫刊上同時登載了三幅照片,如下列三圖所示:左上圖是重建的暢觀亭全景;右上圖是當時的名媛葉尉英女士行揭幕禮,揭開幕蓋,呈現出匾額上褚民誼題寫的「暢觀亭」三個大字,亭柱上的對聯「林間風月增清……」也是褚民誼所題寫,右側是典禮主持人棲霞寺住持若舜法師;中圖是張靜江和褚民誼在典禮上與棲霞寺僧人若舜和寂然法師的合影。

值此暢觀亭落成之際,褚民誼與張人傑(靜江)及同人方叔章、陳念中、許念慈、徐象樞、吳圖南等人往訪棲霞寺。於觀賞寺內珍藏的寶物時,褚民誼應若舜法師之請,在天女散花畫卷留白處題詞。如後頁左上圖所示,褚民誼在題詞中讚揚若舜方丈為興廟及保護國家珍貴文物所作的努力,全文曰:「棲霞山寺建自齊梁代,有名德住持,明季尤甚,盛清初,嘗營行宮其傍,霓旌屢駐,意山中所藏法物必多,顧劫火數經,蕩然無有存者。今年夏間過,若公方丈出天女散花圖與觀,猶為昔人名作。若公為復興棲霞之人,云將益搜瓌寶,永藏常住,為茲山生色,高懷芳願,末世所無,予追懷往跡,感佩交縈,因贈詞數語歸之。民國二十三年十一月二十五日,吳興褚民誼時正新營暢觀亭落成。」來訪同觀的張人傑等諸人亦均簽名於後,以茲留念。

繼而,褚民誼在一次隨汪精衛遊覽棲霞山時,曾登山巔茅君廟,在下山的不遠處發現了僅剩石基的原太虛亭遺址,登其上四處眺望,心曠神怡,即

1934年11月25日褚民誼集資重建棲霞山「暢觀亭」落成典禮之攝影(《南京圖畫週刊》1934,12,2)
(左上)暢觀亭全景
(右上)葉尉英女士行揭幕禮,揭示褚民誼題寫的「暢觀亭」匾額,右側為主持人棲霞寺住持若舜法師
(中間)張靜江(前)和褚民誼(中)與棲霞寺住持若舜(左)及心湛(寂然)法師(右)的合影

1934年11月25日暢觀亭落成之際，褚民誼偕張人傑等訪問棲霞寺，應邀在天女散花畫卷留白處的題詞

重建後的太虛亭（右）及其碑亭和碑（左）的全景

1935年重陽節（10月6日）重建棲霞山太虛亭落成典禮合影。前排居中的長老為雪煩法師，吳稚暉和褚民誼分立其左右，右起第三人為棲霞寺的寂然法師（香港《人海燈》第3卷第7期，1936，7，1）

萌生重建之議。遂繼暢觀亭建成後，由褚民誼負責，再次募捐，於1935年興建，「重九節」落成（《南洋商報》1935，10，14）。右上圖是棲霞山太虛亭落成典禮之合影，發表在由香港人海燈社出版的《人海燈》雜誌第3卷第7期（1936，7，1）上。圖中前排居中的長老似為雪煩法師，吳稚暉和褚民誼分立其左右，右起第三人為負責該工程的棲霞寺僧人寂然法師。鑒於此次工程明顯大於前者，募捐款數甚夥，為了記載棲霞山太虛亭的歷史淵源和集資重建的過程，如左下圖所示，刻文立碑於緊鄰太虛亭的碑亭內。至今太虛亭猶在，成為棲霞山的一個著名的旅遊景點。但是太虛亭碑連同碑亭一起卻橫遭破壞，只剩下碑亭的水泥底座平臺。平臺遺跡呈六角形，其上有沿周邊分佈的六個圓形空洞和中間一個矩形凹坑，分別對應的是原來建築物的六根圓柱和中央聳立太虛碑的位置，當年碑亭的結構形態尚可依稀辨認出來。碑和亭被破壞的具體時間已難考證，但據該地老住戶回憶，上個世紀五十年代初期已不見其蹤影。所幸在臺灣的國史館內保存有該碑的完整拓本三片（「臺國史館」001016133001003m-5m）。後頁右上圖是碑額的拓片，用篆字題寫的「重建攝

74　褚民誼紀實全傳　第四卷　捨身濟世

山太虛亭記」八個大字，異常醒目，當為吳稚暉所題。右下兩圖示出的是碑身正、背兩面的拓片，其碑文均由褚民誼撰稿和題寫。右圖為正面《重建攝山太虛亭記》；左圖為背面《重建攝山太虛亭捐款人姓名及捐款數目》（全文均載於本節後的附錄2）。按拓片的大小，可以推測該碑的本體尺寸，高約1.65米、寬約0.8米。

在碑正面的《重建攝山太虛亭記》中，記載的是重建該亭的緣起和經過。文中首先敘述棲霞勝境的悠久歷史和近代的興衰變遷；接著講述了發現暢觀亭和太虛亭的遺址，以及相繼重建的經過；結尾時褚民誼寫道：「自海通以來，金錢外溢，民物日就凋敝，遊觀之所，往往為頑童遊卒所敗壞，所至增人感傷。茲山之廢幾數十年，得寺僧勤事，犢存勝蹟，予甚懼夫來者不知所以維護保葺之，因書名勒石以記其事。」

用篆字題書的碑頭「重建攝山太虛亭記」（「臺國史館」001016133001005M）

褚民誼撰文並題寫的重建太虛亭碑的正面（右）和背面（左）的拓片（「臺國史館」001016133001003M-4M）

此番重建太虛亭，工程大、耗資高，褚民誼在行政院長汪精衛的支持下，主要在政府的頂層人士中募集資金，得到了積極的響應，捐款者包括以國家主席林森為首的黨政軍主要負責人，共計33位，以《重建攝山太虛亭捐款人姓名及捐款數目》為題，逐一記錄在該碑之背面。太虛亭原在棲霞寺所屬範圍內，重建工程由時任該寺監事的寂然法師負責實施，褚民誼在碑文最後特意註明，「以上捐款均係民誼募交寺僧寂然領用共

第二章　參政初衷，早期活動

計四千三百元。」由此也可見，褚民誼與寂然法師的相知相識由來已久。

此外，1936年褚民誼還曾參與發起公祭並擔任主祭人，將原同盟會會員，被尊稱為「畫聖」的閩南畫家高奇峰的靈柩，從廣東移葬到首都棲霞山，與棲霞寺為鄰（詳見第三篇第十章之第一節「提倡美術、酷愛攝影」），如此等等。綜上可見，早在1937年抗日戰爭爆發以前，褚民誼就對棲霞山寺十分熟悉和瞭解，可謂是情有獨鍾。

1940年褚民誼重返南京，他對棲霞寺眾僧人，在寂然法師帶領下保廟救民的愛國壯舉十分讚賞。本世紀以來，除在棲霞寺亂石堆中發現褚民誼題寫的上人碑外，還從廢紙堆中搶救出褚民誼題贈志開法師的條幅。如右圖所示，該條幅的正面是褚民誼以佛說阿彌陀經中的詞句讚美志開法師的題詞；而其背面則在文化大革命中被用來書寫開辦學習班的佈告，險遭廢棄。志開是寂然法師的門生和得力助手，據《上人碑》中記載，寂然法師在寺內設立佛教收容所，得到了「大本、志開兩法師之建議與襄助」；而在寂然去世後，又是「門人大本、覺民、志開等仰戴德功不忍湮沒」，而發起建造《上人碑》的。此外，當今以提倡人間佛教而享譽國內外的星雲法師，就是在南京淪陷期間被這位志開法師慧眼識才而領入佛門的。

褚民誼對寂然法師仰慕之情是一以貫之的。他於1940年題寫寂然上人碑後，又於1944年在寂然法師的畫像上題寫像讚，如後頁上圖所示，詞曰：

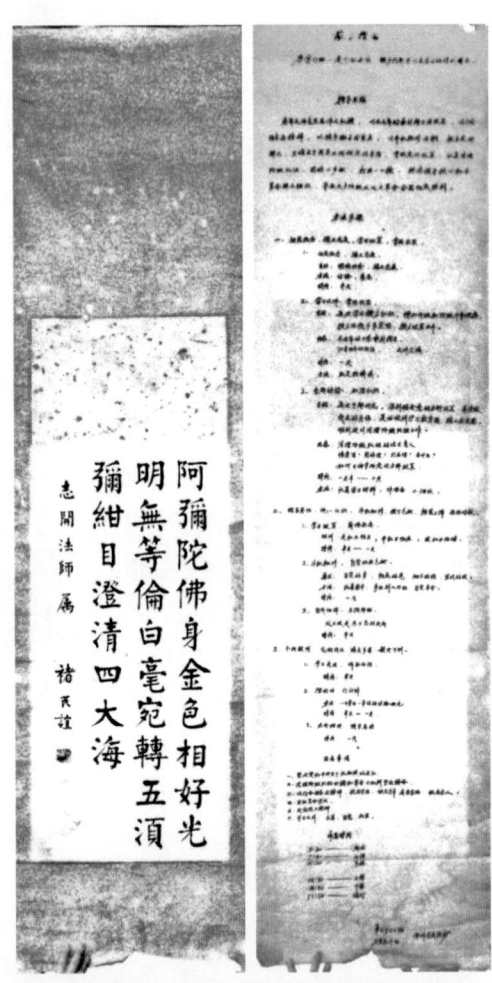

褚民誼為寂然法師的門人志開法師題寫的贈詞（左），其背面（右）在文革中被濫用來書寫學習班的佈告

寂然法師畫像上部，褚民誼於1944年題寫的象贊

棲霞禪寺
寂然上人　象贊
叠叠高僧　抱願二乘
渾忘我像　濟眾咸登
清規正肅　艱苦自勝
追懷往行　百世式憑
甲申秋日　吳興褚民誼題

讚詞高度概括和頌揚了上人的光輝業跡和崇高品德，堪為國人永世學習的楷模。

後頁上圖是棲霞寺毗盧寶殿右側二樓上曾經的「宗仰上人紀念堂」內景。堂內正面懸掛著宗仰上人的畫像，左右兩側各掛有兩位法師的畫像，分別是從鎮江江天寺來的青權和方廉以及若舜和寂然法師的畫像。

後頁左下圖是本書著者於2007年6月訪問棲霞寺期間，在辦公室主任徐業海導引下參謁宗仰上人紀念堂時，在寂然法師畫像前的攝影。法師畫像上部褚民誼的像讚題詞至今保存完好（見本頁上圖）。

褚民誼在當時日本侵略者控制的淪陷區內雖身居「要職」，但卻並不忌憚在頌揚寂然法師在南京大屠殺期間濟眾壯舉的同時揭示日軍的侵略暴行；相反地正以他「高官」地位的庇護，使寂然法師愛國主義的事蹟和精神得以銘刻下來流芳後世。褚民誼在讚頌主人公的同時，也表露出他當時愛國護民的心跡和立場，可以作為判斷他當時參加和平運動並在南京政府任職動機的一個重要的試金石。

「宗仰上人紀念堂」內景。正中懸掛宗仰上人畫像，兩旁左起依次為：寂然、若舜、青權和方廉眾法師的畫像（2007年）

「宗仰上人紀念堂」內懸掛的寂然法師畫像。褚幼義在徐業海（右）陪同參謁時攝（2007年）

《附錄1》《寂然上人碑》全文和現況

寂然上人碑

佛教重實而輕名，所謂不著世相者是也，寂然上人其即此乎。上人降誕於江蘇東臺栟茶市，家姓嚴，年十三父天慶公棄養，二十丁母顧太夫人難，聘妻未娶，弱妹在閨，上人感萬事空茫人生夢幻，煢煢獨獨世味索然，遂勸妻妹茹素誦佛以消夙業，並自發宏願皈依壽聖寺振禪和尚為沙門。民國八年復在金陵寶花山受具足戒，旋習禪定於鎮江金山江天寺之大徹堂，昕夕參研頓悟本有。深知，欲超脫性空世界，必須萬行莊嚴，稍有疏漏即落斷滅，適常住命上人服務庫房，因得竭其貞純束心修律。民國十年剃度師振禪和尚養病攝山日近危篤，上人趨奉湯藥體事入微，振禪滅度，上人哀痛逾恒，如喪考妣。未幾宗仰老人亦病，上人趨侍如振禪。若舜老和尚感上人

孝意真誠，見上人道氣樸茂，知為佛門上品，不可世求，遂堅留協理攝山棲霞寺事務。上人既感知遇，彌復精勤。時棲霞僅老屋八椽，若老終年募化行腳四方，上人在山經營夙夜匪懈。歲不數易，大殿、藏經樓、齋堂、群房諸建築相繼落成，廟貌巍峨為白下叢林首選，僧侶卓錫，仕紳瞻謁，莫不愕然相顧，歎為神功。民十三上人為整理寺產，與醜類屠陶二氏爭，幾陷縲絏，幸龍天護佑，官憲廉明，公理卒伸，廟田亦保。民十七若老以上人功行修偉，遂與方廉、明常、仰山同受記莂，為常住之一代人焉。自是寺中每春傳戒，利濟甚多，並創律學院教諸僧戒法，立農林試驗場開墾山地，廣植油桐以闢利源，宏法裕財德功咸舉。直至民國二十六年七月蘆溝橋事起，烽火瀰漫旋及滬京，載道流亡慘不忍睹。上人用大本、志開兩法師之建議與襄助，設佛教難民收容所於本寺，老弱婦孺獲救者二萬三千餘人，日供兩餐時逾四月，道途寧靜始譴之歸，真盛德也！事變以後，若老在香港，卓公住泰州，上人留守棲霞，苦極艱深困行忍邁，鐵肩負厄處之怡然。總上人一生名位不求其高，而立德立功則汲汲焉唯恐不及，輕名重實，可敬也矣！民國二十八年十月偶示微疾，自知報緣已盡，亟促卓成和尚歸山，俾得交替。是月十二日右向脅臥，彷彿禪定，已而寂焉。門人大本、覺民、志開等仰戴德功不忍湮沒，即以上人自傳，因雪煩法師之介，丏予一言，勒之貞瑉，用垂不朽。予重上人之為人，故欣然述之如右，並為之銘曰：考妣雲亡，覺世無常，江天悟道，棲霞有光，宏法利教，澤流孔長，雲山盛德，萬古蒼蒼。

　　釋仁山　撰文
　　吳興褚民誼○書
　　中華民國紀元第一庚辰重陽日
　　吳縣黃慰萱刻石

　　注：1.此係復原後的碑文；2.「○」表示由於嚴重損壞，碑上未能辨認的字；3.碑中原無標點，係本書著者所加。
　　該碑2000年重現後，於2007年被嵌放在棲霞寺內退居堂的廊牆上。為了妥善加以維護，2011年10月中旬，民國史有關研究者和題碑人後輩募資，由辦公室主任徐業海經辦，對其進行了修飾，示於下圖。
　　功德人士為：吳　岩，吳民瑋，洪　曄，夏　彪，褚孟嫄，褚叔炎，褚季燊，褚幼義

寂然上人碑現貌（2012年）

　　2000年《寂然上人碑》重見天日後，時任棲霞寺監院的傳真法師（後轉任三藏寺住持），為使這段被遺忘的歷史得以廣為傳頌。由他親自編劇製片，募資拍攝了一部片名《棲霞寺1937》的電影，於2005年8月慶祝抗日戰爭勝利60周年之際獻演。影片基於佛教難民收容所的原型，淋漓盡致地再現了法師「苦極艱深困行忍邁，鐵肩負厄處之怡然」的崇高氣節，在揭示日本侵略者的兇殘和色厲內荏的本質的同時，高度歌頌了中華民族同仇敵愾的勇氣和鬥爭智慧。該片的放映，觀眾深受感動，被譽為中國版的「辛德勒名單」。

　　於此同時，在現任棲霞寺住持隆相法師和監院諦如法師的倡導下，寂然法師銅像於2005年8月在棲霞寺內落成，如右圖所示，底座四周按原《上人碑》內容鐫刻了法師生平事蹟，供廣大僧眾和遊人瞻仰。

　　留在淪陷區內愛國志士們的義舉，往往不易為人們所理解。現定居臺灣的星雲法師，出道棲霞寺，師從志開和尚。2006年重返棲霞寺，當他從碑拓上讀到寂然法師在志開等門人襄助下救助難民的事蹟時，不禁潸然淚下，激動地連聲道：「這才是我真實的師傅啊！……！」當即把寺中所存的《上人碑》拓本全部索取帶回，

建於2005年的寂然上人銅像（2007年攝）

80　褚民誼紀實全傳　第四卷　捨身濟世

分別珍藏在臺灣等地的著名寺廟內。

《附錄2》《重建攝山太虛亭碑記》正背面全文

重建攝山太虛亭碑記（碑正面）

吳興褚民誼撰並書

攝山居鍾山之東，去都城可三十里，自齊梁時，即有浮屠氏宮室，隋仁壽年塔，至今猶存，崖洞間造像尤夥，石壁時見有宋人題名，清時嘗為帝王遊幸之地，周廬行宮依巖跨壑，與僧居相掩映，山東西樓閣重復，金碧飛湧，遊觀者累日，乃徧遭亂全毀，無一椽一瓦存者。民國八年，僧宗仰始挈其徒若舜來居，四出丐乞，積累歲月，而所居復完，雖閎狀鉅麗或遜於前，而殿廊湢廚無不備者，鐘魚之聲聞數里外，予嘗從精衛先生數往遊焉。一日造山巔茅君寺下，見礎石歷歷可辨，登其地四望曠然，導遊者謂，考山志是嘗有亭名太虛，先生曰盍復之。先是予嘗遊中峰，龍池前見故址，詢寺僧知舊有亭曰暢觀，因督僧重建之。逾年又有茲亭之役，工更倍前。自海通以來，金錢外溢，民物日就凋敝，遊觀之所，往往為頑童遊卒所敗壞，所至增人感傷。茲山之廢幾數十年，得寺僧勤事，犅存勝蹟，予甚懼夫來者不知所以維護保葺之，因書名勒石以記其事。

中華民國二十四年仲秋

重建攝山太虛亭捐款人姓名及捐款數目（碑背面）

林　森　式百元，汪兆銘　五百元，居　正　壹佰元，戴傳賢壹佰元，孔祥熙　叁百元，李煜瀛　壹佰元，張人傑　壹佰元，吳敬恒　壹佰元，朱培德　式佰元，唐生智　三佰元，陳調元式佰元，何應欽　壹佰元，陳公博　式佰元，陳紹寬　式佰元，朱家驊　式佰元，劉瑞恒　壹佰元，陳樹人　壹佰元，黃慕松壹佰元，俞飛鵬　壹佰元，曾仲鳴　壹佰元，馬超俊　式佰元，呂苾籌　壹佰元，劉維熾　壹佰元，秦　汾　壹佰元，彭學沛壹佰元，陶履謙　五十元，許修直　五十元，周啟剛　五十元，鄒　琳　五十元，徐　堪　五十元，陳訓泳　五十元，錢昌照壹佰元，褚民誼　式佰元。

以上捐款均係民誼募交寺僧寂然領用共計四千三百元

（注：原文並無標點，為本書編者所加）

第四節　重修雞鳴，修美向善

　　1939年8月底，汪精衛在上海主持召開國民黨第六次全國代表大會，正如北伐非常時期在上海召開的二屆四次會議那樣，褚民誼再次被推舉擔任中央黨部秘書長。汪精衛為了取消和合併業已成立的北平臨時政府和南京維新政府，在淪陷區範圍內組成統一的國民政府，率周佛海、梅思平、林柏生和褚民誼等人，先後於1939年底在南京，和1940年1月在青島，與臨時和維新政府的代表舉行兩次預備會議，議決在南京成立國民政府，並確定組成人員名單。經籌備於1940年3月30日在南京舉行國民政府還都典禮。

　　據褚民誼在其〈自述〉[1.61]中回憶，1940年2月16日在上海召開的第六屆第二次全體會議上，他被推選擔任「籌備還都委員會」委員長後，「即於2月17日由滬赴京，輕車簡從，空拳赤手，入日軍之佔領地、維新政府之施政區籌備還都，決於翌日由維新政府市長（高）冠吾、日軍人濱田等陪同，謁總理（孫中山）陵墓……於謁陵後即著手修葺府院會部衙門。除交通部於國軍退卻時炸毀太甚、無從修理及日軍尚佔據者外，皆一一監工修理，作還都後各機關辦公之用。即挹江門、光華門亦重修理，以除戰後不祥之跡。中山門破壞更甚，直至三十一年（1942年）始行修竣。雖工程為市政府主辦，而督促及籌款皆由本人劃策。不然，恐到今日尚留淪陷時日軍摧殘之跡於吾人之眼也。其他如民間之文化等會所及塔寺等無不出餘力以整理之，一則使首都破壞後而稍復其繁榮，以壯觀瞻；二則使人民生安居樂業之感想。計修建之寺院有雞鳴寺、毗盧寺、靈谷寺、三藏禪寺、三藏塔等。其非由本人直接負責者，亦責成各寺院之住持自為修理，如古林寺也，金陵寺也，棲霞山之棲霞寺也，鎮江金山寺、焦山之定慧寺也，北固山之甘露寺也，常州及上海之清涼寺、龍華之龍華寺也。」

　　褚民誼所做的上述諸多善事，由於種種原因，有如前述《寂然上人碑》《重建太虛亭碑》等橫遭破壞的厄運一樣，而鮮為人知。本書作者經深入調查研究，在各方人士的大力協助下，發掘出一些湮沒已久的資料，將陸續再現在本篇有關各節中，並希望今後能有更多發現，以豐富對本書主人公的瞭解。

　　雞鳴寺是一座歷史悠久、在南京市內最負盛名的古剎，在西晉永康年間就在這裡始設道場，南朝梁武帝大興佛教，在此建造規模宏大的「同泰寺」，並

曾數度捨身到該寺為僧，一度使之成為當時南方佛教的中心。隨後由於天災人禍名剎被毀，直至明洪武二十年重建佛寺，改稱「雞鳴寺」。清朝年間曾大加修繕，可惜在與太平天國的激戰中被毀。在雞鳴寺的興衰過程中，有許多富有歷史意義的故事流傳下來。南朝末代皇帝陳後主荒淫失政，隋軍破城，他與二寵妃躲入景陽樓的枯井內被擒，該井因之取名「胭脂井」，並題有辱井銘於其旁，以戒後人。清光緒年間兩江總督張之洞，為紀念其摯友、戊戌變法殉難七君子之一的楊銳，將兩人在雞鳴寺內對酒暢談之處，辟為豁蒙樓，如此等等。此外，還值得提出的是，在南京大屠殺期間，時任國軍教導總隊工兵團營長的鈕先銘，躲入市內的雞鳴寺中，在住持守慧法師的庇護下，化妝成寺內僧人，機智應對日軍多次搜查盤問，隱藏長達八個月後逃出南京轉赴武漢歸隊，堅持抗戰直至勝利，嗣後曾到臺灣任警備司令部副總司令。他在寺內化險為夷的真實故事，被寫成小說，傳為佳話。

處於市內的雞鳴寺緊鄰國民政府所在地，公餘之際即可造訪，是褚民誼此次來京修整千瘡百孔的市容時，早期關注和重修的一所寺廟。雞鳴寺位於雞籠山上，在其頂部現今建起了一座高44.8米、七級八面的藥師佛塔。該塔1988年春開始建造，至1990年4月落成。值得慶幸的是，在建塔過程中，從亂石堆中發現了一塊被砸成兩段的石碑，如右下圖所示，該碑被拼接並從新樹立在藥師佛塔院內，碑身高約1.64米、寬約0.82米、厚約0.18米，安放在高約0.42米的碑座上。碑的正背兩面分別是褚民誼撰文和題寫的《重修雞鳴寺記》和該寺住持守慧法師撰文、書法家溥侗題寫的《重修雞鳴寺碑》。

在《重修雞鳴寺碑》的碑銘中，住持守慧法師在扼要敘述該寺的悠久歷史之後，著重頌揚了褚民誼重修該寺之功德，謂：「二十九年（注：1940年）三月三十日，國府還都，褚公民誼，實主司其事。洪基肇造，丕昌聿昭。偶於退食之暇，來寺遊憩，慨樓宇之將壞，迺鳩工伐木，補

記載1940年褚民誼主持重建雞鳴寺的石碑，廿世紀末重新樹立在該寺「藥師佛塔」院內（2008年）

苴施髹，瓔珞金輝，甍桷丹碧，俱燦然復舊觀。戒法遠敷，四方信士雲集頂禮，此皆褚公之功德也。守慧欣感之餘，刊茲貞瑉，以告後之來遊者。」

褚民誼撰寫的《重修雞鳴寺記》碑的拓片示於後頁圖。文中他首先抒發了重返故地修建京都的心情。1927年北伐勝利，國民黨總理孫中山奠都南京的理想得以實現，他目睹了遭太平天國戰火焚毀的凋敝棟宇，在政府的努力下，各機關和市內各種建築的面貌，煥然一新，稱盛一時。然而，他感慨地寫道：「詎意中日事起，喋血京門，烽火之餘，益多摧毀。」此番「國府還都，予董其事。再來斯土，何勝憮然。於是督工選料，從事復興。月未更圓，所廢多理。亂離而後，睹此輝皇，彌復為慰。」

接著他深情地敘述了重修雞鳴寺的緣起和經過，謂：「第政府休美，何與民居。矧夫白下風流，原歸古蹟。黃初人物，望重江東，不有存古之圖，疇為作新之始。爰乘休沐，來訪雞鳴。至則古寺頹零，佛光慘寂，老僧低首，顧我悽然。因念同泰為梁武捨身之寺，景陽為後主見辱之井，聽其衰落，殊非所宜。因召修葺政府諸廠商，而告之曰：禮佛焚香，無非向善。守先待後，是謂承祧。苟於人世有功，即亦自求多福。況雞鳴古剎，風雨千秋。振而存之，功德彌益。諸商聞義，欣然赴之。截木裁甄，塗朱飾堊。曾幾何時，山容帶笑，廟貌全新。所有工料，胥由公記、永記、根記、徐發記、大東、仁昌、徐盛泰、華新、華章等九廠分擔，純盡義務。功成之日，住持守慧歸德於予。因特詳其始末，非祇不敢掠美，亦所以昭示未來云爾。」

1940年4月26日褚民誼撰文並題寫的《重修雞鳴寺記》碑拓片

縱觀《重修雞鳴寺記》碑文，其字裏行間洋溢著褚民誼為國為民「修美」「向善」的高尚情懷；同時他又以「喋血京門，烽火之餘，益多摧毀」的犀利語句，無情地譴責了日軍的侵略罪行。這是他在淪陷區的艱難環境下，千方百地修復遭戰爭破壞的各種文物和建築時的一個典型的內心獨白和寫照。

　　上述兩個碑銘的全文載於本節後的附錄中。值得注意的是，褚民誼和守慧法師撰寫的碑銘落款上，其日期分別標為民國二十九年（1940年）4月26日和民國三十年（1941年）3月30日，前者指的是重修雞鳴寺的日期，而後者則是該碑的立石之日。也就是說重建雞鳴寺碑是在寺廟修造完工後的次年樹立起來的。

《附錄》《重修雞鳴寺碑記》正背面全文

重修雞鳴寺記（碑正面）

　　金陵扼大江之衝，上縮荊襄，下接蘇杭，交通經濟，利莫能京。吾黨　總理中山先生，因定以為首都。予於民國十六年到京，見城郭依然，棟宇凋敝，詢之土著，始知洪楊以後，恢復未完。所幸政府建築各機關，經始務宏，取成貴速，雕甍畫檻，迅遍都中，一時稱盛。詎意中日事起，喋血京門，烽火之餘，益多摧毀。迨夫和平既樹，日月重光。國府還都，予董其事。再來斯土，何勝愴然。於是督工選料，從事復興。月未更圓，所廢多理。亂離而後，睹此輝皇，彌復為慰。第政府休美，何與民居。矧夫白下風流，原歸古蹟。黃初人物，望重江東，不有存古之圖，疇為作新之始。爰乘休沐，來訪雞鳴。至則古寺頹零，佛光慘寂，老僧低首，顧我悽然。因念同泰為梁武捨身之寺，景陽為後主見辱之井，聽其衰落，殊非所宜。因召修葺政府諸廠商，而告之曰：禮佛焚香，無非向善。守先待後，是謂承庥。苟於人世有功，即亦自求多福。況雞鳴古剎，風雨千秋。振而存之，功德彌益。諸商聞義，欣然赴之。裁木裁甄，塗朱飾堊。曾幾何時，山容帶笑，廟貌全新。所有工料，胥由公記、永記、根記、徐發記、大東、仁昌、徐盛泰、華新、華章等九廠分擔，純盡義務。功成之日，住持守慧歸德於予。因特詳其始末，非衹不敢掠美，亦所以昭示未來云爾。

　　中華民國二十九年四月二十六慶祝國民政府還都擁護和平紀念日
　　吳興褚民誼撰並書　吳縣黃慰萱刻石

　　（注：原文並無標點，為本書著者所加，下同）

重修雞鳴寺碑（碑背面）

　　金陵古都會，山水清淑，寺睹如林。雞籠山東麓有雞鳴講寺者，南朝名剎也。晉永康間始創道場，梁改同泰寺，明洪武二十年改雞鳴寺。殿宇莊嚴，境極幽閴，寺後迺古臺城，有觀音樓、憑虛閣並峙左右，憑虛聽雨，為金陵四十景之一，曆紅羊之劫，已蕩然不可蹤矣。後南皮張文襄公辟經堂為豁蒙樓，甚軒敞，登樓閑眺，群峰拱挹，煙嵐蓊鬱，東抗鐘阜，下瞰臺城，西接北極，俯臨玄武，山色湖光，濛濛一碧，信金陵之勝地也。第干戈雲擾，歲月浹更，寖就傾圮。

　　二十九年三月三十日，國府還都，褚公民誼，實主司其事。洪基肇造，丕昌聿昭。偶於退食之暇，來寺遊憩，慨樓宇之將壞，迺鳩工伐木，補苴施綵，瓔珞金輝，甍桷丹碧，俱燦然復舊觀。戒法遠敷，四方信士雲集頂禮，此皆褚公之功德也。守慧欣感之餘，刊茲貞珉，以告後之來遊者。

　　住持守慧敬撰　溥侗謹書
　　中華民國三十年三月三十日還都紀念日立石吳縣黃慰萱刻石

第三章　外交部長，駐日大使

第一節　職權範圍，迎來送往

　　汪精衛從河內到上海，意圖在廣大的淪陷區內，按戰前國民黨領導下的政府體制，在南京成立一個統一的國民政府。1939年8月汪精衛在上海組織召開的「國民黨第六屆全國代表大會」，為組府拉開了序幕。會上褚民誼被推舉為監察委員會常務委員，兼中央黨部秘書長。此時，他曾期望能在非常時期內，有如1927年黨內出現嚴重分歧時出任秘書長那樣，為恢復黨的統一而盡力，從此參與了汪精衛倡導的和平運動和在南京籌組國民政府的活動。正如他在〈自述〉[1.61]中所說，「汪先生使人與影佐、今井等曾簽訂所謂內約者，本人初不知之。後來一切復黨、還都，及取消南京維新、北平臨時兩政府等事，皆根據內約所規定而行，始有所曉。本人對於汪先生當時以死力爭，仍以中國國民黨為政治樞紐一事極表贊同，蓋黨既不分，既隱然與渝猶為一體也。」

　　如何應對事先在北平和南京業已分別成立的臨時和維新兩個政府，是要在南京恢復成立統一的國民政府必須首先解決的問題。褚民誼於1940年2月16日在上海召開的六屆二次全會上被推選為國民政府還都委員會委員長。據《審訊汪偽漢奸筆錄》[3.66]中的記載，他在1945年3月17日對檢察官偵查所提出的「如何去南京籌備還都？」的問題時，回答道，「當時維新政府因汪先生的人就是我同陳公博先生有聲望，中外都曉得，其他人不重視。二月十七日我去南京，那時維新政府尚在，我去接洽，是很困難，修理房屋，選擇各機關地點。三月二十九日取消維新政府，三十日國民政府成立。事先於三月二十日、二十一日、二十二日三天在南京開中央政治會議。」至於如何取消臨時政府和維新政府，他繼續說道，先是二十八年（1939年）年底汪精衛到南京召開三派預備會。「三派人員：汪先生派的六人，有我、周佛海、梅思平、林柏生、高宗武、陶希聖六人，臨時政府王克敏，維新政府梁鴻志、任援道、陳群、溫宗堯，共同會議。到二十九年（1940年）一月十九日在青島開二次預備會，高宗武、陶希聖反對汪先生主張，已離開了，故沒有他兩人參加，還是我同周佛

海、梅思平、林柏生另加羅君強,臨時政府王克敏、齊燮元、朱深,維新政府梁鴻志、任援道、陳群、溫宗堯共同會議,決議各地方暫時維持現狀,並定將來開中央政治會議產生人員,成立國民政府。在上海原定汪先生代主席兼外交部長,要我任海軍部長。後來到南京,汪先生兼海軍部長,要我任外交部長兼行政院副院長。」

當時為與西遷重慶的國民政府保持一致,還都後的南京國民政府,開始時仍以林森為主席,汪精衛代理。1941年3月30日南京國民政府在和平路(今北京東路)原考試院內成立,在英文版的《中日爭戰1937-1945中的政治合作》(博伊爾J. H. Boyle著,斯坦福大學出版社1972出版)一書中,登有南京國民政府成立時的全體合影,如下圖所示,第一排就座的要員自左至右為:周佛海(財政部兼警政部長)、陳群(內政部長)、褚民誼(行政院副院長兼外交部長)、梁鴻志(監察院長)、陳公博(立法院長)、汪精衛(代理主席,行政院院長)、溫宗堯(司法院長)、王揖唐(考試院長)、顧忠琛(監察院副院長)、朱履龢(司法院副院長)、江亢虎(考試院副院長)、諸青來(立法院副院長)、梅思平(工商部長)。

1940年3月30日南京國民政府成立典禮。前排自左起:周佛海、陳群、褚民誼、梁鴻志、陳公博、汪精衛、溫宗堯、王揖唐、顧忠琛、朱履龢、江亢虎、諸青來、梅思平(《中日戰爭1937-1945中的政治合作》英文版)

為了紀念還都，國民政府還都籌備委員會於中華民國二十九年（1940年）三月三十日，在南京國民政府成立典禮時，在國民政府行政院前的庭園內，除還都紀念塔外，其內還樹立了一座《中央黨部還都紀念碑》。右圖所示，是該碑兩面的拓片（「臺國圖」MA002234778）。圖左為碑銘「中央黨部還都紀念」，碑頭標以國民黨黨徽，尺寸為1.52×0.565米；圖右尺寸為1.55×0.565米，以「和平建國」的宗旨為碑頭，國民黨中央黨部秘書長兼國民政府還都籌備委員會委員長褚民誼敬書曰，「中華民國二十九年三月十四日中國國民黨開第六屆中央執行委員會第二次全體會議於上海，決議中央黨部國民政府於三月三十一日前遷回南京，謹遵決議於三月三十日遷回首都，立此紀念。」寥寥數語表達出「隱然與渝猶為一體」的中國國民黨在淪陷區的中樞地位。為了繼承原南京國民政府的法統，復黨組府之後，「年號亦不變，仍用青天白日滿地紅旗，惟初三十年間國旗上加一黃三角飄帶[14]，上書『和平、反共、建國』六字標語。至三十二年（1943年）二月五號立春，恰好逢舊曆元旦，黃色飄帶取消，人心大為之快」，褚民誼在〈答辯書〉[1.62]第三條中如是說。汪精衛在淪陷區內於南京組織成立的國民政府，以下簡稱「南京政府」。

建於1940年3月30日的《中央黨部還都紀念碑》的拓片：（左）碑銘；（右）褚民誼題詞（「臺國圖」MA002234778）

　　褚民誼是淪陷區內除汪精衛之外，在國民黨內數一數二的元老，已如本篇第二章之第二節中的「和平基礎，合作共贏」中所述，他在擔任國民黨中央黨部秘書長後，即向國內外頻發言論，在公開批評日本過往侵華錯誤政策的同時，從中日兩國人民的根本利益和維護東亞及世界和平的大局出發，明確地提出和闡述了如何正確處理當前和長遠中日關係的主張。這些論文先後收集在，

---

[14] 該飄帶係應日方要求，為日軍前方交戰識別起見而暫設。

從1939年11月到1940年2月三度出版的《褚民誼先生最近言論集》[1.52]中。褚民誼雖然名望大，但在之後成立的南京政府中卻徒有虛名，並未賦予實權。這可以從對他的職務任命過程中明顯地表現出來。褚民誼長期以來是一位人所共知的文人，但在組府開始時竟然要讓他出任在淪陷區內無足輕重的海軍部部長，不僅為一閑職，而且顯得莫名。當時圈內相傳，褚民誼接到任命後，特意穿上海軍軍裝，對著鏡子，向左右詼諧地發問「像不像？！」在眾要人的反對下，汪精衛改變初衷，將他自己兼任的外交部長讓給褚民誼擔任。名義上過得去了，但實際上仍然是一椿有名無實的差使。淪陷區內的所謂外交，可以說完全由中日關係所決定，而這正是南京政府的核心所在，其大政方針完全由汪精衛乾綱獨斷；而且允許政府各部門可以繞過外交部，就近直接與日方聯絡。因此，這個外交部僅是一個按上級指示行文、迎來送往的招待衙門而已。

後頁上圖那張照片是中日雙方決策核心成員的合影，前排沙發上汪精衛正中就座，左右兩邊分別是日方的今井武夫（Takeo Imai）和影佐禎昭（Kagesa Sadaaki）；後排左起依次為，周隆庠、梅思平、犬養健（Takeru Inukai）、周佛海、陳公博和伊藤芳男（Yoshio Ito）。這是一張頗具代表性的照片，後來經常被一些有關著作所引用。如在《高陶事件始末》（陶恒生著，2003）和《汪精衛評傳》（李理、夏潮著，1988）的書中，分別稱該照片是在南京政府成立典禮的次日（1940年3月31日）和4月26日舉行慶祝南京政府成立典禮後的合影。兩者提供的時間雖有所差異，但均說明這是中日雙方組府核心層，在南京政府成立的重要時刻，為慶賀合作成功而拍攝的。中方人員中包括參加中日密約談判的周佛海、梅思平和周隆庠外，還有南京政府成立前不久來到南京任職的陳公博。這里值得注意的是，南京政府中名義上主管外交的行政院副院長兼外交部長褚民誼，在這樣一個涉及中日關係的重要場合，卻未見身影。他在汪精衛政權中，對中日關係大計的決策，處於被邊緣化的狀況，不言自明。

褚民誼在他的〈自述〉[1.61]中，對他在外交部的任職情況多有敘述，謂「未還都前，汪先生在愚園路曾言，擬令本人長海部。本人未聞軍旅之學，海部何以克當？正考慮間，汪先生又謂，改使本人長外部……外交之事，雖亦非本人所學，因其接近日人，可以外交方式達到保護民眾之目的，故即表示接受。」

他在該文「忠實的批評」一節中寫道，南京和平政府成立五年餘，「在此遙遙長期之中，幾於一事無成，實為不能自恕之事。其惟一原因，一言以

南京政府成立後，中日關係決策層的合影。左起前排，今井武夫、汪精衛、影佐禎昭；後排，周隆庠、梅思平、犬養健、周佛海、陳公博、伊藤芳男

蔽之，即缺乏『力』的表現是也。對日本無力，故一切事項幾於惟日人之命是聽。中樞非是地方政府，自然尤甚……公務員中不乏明達之士，但一觸日人之怒，即有不可測之慢，及乎災禍臨身，中樞亦不能一伸公道。「因此，自好之士吞聲忍辱，委屈求全，欲罷不能，言之慘痛；不肖者流則囤積走私，貪墨等事無不為矣。更有既受挫辱於日人，亦即自日人身上求取代價者。於是中下級之中日人員不少朋比為奸，魚肉鄉里之事情，此輩宵小最足痛恨也。

「本人在外交部長任內時，非不願與日人提起交涉，俾有所改善。第一切物資皆在日人掌握之中，欲其開放，非用全力以爭，絕難辦到。政府既忺忺倪倪，根本即不能望其振作。加以和平政府之外交權力本不完整，一切金融、物資、經濟等事均由各主管部與日人直接交涉，完全不經外部之手。故一切交涉大計均有汪先生決策，飭主管部門自行交涉，因而一般有資格之大員更唯恐本

第三章　外交部長，駐日大使　91

人強調外交之意見，得見重於汪先生，故相率曰短本人於汪先生之前。不曰本人只解玩遊，不通政事；即曰本人不切實際，專管閒事。於是本人所提倡之放風箏、踢毽子等民間運動，亦被視為不務正事之引據，汪先生與本人之間乃不能更有諒解矣。本人五年以來，不遷不調，故即在此。是以所謂外交部長者，質而言之，不過訪問之隨員、招待外賓之主人而已。本人既無事可作，乃不能不別求寄託。除利用宴客主人之資格，取得個人與日人間之情感，在消極方面用以維護民眾外；其正面工作轉為修廟、造塔等事。故曾修建總理陵園、靈谷寺、毗盧寺、雞鳴寺、朝天宮，奉迎十一面觀音，建立三藏法師骨塔及三藏殿，為白下山河增加故實。予豈好為此哉？予不得已也。

或曰所處既然如此，何不及早引退？斯言是也。予何嘗不欲早日引退哉？計使日返京時，曾擬辭職，並擬退隱棲霞山，不復以姓名與世人相見，結果未能如願。在和平政府對英美宣戰時，本人又擬辭職退隱，結果亦未能如願。今春（1945年春）公博先生就任代理主席以後，本人即決心辭職，安危不計，故曾兩致公博函，暢論和平政府之罪惡，並提出正式辭呈，結果亦未能實現。其所以終難擺脫者，要不外情拘勢牽而已。情拘猶可，勢牽則兇，蓋破壞和平之罪責詎易負者？此所不能不終於接受各方之勸告，而將辭意打消也。」

褚民誼於3月30日由南京政府下令，任命為外交部長後，於4月22日到部

1940年6月11日南京政府外交部首發的《外交公報》：（右）封面；（左）首頁[3.64]

任事,並照會各國在華使節。為開展工作,國民政府外交部於6月11日起印行《外交公報》[3.64],前頁右下兩圖為其第一期的封面和登載孫中山肖像和遺囑的首頁。該公報先以週刊後改為半月刊發行,及時記錄和報道了有關外交工作的法令和公告,人事任免,活動要聞,以及重要的外交言論等。中國第二歷史檔案館,於1990年4月將其影印出版,包括第1至第78各期(1940,6,11 - 1942,12,26)[3.64]。褚民誼的主要外交活動和有關言論詳載其間,本節不作贅述,僅將與他有關的重要外事活動作扼要的梳理,其中關於駐日大使和接收租界等內容,將另設專節分述於後。

南京政府宣佈成立後,日本即予以響應,任命原首相阿部信行大將為特派大使,並派遣以貴族院議長、眾議院議長等帶領的日本各界「使節團」,與阿部特使一起出席於4月26日在南京舉行的還都典禮慶祝大會。褚民誼到碼頭迎接,並主席慶典大會。會後不久,南京政府派遣陳公博為專使、褚民誼為副專使赴日答禮,成員還包括陳群(內政部長)、林柏生(宣傳部長)和陳君慧(行政院參事廳長)等一行五人。答禮團在進謁中山陵以後,於5月16日乘日輪前往日本,訪問期間會晤近衛文麿等要人,並到各地參觀,向日本各界宣示友好。這是褚民誼闊別多年後的首次訪日,在《外交公報》[3.64]第4期中,以〈褚民誼奉使歸來〉為題,發表了他歸國後的講話,文中強調同文同種的中國和日本,應取不倚靠外力、直接謀求和解的政策。他還稱讚近三數十年來日本在建設和教育等方面的長足進步,吾國於此,極宜取法。文中結尾時謂,使團返國之後,他本人又在6月2日折回東京,參加東亞運動大會,其間曾抽暇參觀國立東京大學和日本國會等處。(有關訪問活動的照片見後頁之上三圖)

接著,從7月5日起,在南京舉行以汪精衛為首和以日特使阿部信行為首的中日雙方調整中日新關係會議,由外交部出面組織,中方代表包括汪精衛、褚民誼、周佛海、梅思平、林柏生、徐良、周隆庠、楊揆一、陳春圃、陳君慧等共十人。會議歷時兩個月,至8月31日下午第16次會議結束。會上以汪精衛、周佛海等與日方在組府前業已商定的內約為基調,制定出〈中日關係基本條約〉,並於11月30日在國府大禮堂由汪精衛與阿部特使共同正式簽字成立,同時還與滿洲國總理臧式毅一起聯合發佈了〈中日滿共同宣言〉,表達了三者之間的互相關係。汪精衛也於前一日宣誓就職南京政府主席。

為象徵中日兩國邦交正常化,12月13日南京政府委派褚民誼為「駐日本國

特命全權大使」，外交部長職由原副部長徐良接任。（《外交公報》[3.64]第21期）至於行政院副院長一職則轉由與日方關係密切、掌握經濟和警政等實權的周佛海擔任。經過一段時間的準備後，褚民誼於1941年1月28日離京飛滬，換輪東渡履新，直至10月27日返京繼任外交部長，出使總計九個月。其間，在三、四月間曾回國述職、參加還都週年紀念，並主持奉安觀世音聖像典禮。6月16-26日汪精衛以國民政府主席首次訪日，與日本近衛首相發表共同宣言，隨行的有周佛海、林柏生、周隆庠等人，褚民誼作為大使在日全程陪同。

1940年5-6月間南京政府派出以陳公博為專使、褚民誼為副專使的答禮團訪問日本活動片段
（左上）5月15日全體赴日答禮團謁中山陵。第一排左起：陳君慧、褚民誼、陳公博、陳群和林柏生（《朝日新聞》報導）
（右側）群眾揮舞中日國旗夾道熱烈歡迎答禮團在日本訪問[1.63]
（左下）5月24日近衛文麿（中）會見陳公博（左）和褚民誼（右）等人（《朝日新聞》報道）

1942年汪精衛（左4）在褚民誼（左5）等人的陪同下接見德、意等外國使節們[1.63]

1942年5月汪精衛（前右）偕褚民誼（前左）等訪問滿洲國，在其國務院樓上觀察市街情況（《大陸畫刊》[2.34]Vol.3,No.6,1942,6,15）

當時日德意三國前於1940年9月27日簽訂了同盟協定，在歐亞組成軸心國。日本與南京政府正式建交後，德意等歐洲九國亦於1941年7月相繼承認南京國民政府。嗣後，上述諸國於1942年前後，紛紛向南京政府派駐公使或大使。（《外交公報》[3.64]第56、58期）前頁左下圖是汪精衛在褚民誼等人陪同下會見國外使節們時的攝影。

　　1941年12月8日，日本發動太平洋戰爭，與英美開戰，國際局勢發生激劇變化。汪精衛發表聲明表示與友邦同甘共苦，為確立東亞軸心國地位，政府首腦間的互訪活動頻繁。

　　1942年滿洲國成立十周年，汪精衛「為敦睦中滿間之國交及視察滿洲國情形起見」，於5月4日率隨員褚民誼、楊揆一、林柏生、周作人、陳君慧、陳昌祖、周隆庠等人訪滿，8日在新京長春與溥儀（康得皇帝）會面。汪氏出席歡迎大會並發表講話後，於10日乘機返京。（《外交公報》[3.64]第65期）前頁右下圖是新京金市長作說明，汪精衛等在滿國務院樓上觀察市街的情況。隨後，滿洲國派出以特使張景惠總理為首的答禮團，於6月7-12日回訪南京，褚民誼亦參與會見。（《外交公報》[3.64]第67期）

　　太平洋戰爭初期，在日軍節節勝利的形勢下，南京政府特派專使團訪日，以外交部長褚民誼為專使、參謀總長楊揆一和海軍部長任援道為副使等一行，於1942年5月29日至6月4日訪問日本，禮節性地感謝日本政府給予之種種協助和對解放東亞所作之努力，期間受到日皇接見，並到有關軍事機關和部門進行參觀訪問。（《外交公報》[3.64]第66期）右下圖是5月30日褚民誼、任援道和楊揆一等視察日海陸軍武官處時的合影。

1942年5月30日褚民誼（右6）、任援道（右5）、楊揆一（右4）等視察日海陸軍武關處的合影[1.63]

1942年9月日本派三特使訪華，在褚民誼陪同下進謁中山陵獻花圈（右圖），並參拜孔廟（左圖）
（《大陸畫刊》[2.32] Vol.3,No.11,1942,11,15）

　　相應地，日本為答訪去年6月汪精衛以主席身份對日本的訪問，於1942年9月下旬派出以前首相平沼、前外相有田和前遞相永井三位特使組成的答訪團一行二十餘人訪問南京，並遞交國書。為應酬這次活動，委任外交部長褚民誼為接待委員會委員長，先後陪同三特使拜謁和遊覽中山陵、朝天宮孔廟等地（見上兩圖）。（《外交公報》[3.64]第75期）

　　太平洋戰爭一周年後戰局逆轉，日本積極調整其對華政策。汪精衛於1942年12月19日離京赴日，與東條首相商談如何強化南京政府及協力大東亞戰爭問題，周佛海、褚民誼、林柏生、梅思平、周隆庠等隨行，27日返京。（《申報》1942，12，21-28）後頁左上圖是與東條會談後在首相官邸前的合影。回國後不久，於1943年1月9日由汪精衛簽署，南京政府正式宣佈對英美宣戰，隨即與重光葵大使聯合簽署〈中日共同協力完遂戰爭宣言〉及〈交還租界撤廢治外法權協定〉。稍後汪氏又訓令，自2月5日起，取消國旗上的黃色三角標記。

　　1943年3月13日日本東條首相訪華，答謝汪精衛去年12月訪日，對南京政府參戰表示敬意，並進一步與汪商談落實對華新政策，14日訪問上海後於16日返日。（《申報》1943，3，16）嗣後，通過陳公博4月的先期訪日活動，以及9月汪精衛親攜陳公博赴日與東條首相的商談，對先前的中日基本條約進行了修改，於10月30日在南京，由汪精衛與日本大使谷正之簽訂了〈中日同盟條約〉及附屬議定書，原訂的中日基本條約同時廢除。該條約中做出了兩國善鄰友好，相互尊重主權及領土，共同努力建設大東亞，在經濟上互惠提攜，以及戰後全部撤出在華日軍和放棄所有日在華駐兵權等約定。接著，日本於11月5-6日在東京召開

「大東亞會議」，有來自日、中、滿、泰、菲、緬、印等七國的首腦與會。汪精衛偕隨員周佛海、褚民誼、陳昌祖、周隆庠等人出席。會議發表了以同心協力、共存共榮為主旨的〈大東亞共同宣言〉。下圖為全體與會代表的合影，各代表團的首腦前排就坐，自左至右分別為：緬甸總理巴莫、滿洲國總理張景惠、南京政府主席汪精衛、日本首相東條英機、泰國首相代表旺・懷他耶功、菲律賓總統勞雷爾和自由印度臨時政府主席鮑斯。會議結束後次日，在東京日比谷公園召開「大東亞團結國民大會」，到會民眾數萬人，會上通過了〈完成爭戰案〉。（《申報》1943，11，6-8）

1942年12月汪精衛（前排左1）率團訪日期間在首相官邸與東條首相（前排左2）會談後的合影[1.63]

　　印度戰前是英國的殖民地，這次參加大東亞會議的代表由印度著名的民族主義者鮑斯（Subhas Chandra Bose）率領。他曾轉輾國外，於1943年7月在英國成立了自由印度臨時政府。出席完上述會議後，他接著率團於11月17-22日訪問

1943年11月5-6日在日本東京召開的「大東亞會議」的合影。左起分別為緬、滿、中、日、泰、菲、印七國首腦（前排就座者）率領的代表團（《台階合影》）

第三章　外交部長，駐日大使　97

南京和上海，受到汪精衛的熱情接待，期間曾在褚民誼等人的陪同下訪問了中山陵等地（見右圖），並於20日下午向重慶發表廣播講話，次日臨別前在上海接見記者團時，表達其在東亞實現「中國統一，印度解放」的期望，然後飛往菲律賓繞道歸國。（《申報》1943，11，18-23）

此外，1943年還都三周年之際，南京政府於3月29日，為嘉慰表彰參加和運有功人員及友邦襄助者，頒發特級至九級同光勳章。陳公博、溫宗堯、王克敏、梁鴻志、陳璧君、褚民誼、周佛海等七人獲特級同光勳章。（《申報》1943，4，11）與此同時，日本政府也向中國的有關人員授勳。其中4月7日東條首相批准外務大臣的呈報，向褚民誼和周佛海授予旭日勳章。鑒於日皇曾於1942年汪精衛訪日時，贈以日本最高勳章之菊花大綬章，南京政府派褚民誼為特使，率張超公使、薛逢元亞洲司司長等隨員，在褚氏於1943年4月中下旬赴日，參加在東京召開的第二屆東亞醫學大會之後，於4月26日向日本天皇奉贈同光大勳章。（《申報》1943，4，26；27）

1943年11月褚民誼（前右）陪同印度民族主義領袖鮑斯（前左）謁中山陵[1.63]

大東亞會議後不久，汪氏即因背部子彈舊傷復發而病倒，經在國內和赴日醫治無效，於1944年11月10日在名古屋去世。11月12日遺體空運回京。據《申報》13日報道，12日上午十一時半，由陳公博主持召開中央政治委員會臨時緊急會議，議決通過陳公博為南京國民政府行政院院長，國府代理主席，兼軍事委員會委員長。同時為辦理汪氏哀典事宜，特由國民黨中央黨部會同各方組織「汪主席哀典委員會」，委員長陳公博，副委員長褚民誼、周佛海，秘書長褚民誼兼。該委員會下設總務、典禮、招待、宣傳和警務五處，其中招待處處長由褚民誼兼任。11月23日南京政府舉行典禮，將汪精衛安葬在南京東郊明孝陵對面的梅花山上。後頁上部兩張照片是褚民誼在汪氏墓前植樹及與隨行人等在墓前的攝影。該墓於1945年抗戰勝利後，被從重慶西遷返回南京的國民黨炸毀，已不復見。

南京梅花山汪精衛墓建成後，褚民誼（中）在墓前植樹（上圖）並與隨同等在墓前之合影（下圖）
[1.52]

  汪氏葬禮結束後不久，褚民誼即向繼任行政院長的陳公博提出辭去外交部長的請求，但多次被挽留，直至次年1945年4月26日辭呈才得以獲准，但同時另任命他為廣東省省長兼廣州綏靖主任。（《申報》1945，4，27）經過一段時間的醞釀和準備，他於7月6日到穗就職。有關他赴粵就職等情形，在後續第五篇第一章「勝利前夕，赴粵保民」中另述。

  在褚民誼擔任外交部長期間，汪精衛與日本先後簽訂條約、發表中日滿宣言以及向英美宣戰等活動，是南京政府政治外交上的重要事件；也是抗戰勝利後，江蘇高等法院藉以控告褚民誼並處以極刑的一項主要依據。褚民誼在他的〈答辯書〉[1.62]第四條中對此說明道：「訂立基本條約，觀其條文不但本人不滿意，汪先生自己亦不滿意，不過汪先生是確認條約，是白紙黑字。如果自己做得好，則條文上之不好字面，可轉變為好；苟不努力，雖好的字面亦等於具文。果也，不久就由基本條約改為同盟條約，字面上好得多了。但當時汪先生仍不滿意，因抱了將來轉變到好的希望。故不僅與阿部特使簽訂中日基本條約，後來又與谷正之大使簽訂中日同盟條約，本人均未參與簽訂，且未附署，此事在外交部檔案中可查，故本人不負簽訂以上兩種條約之責。關於中日滿共同宣言亦是汪先生與阿部特使、滿洲特使在簽訂中日基本條約後一小時內共同簽訂者，本人亦未附署，外交部有案可稽。當時何以有此宣言者，一則未便直接認滿洲之獨立建國；二則權為忍痛一時，暫取得中滿關係，徐圖日後之收復計。証之以汪先生於民國三十一年（1942年）春之在滿洲向東北民眾公開演講曰：『我們昔日為同胞，今日仍為同胞，他日更為同胞』等語。（參見《外交公報》[3.64]第65期）可見汪先生之用意，聽者皆淚涕不已。又於中日滿運動

會開幕時，一見中華民國國旗高升，群相鼓掌。當中日雙方比賽時，中方勝，喝彩鳴掌應之；日方勝，則默然不作聲。凡我國派代表赴滿參加各種會者，會後私談偶語時，向我方述及日人之殘酷而表示傾向祖國之憂。即滿洲大使館館員之在南京者，時與外交人員及其他有關係常往來者，均表示不忘祖國之誠意，尤欽佩汪先生之演詞不已焉，可見東北人民淪陷至十四年之久而人心不死，常思漢也。故本人雖不負簽訂共同宣言之責，但深知汪先生用意之所在。至對英美之宣戰，汪先生自己起草，以自己名義，由國民政府發表，並未經過外交部。「以當時英美始終未與南京國民政府發生外交往來，嗣後外交部亦未接到英美對於此次宣戰之下文，雖宣而未戰，等於紙上具文，然而反生好的影響，從此列強爭先恐後聲明退還租界及撤廢治外法權。」

關於褚民誼在汪精衛政權政治決策中被邊緣化的情況，可以用他在〈自述〉[1.61]中的一段話來概述：本人「對於政治決策可謂一無主張，因本人原非政治人才，對於此種多面關係之政治設施深恐不能得當，一切大計除汪先生一人決策外，參與機要者另有其人，本人之位雖尊要，不過旅進旅退而已。」（原周佛海親信金雄白撰寫的《汪政權的開場與收場》[3.85]一書中，對這位與汪氏有親戚關係的重要人物褚民誼，有「親而不信」之謂，似亦可作為當時情況的寫照，可供參考）

第二節　奉命東渡，出使睦鄰

汪精衛在南京組織的國民政府1940年3月30日成立後，日本政府積極響應，如前節所述，派遣前首相阿部信行特使來華，經雙方多次談判和往返協商，於11月30日由汪精衛和阿部特使共同簽署了〈中日基本條約〉。日本政府正式承認南京政府，對中日兩國邦交作出了調整。阿部特使完成簽約任務後回國，首先派出本多熊太郎為調整邦交後的首任特命全權大使，於12月27日到達南京，次日向汪精衛遞交國書就職。相應地，南京政府於12月13日經第三十次中政會議通過，下令特任褚民誼為「駐日本國特命全權大使」，其原任的外交部長由原副部長徐良升任，而行政院副院長則由周佛海接任。（《外交公報》[3.64]第21期）

褚民誼接到任命後，經過一段時間的準備，於1942年1月26日離國前發表講話，闡述此行出任駐日大使之使命。如後頁右上圖所示，《外交公報》[3.64]第

24期上，以〈褚外長發表東渡使命——竭忠盡慮求謀中日根本協調〉為標題，全文刊登了這篇講話：

「本人奉國府命為國交調整後之第一任全權駐日大使，其責任之重大，深知惕勵必如何始能不辱政府之使命，不負國民之期許，雖屬材輕任重，惟有竭忠盡慮，黽勉以赴，茲當去國就任之際，略抒所懷，有如下數點：

一、和平條約務須求其逐步實現　本人在汪主席領導之下，從事和運工作，組府還都，悉被任為外長，對於和平基本條約之簽訂，均躬與其事。今條約簽訂後，已踏入一新的階段，務須求其逐步實現，東亞前途始能日趨光明。雖此種工作，視前更覺艱鉅，或須加倍努力，但本人深信中日雙方朝野有識之士，均已真誠諒解，當能本過去合作之精神，更進一步緊密提攜，使此和約早日見諸實施。但除本人盡其最大努力外，仍有賴於友邦人士之協力，與我政府之訓示，以及國人之指導。

1941年1月26日新任駐日大使褚民誼赴日前發表東渡使命之講話[3.64] No.21

二、謀取中日兩大民族之根本協調　過去因中日兩大民族未能互相瞭解，以致發生此次事變，釀成浩劫。吾人痛定思痛，懲前毖後，欲求東亞長治久安，非謀取中日兩大民族之徹底合作、根本協調不為功。其著手之辦法，應先從事雙方文化之溝通。雙方文化互相溝通，兩國朝野人士情感融洽，則自然達到善鄰友好之目的，此本人所夙昔致之事者。此番前往，當本此旨，愈益邁進不懈。

三、宣達政府政綱政策及和平主旨　我政府之政綱政策，以及和平主旨，外人殊欠明瞭，每易為渝方反對所蒙蔽。本人此去當盡量宣達，以明真相。不僅希望日本朝野人士均得充分瞭解，並使各國使節間以及各國居留日本之僑民，對我政府均有相當認識。

四、對軸心國合作對英美協和　吾人提倡和運，不僅狹義的求東亞永久安寧，秩序之及早建立；甚且廣義以求全世界之安定。是故中日固必須

真誠親善，始能共存共榮；對軸心國係為吾人之友，當然可以互相合作；即英美過去雖曾阻撓和運，但吾人亦不認之為敵，願以真誠與之相見，使明瞭和運之真義，及其真相，則未始不可轉移其視聽而變更其策略。蓋吾人並不主張無意識的排外，一切謀合理解決。倘使英美不支持重慶無底抗戰，則全面和平早得告成，民眾痛苦，即可解除。故予願為釜底抽薪之對，期以人力挽回劫運也。

褚民誼是南京政府中少有的國內外知名人士，日本朝野有識之士對他被委任為駐日本大使，促進中日親善，充滿期許。褚民誼為了實現其東渡使命，並不急於啟程，而是事先進行了約一個半月的準備工作後，才踏上赴日航程。當他登岸日本，在神戶對記者發表談話時，著重對此說明道；「此次國民政府特任鄙人為駐日本全權大使，奉命之餘，深感責任之重大……原應早日赴任，因鄙人在國內政治、黨務、文化以及社會團體各方面所擔任之職務甚多，出國之前，均須一一委託，且使館房屋啟封未久，修繕需時，而隨行人員之遴選，各項事務之籌備，以及和平區域各方面軍政當局之意向，民間之現狀，博訪周諮，多所察納，以致行程遲緩。」（[3.64]第26期）

正如他在談話中所述，自還都以來，淪陷區內的社會生活趨於安定，除黨政機關外，各種文化以及社會團體的活動逐步活躍起來，褚民誼在許多團體中擔任重要角色，其中有兩個與中日關係密切相關的團體，都推舉他為理事長。一個是「中日文化協會」，由他發起於1940年7月29日成立，以原「公餘聯歡社」為會址，並從1941年起出版《中日文化》月刊[2.33]，旨在通過中日間的文化交流與合作，為中日兩大民族間的和睦相處，樹立不拔之基。關於中日文化協會及其活動，在本篇第四章之第一節「文化溝通，化解干戈」中另有專述。

另一個是「中華留日同學會」，該會在維新政府成立之初，於1938年9月12日草創。隨著國府還都，在京服務之留日同學益眾，遂經籌備於1940年11月17日假中日文化協會和平堂召開擴大改組成立大會，通過了新的章程草案。章程中規定「本會以聯絡感情、交換知識、研究學術、服務社會、促進中日邦交為宗旨」，在組織上廢止原會長制，建立由選舉產生的理事會和監事會，與此同時還成立了基金會及其管理委員會。大會公推汪精衛為名譽理事長，並推選出褚民誼、陳群、傅式說、張超、陳伯蕃等30名理事以及江亢虎、周佛海、李聖五等20名監事。嗣後在11月23日召開的理事會上公推褚民誼為理事長，陳群、傅式說、趙正平、諸青來、徐蘇中、廉隅、王修、楊揆一、凌霄等9人為

常務理事，選定周禮恪為主任幹事，並通過了28位幹事名單，下分總務、學術、交際、調查和出版五組。此外，還邀聘中日各界名人為榮譽理事、名譽贊助員和贊助員，以取得廣泛支持。

由於「會員人數增加，事務較前繁忙」，在其會刊[2.34]Vol.1,No.2(1941,2)中報道，「以致原有會所，不敷使用，遂由褚理事長覓得香舖營中日文化協會對面未完成之樓房一幢」，經投標修建為三層樓的新會所。一樓為各組辦公室、會議室及會客室；二樓為理事長室及招待中日文化界名人學士之高檔臥房；三樓為留學生寄宿室。竣工後，1月12日褚理事長在赴日前的百忙中，暨陳、王兩常務理事會同驗收，經佈置後於1月21日舉行落成典禮。此後又於玄武湖翠洲興建俱樂部迎紫堂，於1941年10月29日舉行落成典禮。《中華留日同學會概況》（1941，12）[3.50]一書介紹了該會的詳情。

該會成立之初，即於1941年1月起按月出版《中華留日同學會會刊》[2.36]（簡稱《留日同學會刊》，右下圖所示為其創刊的第一卷第一期，由褚民誼理事長題寫刊頭。該刊以報道學會動態為主，包括各次常務理事會和理事會會議及其決議，學會建設和發展，留日學生工作，各類培訓、講演和聯歡活動的舉辦，各分組的工作計劃及其執行、以及財務收支狀況等內容。每期最後設有專欄，依日期簡要刊登前一個月內重要的「會員動態」和「本會大事記」。理事長褚民誼的諸多相關活動常列其間，本節中他出任大使赴日前後的活動情況，許多即記載於此。據該刊創刊號上報道，在1940年12月27日第二次常務理事會上決議，「褚民誼出國期間所有理事長職務請常務理事陳群代理」。

為了歡送褚外長東渡赴任，南京黨政機關和社會團體，紛紛舉行各種形式的送別活動。1941年元旦，外交部邀請卸任部長後的褚民誼大使出席外交部全體職員團拜會。（《外交公報》[3.64]第22期）接著1月4日週日下午，《留日同學會刊》[2.36]（Vol.1，No.1）上報道稱，「國民黨中央執監委員會秘書處全體工作同志，及其他機關

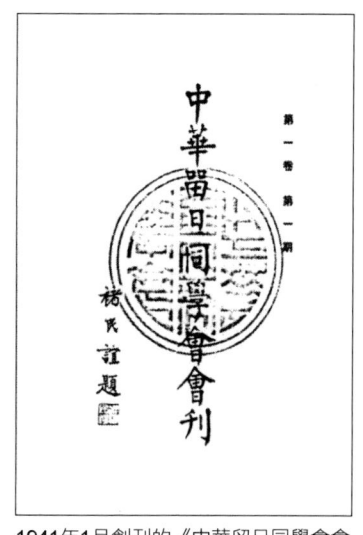

1941年1月創刊的《中華留日同學會會刊》。（[2.36]Vol.1, No.1,1941,1）

第三章 外交部長，駐日大使 103

公務人員，聯合在中央黨部大禮堂舉行茶敘，席間由副秘書長羅君強代表全體致歡送詞，並由褚氏答詞。」接著，當晚與中日文化協會及中華醫學會等單位聯合，在中日文化協會禮堂舉行公餞。

兩天後的1月6日正午，「浙江旅京同鄉會」又假座中日文化協會設宴公餞褚民誼。該同鄉會由褚民誼發起，於上年11月24日成立，並推選他為理事長。宴會上褚理事長為修繕本會會所計，提出設立修建委員會的建議，並當場推定出負責人員名單，以付諸實施。

該週的週六晚上，「中華留日同學會」聯合首都各團體歡送褚大使，該會刊[2.34]（Vol.1，No.2）上報道稱，本會以褚理事長「不日東渡履新，特聯合中日文化協會、中國教育建設協會、中國國民外交協會、中德文化協會、中國新聞學會、中國經濟協會、法比瑞同學會、南京市商會、中華體育會及其他團體等二十餘團體，於一月十日下午九時假座中日文化協會，舉行盛大歡送會，並有話劇、平劇及龍燈等餘興，事前曾開籌備會議數次，決定歡送儀式如下」：奏樂──全體肅立──唱國歌──向國旗及總理遺像行最敬禮──主席致歡送詞──褚大使演說──茶點──奏樂──攝影──餘興──散會。是日到會各團體代表三百餘人，公推陳濟成（教育家，時任僑務委員會委員長）為主席，會議開至十二時，始盡歡而散。

褚民誼還擔任南京市新藥業同業公會名譽理事長，該會於1月12日在六華春舉行歡送宴會。次日褚民誼即離開南京，轉輾華中、華北淪陷區各地進行實地調研考察。據《留日同學會刊》[2.34]（Vol.1，No.2）「會員動態」欄目中記載：

「1月13日新任駐日大使褚民誼，東渡在即，特飛北平，考察華北一般情形，並訪問各關係單位。」14日在北平發表談話，稱本善鄰友好原則，努力敦睦中日邦交。15日「由北平飛抵張家口，訪問關係當局。同日下午赴大同，視察大同煤礦。」然後轉赴山東，19日「由青島乘機抵濟南，訪問關係當局，並參觀市內各機關。」21日「視察華北完畢，飛返首都。」22日「法比瑞同學會在北平路四十八號該會歡送駐日大使褚民誼」。同日「褚民誼偕隨員三人飛漢口視察。」23日在漢口訪問關係方面及視察一般情況後，公畢飛返南京。24日「發表視察華北印象。」至此他離國前的準備基本就緒，於1月26日公開發表了前述〈東渡使命〉之講話，「並在中德文化協會，以茶點招待國府要人及好友。」

1月28日褚民誼，由京啟程飛滬，31日乘輪離滬東渡，「2月2日褚大使等一行抵神戶，當地華僑舉行盛大歡迎會。」2月5日「乘八幡丸抵橫濱，上岸後即乘車由京濱國道赴東京麻布區新大使館。旋接見記者團，發表談話，力主中日實行互助合作，共同建設東亞繁榮。」下圖是2月5日上午七時，褚大使抵達橫濱港時，受到中國留學生熱烈歡迎，在八幡輪上接受獻花時的攝影。

　　據《朝日新聞》（1941，2，9）報道，新任駐日本特命全權大使褚民誼驅車於2月8日上午九時半入東京日本皇宮，十時在松崗外相的陪同下覲見日皇，呈遞國書，大使館高級職員陳參事官等四人亦蒙日皇接見。事畢後，天皇和皇后一起賜宴。

　　褚大使到任後，連日來與日方各界往來酬酢頻繁。《外交公報》[3.64]No.27上刊登專文報道。繼日方日前在帝國飯店舉行盛大的歡迎茶會後，2月13日正午，褚民誼在使館設宴招待日方各機關長官，到阿部大使、本多大使，以及外務省有關負責人等數十人。褚大使和日方現任大使本多先後致詞，表示兩國恢復邦交後，要為今後真正親善，踏入和平實踐之途徑，共同協力，完成雙方的使命。

1941年2月5日晨，新任駐日大使褚民誼抵達橫濱港，在八幡輪上接受中國留學生獻花（DENSHO數據庫）

翌日下午「日華俱樂部」設宴歡迎褚大使。該會由坂西利八郎中將任會長，是中日兩國知名人士聯絡感情的一個組織，褚民誼被推戴為名譽會長，他在致答詞中強調，「鄙人認為要使得中日兩大民族根本協調，必須兩國朝野人士，多所交往，兩國人民，感情融洽，才能達到近衛公『善鄰友好』之目的，這是鄙人一向努力的。在國內曾有中日文化協會的組織，也是這個意思，一方面溝通文化，同時聯絡感情。鄙人此番來到貴國，負了重大的使命，抱了很大的決心，要使得中日關係根本改善，做到真正提攜、徹底合作的地步。「希望貴部同人諸位先生也各自肩負起一部分責任，共同努力，庶幾由貴部為出發點，而走向中日真正親善之大道，這是鄙人所希望的。」

接著，2月21日，「駐日大使褚民誼暨使館高級職員，應松岡外務大臣之正式歡宴。」22日，褚民誼「在大使館歡宴滯留東京之蒙古德王及李守信將軍。」26日，他又「應東亞同文會理事長阿部大將之歡宴。」直至3月3日，「駐日大使褚民誼假東京帝國飯店，招待日本朝野名流」，禮尚往來的歡迎活動至此基本告一段落。（《留日同學會刊》[2.36] Vol.1，No.3）關於褚大使到日後與日本佛教界的早期活動，詳見後續本章之第三節「觀音大士，普度眾生」。

《中日文化》月刊[2.35]Vol.1，No.2上，刊登了記者王楚文於1941年2月20日從東京發來的題為〈中華民國駐日本大使館視察記〉的文章，介紹了駐日大使館的新氣象。該使館位於東京市痲布區飯倉片町六丁目十四番地，「自七七事變勃發以後，中日兩國國交斷絕，雙方實行全面的軍事行動，兩國大使，各行歸朝。我國駐日大使館，自行封鎖，該館之鐵欄緊閉，呈現無主狀態」，情景亦極蕭然。迨至和平條約簽訂之後，日本首任駐我國大使本多雄太郎，先我派遣。調整邦交後之我國駐日本大使褚民誼氏，相繼被任命，由上海乘八幡丸郵船，經神戶抵橫濱，「於二月五日到達東京，封鎖二年半之我國駐日本大使館，遂於是日，正式開館。」

我駐日使館原係日本德川賴貞侯爵之私邸，漸次加以擴大。從前我國駐日使館，在東京永田町，1923年關東大地震，館舍房屋全部燒毀，後就地改築一木房辦公。是時尚未昇格為大使館，當時日本當局一再要求將該處收回，並以德川之私邸交換。我國政府於北伐成功後，方允諾遷址於此。

「查我國駐日而昇格為大使者，到現在計有三屆。」第一屆蔣作賓，第二屆許世英，現在第三屆為褚民誼。「當民國二十一年（1932年）8月間，蔣作賓氏視察東北，轉抵日本，就任大使。剛到達大使館時，突逢九一八事件。事告平

定後，蔣大使對大使館之庭院佈置，開闢後門，略有建樹。民國二十四年（1935年）改任許世英為駐日大使……七七事變之當時，許大使先行返國，所有館之事務，悉由楊雲竹氏代理。不久，楊氏亦將重要案卷及館中之珍貴物品，攜之而去。留在館中之殘存零星什物，咸皆封鎖外，大使館形同無主之空房一所……以是此次褚大使蒞任，對館中諸般設施，全部刷新，室中陳設，多係新置。聞褚大使此次蒞任，攜帶行裝，多至三百餘件，全係為館中裝璜與佈置之物品。」

整個使館區，包括寬敞的庭園和園林，佔地十五畝。使館建築，共計七十餘間，裝飾得堂皇雄偉。大使館從正門入內，一樓左右設有普通會客室和特別會客室，然後通過大走廊進入可容納約六十人的大會議廳。二樓則從正門左行沿階梯而上，設有大使辦公室、小會客室及起居室，以及各使館職員的若干辦公室，此外還有藏書萬卷的圖書室，分中、英、日文三大類，此次新添書籍五千餘冊。文中對使館內的具體佈局和裝飾情況進行了詳細介紹，以下三圖示出了東京中國駐日本大使館的新貌：左上圖是《鄂報》第2卷第11期（1941）上刊登的裝葺一新的大使館外貌；右圖和左下圖，分別是1941年2月褚民誼大使進入使館後，在館內升起中華民國國旗，以及在使館內辦公的情形。

（左上圖）日本東京中國駐日大使館外貌（《鄂報》Vol.2,No.11，1941）
（右側圖）1941年2月褚民誼入駐使館後，在館內升起中國國旗（DENSHO數據庫）
（左下圖）褚大使（右）在使館內辦公，站立者為顧問張超[1.63]

此外，文中還報道了此次隨褚大使到館之全部人員名單：特命全權大使褚民誼，公使兼參事官陳伯蕃，一等秘書孫湜、孫理甫，二等秘書耿善颺，三等秘書陳謨如、余超，隨員徐義宗、楊元亮、藩祿，顧問譚覺真、張超、田守成，隨秘書沈留聲。

　　正如〈駐日大使館視察記〉一文結尾時所述，重開後的使館，設施和人員陣容為之一新，在褚民誼大使帶領下，館員諸公認真辦事，「秉中央政府在求中國之自由平等的國父方針，將對中日國交，當有一番新貢獻也。」

　　褚民誼對旅日僑胞十分關心，到達日本後不久，即前往日僑聚集地訪問。橫濱是緊鄰東京的一個國際大港口，是日本開港後我國僑民最早的聚居地之一，以繁華的中華街為其象徵，僑民中以祖籍廣東者居多。為了維護僑民的合法權益，從十九世紀中葉開始，就有中華會館等華僑組織出現。以「親仁善鄰」命名的「親仁會」，是橫濱中華會館中以粵籍華僑為主早期成立的一個組織。右下圖是褚大使等一行，在橫濱總領事馮攸等人陪同下，2月16日到訪「親仁會」時的合影。不久，褚民誼南下走訪京都，這座位於日本本州島中部的日本古文化中心。《留日同學會刊》[2.36]（Vol.1，No.3）中報道稱，「3月4日，褚大使抵京都，與僑胞晤談，並訪問當地士紳。」

　　為了全面瞭解各地僑情，改進僑務工作，據《留日同學會刊》[2.34]（Vol.1，No.4）報道，「3月18日，駐日大使褚民誼，在使館內召開駐日全體領事會議，出席者計有橫濱總領事馮攸、京城總領事范漢生、神戶領事鄧雲衢、長崎領事潘燿源、元山副領事張義信，暨大使館公使陳伯蕃、參事孫湜等數十人。

1941年3月18日駐日大使館第一次全體領事會攝影紀念。前排居中是褚大使（右4）和陳公使（右3），兩旁是赴會諸領事[1.63]

1941年2月16日褚民誼大使（前排右9）訪問橫濱華僑組織「親仁會」合影。褚大使位於前排右9 [1.63]

（褚大使）親自主持，並報告到任前在國內各地及到任後赴關西各地視察訪問之情形，同時聆取各領事之陳述。」前頁左下圖是「駐日大使館第一次全體領事會議」全體與會人員在使館院內的合影。

會後褚大使即因公務歸國。返任後不久，日本華僑在南京政府成立後組建起來的「全日本華僑總會」，於1941年5月19-21日，在長崎假三菱會館舉行第二屆全體大會。《華文大阪每日》1941年第6卷第12期的畫報上，以「旅日華僑的大集會」為題，用整版篇幅報道了這次會議的盛況。其上刊登了多幅照片，分別示出大會會場的情況（見左下圖），褚民誼大使在主席臺上與各地代表一起出席開幕式並致詞，以及大會第二天舉行的中日青少年交歡會的演出片段和在長崎市內整裝列隊行進的場面。《外交公報》[3.64]第36期上還刊登了褚大使在開幕式和之後召開的中日青年交歡大會上致詞的全文。右下圖是褚民誼在開幕式上發表講話時的情景。他說道：

「此次大會，各方代表前來出席，除旅居日本的各地僑胞外，國內有關部會，如僑務委員會、宣傳部，以及辦僑務的各團體，亦均派有代表，不憚重洋跋涉，趕到長崎前來參加……可見此次會議意義的重大、關係的重要。「我常說，華僑是中華民族最優秀的份子。過去本黨的革命事業，發祥於日本，同盟會即在日本所組成……總理曾長川駐此，發號施令，指揮一切。而日本朝野寄與同情，給與便利。「華僑也多數贊成革命，輸財輸力，厥功甚偉。所以中國革命有今日的成就，可說得到日本朝野和華僑的助力很大。「講到華僑本身，遠離祖國，飄洋過海，來到友邦，赤手空拳，埋頭苦幹，生活方面非常勤儉，

1941年5月19-21日在長崎召開的「全日本華僑總會第二屆全體大會」會場（《華文大阪每日》1941,Vol.6,No.12畫報）

1941年5月19日褚民誼大使在「全日本華僑總會第二屆全體大會」開幕式上致詞[1.63]

一天天的努力不懈，才能在海外立足……同時華僑對於國事非常關心，每遇國內有事，都是很熱心的去做，其愛國熱忱，比較國內同胞，實有過之。所以我說，華僑是中華民族最優秀的份子，尤其旅日僑胞，對祖國貢獻特大，即如此次和平運動，旅日僑胞，也能體認時艱，一致協力。

「這次不幸發生中日事變，我旅居日本的僑胞，曾未受到事變的損害，比較國內同胞，反能安居樂業……現在中日兩國，多數有識之士，均已真誠覺悟，幡然改圖，實行親善……基本條約，短時期內，也將逐步實現了。可是最重要的，仍有賴於兩大民族的互相瞭解。民為本邦，必須民眾認識清楚，互相攜手，才能到達真正親善的地步。關於這一點，仍有賴於全體旅日僑胞的努力。本人忝任大使，責任至為重大，迭次發表談話，均以謀取兩國民族的根本協調，而努力於和平。希望全體僑胞共喻斯旨，向這一目標下，共同前進，使得日本民眾所不瞭解於中國的，同時中國民眾所不瞭解於日本的，大家彼此間，都能獲得深切的瞭解，那麼事變當可早日結束，全面和平也易於達到。這種實踐工作，所關兩國前途甚鉅，希望今天出席的各位，大家一心一德，共同努力。

「在事變中，過去的僑務，係由興亞院代管……現在兩國邦交，已經恢復，大使館以及各地領館，均已次第恢復原狀，各地負責有人，並且較之事變前感情格外融洽，今後僑務當可日漸發達，本人當盡力之所及，為我僑胞謀取福利。希望各地僑胞，與大使館，以及各地領館，多多聯絡，倘有所貢獻，本人無不竭誠接受的。今次會議重要，希望出席諸位悉心討論，所有議決各案，迅速付諸實施。」

褚民誼還藉此次出席全日本華僑大會之機，高興地與中日兩國青年會晤。他在中日青年交歡會上諄諄地說道：「這次有中日青年交歡之舉，是長崎市政府所發起。因為中日兩國，壤地相接，關係太密切了。尤其長崎和上海一水之隔，朝發夕至，更為接近，所以長崎市政府有此發起，無非善鄰友好之意，本人對此舉，非常贊同，對於雙方交歡的青年，寄與十分的同情。中日兩國過去，互相認識不足，才發生此次不幸的事變。現在雙方既已覺悟，那末改弦易轍，必須謀取正本清源之道。何謂正本清源之道，就是凡事應實從根本解決，不必枝枝葉葉的去作。過去因為中日兩國的教育方針，都有不對的地方。中國自甲午戰敗，直到『五四』運動，排日的思想日甚一日，一般青年學子叫囂突厲，充滿排日的思想，這是以往的事實，無容諱言的；同時日方教育，亦以侮華侵華為能事，所以彼此間，積不相能……思之實可痛心。但是既往不咎，來

者可追。我們懲前毖後，應該格外警惕，大家體認時艱，圖謀共濟之道。現在中日國交已經恢復……今後自當對準方向，朝著光明的大道前進。我以為根本的辦法必須雙方先從文化溝通著手，互相交換；同時兩國的教育，各自改變方針，一以親善為依歸，使得青年學子，腦海內對於親鄰善友，各有深刻的印象；並且使此好印象，普遍發展，深入民眾，那末兩大民族，才能真正攜手，而達到永久和平底目的。這種責任，中日兩國的在朝在野之士，都須分擔，尤其雙方青年所應負的責任，更為重大。我們都知道，青年是國家的中堅份子，未來的主人翁，他們的地位非常重要。所有的責任，應該怎樣才能達到？必須學養兼備，具有豐富的智慧，靈敏的眼光，冷靜的頭腦，活潑的思想，健康的體魄，並且對於國際的大勢，要認識清楚。現在的國際，正是多事之秋，乃是舊秩序摧毀，新秩序樹立之時期。所謂同盟、所謂軸心，在大家正做著全世界劃時代的偉大而艱鉅的工作。我們要忍痛一時，以求全世界的永久安定。並且要深切瞭解亞洲是全亞洲人的亞洲，共榮共存，中日兩國，必須分擔其責任。過去中國受外來的侵凌，淪於次殖民地的地位。今則時移勢轉，我們要解除束縛，掙斷鎖鏈，以求獨立自由，共同進入東亞共榮圈，以謀亞洲新秩序早樹立，同時也就是總理大亞洲主義的實現。今次中日青年交歡，也是一件很有價值的很有意義的事，值得慶幸的。希望本此精神，發揚光大，使得中日兩大民族，全體都能交歡起來。必定放一異彩，將有無限的光明了！」

與此同時，為了使我國的留學生能在日本更好的學習和生活，由大使館參事陳伯蕃發起組織「留日學生會」，得到了褚民誼大使的大力支持。據《留日同學會刊》[2.36]（Vol.1，No.7）中報道，曾於7月18日召開第一次發起人會議，積極進行籌備。後頁上圖是褚民誼和陳伯蕃親切地會見留日學生代表後，在駐日使館正門前的合影。

褚民誼在嗣後的〈自述〉[1.61]中，回顧他任職大使期間的僑務工作時，概括地寫道：「在日九個月中，曾巡視日本各大都市，直至北海道，對於留日僑胞生活上、教育上之種種救濟及改善，或與日政府協商，或與各地名流聯絡，使此種救濟及改善工作頗多成就。茲為避免誇張，故不復詳記，留待公正人士之從而調查可也。」

在中日調整邦交雙方互派大使之後，1941年6月汪精衛首次以南京國民政府主席的身份出訪日本。隨行者有行政院副院長周佛海、宣傳部長林柏生、外交部長徐良、次長周隆庠、亞洲司長薛逢元等十餘人。（《留日同學會刊》

褚民誼大使和陳伯蕃參事（前排右8和9）與留日學生代表在使館正門前的合影[1.63]

[2.36] Vol.1，No.6）駐日大使褚民誼在日本全程陪同訪問。據《大陸畫刊》[2.34] Vol.2，No.8（1941，8，15）等媒體報道，汪氏一行搭八幡丸輪赴日，16日到達神戶，17日乘火車到東京，然後驅車前往我駐日大使館。翌日開始進行一系列訪問活動，包括晉見日本天皇，參拜明治神宮，分別與外相、藏相、內相以及海相和軍部等軍政要員會晤，並與近衛首相簽署〈共同宣言〉，表達雙方實現共存共榮復興東亞的共同目標（後頁右上圖是在首相官邸會談後的合影）。期間，汪氏曾先後接見記者和發表廣播講話，並專程到訪同盟會期間積極支持孫中山革命的老朋友頭山滿和祭拜已故的犬養毅。25日訪問結束，26日從神戶啟程歸國。

褚民誼在日期間，6月22日蘇德戰爭爆發，德意日等軸心國之間的關係愈發緊密。在此背景下，據在日本出版的《大陸畫刊》[2.34] Vol.2，No.8（1941，8，15）上刊登的多幅照片報道，德國、義大利、羅馬尼亞、斯拉夫、克羅地亞、保加利亞、匈牙利、西班牙和羅馬尼亞等歐洲九國，於7月1日起相繼表示承認南京國民政府，他們的駐日本使節紛紛到中國駐日使館，向褚大使表示祝賀並建立聯係。褚大使為酬謝各國承認之好意，特於7月10日下午

四時在大使館舉行盛大慶祝會。(《留日同學會刊》[2.36] Vol.1，No.7)

褚民誼在〈答辯書〉[1.62]之第五條中，對自己在取得上述外交成果中所起作用時說明道：「殊不知德、意早在南京政府成立前就不與重慶國民政府往來，証之以德、意兩國大使停留上海，不赴重慶呈遞國書可知。軸心國早定有步驟，一旦對蘇俄宣戰，而即承認南京政府，其他如羅馬尼亞、丹麥、西班牙等國隨之，故有九國之多。時勢使然，非本人一人聯絡之力也。」

7月份學校進入暑期，褚民誼夫人陳舜貞帶著孩子全家到日本探親，同行的還有曾仲鳴的遺孀畫家方君璧一家，搭乘龍田丸輪，於7月8日到達橫濱港，褚民誼到碼頭迎接。後頁左上圖是褚民誼夫婦及攜同來日的三男二女五個孩子以方君璧和她的三個男孩子在橫濱港的合影。(《大陸畫刊》[2.34]Vol.2，No.8 1941，8，15)

1940年6月汪精衛（前左）在首相官邸與近衛首相（前右）會談後的合影。褚民誼位於第三排右（《大陸畫刊》[2.34] Vol.2,No.8,1941,8,15）

不數月，《留日同學會刊》[2.36]（Vol.1，No.10和No.11）上報道稱，「10月2日，中央政治會議第六十五次會議通過，特任褚民誼為外交部長、特任徐良為駐日大使」。接命後，褚民誼即準備歸國，「10月16日，日皇因我國駐日大使褚民誼氏調長外部在即，特於豐明殿前設宴表示歡送之意。」後頁右上圖是褚民誼偕夫人陳舜貞入皇宮赴宴前，在駐日使館內的合影。

褚民誼準備停當離開日本前，於10月20日在東京帝國飯店舉行盛大茶會招待有關各方面名士三百名，以示告別。並於23日「在東京廣播，對日本朝野深表感謝」。然後，從神戶乘船經停長崎到達上海，27日「乘機返京，中樞各院部會長官及各機關各公團代表到場歡迎者不下二百餘人。」《外交公報》[3.64]第52期上專載「褚大使榮歸誌盛」的報道中稱，是日下午到機場歡迎的有司法部、考試院、內政部、外交部、國民政府、僑務委員會、文物保管委員

1941年7月8日褚民誼夫婦（後排右2和3）及攜同來日的三男二女五個孩子以及方君璧（後排左1）和她身前三個男孩子在橫濱港的合影。（後排右1是褚氏的侄女）（《大陸畫刊》[2.34] Vol.2,No.8,1941,8,15）

褚民誼和夫人陳舜貞入宮接受日天皇夫婦宴請前，在大使館內的合影[1.63]

1941年10月27日褚民誼辭駐日大使回國，在南京機場受到各界熱烈歡迎（《留日同學會刊》[2.36] Vol.1, No.10,1941,10）

會以及南京市等政府機關部門的主管，以及中日文化協會、中華留日同學會、東亞俱樂部、中德文化協會、中國合作學會、寧波旅京同鄉會、中國社會學會、中國婦女慈儉會、中華體育會、法比瑞同學會、中國建設協會、日華佛教會、中國體育協會、中華電影公司、中國兒童教育協會、浙江同鄉會、南京地方公會、南京市商會、南京市佛教會等各公團的代表。飛機場內置有歡迎褚民誼之橫額，並請國府樂隊蒞場奏樂。前頁下圖是褚民誼下機後，接受各界代表獻花時的留影，刊登在《留日同學會刊》[2.36] Vol.1，No.10（1941，10）上。

褚氏返官邸稍事休憩，即於午後相繼出席京市各團體歡迎會，以及外交部在大禮堂舉行的歡送徐部長暨歡迎褚大使回任的盛大茶會。次日新任褚民誼即蒞部接事，並於11月5日至8日分別舉行茶會，招待中外各界。在8日下午舉行的記者招待會上，褚部長發表談話，表達其「致力於中日邦交之增進，以謀兩國之徹底諒解與精誠合作」之外交旨意。（《外交公報》[3.64]第52期）此後，他在南京政府內只擔任外交部長，不再兼任已由周佛海接替的行政院副院長的職務，直至1945年4月。

正如褚民誼在上述講話中所總結的，在九個月的大使任內，他本著「（中日）兩大民族之根本協調與徹底信賴，實有賴於兩國文化之溝通，與感情之融洽」的信念，而奉行其職責。其間經他精心謀劃的有如下兩項與佛教有關的中日文化交流活動，頗具影響：一是在他初任大使時，將日本佛教協會贈送的巨型木雕十一面觀世音聖像，親自安排和奉迎至南京毗盧寺內，這將專題在下節中介紹；另一是在他卸任大使回國之際，將在長崎市肆發現的唐代留華日本高僧弘法大師銅像攜回，樹立在中日文化協會院內的建國堂前，並按大師所在高野山的法統，於11月21日親自主持揭幕典禮，日本高野山當局聞訊也特派代表趕來參加。如後頁上圖所示，《大陸畫刊》[2.34]Vol.3，No.1（1942，1，15）對典禮的實況進行了報道。

後頁下部諸圖則是典禮當天，中日文化協會出版的《弘法大師紀念特刊》[3.49]，其上刊登了弘法大師的銅像和他在唐朝接受灌頂之文書照片，以及中日雙方人士的紀念文章共13篇。褚民誼題寫封面，並特撰文〈弘法大師銅像來華誌盛〉，置於書前。弘法大師留學中國歸國後，以漢字邊旁發明了至今一直沿用的日本拼音文字「片假名」。褚民誼以文字是人類文化之基礎，「無文字，則文化之工具無所麗，文化之功績莫由成」的理念出發，頌揚大師是一位中日文化交流和日本文明之先導。

1941年11月21日中日文化協會建國堂前舉行弘法大師銅像揭幕典禮。褚民誼揭開銅像上的黃綢布蓋（《大陸畫刊》[2.34] Vol.3, No.1, 1942, 1, 15）

（右上圖）特刊封面；
（中上圖）弘法大師銅像
（左上圖）褚民誼撰「弘法大師銅像來華誌感」之首頁
（左下圖）弘法大師唐代灌頂記
1941年11月21日弘法大師銅像揭幕典禮上中日文化協會出版的《弘法大師紀念特刊》[3.49]

文中首先敘述了銅像來華機緣巧合之經過，略謂，予幼從先君受國學，熟讀許氏說文及六書等字書，知曉漢字之形義體系。及年十六習英語，「覺其文從語立之法，皆由字母而產生，始知音義之文，實視吾國六書為易學。」二十一歲就學潯溪公學，得學日語，「嘗自問曰：『日文導源自我，日文以平假名四十七文為字母，何我獨無？』二十三歲，留學東瀛，重以前問問所師，方知日文字母，創始有人。不特因知弘法大師之名，且深佩大師創製字母之卓識。前塵回首，忽忽三十有五年矣。

「民國三十年（1941年）春，持第一任和建大使使節於東京，因追慕有史可稽之來日第一華人，遂謁徐福[15]之墓於新宮市。歸途登高野山，始悉此山即由弘法大師為開祖，名山道統，流傳史冊。「同年五月二十日，召開留日華僑代表全體大會於長崎。」偶過專售佛像、佛經、法器和佛家服飾之市肆，「入購佛珠數串，因見大師之銅像在焉。像高五尺餘，雕鑄極精美」，欲購而叩其價，茲因索價過高，未能成交。

是年陰曆九月，予歸國述職繼掌外交部。原擬乘飛機行，但遇風雨，機不能飛，欲改期，而機位已盡售，不得已乃舍空而從海。搭乘自神戶赴上海之巨輪神戶丸，途經長崎，「抵埠為午前九時，重開定午後一時，乘間登岸作小遊，不期重經該市肆，大師銅像仍在焉。因賡前議，卒以日金六百二十元得之。遂令該肆，立即裝箱，以便起運。箱須二，一置大師像；一則承像之座也。肆人難之，以為太迫。適神戶丸汽機有阻，須遲三小時，從事修理，方能啟椗。因此之故，乃得集匠裝箱，從容畢事。大師銅像，遂於肉體離華之一千一百三十四年後，與予同舟，重蒞茲土，大師靈爽，能無感耶？

因遲開，輪船延誤於傍晚始抵滬，「予與張顧問超，預擬翌日下午三時，飛機入京，大師法相，既不能偕，乃托毛君信洺及外部駐滬劉科長共乘翌晨八時三十分快車隨往。不意以行李既多且重為累，遲至九點以後，始乘慢車入京。到京之後，乃知八時快車抵京，適當炸彈爆發。使非像身過重，致稽時刻，則遭遇何似，不可問也。

「夫一事之成敗，或曰有數，或曰有命。數與命，不可知，既不可知，不信可矣。可知者為機，機與則成，否則敗，於大師銅像來華一事，可以徵焉。使無華僑之會，或有會而不在長崎，或在長崎而予不往參與，或往參與而不小

---

[15] 據傳徐福為秦始皇遣派遣出海採仙藥一去不復返之領隊人。

遊過市，或小遊過市而不入其肆，或入其肆而法相內藏不見，有一於此，不能肇法相來華之端矣。顧雖獲見之，而議價不成，是徒有前此之多機，而其事則終於近敗。詎意三個月後復有歸國述職之行。行之表觀，固無涉於大師銅像也，乃阻於……天之風雨，不能航空；再阻於神戶丸之修理汽機，得輾轉成前議；三阻於行李過多過重致快車脫誤，遂得免於炸彈之災。是故言歸程則三受其阻，言法相則三獲其成。而法相之三成，即行程之三阻也，有一不阻，非法相之不能來，即能來亦或遭炸毀。是以知機運之妙，誠不易知，易曰：『知機其神』，吾固信之；即曰機為大師之神，吾亦信矣。

「至於予，初因平假名之發明，起思慕大師之心；繼因登高野山，知大師來華之歷史。「恆念苟無大師發明字母，則日人之習漢字，其難必倍於華人。今則大和民族，無一人不能讀書閱報者，實不能不歸功於弘法大師之發明字母也。渡邊霞亭（注：日本著名小說家）曰『如果日人無有伊呂波歌四十七字母之發明，恐日本文明，難如今日。大師為造高野山大塔心柱，而作伊呂波歌，實亦與建築日本文明根源無異。故生於日本而有須臾忘大師功德者，即無異為人子而忘父母之恩也。』渡邊之言，予三十年前，早有此感。蓋有假名，日本之學術文化，乃能普及於全國；無假名而專恃漢文，日本之學術文化縱能普及，亦必延緩；即日本人民其他各方面之發展，亦必遲滯不前，是以假名之作，實日人文明學術之源泉。今以大師為日本文化學術之恩人，即專自創假名一事言之，已不能予以否認也。

「反觀吾國」，他說道，「則『積文成虛，積虛成弊』，學術文化，日趨沒落。直至有清末造，始有少數思想明達之士，知字母為普及文化之最高工具，乃發明官話字母於北京，使中國數千年來一貫相承之形義字，循聲歸母，為效甚顯。」但因種種原因，而有始無終。

至予此次載大師銅像來華之意，固由於個人景慕之誠，然亦不僅為此。文化流傳，無能自至，交流介紹，始必有人，此交流介紹之人，往往即為某種文化之母。弘法大師，即中日文化交流介紹之人也。大師於一千一百六十七年前，誕生於日本讚岐國屏風浦，姓左伯，名真魚，為當地世家，兄弟四人，均出家有大名，大師尤盛，為真言宗第八開祖。

「大師生於光仁天皇寶龜五年六月十五日（即唐朝大曆九年，西元774年），少讀書，入大學，二十歲始出家……二十二歲受具足戒，改名空海。三十一歲留學來華，適為唐德宗貞元二十年（西元804年），五月十二日離攝津，

十二月二十三日到長安，住西明寺。三十二歲夏，師青龍寺阿闍梨慧果。慧果者，不空三藏弟子真言宗第七開祖也。大師六月受胎藏界灌頂，七月受金剛界灌頂，八月受傳法阿闍梨灌頂（見前第二頁圖中之灌頂文記），號遍照金剛。十二月十五日慧果入寂，大師親承法統。三十三歲離華返國，十月二十三日抵築紫。大師在華，除佛法受承真言正統外，其他學術，靡不研習。書法師韓方明，手口胺足，咸能執筆，有五筆和尚之號，為日本書道之祖。文章詩賦，造詣彌深。其他如繪畫雕塑、土木建築，無不盡掠華光，播之東土……總之，日本自大師歸舶之後，文章美藝，燦然始備，千秋崇奉，有由來矣。夫文化交流，不難於承受，而難於迎取……若玄奘之求經入印，弘法之向學來華，類皆積志掬誠，犯難歷苦，精心擷取，著意流傳，雖百死而無回，冒萬險其尤進。既達其地，勤求密問，博取宏收，及既有成，攜之歸國……此種功業，詎可及哉？今者，大師銅像，已蒞吾華，予願凡來瞻仰此像者，均無忘大師為中日文化交流人，且為一人迎取，功被萬祀之交流人，則區區載運之心，庶稍慰矣。

大師四十三歲，為樹立日本佛教道統，乃於宇內，遍訪名山，抵紀州登高野山，愛之，遂上表請賜為修禪道場。此後三年，經營高野山建築，備勞心力。當金剛峯寺營造之際，大師欲以佛道化群工，授以真言，群工莫省。因作歌謠四句，即用四十七草書漢字，作為注音。此四十七言注音之歌，名伊呂波歌，即日本平假名字母也。此歌釋義，大義為『色即是空，會者常離，解脫煩惱，始生菩提』。語本涅磐經，經此發明，於是蠢蠢群工，人記不忘。不意此區區四十七字，竟為日本之語源音母。推群工之效於日本千百歲整個國民，其功之大，為何如哉。」

聯係到中國拼音文字發展所處之困境，他深有感觸地說道，「字母功用之偉，茲文已一再言之。吾人往時，既有國語注音字母之發明」，但卻受到「應用不甚完、體制不甚美」等種種責難，致廢而不用。其癥結實在於「國人有崇古之習，一曰古人，則醜者亦美。於是漢魏作者，託名三代，以廣流傳。崇古非不美，虛欺冒托與漫信虛欺冒托者，則不能謂為美矣。」

至於「美惡完缺之分」，他進一步釋義道，「吾以為宜據利人為功而定。文化本為滿足人類安生之物，功於此而行之易，人或以為非完滿，吾則否之；無功於此或功於此而行不易，人或以為完美，吾亦否之，此完美不完美之定義也。」他舉日文字母為例稱，「（片假名）全部四十七文，皆取漢字之一半，半即不完不美之意。然用之當而功利溥，人亦未有以其為半而不完美之也。

「（吾國）注音字母而有利，則宜恢之使宏；注音字母果有利而利不完，則宜損之益之而是正；屏而棄之，非所以對不甚美不甚完之道，欲以此而令文盲絕跡，文化茂興，豈可得乎？予因感大師發明字母之功，不禁追念我國注音字母之不終於用，世有與予同感者，宜知所以為繼焉。」

該文在頌揚中日文化交流者弘法大師功績的同時，闡明了文字對於人類文明發展的重要作用。為了擴大國際影響，他還將此文的主要內容，以〈弘法大師歸來〉為題，撰文發表在1941年11月出版的義大利文雜誌《馬可波羅，義大利遠東評論》[2.33]（Vol.3，No.10）上。

褚民誼一直以推動中日兩大民族之間的文化交流為己任。一年後，他又於1943年元旦到來之際，在《中國公論》第八卷第四期上，發表了題為〈鑑真和弘法〉的論文[1.57]，向公眾介紹中日文化交流史上做出重大貢獻的這兩位高僧。

文中開篇說道。「從日本有史以來，一直到距今一百年以前，中國的文化水準，高於日本，所以只看見中國的文化輸往日本。到明治初年，還是如此。明治初年以來，中日兩國的文化，差不多在同一水準線上。這時候的日本，突然發奮圖強，努力取他人之長，加以鎔冶；中國則昏庸頹廢，固步自封，以致到四五十年以前，兩國的文化地位完全逆轉了。一直到現在，只見日本文化源源的輸入中國，而不再見有中國的文化流向日本。

雖然這樣，可是我們對於過去的史績，特別是中日文化交流最盛時期的史績，也是不能忘卻的。在唐代，中國文化之向日本輸送，不但使日本的文化逐漸奮興，且亦使日本之文明進益不少。唐代，中日文化交流史中，擔任正面工作的遣唐使，是大家所熟知的。可是我們也不能忘了，在另一方面，對中日文化之交流有絕大貢獻的二和尚——鑑真和弘法。他們對日本文化所起之影響，決不在遣唐使之下。」

他在略述唐揚州龍興寺高僧鑑真，為弘通大法，不惜生命，備嘗艱辛，應邀到日本，廣授戒律、校刊佛經、發展醫學等事跡；以及本名空海的日僧弘法大師，隨遣唐使入唐求法逾兩年，歷訪名僧請益，回國次年在日本創立真言教的經歷後寫道，「最重要的，並不是這些，而是在將漢語流通於日本。當時回國之入唐學問僧，其在日本講經，雖均用漢語，但並不廣。至鑑真東渡，受其朝廷之尊教，故使日本僧徒之間，無論講經，日常均以漢語為準。「因為有漢音之傳入，而使唐代中國文化也源源輸入，替日本的文化立下了一個最堅強的基礎。

關於弘法，由日本歷史上看，其對於日本文化啟蒙之功是極大的。其最重要者，當然是平假名之創製，和平民教育的提倡。平假名之創造和伊呂波歌之製作，使日本的文字，因而普及。而平民教育之提倡，使向來被屏於文化部門以外的庶民，也得到了受教育的機會。這二件事，對於中日文化的交流上，是有極重大的意義存在的。

當弘法這一時候，其國內雖有文化、學校，但均不過是上流階級的專用品。例如在學校方面，雖有官立大學和私立學校之存在，但都是教養貴族子弟的機關，與庶民無涉。一直等到弘法大師創設綜藝種智院之後，方始使日本之平民階級，獲到了受教育的機會。更因為其創造伊呂波歌，而使日本之文字，亦逐漸普及於平民層之中。

中國的文化，過去雖然源源不斷的輸往日本，但因為文化和教育，僅屬上層貴族階級之專用品，所以也只留在上層社會間，而並未遍及一般社會。一直到這時起，才使中國的文化，直接滲透了日本一般的民眾。日本的文化，固更因而向上，而中日文化交流亦益形密切。

日本的文化，在以後所以能燦爛輝煌，其緣故就是因為在唐代受了中國文化的撫育和培養。可是，在另一方面，我國則『積文成虛，積虛成弊』，而使學術文化，日趨沒落。到近百年以來，更不能不仰賴於外來文化的輸入，以提高中國的文化。

我們再由歷史來看，兩國文化水準不相等的國家，而要談合作，言提攜，其結果一定是不佳的，不是同化，就是滅亡。所以今天，我們就整個大東亞的局勢而論，中國文化水準的提高，還在其次；而如何使中日兩國水準相等，卻屬一最重要的事。

本人在前年，曾將弘法大師之銅像，由長崎移供於南京中日文化協會，並印專書。去年七月，更於中日文化月刊中刊印鑑真大師東征傳。其目的不過在想喚起兩國同胞，能作一共同的覺悟，來完成文化上的使命。今天中華民國三十二（1943年）年的元旦，我仍本此旨趣，假貴刊之一角，而傳達於中日兩國國民之前。鑑真和弘法的功行，雖同屬歷史上的陳跡，不值得我們之留念；可是歷史是有其軌跡的，所謂將來也一定是孕育在過去中的，所以我們在今天而談這兩位中日文化交流史上有大貢獻的兩和尚，並不能算一件絕無意義的事罷！」

該文通過回顧兩位大師的功行，對於中日文化交流的重要意義，以及褚民誼為此所作的種種努力之蘊意，給出了進一步的詮釋。

第三章　外交部長，駐日大使　121

第三節　觀音大士，普度眾生

宗教是人類文明的重要組成部分，中日兩大民族，同種同文，並有相同的宗教信仰，佛教在兩國都很盛行，曾是歷史上維繫兩國友好關係的一個重要紐帶。大乘佛教中大慈大悲的觀世音自在菩薩，救苦救難，普渡眾生，深植兩國廣大民眾心中。迎接日本全國佛教徒贈送我國的十一面觀音大士聖像，供奉在南京毗盧寺，是褚民誼大使東渡履責之初開展的一項重要的中日宗教和文化交流活動。該佛像原在日本名古屋，身高三丈三尺（11米），由得自臺灣阿里山的獨棵檜木雕刻而成，是當時日本最大的觀音像，右圖是1931年佛像建成後的全貌，日本願主伊藤和四五郎和雕刻師門井耕雲分站兩側。迎奉活動完成後不久刊發的《奉迎東來觀音紀念冊》[3.46]以及《東亞佛教大會紀要》[3.47]對此次活動都有詳細記述。

原在日本名古屋的十一面觀世音聖像。施主伊藤和四五郎和雕刻師門井耕雲站其左右兩側

為了做好奉迎工作，在南京成立了「奉迎東來觀音大士聖像籌備委員會」，在《東亞佛教大會紀要》[3.47]上登載的籌備委員會組織規程中確定，本會附設在南京市政府內，請駐日本大使褚民誼和行政院文官長徐蘇中為名譽委員長、蔡培市長為委員長，並設常務委員三人，委員十五人，均為義務職，由市長延聘之，其下設事務和典禮兩組開展工作，所需一切費用從經募專款中核實開支。時任駐日本大使的褚民誼，專程歸國主持此項活動。

1941年出版的《奉迎東來觀音紀念冊》[3.46]

122　褚民誼紀實全傳　第四卷　捨身濟世

由該籌備委員會出版的《奉迎東來觀音紀念冊》[3.46]（後簡稱《紀念冊》），如前頁右下圖所示，封面上是十一面觀音聖像，刊頭由蔡培題寫。封裏示出了建築師張靜波繪製的毗盧寺全景圖（見後頁上圖），迎來的巨大佛像即供奉在寺廟後殿由原藏經閣改造而成的「觀音殿」內。書前刊登了籌備委員會歡迎日方移贈前來的伊籐願主等一行以及為觀音開光的我國浙江摩塵老法師的合影（見右圖），前排左起依次為：褚民誼、徐蘇中、門井耕雲、伊籐和四五郎、摩塵法師、大森禪戒（日本全國佛教徒代表）和蔡培。接著是伊籐願主的肖像，以及汪兆銘、褚民誼等十餘位政府要員的祝賀題詞。其中，褚民誼的題詞示於後頁左下圖。上部「佛法無邊」四字，是他從日本回國到達上海前，於3月23日在太平洋舟中所寫。

奉迎東來觀音大士聖像籌備委員會歡迎中日貴賓之合影，前排左起：褚民誼、徐蘇中、門井耕雲、伊籐和四五郎、摩塵法師、大森禪戒和蔡培[3.46]

紀念冊中匯編了如下內容：

－奉迎十一面觀音菩薩聖像之意義（褚民誼）（示於後第二頁圖）
－奉迎詞（蔡培）
－贈送詞（伊籐和四五郎，嗣子喜代和代讀）
－奉迎東來觀世音菩薩引言（藤井靜宜、釋顯曇）
－奉迎東來觀世音大士聖像始末記
－東來觀音大士開光法會建修水陸道場啟
－十一面觀音聖像解說（龍谷大覺參照佛教大辭彙）
－修葺毗盧寺後殿以備供奉東來觀音巨像募款緣起（褚民誼、蔡培）
－褚大使談奉移東來聖像經過及意義
－東來觀音開光摩塵老法師發願
－觀音殿的楹聯匾對拾零（其中汪兆銘和褚民誼題寫的匾額示於後頁右下圖）
－奉迎東來觀音收支費徵信錄

第三章　外交部長，駐日大使

張靜波繪製的毗盧寺全景圖。東來觀音巨像供奉在寺廟後殿由原藏經閣改造而成的觀音殿內[3.46]

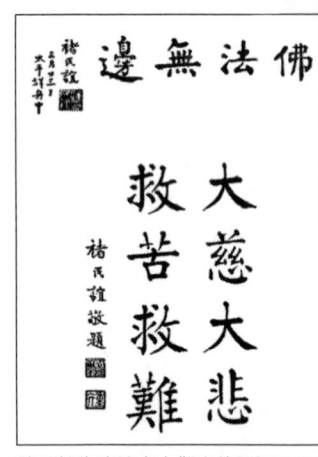

褚民誼為奉迎東來觀音的題詞[3.46]　褚民誼（上）和汪兆銘（下）為觀音殿題寫的匾額[1.63]

　　褚民誼在文化教育等各領域中，一貫以積極倡導「科學化」和「民眾化」著稱，在前面的章節中已有詳述。進入他的晚年，特別是在淪陷區時期，他更進而熱衷於從事宗教慈善事業，這次奉迎東來觀音聖像的盛大活動，就是其中一個事例。為了澄清社會上將宗教與科學對立起來，視宗教為消極、甚至等同於迷信的一些糊塗觀念，褚民誼撰寫了題為〈奉迎十一面觀音菩薩聖像之意義〉的論文（見後頁右下圖），著重闡述了宗教與科學之關係以及宗教之真意，作為上述《紀念冊》的導文。

　　「宗教思想，與科學意旨，表面似相牴牾，內容實相成全。」他開宗明義地寫道，「科學重現實，一切以有物能證為準。宗教重玄想，一切以最終歸結為依。但科學當初造之時，未嘗不能視為玄想也。宗教當最後求成之際，亦未嘗不能視為現實也。科學家言天體之距離，動輒曰若千萬萬光度；言大小，動輒以

太陽或地球為比例；有希望與火星通消息者；有設法赴月宮探險者；即往時科侖佈（哥倫布）之尋覓新大陸，馬可尼之發明無線電，當其無所取徵之際，又何嘗不為人視同玄想？笑為顯愚？及其既證現實於眾人之前，於是乎爭相許曰：此科學也，非玄想也。又如宗教家之言因果，動輒曰作善如何降祥，作不善如何降殃；言修致，動輒曰拜神必如何誠虔，行己必如何敬慎；某也墮泥犁之獄；某也升離恨之天；即現世所謂積善餘慶、積惡餘殃之說，當其侈口盛談之時，固無人不視為玄想，嗤為迷信。及證之以種豆得豆、種瓜得瓜之義，所謂種即是因，得即是果，誠虔敬慎，即是培壅灌漑，離恨為至善之的，泥犁為至不善之終，假天道以說人生，藉玄空而言現實，則又無不同聲讚歎曰：此科學也，非玄學也。故吾謂科學與宗教，名雖相反，實則相成。

　　佛之意為覺，覺也者，使世人知所覺也；其為教亦曰象，象也者，設象以徵人事也。夫既曰象徵，則不必果有其實矣，既能用象徵之意以指示人生，其為義已高出一切宗教矣。是以大乘教義，愈後愈明，向教人格，愈後愈上。蓋科學愈發達，佛教教義，必愈明顯。科學之所貴，貴在能辯證；佛教之教義，不辯證不明，愈辯愈明者也。故科學於佛教，不特相成，且為佛教之功臣矣。

　　佛教之教義，至高至厚，至廣大，至精微，雖不離於人生，實未混於人生。人類為一元兩面之動物，既需要物資方面之生存，又需要精神方面之滿足。人類又為順理安生之動物，故『天道』『法律』『人情』分之雖三端，合之實為一理。其所謂理，既發生於人類安生之意，並用之以求達人類安生者也。無科學，不能予人類以生存之安寧；無信仰，不能予人類以精神之安慰。且生存之安寧與否？更依精神之安慰與否為轉移，不能使人類精神有所安，即不能保人類生存之必安。科學可提高人類生活之幸福，宗教可提高人類精神之安慰，故宗教於科學，不特相成，且為科學不可或分之益友也。

　　且人之生也，非明智不能有為，非

褚民誼「奉迎十一面觀世音菩薩聖像來華之意義」的論文首頁[3.46]

澹泊不能明智。佛教重苦行，超世網，示人以斷欲離愛澹泊明智之方也。諸佛菩薩，一志求濟度，大願即慈悲，淑世救人，為惟一無二之職責，對於遂行此種意志與職責，曾發付不可計算之毅勇刻苦為代價。於以知斷欲離愛，為佛家用世之工具；慈悲救度，為佛家出世之目標；以出世為入世之方，以克己為救人之具。吾故曰：佛最有情，佛教為入世的，而非出世的，為兼善天下的，非獨善身的，其為積極的，而非消極的也。科學尚物，物教尚理，理為物本，物為理終，必明乎此，始可與之言佛教，始可與之言奉迎十一面觀音之意義。

「觀世音菩薩，於諸佛之中，願業最勝，濟度最宏，大慈大悲，觀世無量。其勝緣之在吾國，千百年來，雖婦人孺子，無不知之，無不敬奉……人類在生活現實上，果能以菩薩之意業，為個人之定志；以菩薩之行事，為個人之楷模。則世界雖大，將無不成之事功；整個人群，將無生不能安之現象矣。」

他進一步說道，中日兩國「為今之際，除兩大民族以基於確實之瞭解與覺悟為內在真誠之合作與親善外，不但東亞大局，無從安定，即世界大勢，亦無由解決。民誼前次修聘赴日，於參謁各大叢林時，見彼邦人士信仰之純，即默念佛教含義之大，立即發生極大之感想，以為居今日情況之下，不但兩國死難者須超度，流離者須救濟，即以整個世界之艱危現狀，與夫東亞刻仍存在之許多善後問題而言，何一不需要極大之熱誠與毅力？極高之理解與光明？苟無此熱誠毅力、理解光明，不但當前之事實，莫可清釐；即清理此種種困難問題之勇氣與信念，亦無從激發，無所寄託。是以極願以佛教大乘教義，激發其誠。蓋中日兩大民族，同種同文、同信仰、同環境，苟以佛教信力，結合兩大民族，則其所影響於兩大民族之自覺及激勵，決非淺渺。故一蒙友邦之提議贈與，予立即敬謹接受，並已預擬於首都毗盧寺中，安設蓮座。其所以如此擬計者，固亦有甚大之意義存乎其中也。

「蓋佛教之為義，即前進而積極之人生哲學也。聖像之意義，即以佛菩薩所具之德行威力，示象人生也。人能祈望於菩薩，必能體菩薩之意，更施於人；人能敬信於菩薩，必能體菩薩之心，更施於事；能信仰，即是能至誠；能理解佛之所以為佛，必不忘我之所以為我；古人云，有其心者有其政。中日民族，當前之職責，至為重大，至為艱難，至不易切實負荷及踐履。今以十一面大士聖像之一切意義及威儀，無論則而效之祈而受之，總其激勵吾人，輔翼吾人之處，其意義實至大且多。無論信與不信，苟能深明此義，其勇於盡己之義，必油然而生；無論信與不信，苟能深明此義，則大士之靈，必予加護。至

於戰歿之英靈，死難之同胞，其果有知，必聞義而起；其果無知，即亦不必求興；起故得度，不起亦未嘗不得度，而人類現實，策進為功之益。予於此次隆重典禮舉行之先，謹說明奉迎之意義為上。」

為了乘還都一週年之際，在南京親自參與和主持這番盛典，褚民誼特意從日本乘船返國，3月24日到達上海後，於次日飛抵南京。關於此次東來觀音之意義和過程，除上文外，紀念冊上的諸多文章也多有涉及，特別是記者對他專訪後發表的〈褚大使談奉移東來聖像經過及意義〉一文中，對於佛像之建造以及贈與我國的醞釀過程敘述得更為詳盡。

關於身高三丈三尺之東來十一面觀音建造的由來，他說道，「名古屋有位大商家伊藤和四五郎氏，法號圓照，信佛甚篤。他在早年發下宏願，決心想要塑造一座偉大的佛像。起先在徵名佛師下，選定由門井耕雲氏擔任雕刻工作。但經找遍全國各地，這可用的大木材，選擇為難。後來費盡苦心，在台灣阿里山深谷中發現了一棵直徑六尺的大檜木，因此設法運回名古屋。門井耕雲氏，原是一位著名的美術家，他基於藝術的觀念和信教的真誠，毅然把這工作擔任下來。開工以前，遍歷各地寺宇，參觀諸般佛像，備作選擇。最後，決將奈良那裏的一座十一面大觀音作為對象，並參以新意自成一派的琢成了十二分之一的模型。於1926年（昭和元年）6月1日起，每天齋戒沐浴，一刀三禮，日以繼夜，至於廢寢忘食。這樣經過五年之久，方慶功德圓滿，全部竣工。「昭和六年（1931年）九月，由日本佛教各宗派管長倪下，舉行開光典禮，即供養於名古屋之東山公園中。十年以來，久著威靈，信者接踵，至稱為昭和之國寶。

「在去年（1940年）重陽節邊，日本有位運動家日比野寬氏，是馬拉松長跑家，現雖年逾古稀，他卻老當益壯，還能試步。彼時到中國來遊歷，他曾特地過訪，研討體育問題，兩下互相方法，各舒心得。因為旨趣相同，談得非常投機，本人又將體育之真義一書，和手寫的阿彌陀經，及金剛經各一部送與他留作紀念……日比野寬氏亦不禁大為感動，由此談起了名古屋的大佛，並說很希望能夠送到中國來供奉。因須徵得佛像主人的同意，才好確定，所以當時並沒有對外發表。隨後，旅居南京的日本佛教徒一政，曾派代表到名古屋去，面向伊藤提出要求。」1940年11月中旬「南京蔡市長到日本去參加二千六百年（日本紀元2600年）慶典時，專程到名古屋去看過後，也認為這佛像的確很好。回京時，即獲得伊藤氏的俯允。所以本人此次赴日履新以後，積極進行，促其實現。就在上月（2月）二十八日親赴名古屋去，舉行奉迎儀式，當

天由大森禪師主持大典，伊藤氏並有贈狀，我方亦備謝狀，儀式很莊嚴也很隆重。」

左下圖是贈送奉迎儀式當日，在名古屋東山公園內，十一面觀音聖像前的合影，雕刻者門井耕雲、褚民誼大使、願主伊藤和四五郎、主持人曹洞宗管長大森禪戒、願主之子伊藤喜代和等在座。褚氏在前述〈意義〉一文中記述道，自予發願將十一面觀音迎來中國後，即承願主圓照居士（伊藤和四五郎），及松井石根大將、阿部信行大將、坂西利八郎中將、愛知縣知事兒玉九一、名古屋市長縣忍、貴族院議員磯貝浩、前名古屋市長大岩勇夫、曹洞宗管長大森禪戒、並全日本佛教徒代表祥雲晚成師和小松原國乘師等之贊助，「即以日本全國佛教徒之名義，贈與吾國。民誼即代表吾國，敬謹接受。佛於民國三十年（1941年）三月十二日，自名古屋乘輪西來，同月二十二日，抵達南京，二十六日入奉毗盧寺，即定於三月二十九日舉行開光會，典禮隆重，意義深遠。隨來之贈移親善使節團，即由伊藤和四五郎翁，躬為領導也。「佛教原是從中國流傳到日本去的」，褚大使對記者談話時最後說道，「現在日本反形發達，將他們的大佛移奉來華，也可說是此往彼來的一種交換。」

1941年2月28日褚民誼在名古屋接受日本全國佛教徒贈送觀音聖像典禮之合影。前排自左第三人起：門井耕雲、褚民誼、伊藤和四五郎、大森禪戒、伊藤喜代和[1.63]

1941年3月2日，日本佛教各團體代表曹洞宗管長大森禪戒等在東京湯島聖殿設宴歡迎褚大使。左起：大森禪戒（1）、褚民誼（3）、張超（6）、伊藤喜代和（7）[1.63]

如前所述，日本佛教曹洞宗管長大森禪戒，出席並主持了2月28日褚民誼在名古屋接受日本全國佛教徒贈送觀音聖像典禮。曹洞宗是日本廣泛流行的佛教宗派，原係我國唐代禪宗的一個重要分支，宋代傳入日本，發展成為日本最大的佛教宗派。在日本的佛教宗派內設有管長作為管轄的首腦，可見大森禪戒在日本佛教界具有舉足輕重的地位。贈送儀式後，日本佛教團體代表曹洞宗管長大森禪戒等，為歡迎剛到日本履職的駐日本大使褚民誼，如前頁右下圖所示，於3月2日下午三時在湯島聖殿（東京孔子廟）設宴歡迎褚大使，中方顧問張超等列席作陪，贈送十一面觀音聖像願主之子伊藤喜代和亦在場，《新申報》於次日，以〈日本佛教團體歡宴褚大使〉為題報道稱，「席間先由曹洞宗管長大森禪戒致歡迎辭。略謂『此次為中華民國駐日特命全權大使褚民誼閣下，開催歡迎會，蒙諸君推舉敬致歡迎之辭，不勝光榮。鄙人以前與大使閣下，並無一面之識，可是嘗聞大使閣下，對於佛教研究有素，更有大乘佛教的信仰，鄙人衷心深表敬意。去年大使閣下赴日答禮的時候，曾將親筆恭楷金剛經，贈送佛教各宗當局以及朝野名士，鄙人也蒙賜一部，其時獲親芝宇，面聆教誨，纔知道大使閣下不但是普通佛教的信仰者，並且有很深邃的真知灼見。關於金剛經的內容，現在也無需去解釋，其中無非是脫離自己、他人的身心，而引導自他一體的境地，就是說中日兩國國民要有身心一致的理想。大使閣下並不是僧侶，可是居然贈送我們這本金剛經，其中是有很大的意義，鄙人感覺得無限的欽佩。並且以為像閣下這樣的人格，方可以達到真正的中日親善及提攜。此次閣下為特命全權大使，駐節敝國，這不但是佛教徒，即敝國朝野人士，亦表示衷心的歡迎。今天這歡迎會，出席者不過是各方面少數佛教的代表以及佛教學者，日後我們如有機會，希望以佛教聯合會的名義，為大使閣下舉行盛大的歡迎會，鄙人代表出席諸位，敬祈大使閣下，以大乘佛教的精神，為中日兩國真正的親善提攜，樹立東亞共存共榮的功績，加倍努力。』等云云。繼由褚大使致答詞謂：『本人來到貴國，多蒙各方表示歡迎，受到殊遇，非常感動。本人此來所負的使命，就是要謀取中日兩大民族的根本協調。平素對於文化事業，很為關心，並且對於中日文化的溝通有相當努力，今後一本初衷，格外奮勉。本人思考所及，覺得中日兩大民族，不但同文同種，並且有一共同的信仰；信仰什麼呢？便是佛教。在這一點上，可說完全一致的。我們既找到了這個特點，應當運用他，發揮而光大之，使得兩大民族從一致的信仰上，發生連繫，改善過去的錯誤，而產生今後密切的關係。那末，雙方民間的

情感，不但恢復，並且要較之事變前更進一層，這樣逐漸的推行努力做去，自然可以日見親善，而永久親善。講到宗教問題，一般以孔子稱為儒教，覺得不甚妥當。本人曾在斯文會發表一文，認為孔子應當尊之為大哲學家、大教育家為是。孔子的文化，傳佈甚廣，不獨中日兩國，因為同文的關係一致欽崇。便是滿洲、朝鮮、安南，也是同文，也是一樣尊敬的。孔子所異於宗教者，簡單概括地說，不尚玄虛，而重實際；不自以為全知全能，而以好古求知而勉人。佛教的偉大，那是不用說。中國的佛教，雖傳自印度，但經過幾千年的歷史，民間的信仰，非常普遍。不過近百年來，已經不甚虔篤，而有一部分動搖了。其原因由於海通以還，歐風東漸，一般自命為維新之士，都主張破除迷信。而歐美的耶穌教、天主教，在這百年來，來中國傳教的教士，日漸增多，佈教區域，也隨之增廣，信仰之者漸眾。同時回教的努力，仍然存在。所以，佛教在中國，日漸衰微，這是事實。貴國雖然科學昌明，物資發達，但對於佛教的信仰虔誠如故，因此外來的宗教，不易浸入，這是與敝國不同的地方。我們對於宗教，認為有特殊獨立的精神，是無所用其反對的。蓋宗教的宗旨，在勸人為善，天堂地獄，無非使人不要作惡，否則難逃冥冥中的制裁。尚此世道人心，日趨下游之時，宗教的作用，也是要教的。本人的家庭向來信奉佛教，本人自幼即投身革命，當然談不到剛才曹洞先生提起金剛的往事。這是為我的身母寫的，以後又為繼母寫了一部阿彌陀經。身母六年而見背；繼母來歸後，十年亦棄養；撫育教誨我長成的，乃是祖母。故我發願將為我祖母寫一部，以表孝思。本人今後長駐貴國，與各位接談的機會很多，關於一切問題，都可互相研討。今天承蒙招待，非常感謝。』云云。賓主盡歡，暢談歷一小時而散。」從中可見，褚民誼力圖通過發揚中日兩大民族在佛教上的共同信仰，以達改善過去錯誤，逐步實現永久親善的良苦用心和為此而作的不懈努力。賓主談話中提到褚氏親筆恭寫的經文，是他為紀念先妣吳太夫人逝世五十週年誌寫的《金剛般若波羅蜜經、般若波羅蜜多心經合冊》[1.50]以及為紀念先繼妣蔣太夫人逝世三十九週年誌寫的《佛說阿彌陀經》[1.51]兩部經文，分別完成於1939年7月30日和11月13日，並於1940年以線裝精製影印帖出版，詳情見本書最後部分「褚民誼書法概覽」。

　　褚大使接受十一面觀音聖像後，遷運到華的工作便立即著手進行。《朝日新聞》上發表了名古屋伊藤商社伊藤和四五郎為中日親善向褚民誼大使贈送十一面觀音像，於3月12日自名古屋啟程的消息。其上刊登了出發前送別大佛時的

照片，如右圖所示，觀音頭像前跪坐者左為雕刻師門井耕雲（著洋服袈裟者），右者為指導者咒師大塚洞外（著僧衣者）。

八十高齡的伊藤圓照居士親率日本贈移親善使節團一行約十五人，護送觀音聖像直到南京。在名古屋起航之際，伊藤翁發願並由其嗣子代讀的〈贈送詞〉，刊登在《紀念冊》[3.46]上，曰：「虔維觀世音菩薩慈悲廣大功德無邊，常以妙智大力普救世間苦難，因而發願浚眾生信仰之源泉，求大士靈光之加被，乃承佛師門井耕雲、咒師大塚洞外兩師之協力，由昭和初年歷五星霜之歲月，得以建立一三丈三尺木雕大觀世音之聖像，於各宗管長倪下參加之下，修建開光大供養法會。而此寶相隨示現人間，十萬之善男善女，均一心禮拜叩仰以迄於今。嗣因事變陡起，友鄰相擊，洵不勝其悲痛。是以決意將此大聖像於二月二十八日在市內東山，用全日本佛教徒之名義，由曹洞宗管長大森禪戒師贈與中華民國政府代表全權大使褚民誼氏，蓋一方以之供養中日兩國陣亡諸將士之英靈，永遠使其怨親平等；一方以之建設新東亞共榮圈之工作，以啟佛教同信者親善之機。茲值名港拉錨之際，感動此人心殊難緘默，爰略述致別之詞如上，惟望觀音大士給以安全渡海穩抵中華民國首都之南京鎮座毗盧寺中，以奠中日親善之基礎，更為世界之人類廣施慈澤，至所叩禱。

昭和十六年三月十二日興亞大觀世音發願施主伊藤和四五郎（嗣子喜代和代讀）」

據《留日同學會刊》[2.36]Vol.1，No.3中記載，受籌委會的委託，該贈移親善使團到京後，由中華留日同學會接待。並謂，3月29日，安奉於本京毗盧寺之東來觀音大士，舉行開光典禮，計到褚民誼大使、考試院代理院長江亢虎、鐵道部長傅式說、南京市長蔡培、外交部長徐良、行政院文官長徐蘇中、最高法院院長張韜、典禮局蕭局長，及各界來賓六百餘人，情形甚為熱烈。

開光活動特邀浙江著名高僧摩塵老法師前來主持。眾所周知，觀音大士的道場在浙江普陀山，《紀念冊》[3.46]上發表的〈東來觀音開光摩塵老法師發

願〉一文中謂，摩塵法師德高望重，開座講經不知其數，並先後在浙江寧波觀宗寺、奉化雪竇寺和杭州梵天寺三任住持後，潛跡靜修，志歸淨土。「此次被邀主持東來觀音聖像開光，發願超薦事變中日陣亡將士並祈禱永久和平云。」繼而於開光之翌日起，在摩塵及觀同、果言等法師的主持下，啟建水陸道場七天，祈禱和平，超薦中日事變中的陣亡將士與被難同胞。為此，奉迎東來觀音大士聖像籌備委員會全體成員與法會籌備各組中日僧人共同落款，發佈了〈東來觀音大士開光法會修建水陸道場啟〉（見《紀念冊》[3.46]），以昭告天下。

此次奉迎活動所需經費，除自名古屋運抵南京的運費一萬二千餘元全部由日方負擔外，包括修葺毗盧寺後殿以備供奉東來觀音巨像所需款項在內的全部費用，均由褚民誼和蔡培聯名向中日雙方人士募集。《紀念冊》[3.46]中除刊登「募款緣起」書外，還在該冊最後的「收支經費徵信錄」中，詳盡地列出了每筆收支賬目，中日雙方捐資合計法幣42，968.8元，其中財政部撥款補助3000元，收支相抵之餘額490.47元，悉供出版紀念冊之用。

奉迎活動結束後，緊接著由中支宗教大同聯盟、中日文化協會、日華佛教聯盟三個單位聯合主辦「東亞佛教大會」，同時中日兩國法師舉行祈禱世界和平法會。會後出版的《東亞佛教大會紀要》[3.47]（見右下圖）詳細記述了該活動的全過程。

「東亞佛教大會」開幕典禮於4月8日下午在國民大會堂舉行。當天上午在中日文化協會召集全體籌備委員會成員開預備會議，趙正平委員長和褚民誼大使均出席，先討論大會提案及通電，結果公推七人為起草委員，向大會提交草案。「次討論中日兩國佛教交流案，尤以中日兩國關於佛教所舉辦之社會救濟事業應互相提攜，再進而謀中國佛教之復興，東亞佛教之聯絡」，討論結果一致主張須預先設立佛教團體，在中國部分稱為「東亞佛教聯盟中國總會」，提交大會議決。

下午二時典禮開始，首由中日僧徒八十餘人誦經半小時，以開啟世界和平祈禱法會。下午三時在褚民誼主席下舉行大會，籌備委員

1941年4月8-9日在南京召開的《東亞佛教大會紀要》[3.47]

會委員長趙正平報告籌備經過，略謂本會由中支宗教大同聯盟、中日文化協會、日華佛教聯盟聯合主辦，於3月24日開始籌備，先後召開四次籌備會議。在組織上，推定中日文化協會趙常務理事為籌備委員會委員長、蔡培市長和竹津先生為副委員長，並推定委員45人，分擔總務、會務、宣傳、法會、記錄、招待和上海連絡七個組的工作。關於代表名額分配，確定中國方面150人，日本方面45人，共計195人。中日來賓預定為100人，其餘中日佛教徒得自由參加法會。至於活動所須經費，係由上述三個主辦單位分別擔負法幣3000元、1500元和500元，並相應制定出開支辦法和預算。

接著褚民誼主席致開會詞，略謂「今天是東亞佛教大會開會典禮，中日佛教信徒同聚一堂祈禱和平，實為極有意義之盛事。事變以前中日僧侶向極融洽，但因中日事變而疏遠，深望中日兩國佛教信徒從此互相攜手，結成為東亞佛教永久聯繫的軸心，更希望世界各國佛教信徒進而組成各國佛教大會，團結起來組成世界佛教總會，以實現東亞以及世界永久之和平。」

大會在聽取上午各代表預備會議之情況後，討論、修改和通過了申明和平宗旨組織東亞佛教聯盟的大會宣言，通電世界佛教信徒共同起來宣揚佛教真諦挽救世界危局的電文，以及分致中日兩國首腦汪精衛、近衛首相和蔣介石，促成實現中日全面和平的電文。大會決議成立東亞佛教聯盟中國佛教總會，並推舉褚民誼大使為籌備委員會委員長、蔡培市長為副委員長領導組織之。最後宣讀來自青島宗教聯盟、東京大日本佛教會和滿洲國佛教總會發來的賀電，並有江亢虎、日高公使、伊東文化局長、北平日本佛教會代表及青島宗教聯盟代表等中日來賓致詞。詞畢，褚民誼主席致答詞，並稱本大會當先謀各寺院之復興，成立佛教大同盟前途未可限量。

「主席答詞畢，領導會中三呼東亞佛教大會萬歲，遂於音樂幽揚聲中率領會眾至毗盧寺全體參拜東來觀音大士聖像，在觀音閣前攝影後，就毗盧寺聚餐（素齋）而散。」

晚間為慰勞參會代表及信徒，特假國民大會堂開遊藝大會，由南京佛教聲歌隊合唱中、日語歌曲，並演出由遠東劇團陳大悲導演的新劇《花燭》之後四幕。

9日上午各代表在中日文化協會齊集後，前往孫中山總理陵墓謁陵。下午為宣揚佛教起見，在中日文化協會和平堂放映由滬借來的有聲影片《觀音得道》。劇之末幕，妙善（即觀世音本名）得道冉冉升天，觀眾為之神往，合十敬禮而散。於是東亞佛教大會乃圓滿結束。

出席這次大會的共有各地代表及自由參加的僧徒五百餘人，《東亞佛教大會紀要》[3.47]後面列出了前來參會的南京、鎮江、丹陽、常州、青島、上海、蘇州、合肥、無錫、揚州和棲霞山等地中日雙方代表的名單。值得提到的是，來自棲霞山的兩位代表，大本和志開法師，是曾在南京大屠殺期間，協助寂然法師舉辦佛教難民收容所，救助二萬餘難民的主要助手（詳見本篇第二章之第三節「謳歌寂然，真情流露」）。

　　該大會紀要[3.47]中還補充記載了大會前後的一些活動情況。書中在簡要敘述會前奉迎東來觀音聖像過程的同時，還刊登了早期於1940年11月16日蔡培市長在日比野寬和伊藤之子喜代和等人陪同下，專程考察位於名古屋的十一面觀音巨像時，在佛像前的合影。

毗盧寺回贈日本3米高的千手千眼觀音像[3.47]

　　東來觀音入座毗盧寺後，該書中記述，為了「同教親善禮尚往來，毗盧寺方丈廣明氏等乃發起將該寺供養已久之千手千眼無礙大悲觀世音菩薩金身（見右上圖），答贈於友邦日本帝國，於4月14日晨，在該寺舉行贈送典禮，由褚大使、蔡市長捧贈書狀，日方由日高參事官接收，並有中日兩國高僧到場誦經。禮成，雙方代表及奉迎各籌委，同赴中華門外普德寺參拜梁武帝時代所建鐵觀音像，高二丈餘，眾肅然起敬。午刻褚大使特設蔬宴於毗盧寺，招待日高公使、原田機關長及其他友邦機關團體代表，中日要人、高僧，賓主百餘人，盡歡而散。」

　　據《南京民族宗教誌》[3.82]中記載，位於南京中華門外雨花臺西北麓的普德寺，始建於南朝梁武帝天監二年（西元503年），嗣經明代重修，擁有殿堂四進，基址面積150畝（約10萬平方米），周圍寺產山塘田地70餘畝。其顯著的特點在於大雄寶殿內供金身如來佛周圍列有五百尊鐵羅漢，及其後殿內供一尊身高二丈（6米）的大鐵佛。後雖經清咸豐年間的戰火破壞，但大鐵佛和五百鐵羅漢猶存，同治年間廟宇修復直至民國。

　　日軍入侵南京大屠殺期間，普德寺曾是有「萬人坑」之稱的我國死難同胞的叢葬地。南京政府成立後，在褚民誼的支持下對該寺進行了修復。下圖是當時該廟內那尊梁代鐵鑄大佛的照片，由德國女攝影家赫達‧莫里遜（Hedda

Morrison）拍攝（照片現藏美國哈佛大學燕京圖書館）。圖中可見大殿和珍貴的大鐵佛當時已被修飾一新，大佛左右兩旁懸掛著褚民誼題寫的如下對聯（對聯之落款見其右側之放大圖）：

佛鑄自梁時花雨繽紛人來喜說明三覺；
中興由武帝慈雲蔭覆客至閒談話六朝。
吳興褚民誼撰並書

該對聯既指明了梁武帝中興鑄佛之來歷，令人回溯起古代六朝之悠久歷史；同時又道出了菩薩以「三覺」（自覺、他覺、覺行圓滿）拯救眾生脫離苦海，而達功德圓滿之真諦。

在奉迎和回贈觀音聖像，以及召開東亞佛教大會等活動圓滿落幕之際，特意組織中日雙方要員及高僧赴普德寺參拜鐵觀音大佛[16]，無疑具有下述兩層含義。一是說明中國佛教之悠久歷史，早在千餘年前的梁代已有鐵鑄巨佛，現今盛行於日本的佛教包括東來的十一面觀音之源，都傳自中華。其二是在普德寺這個「萬人坑」之墓地上，超度被殘害的生靈，祈禱東亞和世界的和平。

普德寺內6米高的梁代鐵鑄觀音，兩旁是褚民誼題寫的對聯。對聯落款之放大見右圖（德國赫達・莫里遜攝）

1985年8月在普德寺原址附近建立的「侵華日軍南京大屠殺遇難同胞普德寺叢葬紀念碑」（2016年）

---

[16] 觀世音菩薩的外貌隨時間的推移而有所變化，他的真身實為男相，但由於其大慈大悲的形象深入人心，而逐漸演變為男身女貌相。

第三章　外交部長，駐日大使　135

關於「普德寺萬人坑」，1985年8月南京市政府在原廟址附近建立的《侵華日軍南京大屠殺遇難同胞普德寺叢葬紀念碑》的碑銘上，作出了詳細記載（見前頁右下圖）。在談及這個紀念碑的來歷之前，有必要先回顧一下抗日戰爭後普德寺的遭遇。淪陷區時期內，由於前述褚民誼等人的高調介入，以及先後幾任主持們的努力，廟宇受到了保護。據前述《南京民族宗教志》[3.82]中所述，期間曾被日本盜走3尊鐵羅漢，後以泥塑取代。至1950年，該廟尚有房屋48間，田400餘畝，僧4人。1958年「大躍進」時，500羅漢被熔為鐵水，寺房歸南京橡膠廠使用，「文革」期間，大佛也被毀。佛既去，廟破敗，今日之普德寺僅剩大殿殘垣兩間，為周圍原廟宇屬地上興建起來的住宅區所包圍。為了紀念那裏曾經的萬人坑，於抗戰勝利四十周年之際，在該居民區外的不遠處建立了上述《紀念碑》。碑銘中稱：「一九三七年十二月侵華日軍大屠殺慘案，震驚寰宇……普德寺係我遇難同胞屍骨叢葬地之一。經南京紅卍字會先後埋葬於此者共達九千七百二十一具，故亦稱『萬人坑』。」其後詳細附錄了自1937年12月22日起至1938年10月30日止，每批掩埋的日期和屍體具數，每月均有，共計12批。其中1937年12月份最多，先後兩批，於22日和28日分別埋葬屍體280和6468具。碑銘最後寫道：「茲值中國人民抗戰勝利四十周年，特此刻石紀念，旨在告慰死者于地下，永勵後生於來茲：不忘慘痛歷史，立志振興中華。」

褚民誼身為駐日本大使，在率領中日雙方政界和佛界代表參拜普德寺大鐵觀音聖像，並在毗盧寺招待各方賓客後，圓滿地完成了歸國的各項任務，即於4月16日晨，搭機離京飛滬，候輪東渡返任。（《留日同學會刊》[2.36] Vol.1，No.5）後頁左上圖是他在登機口手持鮮花，含笑向前來歡送的有關各界代表道別時的情景。

如前所述，在毗盧寺內供奉東來十一面觀音的「觀音殿」，係由原後殿藏經閣修葺改造而成，對於高達11米的巨大佛像，殿堂顯得低矮狹窄，不但安放困難，而且有礙觀瞻。褚民誼卸任駐日本大使回到南京後，於1943年仲夏發起募捐，進行擴建，集資約三十三萬元，以原殿為基礎，向後方增擴三楹，中祀聖像，是秋完工，煥然一新，供眾生在巍峨、寬敞、明亮的殿堂內，瞻仰慈容，頂禮膜拜。後頁右上圖示出的是現藏美國哈佛大學燕京圖書館內，前述德國女攝影家赫達·莫里遜當年拍攝的照片。佛法無邊的十一面觀世音菩薩，巍然屹立，燦灼莊嚴，楊枝解厄，將慈悲的甘露撒向人間。與此同時，在殿內佛像兩旁各樹一碑，左供願主伊藤和四五郎之像；右刻碑銘正背兩篇，分別誌記

1941年4月16日褚民誼大使回國完成各項任務後登機離京回任[1.63]

1943年擴建的觀音殿內供奉之東來十一面觀世音聖像（德國赫達·莫里遜攝）

奉迎東來大士以及擴建觀音殿之經過，以茲紀念。

嗣後，這座十一面觀音佛像的命運，與普德寺內梁代鑄鐵大佛相似，1966年文革動亂期間，毗盧寺被江蘇無線電廠佔用，木雕大佛被毀，據稱被剖解製作家俱，兩個石碑也被棄置。直至1998年江蘇無線電廠撤出後，毗盧寺才逐漸恢復宗教活動。2004年10月該廟住持傳義應日本國會議員近藤昭一的邀請，訪問名古屋，參拜和平亭內1941年回贈日本西去的千手觀音聖像。通過中日雙方之間的互訪，揭示了淹沒已久的當年那段兩國佛教友好交往的歷史真相。鑒於東來佛像本體已失，該廟於翌年，將原在日本時的「十一面觀音聖像」的照片放大（見後頁右上圖），與此次訪日情況一起，展示在現今後殿的「觀音樓」內。發掘出來的兩塊石碑修整後，亦植於聖像照片兩側。原左邊的石碑已被磨平，原貌盡失；然而原右邊的石碑，如後頁左上圖所示，碑體尚完好，重修了碑額和底座，全碑高2.38米，中間的碑體尺寸，高1.36米、寬0.67米、厚0.15米。碑上前後兩面的碑銘字跡仍清晰可見，其拓片懸掛在該碑後牆的兩個鏡框內。後頁下部兩圖是2009年棲霞寺徐業海應本書作者之邀，從該碑上製取的拓片，分別為蔡培謹撰、褚民誼敬書的《迎奉東來大士紀念碑誌》（右）和由褚民誼謹撰並書的《擴建觀音殿碑記》（左）。兩篇碑銘的全文刊登在本節後的附錄中。

第三章 外交部長，駐日大使

現今南京毗盧寺後殿觀音樓內供奉的原東來十一面觀世音聖像的大幅照片（右）及其右側修復後的原紀念石碑（左），石碑後牆上懸掛的是該碑前後兩面的拓片（2006年）

毗盧寺內東來十一面觀世音聖像右側紀念碑兩面的碑文拓片：（左）《迎奉東來大士紀念碑誌》；（右）《擴建觀音殿碑記》

《迎奉東來大士紀念碑誌》由當年的籌備委員會主任、南京市長蔡培，寫於1942年3月29日奉迎聖像一週年紀念日之際，該文扼要地記述了從褚民誼與日比野寬氏醞釀開始，直至實現十一面觀音聖像以日本全國佛教徒名義移贈東來，供奉在南京毗盧寺的全過程。文中在說明轉移和安置這尊碩大佛像所經歷的重重困難時寫道，「當褚氏代表國人奉迎之際，像高且重轉運為難，航路伸長自名古屋直駛南京，下關以次繼用輪軌，而毗盧寺門高莫入，破壁方行，藏經閣殿大難容，穿樓始立，蓮臺既肅，法會宏開，多士修儀，百靈拜舞，從此康衢路啟，罪花隕而祥和亨，阿耨津通，慈航來而眾生渡。」碑文結尾時強調此舉之意義謂：「予恒念中日兩國，同種同文，尤同信仰，隋唐之際，往復頗殷，趙宋以還，虞詐既深，信義斯枉，不圖今日，乃繼前休，至足欣幸。蓋宗教信仰，一以誠心，誠信既孚，交睦始洽，予喜兩國之賡睦以信也。因記始末，用勒貞瑉，今美既昭，來茲並勵，後之續者，知所宗焉。」

　　另一篇《擴建觀音殿碑記》，則是褚民誼本人於1943年9月24日擴建工程竣工之日所作，文中記述其過程曰：「顧供奉之所，係由面五進四之藏經閣改作而成，寶相巍峨，殿堂淺隘，入門頂禮，非層樓更上，不足以瞻仰慈容，良以為憾，而蓮臺低薄，植骨為難，像立無依，前傾是憂，或癉二釘於像背，左右鐵絡牽於棟題，雖獲支持，而見者心疚，計非擴大建築，不能美其勝緣，當時使命所羈，莫容為理。三十二年（1943年）癸未仲夏，偶瞻法宇，重憶前謀。因集捐資約三十三萬元，鳩工庇材，即於原殿之後方續建三楹，中祀聖像，燦灼莊嚴，左供伊籐，右植碑石，而蓮基受像屹立甚堅，向心之引牽無所用矣。復以面進之間，深廣相等，故入門展拜，全相具瞻，偉麗堂皇，盡善其美。加以樓面既寬，經櫥亦序，窗明幾淨，微塵不揚，滌慮研經，應為勝所。並易屋脊皇圖鞏固四字為保衛東亞，精誠所格，當必蒙庥，謹勒貞瑉，用誌原末。」

　　關於原毗盧寺內的千手觀音於1941年西去日本的緣由和過程，已如前述，當年3月底奉迎東來十一面觀音落座毗盧寺後，在該廟住持廣明等人的發起下，作為相同信仰間的禮尚往來而回贈日本，並於4月14日在該寺舉行了贈書狀奉送典禮。褚氏返回日本復任後，據上述《迎奉東來大士紀念碑誌》中記載，乘「本多熊太郎大使述職之便，奉毗盧寺原供之千手觀音法相，還致贈於名古屋，五月四日迎入覺王寺，八日舉行贈與式，禮節隆重，本多、褚氏各以使節蒞臨主持」。

中日戰爭後，為了銘記歷史、永結兩國友好，熱愛和平的日本人士，於1964年3月在名古屋市千種區的和平公園內建立和平堂，將中國贈送的千手觀音聖像供養其中。右圖示出了供奉在和平堂內千手觀音的現貌，與《東亞佛教大會紀要》[3.47]中刊登的照片（見本節前圖）對照，可謂完整如初。此外，從圖中可見，在佛像的左側，還供奉著已移贈中國的十一面觀音大佛，於製作當時之尺寸為12比1的原始模型。在太平亭內，同時供仰這二座相互呼應的寶像，中日佛教界之間的過往情誼，歷歷在目，令人敬仰。

1964年3月日本名古屋和平公園內興建的和平堂供奉的中國回贈之千手觀音像（右）和贈予中國之十一面觀音像製作時12：1的模型（左）

《附錄1》《迎奉東來大士紀念碑誌》全文

唯中華民國三十一年三月二十九日為首都毗盧寺迎奉東來大士聖像第一週年紀念日，因念楊枝解厄，萬古長春，渡苦尋聲，無求不應，矧夫一十一面寶相，具神光普攝之威，三丈三尺金身備大，乘精修之義，宜其方週歲而同煦慧日，兼眾愛而溥蔭慈雲也矣。先是民國二十九年重九，日比野寬蒞首都，於訪謁外交部長褚民誼先生討論體育之餘，讀褚氏所書金剛經，因及名古屋十一面觀音大士像，謂有伊籐和四五郎先生者，頂禮大士，深感仁庥，數載發心，終得大木，名雕刻家門井師弟一刀一拜，五稔觀成，十載供於東山萬應，俟乎南海。日比野氏為溝通中日佛化，有商請移贈之思。褚氏天縱慧因，聞而贊許。嗣予赴東亞市政會議，便往瞻謁，見巍峨妙像，獨木精鎪，紗霧慈容，靈光顯赫。願主聞予至，贈意且益深，予感願主誠，亦甚願其能成事也。翌年春，褚氏奉使東京，榮敦偶開，專誠往叩，當此之際，兩國普信迎贈之念默契於心，卒由伊籐願主定其議，足立松陽諧其事，兩國名輩助其成，於是此莊嚴寶相遂得以日本全國佛教徒名義贈移來華，永為都人呵護矣。當褚氏代表國人奉迎之際，像高且重轉運為難，航路伸長自名古屋直駛南京，下關以次繼用輪軌，而毗盧寺門高莫入，破壁方行，藏經閣殿大難容，穿樓始立，蓮臺既肅，法會宏開，多士修儀，百靈拜舞，從此康衢路啟，罪花隕而祥和亨，阿耨津通，慈航來而眾生渡。竝於本多熊太郎大使述職之便，奉毗盧寺原供之千手觀音法相，

還致贈於名古屋，五月四日迎入覺王寺，八日舉行贈與式，禮節隆重，本多、褚氏各以使節蒞臨主持，交睦互親，漪歟休美。予恆念中日兩國，同種同文，尤同信仰，隋唐之際，往復頗殷，趙宋以還，虞詐既深，信義斯枉，不圖今日，乃繼前休，至足欣幸。蓋宗教信仰，一以誠心，誠信既孚，交睦始洽，予喜兩國之賡睦以信也。因記始末，用勒貞瑉，今美既昭，來茲並勵，後之續者，知所宗焉。

  錫山　蔡培　謹撰

  吳興　褚民誼　敬書

  吳縣　黃慰萱　刻石（注：原文並無標點，為本書著者所加，後同）

《附錄2》《擴建觀音殿碑記》全文

  中華民國三十年己巳春，民誼奉使東都，嘗迎日本全國佛教徒所贈十一面觀世音菩薩聖像，歸奉於首都毗盧寺，既書蔡子平先生所撰碑文，以記之矣。顧供奉之所，係由面五進四之藏經閣改作而成，實相巍峨，殿堂淺隘，入門頂禮，非層樓更上，不足以瞻仰慈容，良以為憾，而蓮臺低薄，植骨為難，像立無依，前傾是患，或瘞二釘於像背，左右鐵絡牽於棟題，雖獲支持，而見者心疲，計非擴大建築，不能美其勝緣，當時使命所羈，莫容為理。三十二年癸未仲夏，偶瞻法宇，重憶前謀。因集捐資約三十三萬元，鳩工庀材，即於原殿之後方續建三楹，中祀聖像，燦灼莊嚴，左供伊藤，右植碑石，而蓮基受像屹立甚堅，向心之引牽無所用矣。復以面進之間，深廣相等，故入門展拜，全相具瞻，偉麗堂皇，盡善其美。加以樓面既寬，經櫥亦序，窗明幾淨，微塵不揚，滌慮研經，應為勝所。並易屋脊皇圖鞏固四字為保衛東亞，精誠所格，當必蒙庥，謹勒貞瑉，用誌原末，時在中華民國三十二年九月二十四日，歲次癸未秋分。

  吳興褚民誼謹撰並書

  吳縣黃慰萱刻石

第四節　收回租界，撤廢法權

  在中國領土上設立「租界」和享有「治外法權」，是帝國主義對我國肆意侵略、實行殖民政策的結果，其來源當遠溯自清末道光年間，為反對英國商人向中國販賣鴉片而發生的中英爭戰。清廷戰敗，被迫於1842年簽訂第一份不平

等的南京條約，除割地賠款外，更闢上海、廣州、福建、廈門、寧波為通商口岸（史稱五口通商），從此上海等地就有了租界的雛形，按條約允許英國官商在此自由居住，自設行政，治理界內事務，開喪權辱國之先河。此後帝國主義諸列強，無不援引英國先例，以武力壓迫中國訂立不平等條約，紛紛向我國要求開闢租界，於上述五口之外，並在鎮江、九江、漢口、天津等地設立租借地。清廷昏庸，屈於外力，相繼喪失租界內之行政權和司法權，任憑外人佔有領事裁判權、駐軍權和海關行政權等

1942年由南京宣傳部編印的《接管津粵英租界行政權實錄》[3.51]

特權，使租界制度成為帝國主義者在政治、經濟、軍事、文化上侵略中國的前哨根據地，至於租界內的同胞則更無助地受到異族的壓迫和宰割。中華民族欲掙脫帝國主義侵略勢力的桎梏，求得獨立和自由，就必須要從切除租界這顆毒瘤做起。自民國以來，漸次發動了租界回收運動，曾於第一次世界大戰勝利後收回了蘇俄以及戰敗國德、奧在天津和漢口的租界，並在北伐勝利進軍過程中乘勢接管了英國在漢口、九江和鎮江的租界以及比利時在天津的租界。至於美租界則早於1902年與英租界合併，由英國管轄，名亡而實存。嗣後由於以英國為首的帝國主義勢力的極力維護和阻撓，租界制度頑固地保持下來，一直是中華民族謀求生存發展過程中的一個重大障礙。

1937年中日事變起，汪精衛於1940年3月在南京成立國民政府，與日本簽訂基本關係條約，調整兩國之間的邦交，特別是1941年底日本發動「大東亞戰爭」之後，中華民族期盼已久徹底收回租界的形勢出現了轉機。1942年國民政府改組還都兩週年來臨之際，日本將用武力佔領的英國在天津和廣州之租界行政權移交中國管理。接管完成後，如右上圖所示，由南京國民黨宣傳部於該年編印出版了《接管津粵英租界行政權實錄》[3.51]（後簡稱《接管英租界錄》），詳述了當時事件的全過程，並附有〈接收上海特區法院經過〉的附件。此外，在《天津租界檔案選編》（天津檔案館、南開大學分校檔案系編，天津人民出版社1992年出版）[3.65]一書中，匯集了大量各國在天津等地設立租界及其撤銷過程的有關歷史文件。

時任外交部長的褚民誼於1942年3月25日晚在南京中央電台發表題為〈友

邦交還津粵租界行政權之意義〉的廣播講話（全文見《接管英租界錄》[3.51]及《中日文化》[2.35]Vol.2，No.3（1942，5，1）），文中首先回顧了自與日本簽訂基本條約以來，政府在對外交涉上取得的諸多進展，「例如調整駐外各領使館、收回上海越界築路與訂立滬西員警權協定、廢除劉公島租界協定、接收上海法租界及公共租界內各級中國法院等。」

關於〈廢除劉公島[17]租界協定〉，《外交公報》[3.58]第13期上登載了褚部長於1940年9月29日發表的談話，公開聲明：「民國19年（西曆1930年）4月18日中英訂立交收威海衛專約，同時訂立協定六條，規定英國在劉公島內享受之權益以十年為期，期滿後經兩國政府同意，得適用原條件或適用其他經兩國政府同意議定之條件續借等語。該協定於是年10月1日發生效力，至本年9月30日十年屆滿。據可靠消息，英國政府於本年3月間已與重慶政權議定，將所訂期限予以展延。查本政府為中華民國唯一合法政府，亦為事實上能在該島行使權力之政府，對於展限一事全未與聞，實難同意。茲由部照會駐華英大使，聲明中華民國國民政府對於上述英國所享權益之期限，無意予以展延，按照協定所載，截至本年9月30日期限屆滿，該項權益當然解除，應請轉達英國政府云。」

至於「接收上海法租界及公共租界內各級中國法院」的前因後果，詳載於前述《接管英租界錄》[3.51]的附錄中，指的是經過1929至1931年間國民政府與英美法等國的反覆交涉，對上海租界內的審判機關進行了改組，分別在上海公共租界及法租界內成立上海第一和第二特區法院及其相應的上訴機關江蘇高等法院第二和第三分院，歸中國司法行政部管轄。1940年3月南京政府成立後，在日方的斡旋下，於是年11月8日起接管了上述在法租界內的法院，並進而於次年2月2日接管了公租界內的法院，從而在租界收回之前，先將該租界區內的法權統一置於南京政府的管轄之下。

昔日上海的公共租界為擴大其地盤，曾在滬西地區越界築路。中日事變後，為了維護該地區的秩序，市政府曾於1941年3月15日與租界工部局訂立了滬西特警協定。太平洋戰爭爆發後，進一步於1942年5月1日起廢止該協定，將滬西越界築路區域收歸我國，為收回上海租界邁出了可喜的一步。（《民國日報》1942，5，23）

褚民誼的廣播講話進一步談道，自與日本建立外交關係並互派大使後，南

---

[17] 劉公島位於山東半島最東端的威海衛灣內，曾築有砲臺，是我國重要的東隅屏藩。

京政府在國際上的地位日益發展，深得歐洲軸心國的同情和支持，1941年7月1日德、意兩國聲明承認南京政府，「同時西班牙、匈牙利、保加利亞、羅馬尼亞、斯洛伐克、克羅地亞、丹麥等國，亦步德、意後塵，正式承認國府，各國使節亦即先後來京呈遞國書。從此以後，我國與歐洲各國的外交關係，重行恢復，這事在還都後的外交上，佔著重要的地位。」

最後，他從日本實踐其對華諾言；貫徹大東亞戰爭之目的；以及協助國府實現對外政策三個方面，說明此次大東亞戰爭勃發後，日本向國府移交英租界治權之意義。

1941年12月8日凌晨，日軍偷襲珍珠港，開啟了日本全面進軍英美在太平洋地區殖民地的大東亞戰爭。與此同時，駐華日軍也迅即行動起來，於8日上午8時，以武力佔領了在天津和廣州的英租界，接收了作為敵性國家在租界內的所有權益。據《天津租界檔案選編》[3.65]中記載，英美系學校等機關暫被封閉，自來水公司等企業內的英美籍職員被解除職務等等。天津特別市公署於事發當日向市民廣發安民告示，以保持市面安穩。

在日軍戰事進展順利的形勢下，日本政府於1942年2月18日上午在東京發表聲明，將日本接收的上述英租界行政權，移交中國國民政府管理。南京政府遂於是日下午5時發表聲明，表示接受和致謝。外交部長褚民誼和宣傳部長林柏生並為此發表談話。其全文載於《接管英租界錄》[3.51]。

「查天津英國租界」，褚民誼說道，「係根據前清咸豐十年，即1860年，中英天津條約之續增條約而設立。考其歷史之久遠，僅次於最初之通商五口，為英國侵略我國北方重要之據點，其區域範圍，經屢次擴張，成為今日之現狀。又廣州沙面英國租界，係英國非法取得後，經前清咸豐十一年，即1861年之協定而設，與天津英國租界僅相差一年，為英國侵略我國南方重要之據點。此南北兩處租界，遙遙相對，種種政治陰謀與經濟侵略，皆發源於此，數十年來，始終成為我國復興之最大障礙與阻力。當北伐成功，國民政府成立以後，漢口、九江、鎮江等處英國租界，經我國上下一致之努力，終得收回。而英方於此南北兩處之租界，則不惜任何手段以謀固守，使我國受其桎梏，不易解脫。自和平運動開展以來，英國援助渝方，以延長抗戰，對我國民政府百計阻撓，其種種破壞和平之毒計，亦多由此發動。大東亞戰爭勃發以後，日軍即進駐兩租界內，且實施管理。茲友邦日本決定將該兩處租界之行政權交還我國，實深感謝。自此英國謀略技無所施，而我國數十年來復興之阻力，實質上可以

消除，殊堪欣慰，而界內人民不復再受如前之差別待遇，自必同深慶幸也。」

不久日本政府即於3月11日通過駐華大使館正式通知南京政府，將其軍管下的上述兩租界行政權交還我國管理。據此，南京政府經3月17日行政院第103次會議通過，決派外交部長褚民誼赴天津接收天津英租界行政權，行政院秘書長陳春圃赴廣州接收沙面英租界行政權，分別參加接收儀式。褚、陳兩人奉命後，迅即準備，率部出發。3月25日晚上，已如前述，南京中央電台廣播了褚民誼題為〈友邦交還津粵租界行政權之意義〉的講話（此時褚氏已先期到達北平辦理接收孫中山遺臟等事宜，廣播詞係預先唱片錄音後播放的）。

據《接管英租界錄》[3.51]記載，褚民誼率隨員乘車於3月21日下午3時啟程北上赴津。褚氏此行北上主要擔負兩項重任，他在行前接見中央社記者談話時稱：「余此次奉令，以國民政府兼外交部長之資格，代表國府赴天津，接收友邦交還該地英租界行政權；同時，並擬赴北京向協和醫院將國父被盜肝臟迎來首都，供奉於陵園，以示崇敬。此行預定22日下午6時抵達北京，與現當局商洽一切接收事宜。26日下午赴津，定28日舉行接收儀式，約本月杪返京。」（關於接收和奉迎孫中山肝臟回京的詳情，將在本篇第五章之第二節「國父遺珍，接收管理」中另述）他於到達北京後的次日（23日）對記者發表的書面談話最後還附帶說明，「本人此次之來，除與王（揖唐）委員長交換接收後管理之意見，及奉迎國父之靈臟外，並以體育委會委長、中國體協會長之資格，接洽今秋滿洲建國十週年東亞競技大會參加事，又以文物保管委會委長及該會研究部長之資格，重行參觀故宮博物院古物陳列所、北京圖書館等外，備為文物保管委會附設博物館、圖書館公開展覽之借鏡。」

處理完畢在北京的事務後，褚民誼等一行於27日晨會同華北政務委員會王委員長及其隨員等登車赴津，上午11時50分到達，天津市中日要員、軍政教各機關及民眾代表、德意滿駐津總領事及僑民代表數千人齊集東站熱烈歡迎，並在國父靈臟奉安處舉行公祭。褚外長赴旅邸稍事休息後，即於當日下午2時許先後至日、德、意、滿等領事館拜會各總領事，晚間即在極管區（舊英租界）中街利順德飯店歡宴津市各界人士。

天津英租界行政權移管典禮，於1942年3月28日上午10時30分，在天津舊英租界工部局二樓會議室隆重揭幕，日本方面有岡村大將代表原田部隊長、安達部隊長、天津防衛司令官、雨宮特務機關長、加籐總領事等。我國方面計到國民政府代表外交部長褚民誼、華北政務委員會委員長王揖唐，以及天津特別市

市長溫世珍以次各局長。移交式由日本天津防衛司令將圍繞鮮花的通告文鏡框捧交溫市長，市長領受後致謝辭，敬酒祝杯，全體呼口號即告禮成。繼而於工部局之大廈中端平臺上舉行升旗式，如右圖所示，由褚外長及新任天津特別市特別行政區公署署長方若擔任升旗。中華民國國旗，隨國樂聲浪及參加者之熱烈情緒中，徐徐上升，迎風飄揚於百年

1942年3月28日天津英租界行政權移管典禮，於工部局之大廈中端平臺上舉行升旗式。由褚外長（左）及新任天津特別市特別行政區公署署長方若（右）擔任升旗

來英國侵華策源地之晴空，國人於欣慰之餘，殊增無限感慨。升旗式終了，賡續舉行置匾額式，由溫世珍市長將木製「天津特別市特別行政區公署」[18]之木牌，恭謹掛於公署門側，並率全體一鞠躬後，全部式典即告終了。

接著，全體與會人員赴署附近之利順德飯店舉行慶祝會，繼而在該飯店由溫市長主持歡宴，至一時許散會。褚外長及隨員一行，以在津任務終了，遂奉移國父靈臟，於當日下午1時36分離津返南京，29日下午抵浦口，即將靈臟奉移渡江直送中山陵園內室，至此褚民誼的北上任務圓滿完成。

英國的另一個重要租界位在廣州沙面，地處廣州市西南部，為珠江沖積而成的小島，扼早年國內外通商之要衝。當年的英租界約佔沙面地區三分之二，除為英人服務的男工傭僕外，不許我國人民居住，是英國侵略我國南方之重要據點。歷史上英帝國主義的許多政治陰謀和經濟侵略事件都據此策動。例如；企圖顛覆孫中山廣東革命政府於1924年發生的廣州商團叛亂，就是英帝國主義者在幕後於沙面英租界內策動的。震驚中外的沙基慘案，更直接發生於此地。1925年6月23日無數徒手民眾為聲援五卅慘案大遊行，路經沙面對面之沙基時，遭英兵開槍掃射，致死五十餘人，進而於當年爆發了空前規模的省港大罷工。「因此而將沙基改為六二三路，以誌忘不掉的民族之隱痛」，行政院秘書長陳春圃代表南京政府接收廣州沙面舊英租界行政權後發表的通電中說道。（《接管英租界錄》[3.51]）

---

[18] 原英租界被日軍接管後曾稱「極管區」，其行政權移交國府後，即在天津特別市下設立特別區，由區公署進行管理。

陳秘書長奉命赴粵接收英租界，於3月23日偕同隨員由滬乘機下午7時抵廣州。中央委員陳璧君、省主席陳燿祖及以下各廳處長、市府周市長、綏靖公署鄭參謀長、軍械處陳處長等多人到機場迎接。25日午後二時，在沙面舊英領事館民政署後面，面臨珠江的曠場上，舉行隆重的沙面英租界行政權交接典禮。到會者有國民政府行政院陳秘書長、省陳主席及各委員、彭監察使、郭特區署長，以及黨政軍各高級行政長官均全體出席；日本方面出席者有華南派遣軍酒井最高指揮官及參謀長以下高級將校數十人；此外還有各方來賓數百人。移交典禮首由日酒井致詞，繼由陳省主席致答詞。詞畢，進行降日本國旗和升青天白日滿地紅中國國旗儀式，而禮成。

　　接管後的原沙面英租界劃為廣東省直轄的特別行政區，由新成立的廣東特別行政區公署管轄，其首任署長委定省政府警察局郭局長兼任。需要說明的是，英國在華租界是由中英雙方所訂不平等條約確定的，所以這次日本移交的只是英租界區的行政權。中國收回英租界，則是一年後南京政府對日本宣戰，聲明廢除英美一切不平等條約之後才實現的。

　　「大東亞戰爭」二年後，國內外局勢發生顯著變化，由南京國民政府主席汪精衛親自簽署，於1943年1月9日上午10時發表宣告，對英美處於戰爭狀態。一小時後，行政院院長汪精衛即與日本政府特命全權大使重光葵，於國府大禮堂簽訂了〈關於協力完遂戰爭之中日共同宣言〉，表示中日兩國為完遂對美國及英國之共同戰爭，在軍事上、政治上、及經濟上作完全之協力。與此同時，還簽訂了〈中華民國日本國間關於交還租界及撤廢治外法權之協定〉，日本為尊重中國的主權，放棄在華租界及治外法權，成立雙方人數相等的委員會協議細則予以實施。（《申報》1943，1，10）接著，外交部長褚民誼於1月11日向中外廣播宣告，基於已與英美進入戰爭狀態，「所有以前我國和美英二國訂立的條約、協約、合同，及一切國際條約屬於中美、中英間的關係，自應依據公法及慣例，同時一律廢止，惟1907年海牙陸戰法規，及隨後所訂一切關於戰時之條約，仍當遵守不渝。」（《申報》1943，1，12）後頁右上圖是外交部長褚民誼為收回租界和撤廢治外法權屢次在南京中央電台發表講話之情形。

　　中國百年來受盡不平等條約的欺凌而淪為半殖民地之境地，以列強在華設立租界並享有各種特權，為其顯著特徵。不但租借國包括歐美日等達十餘國之多，而且遍佈我國諸多重要的商埠和口岸，經長期經營，佔據各地最繁華的中心地帶，獲益豐厚。此外，按其管轄，又有由一國獨佔的專管租界和由多國共管的

公共租界之分，後者包括上海公共租界、鼓浪嶼公共租界和北平使館區等，情況複雜，要將各列強盤踞於各地的租界全部收回決非易事。

就在中日簽訂交還租界及撤廢治外法權協定兩天之後，據《申報》（1943，1，13）報道，12日發自瑞士的消息稱，「英美兩國昨亦與重慶政府簽訂協定，放棄在華租界及治外法權。英與重慶條約係由

外交部長褚民誼在南京中央電台發表講話[1.63]

渝政府外交部長宋子文與英大使賽穆（薛穆）在重慶簽字，英國各自治領則分別與重慶當局簽訂協定。美渝條約則係在華盛頓簽字，其內容相同，規定於戰事結束後六個月內，談判友好、通商及航行條約，並聲明放棄辛丑條約所給予在數處地方之駐兵權及在北京設立之使館界，上海公共租界及廈門鼓浪嶼租界亦予放棄。」鑒於上述英美租界均處在淪陷區內，隨著南京國民政府宣告與英美處於戰爭狀態，並一律廢除簽訂的不平等條，其在華的租界和特權即已失去存在的依據。加之天津和沙面英租界區的行政權，如前所述，早在去年已由日方移交，因而他們此時與渝方簽約並無實際意義。當時需要實施收回租界的問題，主要進行折衝磋商的是日本、法國、義大利等與南京政府建立外交關係的國家。

「接收租界為外部職務」，正如褚民誼在其〈自述〉[1.61]中所說，「本人指揮所屬小心處理，蓋自任外長以來，惟此一事為政治的外交工作也。」從1月9日中日簽訂交還租界及撤廢治外法權協定，以及褚外長於1月11日向國內外宣告廢除一切英美不平等條約開始，在淪陷區的中華大地上，掀起了蕩滌百年恥辱、全面收回租界的熱潮，倍受萬眾矚目。南京的《民國日報》、上海的《申報》等主要媒體，均作為頭條新聞，予以跟蹤報道和評述。褚民誼在竭力履行職責的同時，頻頻向媒體發表講話或進行廣播演講。下面主要引用當年《民國日報》和《申報》上發表的訊息，並參考《天津租界檔案選編》[3.65]中的有關文件檔案，按時間順序以大事記的形式，簡要敘述自1943年1月中旬起至8月初，我國收回租界和撤廢治外法權的進展情況。

1月14日下午，緊隨日本之後，「義大利駐華特命全權大使奉意政府之命觀謁汪主席，轉達義大利法西斯政府業經決定交還租界及撤廢治外法權，關於

上述之具體方案,當另行協定之。」

1月19-26日褚外長訪滬。上海名流近來以國民立場協力政府,發起組織國民外交促進會,褚氏此行除應邀於20日出席其成立典禮外,特訪問諸友邦各使節,晤日本陸海軍首腦及其他有關當局,並與滬上各界領袖懇談,為接收租界,尤其是上海公共租界,作必要的準備。褚氏離滬返京時,向英文《大美晚報》記者談話中透露,商討結果殊稱圓滿,不久復將來滬一行,繼續談判。

2月9日中日雙方派定接收租界和撤廢治外法權兩委員會委員。根據1月9日中日協議書中之規定,兩國政府應任命同等數目之委員,分別協議交還專管租界和撤廢治外法權之實施細目。中方的委員會設在行政院內,接收租界和撤廢治外法權兩個委員會的主任委員均由外交部長褚民誼擔任,前者有委員李聖五大使、吳頌皋大使和周隆庠次長;後者在此基礎上增加了司法部長羅君強和湯應煌次長兩委員。日方亦於同日宣佈其任命,交還在華日租界行政權詳細辦法之委員會,有特使崛內干城、大使館參事中村豐一、特使田尻愛義及特使鹽澤清宣少將四人;籌議撤廢治外法權具體計劃之委員會委員,除上述四人外,增添公使岩崎民男和總領事高瀨真一兩人。

2月23日晨,法國維希政府發表文告稱,「法國為加強中、法兩國間之友好關係起見,決定放棄在華所享司法特權及其在北京使館區,上海、鼓浪嶼之公共租界,及上海、天津、漢口、廣州四市法租界之行政權,一俟此舉所牽涉之各項問題獲有解決可能,法國政府當立即宣佈予以實施。」法國駐京領事撒拉脫接得本國政府訓令後,於當日上午10時赴外交部送交法政府之聲明書。

法國是繼英國之後,最早在華設立租界並取得領事裁判及駐兵等特權的國家。據《民國日報》(1943,2,24)介紹,自1844年法國以武力脅迫清廷簽訂黃浦條約起,屢經增設和擴張,分別在上海(15,150畝)、天津(2,360畝)、漢口(491畝)、沙面(111畝,佔該島的1/5)四地設立專管租界,並涉足廈門鼓浪嶼公共租界和北京使館區,其在華攫取的既得利

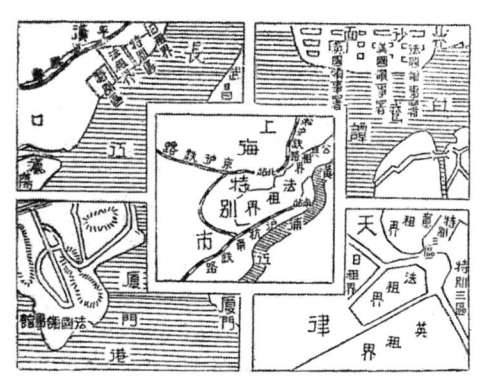

各地法國租界位置示意圖:(中)上海、(左上)漢口、(右上)沙面、(右下)天津、(左下)鼓浪嶼(《民國日報》1943,2,24)

益十分豐厚，尤其在上海的法租界，所處地域重要，更顯突出。前頁右下圖示意出當時在上海、漢口、廣州沙面、天津和廈門鼓浪嶼五個法租界分別所處的位置，以及其他相鄰租界的情況，其中的「特別區」是前已收回的租界地。

　　褚民誼在接到法國政府宣佈上述聲明的當天發表談話，對法國隨日本和義大利之後毅然自動正式聲明，交還租界撤銷治外法權，表示歡迎，並於次日奉汪主席諭致電北京法國大使戈思默表示感謝。這一消息傳出，「萬民騰歡振奮」，《申報》（1943，2，27）上報道稱，中國國民外交促進會，「特上電褚外交部長慶賀，及電法國駐華大使戈思默致謝。」並謂收回租界當對國府經濟上之統一有莫大之幫助，「據記者向有關各稅務機關探悉，此後法政府實踐撤銷治外法權交還租界後，所有過去所得稅、統稅、特稅及一切營業稅，稅政所受之阻礙，均可完全消除，稅收當可增加，即工商營業權利，亦可獲得政府之保障云。」

　　3月4日上午十一時，《申報》於次日報道稱，中日雙方於2月9日分別委派的交還租界和撤廢治外法權兩委員會全體委員，在國府外交部寧遠樓舉行第一次會議，到委員及參事官並隨員等兩下共二十餘人。會上由主任委員褚民誼外長和重光葵大使分別介紹本國委員並致詞後，「嗣即開始對於交還日本專管租界之具體方案進行協議，折衝結果，極為圓滿。」迄午休息，由褚民誼設宴招待全體委員及隨員，至下午三時始散。接著重光大使於當晚在官邸宴請，以示聯歡。中日雙方交還租界和撤廢治外法權委員會全體委員及與會代表在外交部寧遠樓前的合影，示於後頁上圖。

　　日本在華專管租界從1896年至1901年間與清廷簽訂條約，前後共有八處，《民國日報》（1943，3，15）上刊登的〈日本在華專管租界一覽〉中，對其歷史和擴展至今的地域範圍逐一進行了介紹。這八個日租界分別位於天津（2,466畝）、漢口（624畝）、廈門（198畝）、杭州（699畝）、蘇州（483畝）、沙市（580畝）、福州（兩處共1,035畝）和重慶（705畝）。自此次會議起，中日兩國交還日本在華專管租界委員會即開始磋商關於實施交還日本專管租界之具體細目。協議結果，雙方意見一致，於3月8日條款擬定就緒，遂於3月14日上午八時二十分在國府外交部寧遠樓舉行〈日本交還專管租界實施細目之協定及瞭解事項〉的簽訂儀式。根據此細目條款，所有日本國在杭州、蘇州、漢口、沙市、天津、福州、廈門及重慶之專管租界行政權，定於1943年3月30日，即南京政府還都紀念日實施交還。四十餘年來日本在租界區內經營建

1943年3月4日中日雙方交還租界和撤廢治外法權委員會全體委員及與會代表在外交部寧遠樓前的合影。前排左起第4人依次為：重光葵、褚民誼、李聖五、羅君強、吳頌皋和湯應煌，第二排右起第二人為周隆庠[1.63]

設之道路、橋梁、陰溝、溝渠及堤防等公共設施，包括其附屬的固定設備，屆時將無償地移交給中國方面；中國政府應按照現狀，尊重並承認日本國政府及臣民在專管租界地域內，所有關於不動產及其他之權利利益；在瞭解事項中，還做出中國當地地方官憲，應接用從來日本方面為實施租界行政權而雇傭之中國籍巡警，及為管理維持道路、陰溝等而雇傭之中國籍從業員等規定。在這個隆重的簽訂儀式上，全體中日雙方委員逐一在細目協定及瞭解事項兩份文件上簽字，重光大使和褚民誼外長接著相繼致詞，最後在休憩室以香檳祝賀，至九時禮成。該協議的簽訂，為全面收回在華租界邁出了關鍵的一步，為繼後收回公共租界、法租界和意租界的實施提供了範例。

　　會後當日，褚民誼即率外部隨員赴滬、杭等地公務。次日，日本重光大使亦赴滬，他在3月19日向記者發表關於交還租界問題的談話時稱，如北京東交民巷之交還中國，亦可謂上海公共租交還中國之前奏，甚望後者短期內得以實現。據22日報載，褚民誼自滬返京後發表的談話中略謂，「此次本人赴滬，除應重光

大使之邀，出席招待外交界之茶會外，並借此機會，與各國外交代表會談，至為愉快。自去歲德義各個承認國府以來，歐陸諸邦，先後取同樣步驟，與國府成立正常之外交關係，並派代表駐在我國，友好情形，已漸增進。」近來「各國相繼發表交還租界及撤廢治外法權之聲明。」「為積極推進此項問題，早獲實現起見，故與各國代表，分別晤談，計先後會見者有義、西、丹，及其他國家之代表……雖因時間短促，對於上述問題，未能作具體之協商。但深知各友好國家，對此項問題，均有積極協助、早達實現之誠意。」「本人深信在友邦日本全力協助下，關於接收租界及撤廢治外法權兩事，必能於短期內，獲得顯著之進展也。」

3月22日上午11時，褚外長與日重光大使在國府外交部寧遠樓簽訂〈北京公使館區域收回實施條款及瞭解事項〉，決定於3月30日予以實施。該條款是根據兩國1月9日協定中關於迅速收回北京公使館區域行政權之規定，經雙方交涉意見一致而簽訂的。其條款內容與交還日本專管租界的基本相同，在瞭解事項中增添了如下有關經費和課稅的條目，「公使館區域行政權收回實施後，為充作中國方面在該地區內行政上所需經費之一部起見，根據日本國在中華民國國內現今所有之治外法權而起之課稅問題，尚未處理以前之期間內，日本國政府應將相當於日方按照向來成例所補助之金額，仍舊補助外，並應將相當於向來日本國臣民所負擔之賦稅金額，向僑居該地域之日本國臣民所收後，交與中華民國當地地方官憲。」

《民國日報》（1943，3，23）上刊登的〈北京公使館區域沿革〉中介紹，「該地區係於1901年基於庚子事件所設者。東西長約1200米，南北寬約65米，面積約200英畝，為一長方形之區域，俗稱『東郊民巷』。條約關係國家有：日、德、義、英、美、西班牙、比利時、奧地利、匈牙利、荷蘭、蘇聯等十一國。「我國對此特別區域，屢欲予以收回，然以關係複雜，一時不果實現。」褚民誼於該條款簽訂後之談話中指出，「北京公使館區域雖非租界，但其自治行政機關之組織與租界相類同。茲我國決心收回，友邦日本首先贊同，已於今日訂立實施之條款，內容允當，作為楷模，想其他關係國家，必可同樣接受。現我國與成立正常外交關係之各國，正日謀增進其睦誼，上述使館區之特殊狀態，實無復絲毫存在之理由，諒其他關係國家必可贊同我國收回之主張。現我國就此問題，正與關係國商討，且多表示同意，且見此等國家之友好精神。俟技術上商定，即可完全實施收回。且為深信此舉實現，我國與諸友好國家之親善關係，必益加增進，可以無疑。」

3月27日午後三時褚部長與重光大使於國府寧遠樓簽訂〈收回廈門鼓浪嶼公共租界實施條款及瞭解事項〉，決定由中國政府於3月30日收回該地區的行政權，租界內屬於工部局之一切公共設施及負債應由中國方面按照現狀繼承，租界內之工部局及其他一切機關應行解消，原廈門會審公堂應併入中國方面司法機關等條款。

　　3月29日《民國日報》上報道，丹麥政府已電示雪耳代辦放棄該國在華法權，文中稱，褚民誼於3月16日因公來滬時，曾與丹麥代辦雪耳討論此事，今雪耳得到該國之訓電，「聲明於1928年12月12日在南京簽訂之中丹友好條約第二條及附屬文件內，早已議定，如他國放棄其在華之治外法權時，丹麥政府亦可採取同樣行動。今丹麥政府再申述如上，云云。」

　　3月29日下午四時，國府外交部長褚民誼與義大利國駐華特命全權大使戴良誼，於外交部寧遠樓簽訂〈中義關於交還北京公使館區域行政權之協定〉。法國政府亦於是日與我外交部交換放棄其北京使館區域內行政權之照會。

　　3月30日各地日租界及北京使館區分別舉行接受儀式，汪精衛主席頒致訓詞，行政院委派外交大使或當地省市長官為接收租界委員。次日各大報紙對各地租界之接收情況均有詳細報道。在北京，收回東交民巷使館區典禮於下午四時在使館區北京俱樂部舉行，「國府方面到吳凱聲大使、華北政委會財務總署督辦汪時璟、北京市長劉玉書、及有關人員多人；日方到鹽澤公使、北川總領事；義方到駐華公使館秘書樸爾那斯；法方到駐華大使戈思默；西班牙方面到駐華大使館秘書茂樂斯。首由北川總領事以使館區行政委員長資格，向劉市長說明交還使館區之意義，並將使館行政區之目錄及有關文件交劉市長。嗣由劉市長致詞，申謝各友邦之好意，繼由日、法、義、西四國來賓代表，及鹽澤公使致祝辭後，遂閉幕。」

　　在天津，中日當局於是日上午十時在日租界日本公會堂舉行天津日租界接收典禮。中方到國府接收委員建設部長陳君慧、天津特別市市長王緒高、天津特別公署各長官；日方到太田駐天津總領事、臼井居留民團長，及主田大使館參事。來賓到有天津防衛司令官及官民代表多人。交還租借公文交接儀式完成後，接收委員陳君慧代表國府宣讀汪主席訓詞，中日兩國代表在舉杯祝賀聲中禮成散會。

　　在蘇州，日本專管租界交還儀式，於上午十時在青陽地日本領事館舊址舉行，「中國方面到有蘇省府省長李士群、政務廳長黃敬齋、外交部條約司司長

王懷汾等；日本方面到有小阪部領事、小林部隊長、岡本憲兵隊長、北川領事館員警署署長，暨領事館高級職員等」。在杭州的典禮，由我方接收員浙省長傅式說及日本田中領事主持下，於上午十一時在省府大禮堂舉行。在湖北省漢口和沙市兩地的日本專管租界交還典禮同時於上午十時，「在此間日總領事館舉行，到國府代表吳頌皋大使、湖北省長楊揆一、漢口特別市市長張仁蠡；日本方面到高津總領事、山崎居留民團長，及中日代表等三十餘人。」至於交還在廈門鼓浪嶼的日本專管租界，亦於是日由日本駐廈門總領事，將租界之行政權向廈門特別市正式交還。

4月8日，繼日本於3月27日與國府簽訂〈收回廈門鼓浪嶼公共租界實施條款及瞭解事項〉後，法國政府亦予以響應，經中法雙方數度磋商，於該日交換鼓浪嶼公共租界行政權之照會。法駐華大使館代表柏斯頌參事致外交部長褚民誼的照會中稱，法國政府決定自4月8日起，放棄其在廈門鼓浪嶼公共租界之行政權；其在廈門鼓浪嶼工部局一切公共設施、及凡屬於工部局其他資產部分亦行放棄，但其負債亦由中國方面繼承之；中國政府應按照現狀尊重並確認法國政府及人民在上述租界內所有關於土地不動產及其他享有之權益。褚大使覆文表示雙方確認同意。

4月11-28日褚民誼訪日，初以醫師資格率領中國代表團出席在東京召開的第二屆東亞醫學大會，繼而被南京政府派為贈勳專使，向日本天皇奉呈同光大勳章後返國。

4月16日，為統一廣州市區行政權，將已由日方向廣東省移交行政權而在沙面舊英租界地設立的特區，改隸廣州市府，於是日舉行廣州市沙面區成立典禮。

5月17日，重光葵調回日本出任外相後，新任日本駐華特命全權大使谷正之到京，於是日晨觀見汪主席遞交國書，褚外長於下午五時在外交部大樓設宴歡迎。

5月18日，經中法代表多次折衝，上午十一時在國府外交部寧遠樓正式舉行〈法國交還天津、漢口、廣州三處專管租界實施細目及瞭解事項〉之簽字儀式。中方接收法國專管租界委員為，國府審計部部長夏奇峰、吳凱聲大使、吳頌皋大使和政務參贊兼外交部次長周隆庠，秘書長張劍初；法方全權代表團為，駐華大使館參事柏斯頌、總領事葛爾邦、總領事高蘭、領事薩賓德，秘書畢助。褚外長偕同雙方委員及隨員依次入座後，首由雙方秘書宣讀各自出席委員名單，並分別誦讀該條款及瞭解事項之中文本和法文本，繼而雙方委員在其

上互相簽字調印,並由褚外長及法國全權代表柏斯頌互相換文,旋在柏氏致詞和褚外長致答謝詞後,共進香檳互相祝賀而禮成。十二時整中方於寧遠樓設宴款待雙方出席委員及隨員等。

該條款中確定,法國在天津、漢口、沙面三地租界之行政權於6月5日一律移交中國政府;租界內之道路、橋梁、碼頭、陰溝、溝渠及堤防等諸設施(包含附屬之固定設施)無償交與中國政府;中國政府應按照現狀尊重並確認法國政府及人民在上述租界內所有關於土地不動產及其他享有之權益。在瞭解事項中補充規定,中國當地官廳應接用從來法國公董局方面為實施專管租界行政權而僱用之中國職員、巡警,及為管理維持道路、陰溝等而僱用之中國從業員;對於租界內之法國或中法合辦之文化或慈善事業,仍維持現狀,並對若干事業,按照公董局現予之津貼繼續酌予補助;還應充分尊重1943年2月23日法國政府聲明交還租界前所訂立之契約,尤其關於公共設施之契約(如水電交通等)。此外還規定居住在租界內之法僑,在中國政府管理之下,得繼續享受現在之居住、職業及合法之行動自由等權利;以及在警務處移交中國政府後,在治外法權制度按法國政府聲明解決以前,法國在天津、漢口之領事,於必要時仍得僱用若干法籍警士,以執行領事命令及司法判決等項內容。

褚外長在簽字儀式後發表的談話中略謂,自2月23日法政府發表交還在華租界及撤廢治外法權之聲明後,分別於3月29日和4月8日與我外交部交換放棄北京使館區及鼓浪嶼公共租界行政權之照會,此後雙方復正式派定委員,協議交還天津、漢口、沙面各法國專管租界之實施協定。自上月中旬雙方委員開始折衝以來,往返多次,至本月中旬,意見已臻完全一致,遂於今日將全部協定正式簽字。「此等租界散處於我國經濟及商務之重心,其地位極為重要,設立以來,已有七十餘年,經法國官民之慘淡經營,精心擘劃,由荒僻地域變成現代式之繁華城市,界內各項設施,均甚完善。今法國政府值茲本國環境萬分困難之時,竟將其在遠東所享之多年權益,毅然放棄,更足顯法國當局,具有遠大之政治眼光也。「天津、漢口、沙面租界,一經我國接收之後,管理經營,當力求完善,而對於租界內外之中法兩國人民,亦當力求其情感之融洽,與福祉之增進,使彼此合作,相互提攜,共享安居樂業之幸福也。」

《申報》5月20日報道,「法國交還在華專管租界全權代表團十九日中午假龍門酒家,歡宴我方褚外長等全體接收委員及隨員。下午四時,褚外長又以法比瑞同學會理事長名義,在北平路48號該會會所茶點招待中法雙方委員。席

1943年5月19日外長褚民誼（前右3）在法比瑞同學會茶會招待收回法租界中法雙方談判委員。法方全權代表柏斯頌（前右2）、中方代表夏奇峰（前右1）、吳凱聲（前右4））等出席[1.63]

間褚理事長及法方全權代表柏斯頌參事官，均曾肯切致詞，情緒融洽，直至五時餘始散。」上圖是當時在法比瑞同學會門前的合影。

5月25日下午二時，外交、宣傳兩部發表共同公報如下，「廈門鼓浪嶼公共租界行政權之交還，承友邦日本首先倡導，其中日本關係一部，已於3月30日國府還都三週年紀念日，由我國接收，此後與其他關係國，如法國、西班牙、瑞典、丹麥等國交涉之結果，業已先後同意，故該租界行政權之收回即可全部實施。」褚民誼對此發表談話，對於收回公共租界這個涉及多個國家的複雜問題得到妥善解決，向日本政府的熱誠倡導和援助，以及各關係國的理解和協助表示感謝。

6月5日，津、漢、粵法專管租界正式接收。國府特派吳頌皋大使、吳凱聲大使、廣東省長陳燿祖為接收委員，分別在天津、漢口、沙面三地，與法方代表（該地領事）會同舉行交接儀式。天津於上午在法租界公董局大樓舉行。漢口於下午三時在法租界工部局進行，並定於本月8日舉行民眾慶祝大會。廣州沙面則於上午九時半在沙面廣場進行。

至此在華租界除義大利天津租界由於其國內政局變動未能妥善解決外，

只剩下在上海的公共租界和法租界，這兩個歷史最久、地域最廣、影響最大，也是最難啃的「硬骨頭」。尤其是上海公共租界，它既是列強在華設立租界的「肇端」，也是其在租界內實行殖民統治的「典範」。溯其來歷，始於鴉片戰爭之後，英國逼迫清廷於1842年簽訂的南京條約，將上海開闢為五個通商口岸之一，並進而於1845年劃定地界，從此就把租界這種形式正式確定了下來。繼後美國亦於1854年起在滬設立租界，並於1863年宣佈與英租界合併，遂有「公共租界」之稱。租界區內設立的由英美籍董事操縱的上海公共租界工部局，是其行政管理機構，類似租界內的政府，擁有員警和巡捕房，還設有司法機關「會審公廳」，憑藉其特有的治外法權肆意虐待華人，「華人與狗不得進入公園」之痛，即發生於此。緊跟英國之後，於1849年在上海設立的法租界，其租界管理制度，與公共租界相類似。

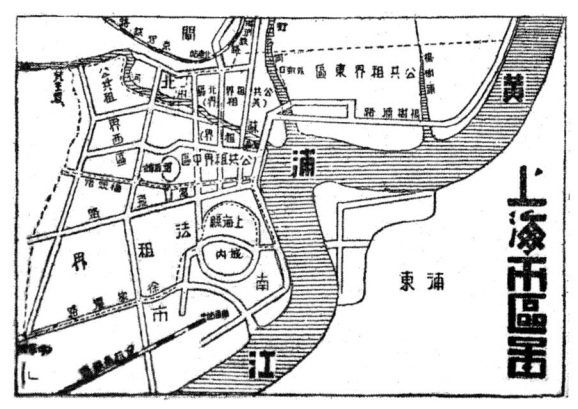

上海市區簡圖，虛線區域內分別為公共租界（東區、北區、西區和中區）和法租界（《民國日報》1943,7,1）

1943年6月30日在外交部寧遠樓舉行日本交還上海公共租界簽字儀式。中、日雙方代表分坐兩側，左側起立講話者為日大使谷正之，褚民誼外長坐於右側他的正對面（《大陸畫刊》[2.34]Vol.4, No.8, 1943,8,15）

右上圖是刊登在《民國日報》（1943，7，1）上的上海市區簡圖，其上各租界區的範圍以虛線分別勾勒出來，皆位處上海這個當年號稱遠東最繁榮的國際商埠之核心地段，其地域由於不斷發展擴大，從圖上可見，已遠遠大於原來的上海縣縣城。公共租界分為東區、北區、西區和中區四部分，總面積據稱達到33,503畝的規模；其南部為單獨設立的法租界，面積也有15,150畝之多。

國民政府接收法國在津、漢、粵三處的專管租界圓滿完畢後，據南京中央社透露，為進一步收回上海法租界，6月9日午後外交部長褚民誼特邀接收委員審計部長夏奇峰至外交部討論進行方針，聞已擬定辦法。接著又報道稱，派出接收法專管租界的吳頌皋和吳凱聲兩位大使日內已先後返京覆命，上海之法租界交還問題將開始折衝。

　　關於收回上海公共租界，鑒於戰爭開始後，日軍業已進入該地區，需由日方移交我國。據《申報》（1943，6，25）報道，日駐華大使谷正之返國述職，與日政府當局協商關於對華新政策各項問題取得一致意見後，「於6月20日返抵上海，22日午前會見田尻公使，並拜會上海特別市陳（公博）市長，關於國府收回上海公共租界問題，曾作縝密之協議。23和24兩日復與褚外長就上海公共租界及與此有關之各項問題有所懇談。隨後谷氏於24日午後三時半在大使館召集田尻公使及其他當地海陸軍關係者，就上述各項問題舉行協議。

　　6月30日下午，日本交還上海公共租界簽字儀式於外交部寧遠樓舉行，「中日雙方出列席人員，我國外交部褚部長、周（隆庠）次長、張（超）、薛（逢元）兩公使、張司長、陳（國豐）司長、王（懷汾）司長、徐（義宗）秘書、朱科長、林專員；日方為谷大使、掘內公使、太田參事官，大野、清水、松平、高橋各書記官，及粵田副領事等十餘人。一時整，褚部長起立宣稱簽字儀式開始，全場空氣嚴肅。首由谷大使、褚部長先後宣讀實施條款及瞭解事項，旋舉行簽字手續。谷大使並即席致詞，褚部長致答詞」，儀式圓滿告成後，賓主以香檳相祝賀。前頁右下圖記錄了簽字儀式進行時的情況。儀式終了後，外交部長褚民誼特在寧遠樓歡宴谷大使，及雙方出列席人員，並邀夏審計部長、吳凱聲大使作陪。

　　〈關於實施收回上海公共租界之條款〉中規定，該租界的行政權於1943年8月1日，由中國政府實施收回；屬於該租界工部局之一切公共設施、資產及財產上之諸權利，應按照現狀無償移讓於中國，又屬於工部局之一切負債，亦應由中國按現狀繼承之；中國政府應按照現狀尊重並確認日本國政府及臣民在上海公共租界及其越界築路等地所有關於土地不動產，及其他之權利利益；中國政府在租界行政權收回實施後，關於僑居該地域內之日本國臣民之居住、營業及福祉等，最少應維持向來之程度等主要內容。

　　在〈關於實施收回上海公共租界之瞭解事項〉中還訂立了包括：租界之文書記錄應隨行政權同時移交；租界公共資產之移讓及負債之繼承，除工部局監獄

關係外,由工部局與中國當地地方官憲間辦理;上述移讓之公共設施包含附屬之一切固定設備,及為管理維持用之器材、材料等;對於日本國臣民永租地之地租,在兩國間關於治外法權而起之課稅問題尚未處理以前,維持現行之稅率;在中國收回租界行政權實施後,為充作該地域內行政上所需經費起見,應就該地域內仍襲實施上海公共租界工部局之租稅手續費等一切賦課之現行制度,為暫行措施,此時在中日雙方尚未處理由治外法權而起之課稅問題前,日本國政府應訓令僑居該地之日本臣民,向中國當地地方官憲完納此等賦稅;中國地方官憲應接用公共租界工部局職員及其他被雇傭者,並尊重其既得之權益等六項條款。

國府行政院長汪精衛和日本首相東條英機分別對中日兩國簽訂該協議發表談話,強調此舉對洗滌英美流毒、剷除中國復興障礙,使中日新關係益形展開之重要意義。

據《民國日報》(1943,7,4)報道,「自本年1月9日中日兩國簽訂交還租界及撤廢治外法權之協定後,關於交還租界部分,業已完全實踐,先後交還所有日本在華專管租界,鼓浪嶼公共租界,並承認我國收回北京公使館區域。上月30日又簽訂關於收回上海公共租界之條款及瞭解事項,定於8月1日由我國實施收回。茲友邦日本方面,為進一步積極履行撤廢治外法權之諾言,先從課稅問題著手,迭經日方內部商議後,於昨(3日)下午三時,在寧遠樓由雙方撤廢治外法權專門委員會舉行會議。我國方面出席者為褚外交部長、李大使聖五、吳大使頌皋、周次長隆庠、湯次長應煌、陳次長之碩、薛公使逢元等;日本方面出席者為谷大使、掘內公使、田尻公使、鹽澤公使、岩崎公使、太田參事官等,就提出之文案,逐條商討,空氣甚融洽、進行頗為順利,約一時半許會議圓滿結束。聞此後雙方各將會商所得之成案,向本國政府報告云。」

上述協議簽訂後,所剩的收回上海法租界和天津義租界問題,倍受國人關注,希望能在8月1日實施上海公共租界收回前得以解決,以期實現全部清除在華租界的夙願。

7月6日,褚外長偕同總務司長陳國豐由京赴滬進行視察和會商,以推動和落實在滬租界回收的進程。法國大使戈思默及總領事馬傑禮,亦由北平飛滬。7日晨九時,上海市陳公博市長,特往訪褚部長,就法租界之交還,及公共租界接收後之行政實施上諸問題,會談良久。下午四時褚外長與法大使會晤,對接收法租界問題,有所折衝。與此同時,日駐華谷大使,偕同太田、清水兩參事官亦於6日下午抵滬,預定勾留數日,將與各關係方面就交還租界問題,以

及就其他重要懸案，進行重要協議。

關於收回法租界，經褚氏與法大使戈氏數度進行會談，及日大使谷氏從中斡旋，進展頗為順利。9日晨，褚、戈、谷三人又就收回上海法租界事作最後協議，意見一致，原則大體決定，待中、法雙方代表不日進京，繼續商議其細則。

「此次褚外交部長來滬，辦理接收法租界問題」，《申報》（1943，7，12）報道，「經數度折衝，已獲圓滿結果。特於昨日（11日）中午十二時，在國際飯店十四樓宴請法國外交使領及法國駐滬官方。到者我國方面有褚民誼部長、夏奇峰部長、吳頌皋大使、吳凱聲大使、陳國豐司長、張超公使、陸潤之署長、孫理甫處長、薛逢元公使、田守成秘書、農汝惠參事等暨市府趙秘書長尊嶽、耿績之；法國方面到者，法國大使戈思默、法國總司令愛叔皆、公董局總辦譚鵠鳴、法總領事馬傑禮、衛生處長巴呂、教育處長高博愛、行政處長夏爾當、大使館顧問白賽仲、財務處長賽爾、工務處長默伊、警務總監法白爾、副處長沙里、領事璺瓦、領事賈當，等二十六人……直至下午二時始散。」褚外長在滬公畢，旋於是日下午四時，偕同隨員等返京。「同時法大使館顧問白賽仲、駐滬總領事馬傑理等，亦同車晉京，繼續談判協定暨各項交還細則。」

此外，《民國日報》（1943，7，14）還透露，「7月11日上午十時，褚外長赴義駐華使館，訪義大使戴良誼，就收回天津義租界行政權事，作友好之商談，雙方在原則上意見一致。義方待接得本國政府訓令後，即可答覆我國」等云。

7月22日上午十一時，中法雙方全權代表在國府寧遠樓舉行〈中法簽訂交收上海法國專管租界行政權協定〉之簽字儀式。《申報》於次日報道，經雙方多次協商，定於1943年7月30日將上海法國專管租界行政權交還中國政府，其實施細目及瞭解事項的形式和內容與前已簽訂之交還法在華專管租界的同出一轍。中方出席者為外交部長褚民誼，接收委員夏奇峰部長、吳凱聲大使、吳頌皋大使、政務參贊兼外交部次長周隆庠、衛生署長陸潤之，以及列席人員秘書長張劍初等；法方出席者為法國代表團全權代表駐華大使館參事柏斯頌、駐華大使館參事兼上海總領事馬傑禮、領事賈當、領事薩麥德，以及列席人員秘書白法爾等。寧遠樓門首及會議室均高懸中法兩國國旗，氣氛莊嚴隆重。褚外長偕同雙方委員及隨員依次入座後，起立宣佈簽字儀式開始。首由雙方秘書宣讀各自出席委員名單，並分別誦讀該條款及瞭解事項之中文本和法文本，繼而雙方委員在其上互相簽字調印，並由褚外長及法國全權代表柏斯頌互相換文，旋在柏氏致詞和褚外長致答謝詞後，共進香檳互相祝賀而禮成。最後全體攝影留念（見後頁左下圖）。

7月23日上午十一時十五分，義大利（亦稱意大利）國政府為根據本年1月11日關於交還中國租界與特權所定原則之聲明，特決定放棄上海義國公共租界行政權，在國府寧遠樓，舉行實施細則及瞭解事項之協定簽字儀式。《申報》於次日報道，其實施細目及瞭解事項的形式和內容，與之前已與日方簽訂的關於交還上海公共租界的一致，只是針對的是義國政府及其在租界區的臣民，由中義雙方全權代表國府外交部長褚民誼和義大利駐華特命全權大使戴良誼簽訂。寧遠樓門首及會議室均高懸中義兩國國旗，氣氛莊嚴隆重。中方出席者為外長褚民誼，列席者為外次長周隆庠、司長王懷汾、沈覲辰、陳國豐、秘書徐義宗、幫辦王潤民、專員王為豐；義方出席者為意大使戴良誼，以及秘書裴寶樂、羅斯等。褚外長起立宣佈儀式開始後，首先分別由中方王司長和義方秘書羅斯先後誦讀雙方出席和列席者名單，以及中義文本協定後，由褚外長和戴大使在協議上互相簽字調印並換文，旋由兩位代表致詞而禮成。雙方人員至客廳以香檳互相祝賀後，在樓前全體攝影留念（見右下圖，照片轉引自[3.67]，但該書中將陳國豐誤標明為夏奇峰）。

　　收回在上海的公共租界和法租界在南京簽約畢事後，南京政府於7月23日命令，特派上海特別市市長陳公博為該兩租界接收委員，此外還特派褚民誼和夏奇峰前往分別監視上海公共租界和法租界之接收事宜。為事先做好準備工作，褚民誼於次日由京乘車赴滬。

1943年7月22日在南京外交部寧遠樓「中法簽訂交收上海法國專管租界行政權協定紀念攝影」。前排左起為法方全權代表柏斯頌及駐滬領事和總領事等，中方代表左第5人起依次為褚民誼、夏奇峰、吳凱聲、陸潤之、吳頌皋和周隆庠（《日本侵華圖志》第12卷，楊克林編著，山東畫報出版社，2015）

1943年7月23日在南京外交部寧遠樓前「中義簽訂交收上海公共租界行政權協定紀念攝影」。前排左起第3人依次為：戴良誼、褚民誼、周隆庠、陳國豐等[3.67].

上海市政府及各界也立即行動起來，為慶祝清除這一百年恥辱日子的到來，連日積極進行籌劃和準備。《申報》（1943，7，25）上稱，為擴大宣傳、營造熱烈氣氛，市宣傳部聯合市商會舉辦商店櫥窗競賽活動，各商店踴躍申請參加；法租界和公共租界內曾為保護華人利益而分設的兩個「納稅華人會」先後於本月23日和26日自動舉行解散會議，發表宣言，正式結束；市府要求全市各機關、學校、團體、商店、工廠、住宅一律於7月30日及8月1日至3日懸掛國旗誌慶；8月1日當天將舉行全市各界代表慶祝大會，並於次日舉行演劇、展覽會，以及撤除市內有殖民色彩的銅像等活動。

《申報》（1943，7，27）上報道，上海郵政局公佈，於租界接收之日起，出售紀念郵票，「計為二角五分、五角、一元及二元四種，合為一套，售價四元。再於本年八月一日一天，上海郵政管理局將用『收回租界紀念完成獨立自主』字樣之特種橡皮日戳，加蓋各該局收寄之各種郵件。」對集郵愛好者，亦可在本月內按規定辦理蓋戳事宜。

此外，該報還詳細報道了公共租界納稅華人會宣佈解消的消息，略謂該會以租界不日即由國府實施接收，其任務業已完成，無存在之必要，爰於7月26日下午在該會會所舉行全體執行委員、華董、華委聯席會議，一致通過解消宣言。該會的產生和發展與租界內華人爭取自身權利的鬥爭歷史密切相關，宣言中回顧道，「上海公共租界係辛丑南京條約之產物，其行政總樞為工部局，而工部局之最高權力機關為納稅人產生之董事會，董事九人，全為外籍，國人無與焉，局內重要職員，亦鮮有國人插足，租界市民，華人佔十之九，所納捐稅，亦居工部局收入之大部分，而操縱之權，悉在外人，事之不平，毋庸贅述。其後不幸事件時有發生，市民公憤不可遏制，遂有本會之成立，爭取華人之福利，此民國九年（1920年）十月十四日事也。迨至十四年（1925年）五月五卅事件發生，群情憤激，舉國沸騰，本會領導市民，於惡劣環境下奮鬥不懈，終於十七年（1928年）三月，決定於工部局加入華董三席、華委六席，由本會推選，各處高級職員亦均有華人參加。至十九年（1930年），華董人數更加至五席，華委亦遞有增加，雖行政大權仍操諸英美人之手，惟市民利益，得以保全不少。卅年（1941年）四月十四日舉行納稅華人代表大會，推選陳濟成為本會副主席兼代主席，出席工部局，董委亦均重選參加，自此本會工作復進於積極之階段。「本會工作乃收回租界之先聲，租界既收回，實本會任務之完成……國人數十年來之積憤，得以消除，市民數百萬人之幸福，得以增進，而

本會尤有夙願得償，仔肩得息之快，其為慰，實匪言克宣矣！」。

7月30日上午11時，接收上海法專管租界儀式在法公董局隆重舉行。次日報載，「法巡捕榮譽隊四隊及消防隊一隊，恭立法公董局門前馬路兩旁，由法巡捕房樂隊首奏法國國歌，次奏我國國歌，陳市長在樂聲中檢閱法巡捕榮譽隊等後，即開始舉行接收儀式。我國出席代表為國府特派接收委員外交部長褚民誼，上海特別市市長陳公博、審計部部長夏奇峰、特命全權大使吳凱聲、特命全權大使吳頌皋、政務參贊兼外交部次長周隆庠、衛生署長陸潤之，駐滿大使陳濟成，市府秘書長趙尊嶽，接收專門委員陳國豐、謝仲復、農汝惠、田守成；法國出席代表為法駐滬總領事兼法公董局總董馬傑禮、領事薩麥德、領事賈當、領事巨淮爾、法大使館參事柏斯頌、督辦譚鵠啼、警務總監法勃爾、警務副總監薩爾利、技政總辦白義、穆理斯神父；友邦方面有矢野總領事列席。首奏我國國歌，即由法總領事兼總董馬傑禮致詞。繼舉行交鑰隆重典禮，法總領事馬傑禮親行遞交陳市長，旋由陳市長致答詞。次舉行升旗典禮，法巡捕榮譽隊舉槍致敬，在升旗軍號聲中，我國國旗即高揚於法公董局大廈上，同時高奏我國國歌，最後攝影禮成。」

法租界回收後，法公董局撤銷，其行政機構改為上海特別市第八區公署；原法租界的警務處改為警察局，其警務機構將原法巡捕房撤廢，改為上海特別市第三警察局，局址在巡捕房舊址。經國府任命，由陳公博市長兼任上海特別市第八公署署長和第三警察局局長。在租界接收儀式完畢後，接著於正午十二時由陳兼署長兼局長率領高級職員舉行就職典禮。陳長官在就職訓詞中指出，「租界回收後，在中國新制度管理下，雖各項施政措施及組織，依照中國制度略有變更，但為確保行政之效率施行起見，對於原有之職員，除退職外，皆分別繼續聘任委用。此等保留之職員，雖其任務或有調整，而其薪給待遇等，悉照前公董局章程之規定，以後更擬與第一區公署中外職員之待遇作進一步劃一之規定……深望諸君本以往服務之精神及美德，服從中國長官命令，嚴守紀律，依其各個經驗與技能，努力本位工作，奉公守法，俾使行政日益完善，增進工作效率，使本區內中法及他國人民，均能安居樂業」等云。此外，報上還公佈了八區公署各處的人選。其中，曾長期在法租界內的中法國立工學院擔任秘書，後曾接任院長的農汝惠，擔負該區教育處正處長之責。

各項典禮完畢後，法駐滬總領事兼原上海法租界公董局總董於正午，在法國總會舉行盛宴，招待我國接收法租界各委員，暨市府各局長等，並邀日駐滬

總領事及警視總監等作陪，席間充滿中法敦睦友好之熱烈情緒，至一時許乃盡歡而散。

7月31日上午九時，中日兩國在國府寧遠樓舉行簽訂〈關於對在中華民國之日本國臣民課稅條約、附屬協定及瞭解事項〉之簽字儀式。作為日本撤廢治外法權之先聲，該協定以在華日臣民應服從中國課稅法令為其主要內容，從1943年8月1日開始執行。中方出席者為外交部部長褚民誼，次長周隆庠，公使薛逢元、張超，司長王懷汾、徐義宗，秘書朱旭等；日方出席者為谷正之大使，太田參事官，岩城、大野、清水書記官，奧田副領事，高橋書記官。經宣讀協定之中、日文本後，褚部長和谷大使分別在其上簽字蓋印，並相互換文；繼而由谷大使致詞和褚部長致謝詞而禮成；最後雙方出席人員入客廳，互舉香檳祝賀。該協議的實施，為租界回收後，推進各國在華僑商一律課稅打開了局面。

事畢，褚外長就此簽約事對記者發表談話，略謂「治外法權於不平等條約中，為害最烈，流弊不可勝言，近世已罕其例，唯我國獨存，決非一獨立國家所能容忍。按治外法權之設立，初因中外法律懸殊，民情各異，為求相安，遂訂此特殊制度。此種特權，原屬暫設，迨中國法律狀況與檢審制度，漸臻完善，即應廢除。乃各國不但無撤廢之意，且侵越其原定範圍，因利乘便，逐步擴展及非法權益，除領事裁判權外，不論消極或積極，形成種種特權及免除，於我政治、司法及行政上之行動自由，加以束縛及限制。故治外法權之存在，與我國領土主權之行使，牴牾不能相容。此種特權如不廢止，我國決無獨立，決無自由，而我國之自主發展，亦決無可能。」

「辛亥以來，我國上下，盡最大努力，一方整頓法制，一方要求撤廢，卒以英美之強力阻撓，此志未曾貫徹。當華盛頓會議時，我代表堅決要求從速撤廢，結果僅通過決議，等於具文，終未實現。1928年國民政府為宣示決想，曾發佈命令，定翌年元旦，將各國在華治外法權，一律撤廢，後因列強反對，亦未成功。此次友邦日本，為協助我國之自主發展，使我國完成法權之完整，我國參戰之後，立即訂立交還租界及撤廢治外法權之協定，其他各友好國家，亦相繼步武，發表同樣之聲明。半載以來，所有交還租界部分，業已完全實施。至於撤廢治外法權，因問題之複雜，準備需時，決先從課稅問題著手，俾逐步進展，而求其完全實現。雙方歷經折衝，意見悉已一致，本日得簽訂關於課稅之條約、附屬協定及瞭解事項，使我國數十年來奔走呼號而未曾貫徹之夙願，得於實際上達到其初步目的。從此日本僑民根據本日所訂條約納稅，於我國財

政裨益甚大,且於我國之實施恢復國權,有進一步之成功。此實為我國上下所深感奮,深信其他友好國家,必能於最短期內,採取同樣好意措置,使我國之課稅權,得能完全恢復也。」(《民國日報》1943,8,1)

8月1日上午九時四十五分,上海公共租界在工部局禮堂隆重舉行接收儀式。據中央社電報道,「首由工部局樂隊奏樂,兩方出席代表入席,我國為國府特派之接收委員,外交部褚部長,上海特別市陳市長,政務參贊兼外交部次長周隆庠,衛生署長陸潤之等;公共租界方面為工部局總董岡崎勝男等。繼由工部局岡崎總董親自移交公文及目錄與陳市長,陳市長乃將接收公文及目錄,交付岡崎總董。旋由岡崎總董致詞,陳市長答詞畢,雙方即互相祝賀,乾杯攝影後,此劃時代之偉大接收儀式,宣告完成。繼即舉行升旗式,奏國歌,我國國旗於樂聲中,漸漸高升於工部局大廈上,隨風飄揚,升旗式於莊嚴空氣中完成。從此上海已恢復本來面目,整個行政,乃告統一。最後,陳市長兼署長兼局長[19],舉行就職典禮,到正副處長及全體職員等,行禮如儀後,由陳署長兼局長訓辭,禮成奏樂而散。」

至今在美國華盛頓國會圖書館的「褚民誼特藏」[1.63]中存有《接收上海共同租界紀念冊》(編號Lot11700 Album 1)。該相冊由孫理甫謹呈褚部長,內含照片16張,記錄了當時上海公共租界接收儀式的盛況。本書中選登了其中的二幀。右圖是接收儀式上,中華民國國旗高高地升起在工部局大廈之上,全體中外出席者站立仰首致敬;後頁上圖是,禮成後全體出席人員在工部局大廈前合影留念。

1943年8月1日上海公共租界接收儀式,中華民國國旗升起在公部局大廈之上[1.63]

---

[19] 公共租界接收後,劃入上海特別市管轄,設立第一區公署及第一警察局,國府任命陳公博市長兼任署長和局長。

第三章 外交部長,駐日大使 165

1943年8月1日接收上海公共租界禮成後在公部局大廈前的合影。前排左起第9人依次為：谷正之、岡崎勝男、陳公博、褚民誼、溫宗堯等[1.63]

　　當日下午四時全市民眾各界代表，假大光明大戲院舉行上海各界代表慶祝收回租界反英美大會。會議由代表大會主席團主持，南京國民政府主席汪精衛於31日晚在上海發表題為〈怎樣建設新上海〉的廣播講話後，又帶領各院部長官出席大會。他在致訓詞後退場，繼由外交部長褚民誼、宣傳部長林柏生致詞，日方代表田尻公使致祝詞，陳公博市長報告今後施政方針，在宣讀上國府賀電及大會主席團致閉幕詞後，於五時半散會。

　　百年之疾的上海租界得以回收，廣大民眾為之熱烈慶賀。後頁右上圖是刊登在《大陸畫刊》[2.34]Vol.4，No.9（1943，9，15）上，8月1日當天，上海市民湧上街頭，以傳統的舞獅等形式舉行慶祝收回上海租界大遊行的歡慶場面。為了使收回租界不致被表面現象迷惑而流於形式，褚民誼及時針對當時存在的「租界一收便了」的思想，撰文〈接收上海租界後的新認識〉[1.59]，發表在《中日文化》[2.35]第三卷第5-7期（1943，8，15）上（見後頁右下圖）。

　　文中開宗明義地寫道，「請你們翻開這幾天的報紙看看，各地民眾對於收回上海租界的慶祝情形，稱得起是十色五光，熱鬧之至。一百多年來的心腹之疾，一旦得到根本治療，恢復了中國獨立的光輝，奠定了大東亞戰爭勝利的基礎，不能不說是件大事，在這種情況之下歡欣鼓舞，理所當為。「不過慶祝不

妨慶祝，意義必須分明。一方面慶幸英美的宰割，從此解除；一方面還要祝賀奮鬥的前途，於今開始。用這樣的意義，作慶祝的中心，這是當前最重要的一種覺悟。不然，若是把慶祝當作一切有關租界問題的總結束，以為慶祝之後，一天雲霧，不復留存……這種『好了瘡疤忘了痛』的行為，是我國以往一切失敗的大原因。」

他明確地指出，「絕不能把收回上海租界看成一收便了，那樣簡單容易……而不再有其他的問題。不但在中國方面不能一收便了，而且在友邦方面也不能一交便了。嚴格地說，上海租界的不還不收，中日兩國的責任尚小。上海租界交還接收之後。中日兩國的責任，便同樣的加倍嚴重起來，而這種加倍嚴重的歸結，便是交還和接收的最大意義。再換句話說，中日兩國有識之士，不但認清了這種意義，而且認清了自己的責任……也就是中日兩國真正能力的測驗，也就是中日兩國最後命運的試金石。」

接著，他用大量事實說明，由於帝國主義利用特權長期盤踞，不僅將租界作為其在政治、經濟和文化上侵略和控制中國的基地，而且在租界當局的庇護和縱容下，使上海租界簡直成為「淫穢的窟宅、黑

1943年8月1日上海市民上街遊行舞獅熱烈慶祝收回上海租界（《大陸畫刊》[2.34]Vol.4,,No.9, 1943,9,15）

褚民誼的論文〈接收上海租界後的新認識〉[1.59]之首頁（《中日文化》[2.35] Vol.3, No.5-7,1943,8,15）

第三章 外交部長，駐日大使 167

暗的叢林、光明的寇仇、文化的阻礙、人間的地獄、魔鬼的集團。上海有這樣的租界,不但是上海的不幸,而且是中國的不幸,甚至是世界的不幸。「不過諸位須知道,租界是中國政府力不能及的地方,租界的罪責,自然由租界的當局,完全擔負;可是到了現在。這種說法,已然是時過境遷,不能應用了。擔負租界種種罪責的租界當局,他們雖仍然逃不了道德的擊評,他們卻不負實際的責任……代替他們地位的,是租界接受後的中國當局,負著肅清租界淫穢黑暗責任的,也就是租界接收後的中國當局。假使租界接收後的中國當局,不能肅清租界以內的淫穢黑暗,那麼租界當局以前所負的淫污罪責,也就要租界接收後的中國當局,一並負責。所以上海租界的一還一接,在還的是解除煩惱,在接的是痛苦上身,這是我國同胞所應當切實認清的一件大事。

「可是撲滅這些壞事,掃除這些惡人,變黑暗為光明,化穢惡為美善,言之尚且不易,實踐自更為難。不過我們既從罪惡的圈裏,把這個穢濁被體的租界接收過來,自不能不冒盡了所有的艱難,達到我們接收的志願。所以租界以內,民生應如何保障、物資應如何充實、道德的恢復應當如何的嚴明、罪惡的掃除應當如何徹底,此外像治安的必須確立、警政需要澄清、司法的廉潔清新、監獄的衛生合法、社會習俗的矯正、各種教育的實施,都是我們即須確定的重大問題。把這些問題,都能解決實行,租界裏原有的惡人,可望其逐漸掃除,原有的壞事,可望其逐漸的撲滅。不能如此,不但得不到租界交還的利益,而且給予整個世界人類以一種新的認識,那便是:『中國人的能力不足有為』罷了。」他更強調指出「這樣下去,已還的租界,名亡實存。變相的租界,到處皆有。說得明白一點,便是,租界的罪惡,到處傳染;租界的實相,遍於中國。既可以說是舉乳租界,變為國家;也可以說是驅一國家,成為租界。假使如此,那麼今日接收租界的結果,就是他日國家滅亡的主因,我們憑著良心想一想,能不寒而慄嗎?所以我說,上海租界的交還,是中國真正能力的新測驗,也就是中日兩國最後命運的試金石。這絕不是故作驚人;這更不是加意裝點。有人以為上海租界的接收,簡單容易到一收便了,抱有這樣思想的人,若不是宿酒未醒,便真是麻木不仁了。」

為說明「上海租界的交還決不許你一收便了」的重要意義,他進一步從租界由於不平等條約的制定而產生的來由,以及辛亥革命以來國父孫中山為取消不平等條約領導國人數十年不懈奮鬥的歷史,來說明今日收回租界之不易。「英美借租界侵略我國,始終不肯歸還……大東亞戰爭爆發之後,英美在中國

之一切，都歸友邦日本繼承。」南京國民政府宣告參戰後，雖然並未實際投入戰場，日本為了奠定大東亞戰爭勝利的基礎，在其倡導和協助下，使在華租界在短短的幾個月內一掃而空，「這不能不說是一種奇跡，我國被剝削百餘年的領土，至今始得復完，被宰割侵略數十年的主權，至今始得復整，這不能不說是非常的盛事。然而最不可思議的，便是數十年求之不獲，一日間不求自得，祇這一點，是諸位特別注意的一件事。

「那麼我們應該如何的感謝友邦日本呢？」他最後寫道，「我說用不著，上海租界交還而後，固然恢復了中國的一切主權，可也增加了中國人民的非常重負。所以當前的需要，是中國人應貫徹同生共死的決意，求大東亞戰爭的勝利；日本人應協助中國，撲滅上海的懷事，肅清上海的惡人。諸位同胞，這不但是中國人應有的認識，而也是日本人不容放棄的責任。」

作為國府實施收回租界主要負責人的褚民誼，在這里明確地闡明了收回租界的意義在於求得國家的獨立和解放，如果把這次在日本倡導下實現的租界收回，僅僅作為一種形式，簡易到一收便了，而不能真正肅清帝國主義在中國的影響，那麼「已還的租界，名亡實存，變相的租界，到處都是」「也可以說是驅一國家，成為租界，假使如此，那麼今日接收租界的結果，就是他日國家滅亡的主因」，其觀點是多麼的鮮明和尖銳！

天津是我國北方的一個重要商埠，列強曾爭相在此設立租界，堪稱在華租界最多之市。上海租界回收後，唯一還剩留的是義大利在天津的租界。雖然如前所述，義大利政府緊隨日本之後，早在1943年1月14日即已發表了交還租界及撤廢治外法權的聲明，但此後由於義大利政局變動，交收義天津專管租界準備不及而未能實施。該年9月10日，日本以政變後上臺的義政府為敵對國，而強行接收了天津義租界。不久，義大利社會共和國成立，與日本和南京國民政府恢復了邦交。為使收回天津義租界合法化，國府於1944年2月間電令駐日本大使蔡培，就近與義國駐日代辦商討補行追認交收手續；該義國代辦亦同時收到政府之任命與中方進行磋商。中義兩國代表遂在東京進行數度協商。現今日本東京「東洋文庫」內的汪政權檔案中，存有名為〈關於撤銷天津租界的中義協定〉之檔案（2/2744/Box15，V.53），對此項活動有詳細記載。

1944年6月1日至6日，雙方談判代表，輪流在兩國駐日大使館，就擬定〈中華民國義大利國間關於交還天津租界及撤廢在華治外法權、放棄駐兵權之協定〉，以及〈附屬議定書〉和〈瞭解事項〉，先後舉行了五次會議。中方代

表為駐日本大使蔡培，列席者有特派公使張超和大使館一等秘書王纘祖；義方代表為義大利駐日本代辦白林齊比尼和義大利駐華臨時代辦施畢納利。日本方面的外務省政務局第二課課長曾禰等列席了後面的第四和第五次會議。此時褚民誼因公探視汪精衛病情，於5月29日抵達日本，回國離東京前出席並主持了最後的第五次會議。他與蔡培作為中方代表與義大利的駐日代辦和駐華臨時代辦，簽署了雙方議定的協議草案。義方聲明，對於1943年9月10日中方單方面接收天津租界表示默認接受。該協議在呈報兩國政府通過後，待褚外長和義代辦回到南京正式簽定。

　　7月14日上午十時，在南京國府寧遠樓舉行「天津義國專管租界交收協定簽訂儀式」，由國府褚民誼外長及義大利社會共和國駐華代辦施畢納利，代表兩國政府在〈關於交還天津租界及撤廢治外法權、放棄駐兵權之協定〉，及〈瞭解事項〉和〈附屬議定書〉等文件上簽字用印，並互相換文。該協議內容與前述收回其他國家在華租界者基本相同，並確定自簽訂之日起即實施交收。禮成後，以香檳祝賀，並攝影留念（見後頁上圖）。午間，褚外長在寧遠樓設宴款待出席人員，並邀盟邦日本協助人員作陪。至此各國在華設立的租界已全部收回。褚外長在中義兩國政府正式簽訂交還協議後，高興的向記者發表談話中稱，「此『租界』二字即行消失，成為歷史上之名詞，百年來畸形制度亦即掃除乾淨！」（《民國日報》1944，7，15）.

　　接著，8月17日午前十一時，在天津當地的市政府大樓舉行義租界交接儀式，國府特派褚外長乘機北上監視，但因天氣關係未能即時趕到，由外交部范、徐兩司長參加典禮。中方代表為天津市市長張仁蠡；義國代表為義駐天津領事夫里替皮，並有日本方面太田天津總領事列席參加。會上中、義代表相互接交公文書及目錄，最後日總領事致祝詞，義租界的交還手續即告完成。（《申報》，8，19）

　　國府外交部長褚民誼，因接收津義租界，代表中央北上監督交接，並視察已接收各租界之近況，於8月16日由南京飛抵北平，擬停留數日後轉赴天津。到平後，他即頻繁訪問中日各方。然後，於18日上午九時，「特在六國飯店接見中外記者，說明此行任務，並答記者之各種問題。」次日《華北日報》對此進行了圖文並茂地詳細報道。褚外長在會上致詞，簡要回顧了大東亞戰爭發生，國府參戰後，在日方援助下全面收回各國在華租界，特別是歷經曲折最終實現了交接天津義租界的協議後說道，「昨日（十七日）已在天津舉行竣事，

1944年7月14日在南京國府寧遠樓正式舉行天津義國專管租界交收協定簽訂儀式的攝影。前排中立者為褚民誼外長（右3）和義大利社會共和國駐華代辦施畢納利（右4）{1.63}

1944年8月18日褚民誼外長（起立講話者）在北平六國飯店記者招待會上發表講話時的情景（《華北新報》1944,8,19）

本人則因氣候關係而未得出席，在平稍事勾留，仍將赴津一行。天津之舊租界地最多，故一睹接收後之租界情形，實為必要。「義租界為列國在華租界之最終接受者，故其意義亦大。租界為不平等條約之結果，收回租界亦為總理之未竟志願。租界之存在，不但為國權之污點，抑為國家政治、經濟、文化等發展之障礙物，為黑幕之淵藪，此乃吾人之所以急於收回之原因。惟另一方面。其建築之影響、清潔整齊之良好，亦為其優點。是則吾人雖收回租界，而對租界之優點不可抹殺也。今者在華租界已完全收回，吾人不但有以對國民，且可告慰於總理在天之靈。語至此，本人亦至感愉快。「於此吾願再度力言者，厥為今後吾人對於租界之利用問題。務期清除過去之罪惡，繼承其優點……關於交換公文及其他事宜，外交部已派有專員協同張市長辦理，數日可竣事云云。」前頁右下圖示出了，褚民誼外長在六國飯店記者招待會上發表講話時的情景，隨員張超公使位於其左。

是日晚七時三十分，褚外長還在北平中央廣播電台，發表題為〈天津義租界接收後與我國今後之使命〉的講話。在強調收回租界意義的同時，號召國民認真奮鬥，以達光明之前途。

在北平期間，褚民誼除忙於進行包括訪問日方及法國大使等一系列外交應酬活動外，還受到北平文化體育界的熱烈歡迎，頻繁應邀出席各種交流訪問活動。如拜謁香山碧雲寺國父衣冠塚，會見華北體育界人士，參加新國民體育學會舉行的體育座談會，出席平津游泳比賽，視察新民會先農壇中央訓練處及北平市公共體育場，分別出席中國文化團體聯合會和北平佛教會舉行的歡迎招待會，以及參觀訪問影藝學院、華北電影公司等單位，其詳情見本篇後續的有關章節。

鑒於北平各界的一再挽留，褚民誼推遲於25日由北平抵達天津，據《華北新報》（8，27）報道，褚外長即於次日（26日）上午起頻繁活動，「九時赴義領事在回力球場之招待宴，十時赴市府管下各局視察，隨即赴舊法租界視察西開教堂、電燈房，繼赴舊英租界、舊義租界，對各項建築及公共事業視察頗詳，十二時赴天津前紀商會長之招待宴，二時半出席教育局在市立第一游泳池主辦水球比賽大會。「下午三時半在市政府大禮堂招待軸心國駐津領事，舉行茶會，到來賓一百八十餘人，四時半賓主盡歡而散。褚氏以在津任務終了，於下午五時偕隨員張超公使，離津返北平。」稍行勾留即歸返南京，而事畢。

在上述全面實施租界回收的同時，日本當局還將其在淪陷區內扣押的敵

產，分期分批地移交南京政府。太平洋戰爭爆發之後，日本陸海軍當局曾於1942年11月13日發佈實行「調查取締敵產」的佈告。佈告中稱，敵產指的是敵國國籍的個人及法定團體所有和管理之財產（包括不動產和動產），並說明，所稱的敵國包括英、美等14個宣戰國家和斷絕外交關係的埃及、希臘等13個國家，至於重慶政權則視為類屬宣戰國，亦予以同樣處理。（《申報》1942，11，13）南京政府發表對英美宣戰後，日本即於1943年2月8日將英美敵產目錄一千餘件，送交中方準備接管。南京政府遂於當日行政院第147次會議上，根據財政部部長周佛海之呈報，為接管處理敵產事宜，決議設置敵產管理委員會，直隸行政院，並由財政部設置敵產管理事務處，執行管理敵產事務。同時委任周佛海為敵產管理委員會委員長，褚民誼、梅思平、陳君慧、陳春圃、周隆庠、陳之碩、張素民為委員，並以陳之碩兼該會秘書長，張素民兼財政部敵產管理事務處處長。隨後接管工作便迅速開展起來，3月29日在行政院舉行了首批110件敵產的接收儀式。（《民國日報》1943，2，10；3，30）

在前述華中、華北地區一千餘件敵產移交後，日本當局又於6月30日將漢口、廈門、廣州地區大批敵產移交我國管理，共計461件，均為各地之英美產業建築物，包括從來英美在華之重要企業及文化設施，如漢口之燈泡廠、華中大學，廈門之永福公司，廣東之先施公司、嶺南大學及該大學農園等等。褚民誼在為此發表的談話中，列舉了在上述地區內眾多著名的英美企事業單位。並謂，「國民政府由於此等敵產之移管交回，英美經濟的、文化的長年侵略，進而予以運用。「我國接收之後，自當妥為處理，善加營運，以冀有助於我國工業之發展，教育文化之發達」等云。（《申報》1943，6，30）

英、美在華中地區以上海、南京為中心的領域內，長期經營開設的涉及企業及文化的重要單位很多。繼前述3月29日舉行第一批（110件）英美新敵產移管式之後，又分別於10月20日舉行第二批（52件），和次年（1944年）1月22日第三批（31件）移管式。其中，在第二批移交的21件企業和31件文化單位中，就包括有金陵大學、聖約翰大學及附屬中學、會德豐大廈等著名單位。（《申報》1943，10，21；1944，1，23）

這里還要補充說明的是，在太平洋戰事發生以前，日軍從1937年發動侵華戰爭開始，便陸續在淪陷區內收押了大批被認為有敵性的財產，並強行接管許多工廠企業，使之繼續運營生產。據《申報》（1943，3，29）報道，在上海、南京和江浙一帶被接管的工廠計有140家。南京政府成立以後，日軍當

局從1940年10月31日起，直至1943年3月28日國府還都三周年前夕，前後分十二批，將各地軍管工廠交還南京政府管理。接著，又於上海兩租界行將收回之際，於1943年7月28日舉行第十三次交還儀式，將尚餘之十家日軍管工廠交還，有中、日官方人士，以及各該工廠日方受託人及華方正當權益者，共計四十餘人出席，雙方當場履行交接調印手續，至此曾被日軍軍管的工廠便悉數得以發還。（《申報》1943，7，29）

嗣後，1944年2月2日《申報》上報道稱，「日本政府曾將代管之新舊敵產陸續移交我國，對我國之復興協力至為重大，茲悉日本政府又定於昨一日起至三月底止，將渝方關係舊敵產中尚未移交之土地、建築物等共三千餘件（日軍使用中之房屋地產不在內），分數次移交我政府，第一次移管儀式則於昨一日下午二時假本京香舖營中日文化協會舉行。此次移管之敵產，包括南京、安慶、蕪湖、句容、蚌埠、合肥、懷遠、貴池地區之縣政府暨其他公共團體所有土地建築物、渝係銀行、渝方要人所有土地建築物等……合計955件。」其中主要者有中山陵園、幕府山砲台、蚌埠的中山公園等。「此次南京地區舊敵產移交後，蘇州、杭州等地區舊敵產亦將繼之先後移交。

出席此第一次移管儀式的雙方代表，南京政府方面有外交部長褚民誼、內政部長梅思平、南京市長周學昌、外交部張超公使，以及部、市有關司局長和秘書等；日本方面有日本陸軍代表稻垣大佐、大使館阪田參事官、南京連絡部長、南京憲兵隊警務課長、城內和城外憲兵隊長、南京總領事、民團長渡匐中佐，以及有關的書記官、調查官和翻譯等。儀式開始後，「首由日總軍代表稻垣致詞。詞畢，雙方出席人員稻垣大佐、褚外長等，即於移管目錄上簽字調印，褚外長復起立致詞，代表國府表示感謝。」接著，中日來賓相繼致詞，最後雙方出席人員乾杯慶祝而禮畢。

接管儀式後，褚民誼向記者發表談話。「今天盟邦日本實行把蘇浙皖三省不在業主的產業，即土地建築物移交吾國民政府，事前幾經商洽，並由吾政府頒佈管理法。」他對此特意說明道，「移交蘇浙皖三省不在業主的產業，是什麼一回事呢？就是現在國民政府管轄區域範圍以內的許多不動產，或者是屬於重慶要人所有的私人財產，或者是普通人民所有的財產，而這些人因事變而流徙到別地方去了，這些產業就變為無人管理，因此日方就代為保管。現在中日兩國既是共同對英美宣戰，便祇有英美是敵人。敵人遺留在我國的財產，尚且交還吾國，何況是吾國人自己的呢。所以不分這些財產是不是一般人民的，還

是重慶要人即抗戰份子所有的，一概移交國民政府，衹等他們回來，便連歷年所收租金，一併還給他們，對於他們的產權，是不是一毫沒有損失呢……就是國民政府接管這些財產，也衹是因為你們遠離，替你們代為保管。你們當然也能明白了，我們究竟同是東亞人，同文同種，應該敵愾同仇，一致團結起來，擊滅東亞公共敵人英美纔對啊。」

談話中明顯地表達出，他欲利用南京政府與英美處於戰爭狀態的形勢，在淪陷區內盡力維護甚至包括「重慶要人即抗戰份子」在內的我國廣大民眾利益的意圖。也正是在這種形勢下，我國全面收回租借以及接管英美「敵產」的夙願得以迅速實現。

正如他在嗣後向法庭所作的〈答辯書〉[1.62]第四條中所述，「至對英美宣戰，汪先生自己起草，以自己名義，由國民政府發表，並未經過外交部。「何以不經過外交部？以當時英美始終未與南京國民政府發生外交往來，嗣後外交部亦未接到英美對於此次宣戰之下文，雖宣而未戰，等於紙上具文，然而反生好的影響，從此列強爭先恐後聲明退還租界及撤銷治外法權。記得本定於三十二年（1943年）一月十五日公佈宣戰書，而日本方面得到消息，英美將於十三日向重慶聲明退還租界及撤銷治外法權，於是重光大使於一月七日深夜訪汪先生，把本人亦喚醒起來，說明理由後，請求宣戰的日期提前公佈，就商定於一月九日發表。英美想趕上先三日，反而後了四日。此種日期於蔣先生著『中國之命運』一文中見之。故義大利亦於一月十三日發表，法國於二月二十三日發表，到三十二年八月一日在全國境內有列強專管租界及公共租界一律收回。上述之專管與公共租界均沿海、沿江，都在淪陷區內，亦均在本人任外交部長任內一手收回。勝利後，中央還由外交部提出接收租界條例，經行政院通過施行。本人以為租界早已接收，是不是還要與各關係國再舉行一次接收租界典禮或慶祝？那可鬧笑話！好在只通過條例而已，未聞有下文也。」

第四章　一如既往，重視文體

第一節　文化溝通，化解干戈

　　褚民誼以世界的眼光，一貫重視中外文化溝通，認為這是人類破除畛域之見，實現互助合作、共存共榮，從而走上世界大同的必經之路。在七七事變發生前，他曾擔任「中外文化協會」董事長。如下圖所示，該協會於1937年2月1日創辦了《中外文化》月刊[2.32]，在其創刊號（第一卷第一號）的封頁（右圖）之後，依次刊登了褚民誼董事長題贈本協會的肖像（中圖）、以及套紅印刷的褚民誼撰寫之〈中外文化發刊詞〉（左圖）。

　　褚民誼在發刊詞中針砭時弊、開宗明義地寫道，「在昔閉關時代，中國龐然自大，以為開化最早，文化之美，世莫與京。誠然中國有數千年之文化，歷代相承，源流之長，分佈之廣，求之並世，罕有其匹。然而世變日亟，海通以還，歐美學術輸入中土。所謂維新之士，輒復鄙夷舊學，而惟西洋文明是尚。嚮之守舊者，雖抱殘守闕，頑固自守，而對於西洋各國文化之東侵，亦知狂瀾之莫挽。

1937年2月1日中外文化協會出版的《中日文化》月刊創刊號[2.32]：（右）封面；（中）褚民誼董事長題贈本協會的肖像；（左）褚民誼撰寫之〈中外文化發刊詞〉

顧兩派各走極端，觀念彼此迥異，誠不作協調融和之想。不知同為圓顱方趾，同屬人類，雖有國家民族之分，對於共存共榮之文化，初不必存畛域之意見。中國文化有其悠久之歷史，不可磨滅之價值，各國文化亦各有其優點，倘能吸收各國文化之所長，以補我之不足，所謂攻錯借助於他山，則中國文化之前途，寧不愈益昌明光大歟！文化有物質、精神之分，中國文化偏重精神方面，對於物質文明進步遲滯，故文學、哲學是其所長，而科學瞠乎其後。歐美各國之文化以科學發達，故推進甚速，一切注重現實，故易臻富強。雖然科學發達，誠為物質文明之光華，然無精神文明以濟之，則流弊所及，為患滋長。是故中外文化各有利弊，實有待於協調融和也。不寧惟是，人類以求生存、謀幸福，為唯一目的。故其正軌，必須互助合作，以求共存共榮。若夫，強凌弱、眾暴寡之所為，侵奪他人之幸福，以求自己之生存，或摧殘他人之生存，以增自己之幸福，此直竊盜之行徑，結果必致釀成戰爭流血，而兩敗俱傷，其愚誠不可及。倘公理不能戰勝強權，而惟弱肉強食之是務，則國與國之間，戰爭將無寧息之日，彼此互相尋仇不已，其結果非至全人類毀滅不可。滿目時艱，吾為此懼，覺世界有識之人士，亟應大聲疾呼，喚醒窮兵黷武者之迷夢。同人不敏，組織中外文化協會，化除畛域，不分界限，先從中外各國文化合作著手，以期收一部分之效果。倘推此意，擴而充之，使世之執政柄者，翻然覺悟，各循人類生存之正軌——互助合作——以求共存共榮，則大同之道其在斯乎。」文中言簡意賅地闡述了中外文化溝通以及組織中外文化協會之意義。

據刊中記載，該會於1935年1月由何震亞、江亢虎……暨外籍會員杜達、蘭納……等六十餘人在上海發起，經數度會議，就發起人中推出負責人，先組織各國委員會，為本會基本單位，並推江亢虎、何震亞草擬章程，呈報黨政機關備案批准後，於是年4月14日下午二時假座八仙橋青年會召開成立大會，計到本會會員暨來賓百餘人。繼而以溝通中外文化首須研究中外語文，經籌備報市教育局立案批准，於8月初開辦中外語文補習班。旋以會務校務日見發達，原有會址地較偏僻，不適應用，乃遷至靜安寺路靜安大廈三樓辦公，並於該樓附設語文學校分校及中外文化雜誌出版社等。

中外文化協會章程（1936年4月修正稿）中，共設總則、事業、組織、會員、會費和附則六章。總則中規定：一、本會定名中外文化協會；二、本會宗旨在溝通中外文化，對外則宣揚中國文化，對內則介紹有益中國之各國文化；三、本會由中國同志發起邀外國同志參加，會務設施以中國為主體，但除因國

籍關係及其他特別規定限制外,中外會員待遇一律;四、本會於上海市設總會,外國每國設一支會,中外地方有會員者各設一分會;五、本會先向中國政府備案,各支會成立時並向所在國政府備案;六、本會務與國內外已成立之國際文化機關提攜合作、聯絡進行。可見該會意圖成立的是一個以上海為基地的國際性文化組織。

　　該章程中列出了本會擬陸續籌辦的事業,包括:設立中外語言學校,作為溝通文化之初步;設中外文化學院、準大學研究院及專修科,以培養中國人才對外宣揚文化,並指導外國學者研究中國學術;設圖書館和博物館,搜集中外有關文化之書籍與物品陳列展覽;設出版部編輯發行有關文化之書籍及報章;設招待部招待中外人士遊歷或留學,予以各種方便;設介紹部介紹有關文化之職業及交易,如交換教師、學生及流通古物、書籍等;開演講會請中外名人臨時演說或定期講學;開交誼會聯絡感情;組織考察團分赴各國各地調查文化事業等,其活動涉及中外文化交流之方方面面。

　　協會在組織上,以各地代表及總會會員聯席會議為最高機關,每年至少舉行一次,由理事會、董事會聯合召集之,議決本會之一切重大事件。並規定本會以中國與外國合組之各委員會為基本單位,各委員會之委員由上述聯席會議選舉產生,各委員會由中國委員三人和外國委員二人組成,由委員互選中國委員長一人和外國副委員長一人,委員為無給職,任期一年,但得連任。本會以理事會為執行機關,各委員會的中外委員即為本會理事,由理事互選中國理事長一人和外國副理事長一人,計劃本會一切事務,並互選總幹事一人執行本會一切事務。理事會分設庶務、文書、會計、出版、學術、交際六組,由理事長、總幹事就理事中選聘各組主任理事一人和常務理事若干人,總幹事及主任理事酌給報酬,任期一年,但得連任。本會以董事會為指導及監察機關,董事由聯席會議選舉產生,由中國董事十一人及外國董事十人組成,董事互選中國董事長一人和外國副董事長一人,董事為無給職,任期一年,但得連任。此外,章程中還對會員及其權利,會費以及本章程的適用和修訂等事項均相應地作出了規定。

　　該刊中同時刊登了協會現任職員名錄。董事會中,孫科任名譽董事長,褚民誼任董事長,十名外國董事分別來自法國、英國、美國、匈牙利、捷克、德國、日本、奧國、波斯和義大利。理事會中江亢虎任名譽理事長,吳凱聲任理事長,杜鋼百任副理事長,何震亞任總幹事。此外,還列出了各委員會委員名

單，包括已設立的中法、中德、中英、中日、中美、中坎（加拿大）、中奧、中義、中匈、中比、中南、中俄、中荷、中印等十四個委員會，以及中波和中尼二個籌備委員會。其中，褚民誼兼任中法委員會主任，江亢虎兼任中英和中坎委員會主任，何震亞兼任中德委員會主任等。

褚民誼自被推選掌理中外文化協會董事長後，在大力開拓協會工作的同時，積極利用他的廣泛人脈關係，努力壯大協會，以提高其在國內外的影響力。據《申報》（1937，3，8）報道，以及《中外文化》第一卷第二號（1937，3，16）上的記載，中外文化協會於3月6日下午，在褚民誼主席下舉行第二屆第三次董理事會，議決通過了多項議案。在出版工作方面，原中外文化月刊定中英文合本，茲以創刊號撰文過多，英文未能同時編印，擬自第二期起，按期發行中英文兩種雜誌，一為介紹外國文化於中國讀者（用中文），一為宣揚中國文化於外國讀者（用英文）；在組織方面，除通過接納吳光漢、周邦俊……等十餘名我國及外籍會員外；還公推汪精衛、吳稚暉、李石曾、王儒堂、張群、何鍵、王伯群、蔣作賓、吳鐵城、魏道明、王一亭、潘公展、錢新之等為本會名譽董事，王寵惠為名譽理事；為加強董、理事之間的聯係，定每二星期舉行聚餐會一次，地點隨時指定；此外，由於北平方面加入本會為會員者甚多，接受江亢虎的建議在北平成立分會，推江亢虎為該分會的籌備委員；為適應工作發展的需要，還通過了增聘本會英文編輯及董理事會中英文主任秘書人選，等等。

然而，正當中外文化協會的工作大力向前推進之際，七七事變爆發，協會的活動也因之戛然而止。褚民誼剛剛率領京滇週覽團返回京都不久，他向中央報告的〈京滇週覽經過〉的全文刊登在1937年6月16日出版的最後一期《中外文化》月刊[2.30]（第一卷第五期）上。

在物欲橫流、弱肉強食的驅使下，日本軍國主義窮兵黷武，悍然挑起大規模侵略戰爭。面對這場人間悲劇，正如褚民誼在《中外文化》[2.32]發刊詞中大聲疾呼的那樣，使他倍感從文化溝通和合作入手，以期從根本上解決國與國之間衝突，使人類步入互助合作正軌之克不容緩。在本篇第二章之第二節「參政初衷，初期活動」中已有詳述，1939年秋，褚民誼決意參加汪精衛倡導的和平運動，並在上海召開的「六大」上被推選為國民黨秘書長之後，就中日合作所應有的認識，頻頻向國內外公開表達自己的意見，並匯集發表在1939年底至1940年初多次出版的《褚民誼先生最近言論集》[1.52]一書中。其中〈中日和

平之基礎〉和〈中日經濟合作應有之認識〉兩文的內容已在前節中介紹，前者為應日本大阪每日新聞社出版華文半月刊一週紀念號而作；後者是他在國民黨中央總理紀念週上的演講，兩文先後刊登在1939年10月26日和11月18日的《中華日報》上。緊接著他又針對中日文化合作問題在紀念週上發表講話，以〈中日和平與文化合作〉為題，刊登在11月21日的《中華日報》上，亦收錄在文集[1.52]中（見右下圖）。文章延續了他在大戰爆發前於〈中外文化發刊詞〉中所秉持的觀點，針對當時的形勢指出：

「自來有精神文明，而後有物質文明。文化屬於精神文明，而經濟屬於物質文明，兩者故不應偏廢。然而吾國因向來偏重精神文明，故生產落後，積貧致弱，致召外侮。但彼偏重物質文明之國家，唯功利之是求，侵略之是尚，其結果，乃過猶不及。近世各國，戰禍相尋，幾使舉國人民，生活均不能安定，此實物質文明畸形發達，而精神文明逐漸消逝，人道主義不復講求有以致之。中日此次事變，其原因雖有多端，而最大之原因，實由於以前雙方教育方針之錯誤，吾人從事和平運動，應先認清此次事變癥結之所在，而謀根本改善之方策。日本因吸收西洋物質文明，銳意興革，而致強盛。中國之國體變更，受日本維新之影響亦復不淺。故當鼎革之前後，我國才智人士，大都赴彼邦研究新學，而以我黨同志為尤多。余於日俄戰爭之時，適留學日本，彼時我國留學生達兩萬人之多，其後因遭受限制，漸減至數千人。近則大學生大都留學歐美，赴日者甚鮮，其故可思。余於此有一感想，覺留歐美歸國者，均自成一派，而表同情於其留學之國家。獨留日歸國者，對於日本，鮮有好感，其故可思。余為此言，均係事實。茲為兩國今後永敦睦誼計，望中日負責教育者有所憬悟，變更方針，以期兩國文化教育互相提攜，共向光明之途前進。

中國與各國發生文化合作之關係，實以庚子賠款之退還開其端。其最明顯者，莫如清華大學，每年資送留美學生，造就不少卓異之才。是故中美關係，特別親善，此

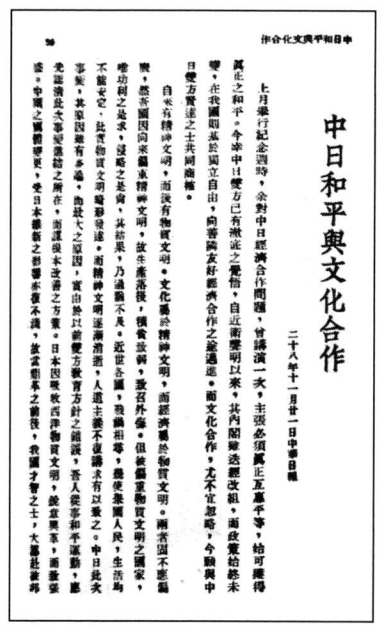

1939年11月21日《中華日報》上發表的褚民誼著〈中日和平與文化合作〉[1.52]

其主因。其他如中英、中法、中比等，均能本退款興學之旨，而有委員會之設立。而雙方知名人士，更有兩國文化協會之組織，以促其事業發展。惟獨日本之庚款，未能組成雙方委員會，以是雙方文化事業，未能合作，此與以往邦交之惡劣，實屬互為因果。今後兩國文化教育事業，亟應力謀合作，追蹤中國與各國合作之文化事業，駕而上之。

中日號稱同文同種，在理中日文化合作，關係應較各國更為密切，顧乃適得其反。由於已往兩國教育方針之錯誤，文化之不合，致釀成此次事變，發生東亞空前未有之浩劫。吾人痛定思痛，非謀徹底改革不可。其改革之方法，非雙方僅僅改編教材課本，即已藏事。應力求文化之合作，使兩國人民交往頻繁，基於平等互惠之立場，彼此共守，使文化事業與日俱增。庶兩國人民，情感融洽，則自然趨向和平，而達到善鄰友好之目的。吾人追念既往，昭示來茲，深覺惟有中日文化真誠合作，庶幾正本清源，始能奠定東亞永久和平不拔之基本也。」

該文以中日交惡、文化不合，導致發生東亞空前浩劫之史為鑒，闡發了「中日兩大民族，欲根本協調，惟有從兩國文化合作著手」的理念，據此，他自參加和運開始即積極醞釀發起成立「中日文化協會」，力促其付諸實踐。他的倡議得到了中日雙方有識之士的響應，通過多方籌劃，「中日文化協會」於1940年7月29日在南京成立。協會成立並補行開幕典禮後，於1940年底出版了《中日文化協會開幕典禮特刊》[3.44]，如右圖所示，其封面由汪精衛題寫。書中在選登開幕典禮實況以及協會會址等多幅照片之後，相繼刊登了〈發刊詞〉（褚民誼）、〈中日文化協會與中日文化合作〉〈中日文化協會成立之經過〉（褚民誼）以及「中日文化協會緣起」等文章。接著依次記述了「成立典禮紀事」「第一屆理事名單」「會章」「辦事通則暨各組規程」，以及理事和常務理事會議紀要和各組工作紀錄等內容。

在成立大會上，褚民誼作為發起人首先致開會詞，報告協會的成立經過和對將來的希望，其全文刊登在上述特刊中的〈成立典

1940年12月出版的《中日文化協會開幕典禮特刊》[3.44]

禮紀事〉之始。「在去年冬天，」他說道，「我們在主席領導之下倡導和平的時候，本人聯想到中日文化合作問題，其重要不在經濟合作之下，曾數次撰文在報章發表，為『中日和平的基礎』『中日和平與文化合作』兩篇，對於這個問題，都曾為詳細的討論。其後得到中日雙方不少同志的贊助，對於這個問題引起大家研究的興趣，互相商榷，報不絕書。於是我人集合中日雙方同志發起斯會，在滬開過四次會議，並擬定緣起章程，經過數度修正。國府還都後，阿部大使聘華，對於本會亦表同情。本人奉命赴日答禮，日本朝野之士，對於本會亦表贊成。回國後，在京曾開過兩次會議，深得政府贊助，由中央政治委員會決議設立，並補助開辦、經常兩費。

「本會以溝通中日兩國之文化，融洽雙方人士之情感，並發揚東方文明，以期達到善鄰友好之目的為宗旨。我們本此宗旨，努力做去……中日兩國的文化從此得到真誠合作，共同發揚光大，彼此攜手共向光明的前途邁進，東亞永久的和平，必能從此奠定了。」

按照上述宗旨，在協會章程中列出了本會擬舉辦的各種中日文化事業，包括：文藝學術講座及演講會之設置與舉辦；各種著作翻譯刊物之發行；學術之聯合研究；文化展覽會之舉辦；圖書之交換；圖書館、博物館、美術館等之設立及協助；研究員之互相派遣；語文之互相傳授與獎勵；音樂、戲劇、美術、電影之互相介紹與研究；體育運動之共同發展；組織旅行視察團互相觀光考察；學者及藝術家之互相介紹與招待；東亞文化之研究及宣傳；以及其他中日文化事業之合作舉辦等。

協會採取理事會制，會員以中方人士為主，同時亦吸收日籍人士參加。按章程規定本會設名譽理事長二人，名譽理事若干人，由理事會聘請之；理事會由理事十九人、候補理事十五人組織之，其中理事四人、候補理事二人由日本駐華大使推薦之，其餘理事由會員大會推選之；理事會互選理事長一人、常務理事七人，其中二人為日籍由駐華大使指定之，理事長、常務理事、理事及候補理事之任期均為二年，得連選連任；理事長主持本會會務，對外代表本會，常務理事襄助理事長處理會務。理事會設正副總幹事各一人、秘書一人；理事會內分設總務、學術、出版、遊藝、觀光等組，每組設主任幹事一人、幹事二人，組下分設股長及辦事員、事務員若干人，各組於必要時得設各種委員會，其組織另定之。章程中對理事會的職權作出了規定。此外，為督促會務進行、審核預決算和審核其他理事會交付之事項，本會設監事三人，其中一人為日

籍，由駐華大使指定之，其餘監事由會員大會推選之。

　　該會的經常和臨時經費來源於下述四項：基金之收益、中日政府之補助金、民間團體或個人之捐助、會員會費（入會費十元、年費十元、永久會員一百元）。

　　此外，章程中對會員以及會員大會和理事會之組織等項均一一作出規定。

　　據記載，「中日文化協會」曾先於1940年7月28日上午十時假東亞俱樂部大禮堂舉行成立大會。南京政府代主席汪精衛與日本阿部大使出席會議。政府各院部會長官，日本在京陸、海、外、興亞院代表，以及中日雙方名流學者參加此會者不下五百餘人。褚民誼致開會詞後，汪精衛和阿部先後致詞。繼乃宣讀祝詞、賀電、覆電多通，並宣讀會章。接著全場一致推選汪主席和阿部大使任名譽理事長，名譽理事暨理事、候補理事亦同時推定，事畢宣告禮成。

　　第一屆中日文化協會理事名單如下：

名譽理事長　汪精衛、阿部信行（日）
名譽理事　陳公博、溫宗堯、王揖唐、梁鴻志、朱履龢、顧忠琛、周佛海、梅思平、徐蘇中、高冠吾、諸青來、趙毓松、繆斌、津田靜枝（日）、兒玉謙次（日）
理事長　褚民誼
常務理事　陳群、趙正平、傅式說、林柏生、船津辰一郎（日）、日高信六郎（日）
理事　江亢虎、溥侗、李聖五、丁默邨、陳春圃、陳濟成、羅君強、蔡培、樊仲雲、陳柱、森喬（日）、松方義三郎（日）
候補理事　夏奇峰、岑德廣、吳凱聲、徐良、戴英夫、趙尊嶽、王修、李祖虞、張超、張資平、汪曼雲、清水董三（日）、中根直介（日）
監事　嚴家熾、陳伯蕃、松村忠雄（日）

　　中日文化協會的會所選擇設在南京香舖營原「公餘聯歡社」的舊址內，如第三篇第十章之第二節「公餘聯歡，正當娛樂」中所述，褚民誼此前曾任該社理事長。中日文化協會成立時，會所尚未著手修理，為能及時推進工作，先行召開了成立大會。經修繕後的會所，如後頁上圖所示，將原建的大禮堂中正堂命名為「和平堂」，原總部大樓命名為「建國堂」，以紀念和平建國運動；又把南面的地方擴充做圖書館，以供會員流覽；會所四周馬路都加以修築，以利交通。經過

「中日文化協會」會所（位於原南京香舖營「公餘聯歡會」舊址）：（右上圖）協會大門；（左上圖）和平堂（左）和建國堂（右）；（右下圖）和平堂內景；（左下圖）圖書館（《中日文化協會開幕典禮特刊》[3.44]）

　　數月來的努力，協會初具規模，各組各種委員會相繼組成，遂於1940年12月8日下午三時在香舖營新會所和平堂內補行開幕典禮暨會所落成式，到名譽理事長阿部大使、眾理事及中日會員等五百餘人。理事長褚民誼致開會詞並報告會務，阿部大使及溫宗堯先後致詞，繼而修正會章，推選監事，至四時許禮成攝影散會。當晚七時舉行遊藝大會，有國術、日本遊藝及京劇等表演，以資慶祝。上述會所的照片以及大會的詳情，均載於《中日文化協會開幕典禮特刊》[3.44]中。

　　出版定期和不定期的刊物和書籍，是中日文化協會的一項重要任務。作為協會的喉舌，如後頁右上圖所示，《中日文化》月刊[2.35]於1941年1月1日創刊。刊頭由汪精衛題寫，理事長褚民誼撰寫〈發刊詞〉，略抒協會成立經過及其意義。創刊之初按月以中文和日文交替出版。鑒於以日文出版費用昂貴，經理事會決議，自1942年6月（第二卷第四期）起，暫停日文版，以中文每月一刊。起初曾有中、日文合版發行的計劃，但因經費等原因未能實現（見其第二卷第三期中新任本刊主任高齊賢所發的「緊要啟示」）。褚民誼對該刊十分重視，其上經常發表他的言論和作品（見本節附錄「褚民誼《中日文化》月刊刊

文總覽」），從1941年1月創刊起至1944年3月（Vol.4，No.1，1944，3）最後一期止，總計不下22篇。縱觀所列著作，內容大都涉及文化交流活動，計有本刊的發刊詞和本會兩週年紀念小引2篇，花甲同慶要義、健康與太極操、對畫劇的感想和認識、平面立體與人生、平山堂遊記、建設雞鳴寺公園募捐啟、募建虎邱山虎阜雲巖寺大殿重修舍利塔緣起以及詩作等共9篇，奉迎東來大士紀念碑、大唐三藏玄奘法師骨塔碑記、修建楊仁山居士紀念塔紀念堂記及常州清涼寺藏經樓戒壇楹帖等碑銘和楹帖共4篇，還有連載四期的長篇傳記文學〈重纂褚氏家訓彙疏考〉1通，共計16篇。其餘內容涉及中日關係和收回租界等外交方面的各2篇，紀念總理誕辰和志祭總理感想的論文各1篇，共計6篇。

1940年1月1日創刊的中日文化協會會刊《中日文化》月刊[2.35]

此外，中日文化協會還於1942年6月出版了褚民誼編撰的專著《崑曲集淨》（上、下冊）[1.54]和附文《元音試譯》[1.55]，嗣後又於1942年10月出版了里見常次郎（日）著、汪精衛譯、褚民誼纂輯的名著《陽明與禪》[1.56]。《中日文化》月刊對這些著作的問世，均及時發文向讀者推介。有關上述著作的內容詳見本書的後續章節。

中日文化協會的會務走上正軌後不久，褚民誼即奉命出任南京政府成立後的第一任駐日本大使。正如本篇第三章之第二節「奉命東渡，出使睦鄰」中所述，他抱著謀求中日根本協調的願望於1941年2月赴日履職。在九個月的任內，他不但繼續關心協會工作，還利用出使日本的機會，大力推進中日文化交流活動。例如，他剛到任後不久即赴名古屋接受以日本全國佛教徒名義贈送的巨型十一面觀世音聖像，並親自奉迎回國安放在南京毗盧寺內；以及最後在他離任歸國時，又從長崎購得唐代中日文化交流的傑出代表、日本高僧弘法大師的銅像，攜同返京，安置在中日文化協會的建國堂前，就是其中兩個突出的事例（分別詳見本篇前述第三章中的有關章節）。嗣後，上述兩處也就成為當年弘揚中日文化合作的標誌性場所。後頁左上圖是褚民誼接待來華訪問的日本學者時，在中日文化協會建國堂弘法大師銅像前的合影[1.63]。

褚民誼（左2）在中日文化協會建國堂弘法大師銅像前與來訪的日本文化界人士的合影[1.63]

1941年出版的《中日文化協會周年紀念特刊》[3.48]

　　在理事長褚民誼駐日期間，中日文化協會由常務理事傅式說任總幹事在南京主持會務，時任駐日使館顧問的張超任副總幹事，隨褚氏左右協助工作。褚民誼回國後不久，傅式說赴浙江任省長，由張超繼任協會總幹事。如右上圖所示，1941年協會出版了《中日文化協會周年紀念特刊》[3.48]，名譽理事長汪精衛題寫刊頭，其上刊登了褚民誼發自日本的題為〈中日文化協會前途之展望〉的論文，在重申文化溝通對謀取兩大民族真正親善，實現永久和平的重要意義之後寫道，「本人奉使駐日，除於外交方面一本政府既定政綱、政策努力不懈外，而對於本會所負之使命，雖在海外，未嘗鬆懈，無時不與彼邦朝野接近，交往頻繁；抑且訪問各地，深入民間，以期達到兩民族協調之目的，而以文化溝通為基幹，雖未有顯著之收穫，然已盡心竭力而為之，此亦可告慰於國人者。

　　「吾人既明瞭當前所負責任之重大，故對於會務之推進，自當格外努力，檢討過去，策勵來茲，議定方案，猛進不懈，則本會前途，日趨光明坦蕩之道，而其所負之使命，各項應辦之事業，自可於短期內完成」等云。

　　作為協會工作的總結，該刊前部還以多幅照片展示了一年來協會的主要出版物（見後頁上圖），其中包括中、日文版的《中日文化》月刊，《中日文化協會開幕典禮特刊》，協會編輯的翻譯刊物《譯叢》以及諸多學術叢書等。

第四章　一如既往，重視文體

中日文化協會成立一周年內出版的主要刊物：（右上）左起依次為《中日文化》月刊中文版四期和日文版一期，及《開幕典禮特刊》；（左側）協會編輯的翻譯刊物《譯叢》五期；（右下）各種專著七部[3.48]

　　褚民誼回國復任外交部長後，在國內以更多精力推動中日間的文化交流。中日文化協會於1942年成立二週年之際，按例出版了《中日文化協會兩周紀念特刊》[3.53]，如後頁右上圖所示，褚民誼親自題寫刊頭。名譽理事長汪精衛題寫祝詞曰：「中日文化有共同性、有特異性，吾人當於同中見異、異中見同，長者發揚而光大之，短者補之，能為綜合與分析的研究，乃能融會貫通，能融會貫通，乃能創造供給東亞民族以精神食糧，奠定東亞共榮之基礎必由於此。」

　　理事長褚民誼發文〈二週年小引〉，從四個方面綜述了協會二年來的工作進展：

　　一是本會的自身發展。二年以來，分會所及，已遍及南京政府之所轄地區，在上海、漢口、廣州三個重要城市，以及江蘇、浙江、安徽等省分別成立了分會，推動了各地中日文化事業的發展。此外，華北地區的北平、天津二地也正在醞釀成立分會。

　　二是出版事業。文化交流，首在書報，二年來有定期刊物《中日文化》和《譯叢》，每月分別一刊；有不定期刊物《學術叢書》，印行不下二十萬冊，經

史之外,並及各科;更有《青年小叢書》以及精印名著《陽明與禪》之將面世。此外,地方分會亦有貢獻,武漢分會的《兩儀》月刊,盛行大江中流;粵東、淞滬發行之名書,流行社會等等。

三是語言溝通。中日兩國,同文同種,而語言相異。本會學術組內,既有日文班又有漢語班之設,以利雙方,謀語言之互達,樹合作之基礎。次外,還有圖書館之設置、留學生之派遣,總分各會均一致努力。

四是文藝方面。禮、樂、藝為東方文化之重心,中日兩國由來已久。以移風易俗、陶冶性情為宗旨,本會設藝術組,開展體育、國術、棋弈、戲劇、音樂、美術等各項活動。總會倡始,分會從之,豐富了業餘生活。

1942年出版的《中日文化協會兩周紀念特刊》[3.53]

關於協會本部的建設,在其成立之初,就有在原「公餘聯歡社」舊址上加以擴建的規劃,並於1940年底出版的《中日文化協會開幕典禮特刊》[3.44]上,與舊址的平面圖相對照,示出了新會所的規劃平面圖。其後又於《中日文化協會周年紀念特刊》[3.48]上公佈了由肇基建築師事務所於1941年6月10日設計的擬建中日文化協會陳列館(展覽館)和圖書館的立面圖案(分見後頁上、下圖)。據褚民誼在1942年4月召開的中日文化協會第一次全國代表大會的開幕詞中透露,他去年出任駐日本大使期間,曾「商請日本興亞院,先後捐助日金二十萬,半數作為總會基金,半數作為總會陳列館建設經費。該項工程,已於去年(1941年)十二月間開始,約在(1942年)五月底當可落成。」[3.52]該館按資金的主要援助來源,命名為「興亞堂」。修建後的中日文化協會會所,成為當年在南京以及在淪陷區內開展文化活動的一個重要基地。1942年和1943年協會在紀念其成立二週年和三週年之際,分別於此舉辦了中日文化協會第一次和第二次全國美術展覽會,其他許多文化體育和民間社團活動也都經常在此舉行,相關詳情見後續有關章節。

鑒於協會不斷發展壯大,為加強各地聯繫,檢討過去策勵未來,於1942年4月21日至23日在漢口舉行「中日文化協會第一次全國代表大會」。會後中日文化協會武漢分會編輯出版了《中日文化協會第一次全國代表大會特刊》[3.52],詳細記載了大會的籌辦經過。據該刊和《中日文化》[2.35]Vol.2, No.3(1942,5,1)上報道,武漢分會成立後,於1941年底提出召開全國代表大會

的倡議，經總會常務理事會議決，每年在各地分會輪流舉行全國代表大會，並指定第一次會議由武漢分會負責籌辦，於1941年11月開始籌備，擬於12月份召開，後因年底爆發太平洋戰爭（時稱大東亞戰爭）而展期至翌年。

1941年6月規劃擴建的中日文化協會會所內的陳列館（上）和圖書館（下）的設計圖案（《中日文化協會開幕典禮特刊》[3.44]）

1942年4月21日上午10時「中日文化協會第一次全國代表大會」在漢口中山公園康樂堂舉行開幕典禮，時逢漢口特別市政府成立三週年和武漢分會成立一週年紀念，並從即日起舉行為期七天的東亞文藝復興運動週。出席會議的正式代表計有南京總會8人、上海分會4人、浙江2人，蘇州2人、華北3人、武漢6人，廣州代表2人因交通問題未及到會，共計25人（含日籍代表8人）。其中包括中央要員總會理事長褚民誼、考試院長江亢虎、行政院政務委員蔡培、中央大學校長樊仲雲，以及漢口特別市市長武漢分會理事長張仁蠡等。大會來賓計有湖北省主席何佩瑢暨各廳處長，漢口市府各局局長，該地區的財務、綏靖、黨部和社運方面的負責人或代表等；外賓有日軍漢口特務部長，日海軍武官府代表，漢口日本、德國、義大利和葡萄牙領事；以及中外各級報社社長、記者，各機關代表及本會武漢分會會員，共計千餘人參加會議。大會由褚民誼主席並致開幕詞，繼由大會秘書長張仁蠡報告籌備經過，副秘書長宣讀各地賀電，旋播放汪精衛預先錄製的訓詞。在武漢分會張理事長致歡迎詞及來賓致詞後，大會推定各組審查委員，最後臨時動議分電向汪主席和日東條首相致敬而禮成。下圖是全體與會代表和來賓的合影[3.52]；後頁右上圖是褚民誼致開幕詞時的情景[1.63]。

　　褚民誼在開幕詞中，首先回顧了在他提出「中日兩大民族，欲根本協調，惟有從兩國文化合作入手」的倡議下，「中日文化協會」的成立經過，以及自協會成立以來為溝通中日文化所從事的各項事業。

　　接著他從歷史上說明，中日兩國自古以來，在文化上就有密切關係。特別是在唐代，以中國名僧鑑真法師東渡日本，和日本弘法大師專程來華留學，作為兩國文化溝通之先驅，將中國的傳統文化有系統地流傳到日本，而成為日本近代文化的母體。「日本自明治維新以來，全國上下，勵精圖治，刻苦奮鬥。利用『自己固有』的文化，吸收歐西近代文化之精華，造成近代的文化，一變而為世界上一等強國，這種驚人的發展值得我人的敬佩。

1942年4月21-24日在漢口召開「中日文化協會第一次全國代表大會」全體代表和來賓合影（《中日文化協會第一次全國代表大會特刊》[3.52]）

「所最不幸的近百年來，歐西物質文明的文化，狂飆疾進，向我東亞襲擊，其勢兇猛，中日兩國雖都被迫接受，但是接受的效果卻是兩樣。日本非但沒有受損害，反而增進他們的文明，這也是他們一面是保持東方固有的文化，一面是吸收歐西近代科學文明，摘其精華，刪其弱點，同時應用的適當而致成的。中國一則仍舊泥古不化，於近世新文化諸設施，咸多落後而不改進，二則一般自以為維新之士，專崇拜歐西之皮毛，而拋去自己固有的文化，馴至反客為主。因此，各種不同國情的思想，雜然而興，以致國家社會，萌其亂源，將作歐西諸列強的次殖民地，殊可痛惜。

褚民誼在漢口「中日文化協會第一次全國代表大會」致開幕詞[1.63]

「此番大東亞戰爭在很順利的進展中，英美在東亞的勢力，全部消滅，我們要乘此機會，要把散漫零亂的中國文化，歸納於一，健全的發展。我們不要偏重於物質的文明，因為物質的文明是功利主義。我東亞民族的環境是不須要這樣的，尤其過重於物質文明，易造成驕奢的國民……我們要建設新文化，仍要把東方固有的文化，道義精神來作中心，因為道義精神是表現精神的文明。同時我們不能墨守陳法，要模仿日本吸收採取歐西文化之優美，刪除其弱點辦法，一併應用來建設中國新文化；並且要與日本合作，使中日兩國文化溝通，而共同造成東亞新文化的方法與共同發揚。故建設東亞新秩序，必須要建設東亞新文化；建設東亞新文化，必須要溝通中日文化，融和中日文化，以達到徹底的合作，這是很重要的事情。吾人在此間開會，即係討論這個問題，更希望我中日人士，其共勉旃！」

此次大會共收到各地代表提出的提案44項，開幕典禮後即按大會上推定的審查委員會名單，分下述三組進行審定；第一組關於文化溝通事項（11項）；第二組關於文化建設事項（12項）；第三組關於本會機構及其他事項（21項）。經二天的審查討論，大會於4月23日上午10時閉幕。褚理事長致閉會詞，總結道，

「今天是大會第三天，昨天已由大會就第一天審查結果，互相討論，除有兩案撤回、兩案保留外，均經大會或照原案通過、或修正後議決通過，收穫相當完滿。各地代表對於文化切實討論，能得到如此結果，衷心快慰。這次大會在武漢舉行，蒙武漢熱忱招待，並引導參觀當地中日各文化機關，不勝感激。尤以武漢分會工作努力，文化事業有長足之進展，殊堪嘉獎。希望各地代表回到原地後，本武漢分會之精神，努力工作，使中日文化得以確實溝通。」接著大會在宣讀通過「中日文化協會第一次全國代表大會宣言」和通電後，在奏樂聲中宣佈散會。

一年後，「中日文化協會第二次全國代表大會」於1943年4月1日至3日在南京本會會所召開。會刊[2.32]Vol.3，No.2-4（1943，4）上報道，「本年與上年不同之點有二：第一，上年本會分會不過五六處，人數不多；今年分支會已達十餘處，此其一。上年華北只有北平教育總署派代表赴漢參加，今年除平、津、青島三市各派代表而外，河北、河南、山東、山西四省，亦均有代表，來京與會；友邦日本，亦派遣各界學術權威十四人遠道來京，參加會議，此其二。」按參會代表的名單，南京總會有理事長褚民誼、常務理事江亢虎、陳群、李聖五、林柏生、船津辰一郎、伊東隆治以及理事、候補理事、監事、各組主任幹事以及會員等30人，上海分會5人，廣東分會1人，蘇淮分會3人，武漢分會5人，江蘇分會5人，無錫支會1人，安徽分會4人，安慶分會3人，浙江分會4人，山東省代表2人，河北省代表2人，北平代表5人，天津代表2人，蘇北分會3人，以及日本文化代表團（一般文化、文學評論、學術、音樂、思想、體育等方面人士）14人，共計89人與會，比上年明顯增加，表明中日文化協會日益受到社會重視，迅速發展壯大。

大會安排的日程豐富多樣，3月30-31日參加國府還都紀念典禮，並舉行兩次預備會議。4月1日上午全體代表謁中山陵，中午中日文化協會宴請，下午3時在協會和平堂舉行開幕典禮。4月2日上午分組審查提案，中午各機關聯合宴請，下午舉行中日文化代表懇談會。4月3日上午9時閉幕典禮，中午日重光大使宴請，下午民眾團體聯合會在南京市商會茶會招待。在1日至4日期間還穿插進行演講會，組織參觀文化機關和遊覽名勝，並有軍樂、國樂、京崑劇、國術和電影等項演出，以及舉辦圍棋、象棋會和揮毫會等多種多樣的餘興活動。

當時在淪陷區內受華北政務委員會管轄的華北地區，包括河北、河南、山東、山西四省，北平、天津、青島三個特別市以及第一和冀東二個特區，於1944年春季開始籌備在北平成立「中日文化協會華北總分會」。已如本篇第三

章第四節「收回租界，撤廢法權」中所述，褚民誼曾於1944年8月為收回天津意租界並視察已接收各租界之近況，北上訪問平津，受到文化界的烈歡迎。不久他又受派北上，於10月22日偕隨員到達北平，擬出席10月26-30日在北平中南海懷仁堂召開的「新民會本年度全體聯合協議會」，代表汪精衛在開幕式上致訓詞。《華北新報》（1944，10，24）上同時報道稱，「以交流中日文化，推進文化事業為目的之中日文化協會，總會自在首都南京設立以來，華北分會亦積極籌備中。本年八月，外交部長褚民誼來京（北平），即對中日文化協會華北分會有所調整。此次褚部長，偕外交部張超公使，及中日文化協會出版組主任高齊賢來京，更決定於二十五日正式成立。」

接著，該報於成立會之次日報道，中日文化協會華北總分會「經中日文化會褚民誼理事長、張超總幹事、高齊賢出版組主任之斡旋，經多日之籌備，業告就緒，於昨晨（廿五日）十一時在北京飯店舉行成立大會。」屆時到華北政務委員會王（克敏）委員長代表張煜全、新民會中央總會副會長喻熙傑，治安、農務、教育、工務總署諸署長或代表，政委會民政、印刷、文化諸局局長，北平市長代表，日本大使館土田參事官，以及王揖唐、周作人……和北大各院長及中日文化界人士二百餘人。開會行禮如儀後，首由發起人周作人致開會詞，繼由褚民誼致詞，王委員長代表、鹽澤公使、東亞文化協議會日方職員代表致詞畢，即開始議事。下午召開理監事會，公推周作人為理事長。褚民誼在致詞中謂，「剛才周先生已經把華中華北各省市中日文化協會分會支會陸續設立的情形報告各位，本人亦希望華北總會成立之後，各省市分會支會也普遍完成。將來華中華北相互提攜，對於溝通中日文化的任務，直前邁進。」

這裡應該說明的是，中日文化協會設有兩位名譽理事長，分別由南京政府主席汪精衛和歷屆日本駐華大使擔任。隨著日駐華大使的更替，日方名譽理事長也從協會創立之初的阿部信行，相繼變更為本多熊太郎、重光葵和谷正之。協會理事長褚民誼身為外交部長，以工作之便，常與他們聯係，合作開展中日文化交流活動。1943年間，由中日文化協會出資修復南京金陵刻經處內因戰爭而損毀的楊仁山居士紀年塔和紀念堂，便是其中的一個事例。

位在南京城西南延齡巷內我國著名的佛教文化機構「金陵刻經處」（現址淮海路35號），創建於清同治五年（1866年），是近代全國最早成立的刻經處，以其融經書雕刻、印刷、流通及佛學研究於一體而著稱，享譽國內外。其創始人楊仁山（1837-1911），名文會，安徽池州石埭人，是我國清末佛教復興的奠

基人。他博覽群書，學貫中西，27歲時悟道佛學，發願弘法。當年太平天國洪楊之亂後，江南文物典籍損毀殆盡，常見的佛經一本難求。仁山遂邀集好友創設金陵刻經處，刻印和傳播佛經。為此他苦心尋覓和收集散落各地的佛經。光緒四年（1878年）他隨曾國藩長子曾紀澤出使歐洲，在歐三年期間結識日本真宗僧侶南條文雄，得悉在國內業已散失的唐代佛經注疏，多為日本寺院所保存，因之委託南條在日本代為收購。以後三十年間兩人一直保持友誼。南條在日本先後為他收集散逸經書近三百種，供他在刻經處刻印流傳。其中南條博士贈送的《成唯識論述記》，自元代起失傳達五百年之久，它的重現使佛教中由玄奘創立的唯識一宗，得以延續流傳於世。據統計從刻經處創立至楊仁山逝世的四十餘年間，共刻印經典二千餘卷，先後流通經書百萬餘冊、佛像十餘萬幀。

光緒二十三年（1897年）楊仁山攜全家遷入延齡巷，並貢獻其家宅作為刻經的永久基地。除刻印經書和收藏大量經版外，他還在院內建立深柳堂，創辦中國近代第一所新式教育的佛教學堂「祇洹精舍」，以傳道育才。楊仁山門下弟子眾多，英才輩出，清末譚嗣同、章太炎等眾多社會名流曾追隨於他，後來成為佛學大家的太虛大師和歐陽漸居士就是他門生中的佼佼者，對近代我國佛學之復興產生重要影響。1911年居士去世後，按照他的遺願，將他安葬在刻經處內他曾經居住和工作過的深柳堂的背後。七年後的1918年在此建成藏密式的墓塔，如右圖所示，塔身高8.15米，立於高0.73米的六角型塔基上。塔之正面內，在大梵文吉祥花字下，橫刻「楊仁山之塔」字樣。1928年又為塔立碑《楊仁山居士塔銘》於其後牆上，碑文由江寧剛長居士（魏家驊）敬書、江寧郭少生摹、石埭憨農捐資勒石。碑銘高度頌揚了楊仁山的功績，以永示後人。

不意，1937年全面抗戰爆發，八一三上海開戰後，日軍攻陷南京，金陵刻經處內人員四散，無人

南京金陵刻經處內之楊仁山居士墓塔現貌（2016年）

看守,刻經場所受損雖較輕,但楊仁山紀念塔和紀念堂(深柳堂)被毀嚴重。鑒於楊仁山在佛教發展上的歷史功績及其與日本佛教界人士曾經的友誼和成功的合作,經日本駐華大使重光葵和詩人今關天彭念居士與褚民誼商議,由中日文化協會於1943年撥款進行修建,3月舉行落成典禮。褚民誼特撰寫並親書《修建楊仁山居士紀念塔紀念堂記》,記述其修建過程,與原有的《楊仁山居士塔銘》,一左一右分別嵌立在紀念塔的後牆上。褚民誼撰寫的碑文當年曾刊登在《中日文化》月刊[2.35]Vol.3,No.8-10(1943,10)上,全文如下:

  修建楊仁山居士紀念塔紀念堂記

  石埭楊仁山居士既舍金陵延齡巷所居為經坊,傳刻佛經,弘揚法寶。滅度之後,門人諸子即坊建塔,以葬以旌。丁丑(1937年)八一三之變,烽燧迫都門,塔損而堂燬。癸未(1943年)春月,日本駐華大使重光葵、詩人今關天彭念居士為有清一代學人,埋骨浮屠詎宜長圮,謀予為理,以事建修。予以彰隱揚幽,文教極則,因由中日文化協會任其資,課役緣存成其事,未幾而仁山堂塔,煥然皆新。遂於民國三十二年三月廿九日,即癸未二月廿四日舉行落成典禮。兩國賢碩,多士孔休;居士英靈,格其來享。爰書始末,用勒貞珉。

  吳興褚民誼撰書 中華民國卅二年三月吉日。

1943年3月褚民誼撰書的紀念碑《修建楊仁山居士紀念塔紀念堂記》。嵌立在南京金陵刻經處楊仁山居士墓塔的後牆上(2017年)

該碑現貌如前頁下圖所示，長106釐米、高52.5釐米。本書作者2016年6月訪問金陵刻處時，得知該碑倖免於難得以保存的下述過程（參見武延康著〈深柳堂與楊仁山居士墓塔〉，《佛教研究》2006年第5期）。抗戰勝利後，處內主持人，擔心國民黨政府以該碑為藉口，將刻經處作為敵偽財產而全部沒收。為此，用石灰將石碑封藏於院牆內。之後歷經多年石灰有所脫落，幸虧1963年院內工人將碑開封，抄錄碑銘後又重新將它封沒。文革期間金陵刻經處被佔為白下紅衛兵司令部，處內文物損失嚴重，墓塔的六個塔角也全部被砸毀，但因未能發現此碑而躲過一劫，直至2003年才將此碑完全打開，得以完整地公諸於眾。

　　綜上所述，褚民誼自加入汪精衛倡導的和平運動後，抱著從根本上協調中日兩大民族間的關係，力圖化解干戈的意願，積極致力於中日文化交流活動。雖然他名義上在南京政府內擔任外交部長等要職，但他卻將大部分精力投入文化領域中，瞭解他的中外人士，更視他為文化界的一位名士。下面一組圖，示出的是日本著名畫家矢島堅土（Yajima Kendo）於1940年7月分別為汪精衛、陳公博和褚民誼所作的畫像，展出時三人分別站在本人畫像前與畫像的合影。[1.63]雖然汪、陳、褚三人均為南京政府要員，但在畫家筆下，對他們的形象的表達卻有明顯差別。汪精衛的畫像高高站立，意在不言中，他與陳公博一樣儼然以政治人物的面貌出現，一目了然。然而對於褚民誼，則特意另作表達。如畫中所示，褚氏面帶和藹笑容，披戴留法時期的博士服飾，一派學術文化人物的形象，唯妙唯俏地展現在人們面前。

1940年7月日本畫家矢島堅土為汪精衛（中圖）、陳公博（左圖）和褚民誼（右圖）所作畫像的攝影。三人分別站於本人畫像前[1.63]

《附錄》褚民誼《中日文化》月刊刊文總覽[2.35]

發刊詞（Vol.1，No.1，1941，1）
謀取中日根本協調（褚大使抵東京發表談話）（Vol.1，No.2，1941，3）
花甲同慶要義（Vol.2，No.2，1942，3）
褚重行詩兩首（Vol.2，No.3，1942，5）
友邦交還津粵租界行政權的意義（Vol.2，No.3，1942，5）
祝頭山立雲先生米壽（Vol.2，No.4，1942，6）
常州清涼寺藏經樓戒壇楹帖（Vol.2，No.6-7，1942，9）
奉迎東來大士紀念碑（Vol.2，No.6-7，1942，9）
建設雞鳴寺公園募捐啟（Vol.2，No.8，1942，10）
本會兩週年紀念小引（Vol.2，No.9，1942，11）
紀念總理誕辰的意義（Vol.2，No.10，1942，12）
對畫劇[20]的感想和認識（Vol.2，No.10，1942，12）
平面立體與人生（Vol.3，No.1，1943，1）
健康與太極操（東京第二屆東亞醫學大會上之演講）（Vol.3，No.2-4，1943，4）
接收上海租界後的新認識（Vol.3，No.5-7，1943，8）
重纂褚氏家訓彙疏考——褚杏田先生家訓（Vol.3，No.5-7，1943，8；Vol.3，No.8-10，1943，11；Vol.3，No.11-12，1943，12；Vol.4，No.1，1944，3）
為中日同盟敬告國人（Vol.3，No.8-10，1943，10）
遊平山堂[21]記（Vol.3，No.8-10，1943，11）
實現國父遺志祭禮感想（（Vol.3，No.11-12，1943，12）
大唐三藏玄奘法師骨塔碑記（Vol.4，No.1，1944，3）
修建楊仁山居士紀念塔紀念堂記（Vol.4，No.1，1944，3）
募建虎邱山虎阜雲巖寺大殿重修舍利塔緣起（Vol.4，No.1，1944，3）

---

20 「畫劇」又稱「紙芝居」，俗稱「拉洋片」。
21 揚州平山堂之法淨寺曾為鑑真大師居留之地。

第二節　陽明與禪，明心見性

　　王陽明（1472-1529），名守仁，是我國明代著名的思想家，也是一位實踐家，其功之高彪炳於世。他所創導的心學，致良知和知行合一論，繼承和發揚了孔孟的儒家之道，不但在中國，而且在日本、朝鮮、東南亞，乃至全世界都有重要影響。日本學者里見常次郎以陽明學說與佛教禪學間的關係為題，於明治三十七年（1904年）在日本發表了《陽明與禪》一書，系統地闡發了他的見解。他在書前「陽明與禪例言」中，道出其撰寫本書的旨趣：「本書所期，蓋對於千歲不朽之陽明，抽象其心意思想，而證明其基礎在於禪。俾世之慕陽明之心志者，由此而知有志於佛禪之修養，其有益不待言也，區區微意實在於此。」。該書共四編；第一編總論，說明佛教禪之教理，陽明學說之由來，以及陽明教與佛教的關係；第二編心論，主要說明王學根本之觀念，包括陽明之心之觀念、良知之觀念，以及良知與禪之本來面目和王、禪之不投合處；第三編修養論，將知行合一作為陽明之惟一修養而加以論說；第四編死生觀，從儒學之死生觀以及陽明的死生觀與禪的死生觀的關係二個方面來加以探討。

　　汪精衛青年時期在國內即崇尚陽明之學，赴日本遊學參加革命活動以後仍興緻不減。同盟會成立後，他曾隨孫中山到南洋宣傳革命，1909年回東京，與接受革命宣傳前來投身革命的陳璧君（冰如），經常討論陽明的學說。汪精衛雖然與上述里見常次郎所著《陽明與禪》一書中的觀點不盡相同，但以此書作為引申，邊讀邊譯，對剛到日本與他為伍的陳璧君進行講授，期間兩人的革命情誼也不斷地深化。1910年春，為革命形勢所趨，汪、陳等先後回國密謀刺殺清攝政王，譯書也因此至三分之二而告中輟。汪氏羈押獄中年餘，生平所寫之文稿全部散失，惟該書之譯稿為陳氏所收藏，嗣後雖歷經二、三十年的國內外輾轉顛沛，而一直保存下來。1937年秋，在中日戰爭烽火彌漫之際，陳璧君在家中整理書籍文稿時，將此束珍藏已久的文稿出示汪精衛，希望他得閑補續完畢；並請褚民誼以「心正筆正」之道，書寫此明心見性傳授心法之書。汪氏承諾後於1938年春卒成全篇，璧君將此原稿裝訂成冊，倍加珍藏。褚氏則歷經年餘，於1939年春在上海以工楷大字手書完成是書。嗣後，汪精衛在南京組織國民政府，「中日文化協會」於紀念該會成立二週年之際，經徵得汪精衛同意，並請他撰寫序言，將這部由里見常次郎著、汪精衛譯、褚民誼纂輯的名著《陽

明與禪》[1.56]，如後頁圖所示，於1942年10月出版面世。鑒於經費問題，該書未能按計劃以褚民誼的手書製版，而以仿宋體印刷，分別用精裝兩冊和平裝一冊兩種形式發行。《中日文化》月刊[2.32]第2卷第10期（1942，10）上，特刊登該書的發行啟事，昭告於世。書中汪精衛於1938年2月28日譯文終稿時撰寫的〈跋〉和褚民誼於1939年春手書完功時撰寫的〈陽明與禪跋〉兩文，相繼詳述了該書流連曲折的翻譯和書寫過程，其經歷本身亦彌足紀念。為使讀者原原本本地瞭解個中原委，分別轉載於下：（注：全書無標點，下述各段引文中的標點，係本書作者所加）

汪精衛〈跋〉（中華民國二十七年二月二十八日）

「余十三四歲時，晨入塾從塾師習舉業，日將晡自塾歸家，取父所藏書手一二冊，升屋瓦踞坐，就夕陽光中讀之，至嚗墨始已。所讀之書，較之舉業遙為有味。王陽明《傳習錄》，其最愛讀者也。二十歲後留學日本，在神田書肆得王陽明雜誌百餘冊，其他研究王學之書亦最夥。其後離東京，至南洋各埠從事革命宣傳，書籍不獲攜以自隨，數年之間散失盡矣。己酉之冬復至東京，與冰如數數論及陽明學，余輩非能知陽明者，然惡程朱之瑣碎，且流於矯揉，故樂陽明之正直光明、表裏如一，而於『知而不行，只是不知』之說尤所服膺。凡此皆精神修養之事，至於物理，非用科學方法無以求知，此別為一事，未可以求全責備之心對古人也。里見常次郎所著《陽明與禪》一書，與余所見不能盡同，然可取以為引申討論之資，故且讀且譯，以授冰如。未幾冰如入京，余繼之；既而余被執繫于刑部獄，一年有餘始出，不惟書籍，生平所屬文字稿無一存者。自是以來二十有餘年，出國數數，即在國內，東西南北，霍霍不定其居。最近兩年，始築屋于南京中山門外陵園新村，圖籍文稿稍稍復聚。而昨年十二月間，首都淪陷，居宅化為灰燼，綜計三十年前所為文字，其稿尚存者惟此譯本而已，此則冰如之勤於將護乃克致此。雖譯文未善，而當時切磋學問之樂，於此乃得以追溯，其感慨為何如也。當時所譯至第二編而止，今補譯第三編以下，俾成完本。而跋其經過始末於此。」

褚民誼〈陽明與禪跋〉（中華民國二十八年春）

「予少趨庭，嘗聞先君之教曰：『習字可以養心，柳書以心正筆正為規，尤示人以養心之道。』遵而習之，積久彌樂，迄今數十年，恆用是以求心之養。每當窗明几淨，展卷臨摹之際，輒覺心神怡適，恍恍乎若侍先父而接誠懸。雖然嗜予書者多，而予之書實未嘗進也。

1942年10月出版的專著《陽明與禪》：（右上）封面；（中上）扉頁；（左上）次頁；（右下和左下）汪精衛序言[1.56]

民國二十六年秋，璧君姐於陵園新村整理新居書籍時，鄭重出文稿一束語精衛兄曰：『此君舊譯之陽明與禪也，惜後尚未完，而前又略失，盍於暇時補前續後成完帙乎。』精衛諾之。璧君復謂予曰：『君以心正筆正者為正心之宗，脫再以養心之正者，寫此明心見性傳授心法之書，則必能心王愈安、心靈愈慧、心光愈燁、心境愈寬。固不僅大吾人之紀念，廣是譯之流傳已也。』予受而允之，並得詳聞其始末。蓋此書之譯，肇始頗長。原著者為日本里見常次郎，為之序者則日本名法家戶水寬人也。民國紀元前三年己酉冬日，精衛、璧君同遊學於東京，精衛讀其書而善之，乃從而手譯以授璧君。旋以國事二人相繼入北都，譯事因之遂告中輟，已成之稿三之二也。庚戌三月初七日精衛繫獄燕京，譯事更無由

繼顧，雖屢遭顛沛，而璧君卒能保全譯本幾三十年。惟三分之一尚未譯成，首先四頁又復遺失，時以為憾。於是始託人輾轉在東京舊書肆中覓得原本，精衛乃續其闕，而補其遺，翌歲仲秋卒成全璧。稿成之後，璧君裝潢成冊，寶愛有加。是書始譯在婚禮未行之前，終譯在子女成群之後，中間間阻一世且修，精衛揮揮焉；隔三十載終成是書，璧君拳拳焉。歷三十年將護不墮，以一書為兩心之繫，犯險阻而終始弗渝，經過如斯，固不必深繹其書，始信其足傳永久也。

予手寫是書始於南京，在民國二十六年秋；成於上海，在民國二十八年春。當時中日戰釁已啟，南京為日機轟炸之的，故防空警報不斷傳來，予聞警不驚，夷然落墨成第一編。及至離京到申，海上已成孤島。昔之砰訇炸裂羈罥危城，今則極目烽煙，側身孤島。然無一日不寫此東方二賢所從事說明之東方文化，以為求心致和之道，古人當不吾欺，而事實如斯，未免有孰為為之，孰令致之之感也。予之所書計序文五頁、例言三頁、編目六頁、本文第一編一百一十四頁、第二編一百二十五頁、第三編八十六頁、第四編三十五頁、兩跋十六頁，每頁百字，每字徑寸，總計三萬九千字弱，歷時載半始得終篇。予之書一猶昔也，嗜予書者雖益多，予自審仍無所進也。日月逝矣，歲不我與，進德修業，其在何時，擱筆之餘，至深悒悵。所幸一切緣業尚屬圓融，始書之時，因所失四頁補譯未成，故自原稿第五頁顯密二宗寫起，所有補譯序目、例言、本文等件，均於翌年第二編書成之後始補書之，計二十六頁。當時頗以能否銜接為慮，及走筆至相接之處，竟後先洽合，宛若天衣，事雖細微，足徵巧合，惟字跡墨色視前有不同耳。因自問曰：『所書如此，果能廣此譯之流傳乎？』復自慰曰：『書雖不佳，藉此練習其於養心之道，當亦不無小補也。』至能否為紀念之助，敢以質諸精衛兄與璧君姐，或能有以語我。」

嗣後，褚民誼在是書正式付諸出版之前，於民國三十一年處暑後一日（1942年8月24日），在該跋之後補充寫道，「予寫此書既終，即有付之手民以廣流傳之意，顧和平大業方事推行……於是手協最初計劃，即擬以予所手寫製版印行，惟以工料之昂向所未有，為事既困，因改以仿宋之字付之聚珍，汪主席並手書新序影刊卷首（見前圖）。」在此，他還對日本駐華大使重光葵倡捐鉅金，使印務工作得以進行表示感謝。

褚民誼以一年半之長期，用正楷逐字書寫《陽明與禪》的譯文過程中，對陽明學說和儒釋之真意，恬思密索，玩味曲悟，於逆境之時，為倡正道，思緒萬千，相繼寫下了兩篇長文，洋洋萬言，分論「儒釋」和「知行合一」，以

〈書陽明與禪後〉和〈再書陽明與禪後〉為題，彙編在譯文後專設的「書後」一篇中。右下圖示出的是該篇的標題和目錄。篇中在上述二文之前冠以褚民誼於1942年10月1日撰寫的〈小引〉，說明設立該篇的旨意，以及1942年自稱向陽學人的重光葵，為本書出版所寫的題為〈書精衛先生所譯陽明與禪後〉的短文。

中日文化協會於紀念協會成立二週年之際，在專輯出版《陽明與禪》的同時，還將褚民誼撰寫的上述題為〈書陽明與禪後〉的論文全文選登在《中日文化協會兩周紀念特刊》[3，53]上。

「予以一年有半之長期，手寫此書一通」，褚民誼開篇寫到，「及既擱筆，覺儒釋相關之念，往來於腦海之中，久久不去，因不禁喟然而嘆曰：甚矣，弘道之難也！」本文專論儒釋之間的關係。明代王陽明發展起來的儒家學說，曾為治亂世、平天下堪稱大用。但此後卻因被指其學近禪，而以偽學之名，屢見詆毀。對此，褚民誼考證於儒家的發展史，略謂，孔孟之後，儒學於宋代中興，當時佛教業已傳入中原，關閩濂洛諸宋儒無不深受其影響，他們所主張的無欲則無蔽、虛明動靜等學說，亦即為釋老之大恉。「宋學初祖，已若是矣」「世人獨以陽明近禪少之，何哉？」褚氏評論道，「陽明雖事於禪，而終於薄禪。觀其討逆征蠻、守身立命之意，凜然大聖賢參天贊化、以天下為己任之心，是儒者修齊治平之本來面目；用世避世，涇渭已分，豈教外別傳，直入寂滅者，所可同日而語哉？善乎毛西河先生之言曰：『吾儒求心，有體有用；佛氏求心，有體無用。吾儒求心，有功有效；佛氏求心，有功無效。』今

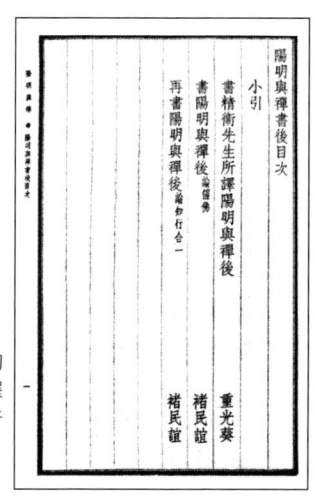

1942年10月出版的《陽明與禪》的「書後」部分，編入了褚民誼題寫譯文後撰寫的〈論儒佛〉和〈論知行合一〉的兩篇文章：（右）標題；（左）目次[1.56]

陽明以有體、有用、有功、有效之學，專求於心。無論其所求之心與佛不類；即使於心有類，而由身而家、而國、而天下、而萬物，全體大用，宏功極效，仍與佛氏毫不相類。故陽明所求之心，亦吾儒之心，聖人之心而已。「予有所感，因更論儒家尚功之意，以為世之有志於儒者告；為陽明辯，猶次焉。」

他進一步指出，其實儒學和佛學並非陌路，不但宋儒們曾遊走於兩者之間，即陽明之學的發展，亦經歷了「悟於佛而質於儒，返於佛而守於儒」的過程，儒者豈能求純而拒之。褚民誼更從大道之真義，詳加闡述道；「夫道，一而已矣。歐美之基督、北非中亞之默罕默德、海南暹印之釋迦牟尼、中國日本之周公孔孟，厥道雖異，而各受其民之信仰則同，各導其民以為善之益者亦同。第善之為善，豈有定哉？「今夫道，是於歐或非於亞，得於古或失於今。男女為嫌，充其極則淳于髡欲嫂溺而不授以手，此中國之所謂道也！歐人則不取焉……男女平權，各主其有，甚且經濟獨立，生活自由，此歐人之所謂道也！吾國則反是焉……然此猶小焉者耳。若夫為人之道，處事之方，今與古殊、西與東異，不相及者，指不勝僂。道果有定，則是同是而非同非，罰宜罰而賞宜賞。今則歧途載道，莫可適從。大道云云，畫圍自限而已，烏有所謂定哉？

蓋圓顱方趾，人同此形，惡死樂生，心同此理。生何以樂？為其知生之所以為生也！死何以惡？為其不知死之所以為死也！使知夫死之所以為死，則樂死之樂，未必不高於樂生！觀乎宗教家之輕今世，樂來世，薄小我，愛大我，可以見矣。然則天堂極樂，果如宗教家所稱述乎？是則任何人所不能執以為徵者也。死既不可知，而人又不能免於死，故死之為死，實人生之一大要事。生雖人所有，而生之日又不能長，故何以善生，尤為人生要事之極端。生固不能無養，養又不能自來，衣食起居，不作不獲。衣食有美惡，美者可以樂生，而得之尤不易，強者肆其力，弱者致其巧，生存之爭既起，生存之安愈難。聖人知其然也，為之孝悌、仁義、忠信、慈讓圍其心，為之禮樂、典章、政教、刑罰閑其體，內防外限，靡不以嚴。使蚩蚩之民，駛驟於寧死不危之限，而轉以為榮；束縛於舍生取義之樊，而猶以為美。推而衍之，修短牢於丈尺，多寡限以量衡，使天下之物，咸受其裁，統歸其制；而民之噩噩，轉以為宜，以為不如此不足以盡其天，而或有所不幸也，此即今之所謂道德、禮樂、政教、刑律也。善惡依此而分，是非以茲而判，聖賢不肖，亦準此為殊，是即斬人生以等量之安，曲以達之，委以全之之術也。聖人炫巧，賊適人心，豈有所謂與天俱來、與人同誕之道哉？……故東西之禮，雖有不同，而其所以納民軌物則一

也；古今之制，雖有不同，而其所以保民衛道則一也。儒家之昊天上帝、佛老之王母玉皇、羅馬之基里斯督、天方之造物真主，稱謂雖然各異，假名立宰則同……予故曰：『禮義忠孝，聖人強民為法，用以期治之方也；宗教鬼神，聖人利人之愚，藉以安生之術也。向使人生無需於養，或佳養可以自來，則道德、風俗、典章、刑賞之功，舉無所用；向使人生無宇宙始終之惑，無死生前後之蒙，則鬼神、宗教、天堂、地獄之說，舉無所施。是故道德、政教、鬼神、賞罰之說，雖其用可以福利民生，可以安定人類；而究其極至，要不過一人造之名而已，豈真有所謂道與教哉？』

準是以言，無論佛儒之旨同，即天方、基督、老莊、楊墨之旨，亦無不同。學者是儒非佛，許楊排墨，皆門戶之見，黨同伐異之非，入主出奴之祟也。即其所言一出於正，亦不過執夫表外之表，逐其名下之名而已，詎已見夫真道哉？」

「然則佛與儒果無異乎？」他回答道「曰有，即其所以為教之方也。夫道，猶路也，希人以行。脫為道而不望人行，是耕稼而不期獲收，法令而不責執守也。佛曰念茲在茲，儒曰道不可須臾離，皆是義矣。第人之志，至不一也；人之識，至無量也。語鄉嫗以仁義，則茫然不知；問大人以雞豚，則瞠目莫對。孔子曰：『中人以上，不可以語下；中人以下，不可以語上。』行道之士，欲以一道而接百達，以一居而息兆姓，苟不遠近其所經之路，上下其所歷之階，迓高人以大輅，接下士以椎輪，又安見其道之尊上耶？佛之大乘、小乘、顯密各宗，儒之六藝、四科，因人施教，皆所以事普渡，利廣納也。雖其為法不同，而其為的則一。且孔門之德行，釋氏之大乘，道之遠而階之高者也。苟得上智，其入德之速，亦可以猶水就下。推此意以普適利鈍，佛所謂漸頓之道明矣。頓以接利智，漸以遂鈍根，頓漸之中，又各適其所適，以接萬有。急之可以即時成德，緩之可以徐被圓明。惟頓漸之說，人皆知其為佛教所主，不知儒雖無頓漸之名，而亦有頓漸之實，其普適各性以大聖功之精神，初不下於佛宗各派也。」

他在引經據典論述儒佛各宗派之頓漸成道之法後說道：「統而言之，即天也、性也、道也、教也、禪也、中也、仁也、義也、明德也、至善也、刑賞政教也、天堂地獄也，萬有萬象之原，萬事萬理之本，保民成物，至高無上，天人一貫，庶類一統……所謂情感、意識、意志交相附麗，大我、小我、理欲交相攫據，假名定義，循環載重之一顆赤裸裸的人心也。佛所傳，傳此心；儒

所印，印此心。此心即萬法之源，萬事之礎，萬名之母，萬理之宗。佛故曰：『萬法唯心，象由心生』；孟子曰：『盡其心者，知其性也。知其性，則知天矣。』佛法萬種，不外明心；儒術萬端，不外正心。佛教求心之法，以明心見性，見性成佛為最高；儒家求心之法，以克己復禮，天下歸仁為極致。克己復禮，即內省不疚，易所謂復見其天地之心，格物致知，以成其自誠及明之道也。克己之初，首於知止，知止而後有定，有定而後能靜，靜也者，儒佛求心之大基也。蓋靜中之誠，始為虛靈不昧之心；必有此心，而後乃能為渾然無滓之寂照。致此虛靈寂照之心，以格天下之物理，萬物皆為良知所格，其自明而誠之力，乃能含育萬有，化被萬方。良以自誠明者心之體，自明誠者心之用，二者互成，相為因果者也。」他從儒佛兩個方面，對此進一步說明之後寫道：

「陽明以前，知己有人，特不如陽明致良知、知行合一之為透切耳。實則主靜之說，始於大學；盡心之道，原於中庸；良知之言，倡於孟子；知行合一，導於仲尼。陽明不過彙而通之，表而彰之，揭而著之，執而守之，盡儒之道而詮納之，如是而已。必謂陽明所言，為儒家用禪之始，則象山（陸九淵）被詆為狂禪，又何謂耶？

「總之，大同不作，小康亦休，四海生民，乃流於強凌弱、眾暴寡，聖人從而夷之，明為孝悌忠信之道以教之；教不行也，設為法政刑賞以強之；強不效也，幻為鬼神怪隱以要之，而其初則無非保民求安之意也。吾國如是，天下亦然。故環球萬國，此心同，此理同，此政法宗教，亦無不同，所謂自然之極則也。夫成成同同，至於寰宇，則儒之同佛，又不過其中之一小部分而已。

「抑有進者，有一事，必有一理。理之淺者易見，故知者亦多；理之深者難知，故明者遂寡，此高下之不同也。理雖有淺深之分，然非不能與人以共見也。而見之難易，則在其人，利根者聲入心通，鈍根者耳提莫悟。雖其知後無異，而成知之限，則有遲早之殊，此利鈍之不同也。致知之法，適於利者謂之頓，適於鈍者謂之漸。紫陽之格物，是儒家之漸法也；陽明之盡心，是儒家之頓法也。逐物窮理，故紫陽近於二元；明心有功，故陽明近於執一。里見先生，思精體大，分析入微，至所欽仰。而利鈍頓漸之說，昔無所聞，予故表而出之，以見夫儒術之精，初不待佛而後見。予更惜陽明之被誤於佛也，故不惜源源本本，以明大道之自然；更不惜歷歷續續，以盡大道之差等。若夫陽明之誤，果否能因此而釋；進德之法，果否能由是而通；又凡茲所言，對本書果否有相互發明之益，是皆予之熱望而不能自決者。

甚矣，弘道之難也！」

褚民誼編入「書後」部分的另一篇文章，主要論述的是王陽明的「知行合一」學說。他在該編的「小引」中說明撰寫此文的旨趣：「此次纂輯是書，妙義精言重接吾目，適並整理曾在中央黨部黨務訓練團，分五次講述之國父『知難行易』學說，及前歲廣播引釋（汪）主席為中央大學所題『真知力行』校訓二文。因念『知行難易』四字，變易千古，拓之黃族，窄之一身，寥寥四言，興廢所繫。而陽明『知行合一』之說，實為轉輪樞軸。於是濡毫展紙，盡所欲言，而歸宗於真知力行為知難行易之準。則人能持此尚何慮哉，尚何慮哉？文未成，而名已立，即編中所謂『再書陽明與禪後』是也。」

他在該文中開宗明義地寫道：「儒學萬脈，而知行之論殊為大端。蓋所謂人間世者，即合人類之行動作為以成之也。人孰無作，作必以知，知行之間錯綜難盡。先民欲振而齊之，一歸於正，於是知行之辯，乃為儒家論學之要綱。」全文圍繞知行難易古今變遷之義而徐徐展開。對此，他從人類社會發展的進程，作出如下綜述：

「初民之時穴居野處，知行之事無大所需。厥後親親長長，倫敘既攸，鑿井而後得飲，耕田而後得食，鑽燧改火，分地用天。人既需術以生，不知何行，不行何獲，知行之用，視昔乃多。惟須知之理，在事無難；而用必以恆，積功非易。例如耕稼，義知於指顧，事效於終年；例若畋漁，事舉於斯，須網結以經歲。故知之非艱、行之維艱之說，其在當時，不能謂為無當義也。乃難易二字，互於人心，三千年來，心常為攝。勇如季路，且以前知未行，積聞是懼，偷惰之輩，遂廢行焉。東晉談玄，南宋說理，坐而侃侃，作而茫茫，生民之難，與時俱進。黠者誇多，鬥博空談之習益深，實踐躬行愈無人用，於是知行二字，背道馳矣。陽明慨然，思所濟之，知行並重，用而不偏。知為行始，行乃知成；知之篤實處即行，行之縝密處即知。中古以降，人事日繁，維生之術既多，致生之階亦複，富貴貧薄，智計差等，世多庸庶，知既艱，而行亦苦。所謂生知安行、學知力行、困知勉行之意，即無異為知行合一轉大法輪。乃斯言所隱，雖能恰於當時，不能盡於今日。國父以天誕之聰，念當今學問之洪，深懲國人知識之淺狹，人我相較，懸殊至多，縱能行焉，於功何涉？於是在知行之間，重分難易，俾吾國人，聞而奮發，同致知難之力，分攻各科之精，及夫學義大通，知既無難，行亦易矣。蓋科學之用，機械為先；機械之用，發明者難，應用則易。隻手可以舉百鈞，孤舟可以航大海，一光可以滅

國,一彈可以傾城,行之為易,尚復易於今日哉?是故知難行易之說,不特為新時代之至言,抑且為極前進之真理也。

「今夫科哲之學,大之極宇宙,小之入毫芒。知不真,則行無據;知不審,則行無歸。淺薄浮泛之知,皮毛傅會之知,可以騰口說,不可供實踐,必也。千頭萬緒,而無緒不精;質異情殊,而無殊不審。若斯之知,始謂真知。所知既真,為事自易。易而不行,息惰苟安,亦無所得。是故奮心勉行,樂難就困,抗懷既勝,所事自成。故曰:『知欲其真,知之所以為難也;行欲其力,行之所以為易也。知難行易,為義雖精,不以真知力行明之,意不能盡。』是故『知易行難』之說,一進而為『知行合一』,再進而為『知難行易』,三進而為以『真知力行』,釋知難行易之道,而使之明。即行必力,而知務真,難易固依此以分,難易亦緣是而解。蓋知既真,則無不知;行既力,則無不獲。譬如水銀瀉地,無孔不流,利簇穿攻,無堅不破,道而至此,為道終矣。

然則真知力行奚由倡哉,曰始於國府主席汪先生為中央大學題校訓也⋯⋯民誼因讀主席所譯之書,有感於知行難易古今變遷之意,因而述之以誌吾感」

上述發表在「書後」的兩篇論文,可以說是褚民誼在深入研讀陽明學說之後的明心見性、高屋建瓴之作。

這裡需要補充的是,1940年秋,原在南京的國立中央大學於淪陷區內復校,汪精衛為該校題寫校訓「真知力行」(見後頁右圖)。褚民誼代表汪主席參加該校的開學典禮,對這四個字進行了詳細說明。接著他又於1940年11月20日在南京發表了題為〈真知力行〉的廣播演講,全文刊登在《僑務季刊》(1940,12,15)上。嗣後,褚氏並在中央黨務訓練團分五次講述了孫中山「知難行易」的學說。國立中央大學復校後的第二屆學生於1945年畢業,時陳昌祖任校長,該校秘書處於是年編印出版了《國立中央大學復校第二屆畢業紀念特刊》[3.56],對復校數年來學校的活動和取得的成績進行了全面總結。如後頁上圖所示,其上刊登再現了汪精衛所倡導的「真知力行」的校訓題詞。褚民誼亦題贈了「百年樹人」的賀詞。

刊登在1945年《國立中央大學復校第二屆畢業紀念特刊》上的題詞：（右）原汪精衛之校訓題詞；（左）褚民誼之賀詞[3.56]

第三節　力所能及，普惠於民

褚民誼在他的〈答辯書〉[1.62]第六條中，回顧其在淪陷區內任外交部長又兼各職時寫道，「查敵人佔領時期所有一切交涉事件本應集中外交部，以一事權。但南京國民政府為求交涉迅速計，規定各部會直接與日方交涉。於是乎外交部反等於閒曹，不過一應酬機關，只可稱為一交際部耳。但本人深信總理人生以服務為目的之言，故喜服務而不喜屍位素食。故凡社會上關於文化教育、宗教、慈善、體育、醫學、藥科、衛生、音樂、戲劇、電影等，無不竭力贊助推行，非惟口頭提倡，報上宣傳，而又以身作則。」自1940年2月擔任南京政府還都籌備委員會委員長後，即「於二月十七日由滬赴京，輕車簡從，空拳赤手，入日軍之佔領地、維新政府之施政區，籌備還都」，著手對遭嚴重破壞的南京，大力進行修復。修整了中山陵、政府院部會各衙門以及挹江門、光華門、中山門等重要建築。

「其他如民間之文化等會所及塔寺等，無不出餘力以整理之。一則使首都破壞後而稍復其繁榮，以壯觀瞻；二則使人民生安居樂業之感想。計修建之寺院有雞鳴寺、毗盧寺、靈谷寺、三藏禪寺、三藏塔等。其非由本人直接負

責者,亦責成各寺院之住持自為修理,如古林寺也,金陵寺也,棲霞山之棲霞寺也,鎮江金山寺、焦山之定慧寺也,北固山之甘露寺也,常州及上海之清涼寺、龍華之龍華寺也。蓋中日兩國不但同種、同文而又同宗教上之信仰,千數百年以來佛教由我國之介紹,北經高麗,南由福建、浙江輸入日本。觀日本之高野山、黃蘗山、奈良、西京、長崎等之廟宇,即知其源流所來矣。若欲中日親善,徒從政治上之表面溝通恐無基礎,更不應侵略與報復,非自兩民族之思想與信仰上交換不可。」

「至於文化方面」,他接著敘述道,「有中日文化協會,中德、中意文化協會,德奧瑞同學會,中法友誼會,法比瑞同學會,留日同學會及其在後湖之俱樂部,國術團體聯合會,中華醫學會,中華體育會,中華佛教會及中央醫院,同倫學校,同仁大學,均推本人任理事長、或會長、或名譽理事長等名義。舊日的會校所加以修理佈置或另建……。至關於體育之各種運動,務求普遍而平民化,一如事變以前,本人所提倡者,如踢毽子、放風箏競賽,長途旅行,團體表演太極操或太極拳,以冀收強身健種之效。本人又兼孔廟管理委員會主任委員,重修朝天宮,改大成殿專奉祀孔子;另修歷代聖賢祠於大成殿后,祀堯舜禹湯、文武周公、顏曾思孟及歷代先賢先儒;又定每年春秋二季祀孔,本人親去曲阜主持一次;又兼文物保管委員會委員長,對於寶貴之古物、圖書、博物、標本、天文氣象儀器等儘量收羅、保管整理,備中央研究院之恢復,故又為該院之籌備委員會主任委員。綜合以上各兼職任內之行為,於黨國、社會、文化不無微功,故表而出之,以志崖略也。」

綜上所述,褚民誼在淪陷區內,一如既往地將他的精力傾注在文化教育事業上,以期在艱難的逆境中,繼續為民眾的福祉竭盡綿薄之力。本節下面將主要介紹他在醫藥、衛生、體育,以及文教、美術、僑務等方面,所作的諸多努力。其他有關宗教、慈善、戲劇以及維護國寶等方面的活動,則分別記述在本篇的其他有關章節中。

從消極的醫藥衛生和積極的體育鍛煉兩個方面,改善和提高民眾的健康水準,是褚民誼一貫奉行的方針。歷經連年的戰亂和日軍的欺凌,淪陷區內廣大民眾的健康狀況岌岌可危,不言而喻。1940年春南京政府成立,社會秩序趨於平靜後不久,他便為恢復和重建各種有關機構和社會團體而努力。褚民誼立足於民,十分重視發揮民間社團的作用,這在淪陷區內尤顯重要。已如第三篇第七章「醫藥衛生,造福社會」中所述,事變前,在褚民誼等人的積極參與和

支持下，醫藥界的社團，包括著名的中華醫學會等，十分活躍。在現今南京中國第二歷史檔案館內保存的檔案中，記載了戰亂後「中華醫學會」於1940年12月在南京再度組織成立的經過。首先是由褚民誼、余光中、華幹吉三人作為發起人代表，具名報請社會運動指導委員會申請成立。經審批獲准後，即在中日文化協會召開發起人會議，推定以褚民誼為首的五人籌備委員會進行籌建。學會組建之初，上報備案的會員名單共計40人，於12月22日下午三時假南京中日文化協會召開成立大會，到會員31人。同日下午六時舉行第一次理監事會，推選褚民誼、羅廣霖、鄧日詒為常務理事，褚民誼任理事長。右上圖是保存在「褚民誼特藏」[1.63]中，標題為

1940年12月22日中華醫學會改組成立大會攝影紀念。理事長褚民誼位於前排左3[1.63]

「中華醫學會改組成立大會攝影紀念」的照片，攝於民國二十九年（1940年）十二月廿二日中日文化協會大樓前，褚民誼位於前排中央，其左為內政部衛生司司長李宣襟，右為日本陸軍軍醫部部長神林中將。

中華醫學會成立後不久，褚民誼即奉命出任駐日本大使。離京前，該學會與中日文化協會等單位聯合於1941年1月4日舉行公餞歡送。（《留日同學會會刊》[2.36]Vol.1，No.1）中華醫學會按慣例每年于春秋兩季各召開一次年會。是年10月27日褚民誼卸任大使歸國繼任外交部長，剛一回國，便在百忙中出席了於是年11月23日在中日文化協會召開的「中華醫學會秋季大會」，會議開幕儀式隆重，如後頁上圖建國堂大樓前的合影所示，有眾多中日來賓及會員計八十餘人與會。理事長褚民誼、內政部衛生司司長李宣襟以及來賓內政部長陳群和南京市長蔡培等人出席。

翌年春季大會於1942年3月15召開，《民國日報》次日報導，「中華醫學會於昨下午二時在太平路中央醫院，召開春季會員大會」。出席會議的會員百餘人，日本陸軍軍醫部部長、首都防疫處處長、社運會代表、內政部衛生司司長等均出席。會議首先由主席和來賓致詞，接著報告一年來之會務並討論要案。最後票選理監事會，計選舉理事九人、候補理事三人、監事五人和候補監

第四章 一如既往，重視文體 211

1941年11月23日中華醫學會秋季大會攝影。在中日文化協會建國堂前，理事長褚民誼坐於前排居中（左11），李宣襟、陳群和蔡培分別位於其左[1.63]

事二人。褚民誼仍當選理事，繼續主持學會工作。由於當日下午，他要在中日文化協會主持中國體育協會全體理監事宣誓就職典禮，未能親赴這次大會。

　　中華醫學會改選後，於1942年7月11日，「假中日文化協會和平堂，舉行第二屆秋季會員大會」，《民國日報》於次日報道，出席者有中日各機關代表及該會名譽理事長神林中將代表、理事長褚民誼及全體理監事暨全體會員等共二百餘人。褚理事長及來賓致詞畢，由沈靜庵報告會務狀況，旋即討論會務至十一時。午宴後開展學術活動，「於下午十二時在和平堂舉行特別演講。敦請上海青葉部隊長吉岐大佐講演《維他命與內科的疾患》，及上海中比鐳錠治療院院長湯于翰講《十宮頸癌》，至四時許畢。」繼由多位名醫分別對「內外科肺結核病、慢性腸炎、產婦流行性腦膜炎、以及細菌性及寄生蟲性之地方病流行性概況等，均各有詳細之闡述，直至六時餘始畢。」

　　此外，自1941年底「大東亞戰爭」爆發後，日本於1942年3月發起成立「東亞醫學會」，在東京召開第一次會議。據《民國日報》（1942，3，16）報導，中方有六名團員赴會，臨行前外交部長褚民誼、內政部長陳群，假中日

文化協會設席為之餞行。嗣後，經過一段時間的籌備，在舉行上述中華醫學會第二屆會員大會的同時，於7月11日上午的大會上，以簡單的儀式，宣告成立「東亞醫學會中國分會」，並推選褚民誼為理事長。

東亞醫學會每年召開一次大會，《申報》（1943，3，11）上的一則消息稱，1943年「4月17、18兩日，為第二屆東亞醫學會召開之期，地點仍在日本東京。該會中國分會接獲通知後，即積極向各地醫學界交換意見，並經該會理事長褚民誼決定，選派代表25人，計南京9人、上海9人、蘇州2人、漢口3人、浙江1人、安徽1人，另顧問1人、秘書2人，總計28人。所需旅費由中央及各省市各地方政府補助。「團長為褚民誼氏，團員人選已決定。此次出席大會代表演題，由褚民誼擔任特別演講，題為《健康與太極操》[1.58]，普通演講共18題。聞在4月10日前後出國參與大會。」（關於褚民誼出席本次大會並作特邀報告的詳情見後）

據《新申報》（1943，4，18）報道，第二屆東亞醫學會開幕前的16日下午四時半，在東京紅葉館召開職員大會，主辦者方面到林（春雄）會長、宮川（米市）幹事長，各部會方面到中國代表褚民誼、鮑鑑清，以及蒙滿、越南、泰國等地的代表等四十八人。「除決定第三屆大會在南京舉行，第四屆大會預定在滿洲舉行外，還一致通過下述二案，並擬定立即付諸實行：一、在越南、泰國設立新部會；二、各部會以撲滅瘧疾應付結核，及其他預防共榮圈內之各種傳染病為共同之課題，並推定負責人，設立研究班，於次年大會發表其成果。」

按照上述決議，1944年東亞醫學會第三屆大會轉到我國召開，4月25日《實報》報道，「第三屆東亞醫學大會，自積極籌備以來，大致業已就緒，定於二十五日在南京中日文化協會和平堂舉行大會揭幕儀式。揭幕儀式舉行完畢後，全體會員當晚乘車赴滬，於二十六日起至二十八日止三日間，在上海震旦大學大禮堂，舉行特別演講及普通演講。總計出席大會會員約一百餘人，演講者約達一百餘人。其講題均為各會員平素多年研究之精粹。故預料屆時各自發揮所見，對今後東亞醫學前途實有莫大貢獻。」並謂，「各國代表均於日前紛紛來京，國府外交部、教育部、衛生署三機關，為與出席會議代表聯絡感情，特於二十四日午十二時半，假中山東路國際俱樂部，歡宴中、日、滿、越南、菲、緬等國出席會議之會員百餘人[22]，當由褚、林兩部長，陸象生（潤之）署

---

[22] 泰國代表於25日直飛上海。

長親自招待,至一時許始盡歡而散。」午宴後據《新申報》(4,25)報道,「下午二時,由褚外長、李教長、陸署長、該署參事莊君實等,分導至國府參觀,並至雞鳴寺、玄武湖等處遊覽。」晚七時,本屆大會會長褚民誼、副會長陸潤之、鮑鑑清等假中日文化協會興亞堂歡宴全體會員。

4月25日上午十時,第三屆東亞醫學大會在首都香舖營中日文化協會和平堂隆重舉行揭幕典禮。次日《申報》(見右圖)和《新申報》報道,會前全體會員集合,前往中山陵拜謁。有東亞共榮圈內中、日、滿、泰、越南、菲律賓、緬甸七國醫學代表,包括中方會員百餘名和其他各國代表七十七人出席,相互切磋,共謀東亞醫學之發展。大會主席團由大會會長外交部長褚民誼、副會長衛生署長陸潤之、副會長北京大學醫學院院長鮑鑑清、總幹事侯召榮,以及總會會長林春雄博士、總會幹事長宮川米市博士等人組成。揭幕儀式上首先由褚會長致開幕詞,繼由國府內政部長梅思平代讀汪精衛主席之訓辭,在中方、日本和軸心國等來賓致祝詞後,由總會宮川幹事長報告東亞醫學會會務,至十一時半會議結束,全體合影誌念。中午由行政院長設宴招待,下午四時各國代表乘車首途赴滬。

1944年4月25日第三屆東亞醫學大會開幕(《申報》1944,4,26)

褚會長之開幕詞,略謂,「東亞醫學會是東亞共榮圈內唯一的國際團體。回憶三年前由盟邦日本國內醫界有志諸士,為謀東亞共榮圈內各國人民之福祉,特發起籌組本會。當時在日本東京開成立大會時,東邀中、日、滿、泰、越五國選派代表出席,議定每年開會一次,以期各國學術有以溝通,增進研究之興趣。會後各國代表返國,即著手組成東亞醫學會各國分會。去歲第二屆大會仍在日本東京舉行,本人亦親自東渡參加斯會。因鑒於本會為東亞各國之國際會議,應輪流在各國舉行,藉以鼓勵各國醫界有志之士,以期共同觀摩,共同攜手推進學術之本旨。曾經本人提出第三屆大會在中國舉行之要求,當蒙全場通過。本人返國後立即組織第三屆大會籌備委員會,積極籌備,歷時一年,又蒙政府贊助許多,各方加以援助,乃得有今日盛集一堂,共同作醫學學術之研討。尤其本屆大會除有以往的中、日、滿、泰、越五國代表出席參加外,又

有新興國家緬甸和菲律賓各派代表來華參加，足証東亞各國齊心協力之偉大精神。大東亞醫學大會之舉行，不僅有助於戰時醫學之研究與發展，且使戰後一切之建設復興獲得萬全之效果，為大東亞各國偉大協力精神之流露。今天的大會，雖已是第三屆，但它的產生究只有短短的三年，還是在需要扶植與培養。希望在會各會員，基於本會成立的宗旨，齊心協力提高東亞民族的學術水準，使我們共同組成的東亞醫學會的前途，愈益光明，愈益偉大！」

4月28日下午大會閉幕，《新申報》次日報道，該日全天進行特別演講，中午全體代表赴上海陳公博市長歡宴。下午會議最後，由各小組委員會作綜合調查報告：計分（一）結核組，（二）癥組，（三）急性傳染防治組，（四）瘧疾組，（五）黑熱病組，（六）絲狀蟲病組，均有詳細之研究報告。「演講大會結束後，即在褚部長領導下舉行隆重閉幕式。首由全體出席代表向大東亞各國國旗行最敬禮，繼由褚會長致閉幕詞，略謂「吾人三天以來，聽聆各代表精湛高深之演講，深感學術之理無窮，學術愈努力研究，愈能有新的發現。吾人願以諸位代表為楷模，協力猛進，醫學前途，當有更高深光明之發展。此次收穫豐富異常，本人深表感謝，惟因戰時機制下屬行節約，招待欠週，尚乞諒解，大會茲已圓滿結束，謹此宣告閉幕，云云。」旋由下屆滿洲國代表致詞，熱情歡迎各國光臨。最後全體三呼大東亞醫學大會萬歲，隆重閉幕禮，於焉告終。閉幕後，下午五時至六時，全體代表出發，參觀本市雷氏德醫學研究所及仁濟醫院，當晚七時，由本市各藥廠聯合歡宴各國代表。聞自今日起，代表團將應中日文化協會之請，假蘭心大戲院舉行演講大會，以擴大影響。

第三屆東亞醫學大會的召開，對淪陷區內的醫學發展產生了積極的促進作用。此後不久，為推動華北地區醫學的發展，經年餘之籌備，中華醫學會華北總分會於1944年10月26日在北平正式成立，上午九時在西什庫北京大學醫學院舉行第一屆會員大會。《華北新報》（10，26）和《申報》（4，27）相繼報道，總會理事長褚民誼親蒞主持，華北總分會方面由北大醫學院院長鮑鑑清、農署署長侯毓汶、北大附屬醫院院長劉兆霖主持，到會者有各機關中日長官代表，總分會全體會員，暨北大醫學院學生等三百餘人。「大會準時開會，行禮如儀後，公推侯署長為主席，即席報告籌備成立經過後，即請總會褚理事長致訓詞。並由蕭積中代表王（克敏）委員長致祝詞，嗣由中日長官來賓，相繼致詞。繼由褚理事長推選侯毓汶為華北總分會理事長，最後全體攝影散會。」

褚民誼一貫重視發展我國的衛生事業，已廣為人知。如第三篇第七章「醫

藥衛生，造福社會」中所述，他從最初倡議在國民政府內專設衛生部起，直至主持制定全國衛生規劃、籌建各類醫院、組建民間社團、廣植實用人才等方面，無不殫精竭慮。事變後，在日軍佔領區內的衛生狀況令人堪憂，還都後的南京政府不但經費匱乏，而且醫藥材料和醫學設備受到日方嚴格管制，衛生工作舉步維艱。政府成立之初，僅在內政部內設有衛生司管理衛生事務。據1943年6月16日《民國日報》報導，「茲國府當局以衛生行政，影響于人民之健康至巨且大，若不確立機構，實不足以適應環境，而推行盡利。爰于兩月前行政院會議中，決議專設衛生署，恢復戰前制度。隨後有關方面，即從事釐定組織規程，積極籌備，此可謂還都後，衛生行政獲得進一步之進展。「昨166次行政院會議中又明令特任陸潤之為首任署長。」該報同時刊登了陸潤之的簡歷。略謂陸氏江蘇興化人，現年卅六歲，1933年震旦大學醫學院畢業後，即入比國布魯塞爾大學及巴黎大學專攻眼科，復又到歐洲各國考察醫學。曾任震旦大學醫學院教授、廣慈醫院眼科主任、南京第一救濟醫院院長等職。他平素熱心公益及文化事業，擔任職務甚多，目前尚在中華醫學會上海分會、上海貧病救濟協會、震旦大學、中央醫院、以及比利時和法國眼科學會中任職。此次出任署長，各方咸寄予重望。

此外，自南京陷落後，原中央醫院被日軍強佔，成為陸軍醫院。整個南京市，內政部所屬的只有一所醫院，而且連一張病床也沒有，可憐的患者病情再重也無法收留，三年來因經費問題未能解決，其醫療衛生狀況可見一斑。幸而近來得到吳澤元先生捐助數十萬元，再加上政府的籌畫，纔勉強設了幾十張病床，以收容重症患者，並聘請香港黎福醫生來京任院長。在上述166次行政院會議上同時將這所新擴建的醫院正式命名為中央醫院。

陸潤之上任後，為瞭解各地衛生狀況，分期到蘇、浙、皖、華北、武漢、廣州等地視察，並同時積極籌備召開「全國衛生行政會議」，由各地衛生行政機關選派代表，更聘請多名醫藥界專家來京與會，共商衛生行政、醫政、保健等要務。（《申報》1943，10，6）褚民誼對此十分重視，積極予以支持。

《申報》從1943年11月16日起，連續三天報導了全國衛生行政會議召開的全過程。大會於11月15日上午在中日文化協會和平堂隆重揭幕。會前全體會員赴中山陵恭謁國父靈寢，獻花致敬。十時整會議正式開始，汪精衛蒞臨大會，各機關長官有陳璧君、褚民誼、周隆庠及來賓等數十人到會。陸署長主持會議，汪主席致訓詞。汪氏在簡述政局大勢之後，對衛生行政提出了意見和希

1943年11月15日在中日文化協會舉行第一次全國衛生行政會議開幕典禮之全體會員合影。在中日文化協會建國堂前,褚民誼坐於前排右10,其左是衛生署長陸潤之[1.63]

1943年11月16日汪精衛在國際俱樂部召集第一次全國衛生行政會議全體會員專家茶會合影。汪氏坐於前排左11,其左右分別是褚民誼和陸潤之[1.63]

望。講話中他以上述南京中央醫院的再建過程為例，對於國內醫藥衛生的不堪狀況深表痛心，並對衛生工作者和醫藥專家們，在艱苦條件下體現出來的愛國心和慈悲心深表讚賞。嗣後，褚民誼致詞，汪氏離場，開幕式完畢。如前頁上圖所示，褚民誼和陸潤之著黑色國民禮服，前排居中就坐，與全體與會代表在中日文化協會建國堂前合影留念。

揭幕式後，緊接著於十一時，在中日文化協會南京廳舉行第一次全體大會，出席會員37人、專家10人。會議收到提案125件，分為衛生行政、醫藥事項和保健事項三類，分別組織審查委員會進行審查。大會在報告籌備經過，並對審查人員和提案做出分配安排後休會，下午開始進行分組審查。

16日全天繼續分組審查，褚民誼特於中午，在雞鳴寺歡宴出席衛生會議全體會員及各醫藥專家，情緒頗為熱烈。當日下午四時，汪精衛又特假國際俱樂部茶會招待出席會議之全體代表。如前頁下圖所示，汪氏前排居中就坐，褚民誼和陸潤之分坐其左右。此外還有建設部長陳春圃、宣傳部長林柏生、軍委陳昌祖等陪同出席。會間由大會主席陸潤之向汪精衛介紹各出席代表，汪氏對各地衛生行政狀態，垂詢頗詳，茶會至四時半始告結束。

17日上午九時在中日文化協會舉行第二次全體大會，至十二時討論完畢，旋即舉行大會閉幕式，典禮如儀後，由議長陸潤之致閉幕詞。他在總結提案內容和表決通過之情形後，著重提出「此次議決案，關於衛生經費一部分，還需仗中央暨地方財政當局，予以同情之援助，並期待各省市衛生行政負責者之努力，使此次會議，不致成為形式之集會，而成為實踐之過程，為新國民運動基礎上創一新紀元，則本會無上之光榮，即自今始。」詞畢全體會員代表推天津市代表侯扶桑致答詞，詞極懇切。至一時許，第一次全國衛生行政會議遂告圓滿閉幕。

除了經費短缺之外，醫學人才匱乏也是推進醫藥衛生事業亟待解決的一個關鍵問題，為此教育部於1944年4月24日召開了「教育部醫學教育委員會第一次全體會議」。如後頁左上圖所示，褚民誼作為主持人與陸潤之等出席了會議，兩人分別站在前排中央時任教育部長李聖五的左右兩側。

以醫藥衛生為培養目標的「上海私立同仁大學」，由褚民誼任董事長和校長，自1943年7月間開始籌備，費時年餘，基本就緒，於1944年9月11日上午十時，在上海大同路該校舉行開學典禮。次日《新申報》（見後頁右上圖）和《申報》報道，「到校參加觀禮者，我方各機關長官到者有褚外長、陳市長代

1944年4月24日教育部醫學教育第一次全體會議攝影。教育部長李聖五前排居中，褚民誼和陸潤之分別位在其左右兩側[1.63]

1944年9月11日上海私立同仁大學行開學典禮（《新申報》1944.9.12）

> **上海私立同仁大學昨舉行開學典禮**
> 褚校長民誼親臨致詞
>
> 上海私立同仁大學，自醫院總本於實會醫院，原去年七月間，開始籌備以意擬將二學院同時成立，來，費時年餘，近始就緒，因藥學材料缺乏，儀器運

1944年9月11日私立上海同仁大學開校典禮紀念攝影。褚民誼和陸潤之分別位於前排右6和4[1.63]

第四章　一如既往，重視文體　219

表戴教育局長、陸衛生署長、孫理甫、林基……及醫學界趙正平、許力求、丁福保、顏福慶、張恩麟等。」日方代表有谷大使代表宇佐美公使、陸軍玉田陸軍醫院院長、海軍武官府、居留民團長、船津辰一郎等，及各界來賓、全體學生共百餘人。「行禮如儀後，首由該校校長褚民誼氏致開會詞，報告略謂『自大東亞戰爭發生後，盟邦日本政府鑒於英美在華設置醫藥學校、衛生機關大部停閉，中國民眾感醫療診治機關缺乏，頗為不便。故為救濟是項失學青年及患病人士痛苦起見，特在我國各地，設立同仁醫院，同時為養成我國有為青年醫學人才計，乃有上海醫科大學之籌備。自去年七月二十五日成立籌備會，決定設立醫藥衛生之學院，定名為私立上海同仁大學，並遵照教育部修正私立學校規程之規定，設立校董會，由同仁會宮川副會長與本人數度商榷結果，聘定陸潤之、聞蘭亭、吳震修、許冠群、顏福慶、樂文照、蔣□、郭順、袁矩範諸先生為校董，推本人為董事長。賴政府當局暨盟邦關係當局協助之下，籌備工作順利進行，並覓定長寧路前聖瑪利亞女校為分校，並經商定仁濟、宏仁兩醫院為本校實習醫院，原意擬將三學院同時成立，因藥學材料缺乏，儀器運輸困難，故將醫學院先行成立，本人兼醫學院長，聘定張素康先生為秘書長、東二郎先生為教務長、東京帝大教授都築先生為顧問、鶴見壽先生為總務長。人事決定後，乃向教育局辦理立案手續，承陳市長、李教育部長之贊助，准許立案……全部籌備工作於本年六月就緒之後，七月一日開始招生。惟因校舍太小，設備未臻完善，故經董事會決議，本期暫招學生三十名，俾各生均能靜心求學，於教授上得免顧此失彼之虞。詎京滬各地青年聞訊，紛紛要求入學者，竟達千餘人之多。對向偶者，本人實深抱遺憾之至，深盼中日政府當局長官、社會人士，此後加以指導督促，使本校完成此偉大使命。』詞畢當即請陳市長代表戴教育局長宣讀市長訓話，繼由陸衛生署長、谷大使代表、來賓陳中孚等相繼演說，並宣讀大東亞大臣近衛同仁會長恭賀電後，於十二時始告禮成。」前頁下圖是該校1944年9月11日開校典禮上的攝影。

　　褚民誼一貫主張醫藥並重，竭力維護民生不可或缺的藥品行業在淪陷區內之慘澹經營，自1940年底起他即被推舉擔任南京市新藥業同業公會名譽理事長。該會在褚民誼赴日出任駐日大使前，曾於1月12日在六華春舉行宴會，歡送話別。（《留日同學會會刊》[2.36] Vol.1，No.2）為了適應社會上對藥學人才的急需，褚民誼一如既往地支持和依靠藥業界舉辦形式多樣的各類學習班。由「南京私立藥學講習所」舉辦的培訓班深受業界歡迎，連續舉辦直至1944年

1944年9月17日南京市私立藥學講習所第七、八兩屆聯合畢業典禮攝影。褚民誼坐於前排右12，其左為陸潤之[1.63]

9月已達八屆。上圖示出了該講習所特邀褚民誼和衛生署長陸潤之等人出席第七、八兩屆聯合畢業典禮時的全體合影，圖中可見，在前排中央褚、陸兩氏前面的草地上，分別擺放著兩屆畢業班的紀念獎盃，以茲鼓勵。

　　褚民誼在淪陷區內努力促進醫藥衛生事業發展的同時，還千方百計地推動群眾體育運動。如前第三篇第八章「全民體育，重在健身」中所述，早在九一八事變後，他即為增強國人體質，於1932年負責籌備召開首次教育部「全國體育會議」，繼而執掌「教育部體育委員會」，並在籌備召開第五和第六屆全國運動會、組團出席第11屆奧運會、大力提倡國術、普及他所創編的太極操、以及開展民眾喜聞樂見的體育活動等方面，做出了不懈努力。

　　1940年南京政府成立後不久，褚民誼即重啟舊業，教育部再度任命他為「教育部體育委員會」委員長，在他的主持下召開了教育部體育委員會第一次會議。後頁上圖是出席會議的全體成員的合影，褚民誼位於前排居中，張超、吳圖南、顧舜華等人出席其間。會議發出了積極開展國民體育運動的號召，並由教育部將太極操確定為國民體操，不僅在學校而且在民眾中大力普及推廣。為了培養和提高體育師資水準，嗣後即在國立師範學校內附設國民體育人員訓

1940年教育部體育委員會第一次會議合影。委員長褚民誼位於左5,其左為張超,其右2為吳圖南,後排左2為顧舜華[1.63]

1941年1月國立師範學校附設國民體育人員訓練班開學典禮攝影。褚民誼前排居中(左9)就坐[1.63]

練班，於1941年1月舉行開學典禮，前頁下圖是開學典禮時全體人員的合影，主要負責人褚民誼坐在前排正中。此後不久他就離京出任駐日本大使。

1941年底，褚民誼回國後，即著力重建中國體育協會，於1942年2月10日召開全國體育代表大會，改選中國體育協會理事會和監事會。下圖是該次全國體育代表大會的合影，攝于中日文化協會建國堂前，會議主席褚民誼就坐於前排中央，來賓宣傳部長林柏生和內政部長陳群位在他的左側。嗣後，《民國日報》於是年3月16日報道，「中國體育協會全體理監事宣誓就職典禮，業於昨（3月15日）下午三時在中日文化協會隆重舉行。到各有關機關代表及全體理監事十餘人，由褚會長主席。行禮如儀後，即由褚會長致詞，略謂：『體育在實行新國民運動聲中，是非常重要。過去我國是德智體三育並重。在事變前體育尚稱發達，自和運以來，體育是不十分進展。中國體育協會此次改組強化，實是負起復興我國體育的使命。』詞畢，由社運會代表潘鼎元致詞後，即由褚會長領導全體理監事宣誓就職，旋即開首次理監事聯席會議。」出席會長褚民誼，理事長張超及理事趙如珩等九人，監事長郭秀峰及監事王庚等五人。褚民誼主席，記錄顧舜華、徐英。討論議案多件，至四時始散。

1942年2月10日中國體育協會在中日文化協會召開全國體育代表大會的合影。主席褚民誼前排居中就坐（右9），其左右分別是林柏生和陳群[1.63]

第四章　一如既往，重視文體　223

會上討論決定了如下議案：在常務理事會之下設立總務、指導、競賽、宣傳四組，其成員由常務理事會推定，以會長名義聘請之；函請各院部會利用工餘時間，提倡正當娛樂，組織體育會，鍛煉身心；於國府還都二周年紀念之際，循例進行主席杯足籃排球比賽，並邀請上海分會或熱心人士組隊來京舉行表演賽；因物價高漲，本會運動場未成工程已估就造價，積極設法借款興建；向宣傳部申請補助本會體育月刊經費，以便繼續出版；鑒於田徑人才短缺，函請各省市規定於四月份起，每月至少進行田徑測驗一次，並請專家到場指導。此外還討論了聘請日本及海外華僑等熱心體育人士擔任本會名義職，以贊襄會務等事項。最後決議理監事會議每月進行一次，由會長召集之。

從此，在新改組的中國體育協會等單位的積極組織和推動下，多種多樣的體育活動，便在南京以及淪陷區的廣大地區內普遍開展起來。戰亂中南京的大型運動場受到嚴重破壞，上述第一次理監事會的決議中，將修建運動場作為一項急務，《民國日報》（1942，6，7）在一則消息中報導稱，中國體育協會主辦之首都體育場，「經改築古城式樣及大看臺後，全部已告竣工，故主席杯足籃排球聯賽，又將繼續舉行」等云。

褚民誼於1931年創編的太極操，融中國傳統太極拳和西方體操之優點於一體，具有「省時、省錢、省力」老少皆宜的特點，事變前即被教育部列入中小學體育課程，在南京、上海、天津等地多次舉辦太極操師資培訓班，並在第五、六兩屆全國運動會和華北等地區運動會上舉行過大型團體太極操表演，這項運動已逐步植根在廣大學生和民眾之中。[1.39]

事變後，南京政府教育部又進一步將太極操確定為「國民體操」，並在褚民誼主持下，如前所述，在國立師範學校內設立了國民體育人員訓練班培養骨幹，加大了推廣太極操的力度。對此，南京等各地積極回應，還相應成立了「國民體操促進會」等組織，努力加以推行。《民國日報》（1942，5，30）上發表的題為「國民體操促進會主辦全市學生大會操，將於下月十日舉行」的報道中稱：「自教育部規定太極操為國民體操，通令全國學校一律實行後，京市各學校均一體奉行，並不時進行會操。頃悉，本市最近將再發動大規模學生大會操，約於下月10日舉行，日內召集各中小學體育教員開談話會，商討一切。按京市國民體操促進會將在下月6日，中國體育復興周內產生，屆時由該會主辦是項大會操云。」

該篇報導中所說的「體育復興周」，據《民國日報》（1942，5，20）上

透露，系由中國體育協會會長褚民誼發起，擬定於6月6日至10日舉行，期間將有各種單項運動協會之成立，中日田徑、越野跑表演，國民體操檢閱，以及足籃球表演等。並希望「以後每年此日順序進行，以期喚起全國體育界團結一致，努力向體育事業發展，以臻民族健康。」嗣後，該報於6月7日報道稱，中國體育協會主辦之體育復興周，自籌備進行以來，一切就緒。嗣因褚會長奉派訪日，尚未返京，故決定展期舉行。

然而，前述業已籌備竣事的南京全市學生大會操，則仍按期於6月10日舉行。《民國日報》當日預告了該國民大會操的簡況，謂「京市中學生千名，定今晨十時，集中於中央軍校操場，舉行國民操大會操。屆時周市長及教育局楊局長，均前往主持。昨日下午，各中學學生，並集中於軍校操場預演云。」下兩圖示出了1942年春在中央陸軍軍官學校操場舉行國民操大會操時的壯觀場面。

當時，太極操的推廣，幾乎達到了家喻戶曉的地步，甚至深入到那些對兒童實施仿古教育、不曾設立過體育課程的私塾中。《民國日報》（1942，10，5）上刊登的一則題為「京市四私塾推行太極操，徐辛酉任義務教授」的報道中稱：「太極操自經外長褚民誼發明，各學校、各團體先後推行，成績殊屬優良，有益於國民體育，良非淺鮮。惟京市各私塾，關於太極操一項，迄今尚付闕如，影響兒童體育至重且巨。本京師竹、新民、養正、培蔭四私塾，有鑒於斯，爰特聯合敦請太極操專家徐辛酉，分別輪流教授，俾使兒童咸有運動良機。徐君為普遍推行，造福兒童起見，亦願義務教授。按京市各私塾辦理體育，此次尚屬創舉，此後各私塾兒童體育方面，定能與公立各學校，並駕齊驅，誠屬體育界之良音也。」

1942年春在中央陸軍軍官學校操場進行國民體操（太極操）大會操時的情景

淪陷區內，除南京以外的其它省市地區也積極予以回應。例如，1942年10月4日，中日文化協會安徽省分會在當時的省會蚌埠成立，作為中日文化協會總會理事長的褚民誼專程赴皖，出席其開幕式，並於會後進行短暫訪問。（《民國日報》1942，10，5）據現存於「褚民誼特藏」[1.63]中，該分會事後贈褚氏的此行紀念相冊中之記載，其間曾召開「安徽省會體育表演大會」，褚民誼應邀出席並講話。左下圖為大會開幕式上的團體國民操表演，主席臺上可見居中站立之褚民誼背影。

　　這裡值得提出的是，太極操作為國民體操在民眾中的廣泛推行並受到熱烈歡迎，催生了全民「廣播體操」這一創新事物的問世，在我國群眾體育運動發展史上具有里程碑意義，太極操從而也成為我國第一套國民體操和全民廣播體操而載入史冊。這套廣播國民體操，當時由南京中央電台每天上午向全國廣播。廣播分為兩個時段，第一時段從八時零五分開始，對民眾傳授方法；第二階段從九時整開始，以口令和音樂伴奏，引導學生進行集體操練。《民國日報》等媒體，積極與之配合，除公告廣播時間外，還對體操動作進行圖解說明。右下圖轉載自1942年11月12日的《民國日報》，其上對廣播國民體操中，編號第十二的腿平圈動作（太極操第四段練足腕膝腿之動作二），附以簡圖，對其預備姿勢、動作、方法、口令以及所配音樂之節拍，逐一進行說明。

　　事變前曾由褚民誼提倡的放風箏、踢毽子等民眾喜聞樂見的娛樂性體育活動，現在也逐漸活躍起來了。1942年春，時值紀念南京國民政府還都二週年之際，在首都舉行了大型的民眾風箏比賽和中小學生踢毽子比賽活動。前者由中日文化協會與南京市社會局聯合舉辦。現今南京檔案館內保存有當時南京特

1942年10月安徽省會體育表演大會開幕，褚民誼在主席臺上檢閱團體國民操（太極操）表演[1.63]

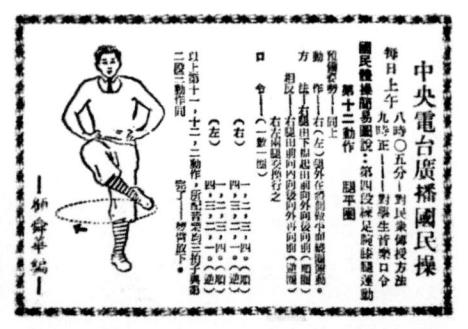

《民國日報》（1942，11，12）上刊登的中央電台廣播國民體操的動作示範

別市政府社會局的檔案資料，在其關於國府還都二週年紀念活動的材料（全宗號1002，目錄號2，卷號1586）中，有兩份涉及該次風箏比賽的來往公文。眾所周知，風箏比賽深受民眾歡迎，參與者和觀賞者歷來均十分踴躍，為了維持良好秩序，社會局於3月21日致函西區警察局（公文順序號7）請求予以協助，文中稱，「首都民眾風箏競賽大會，定於三月卅一日下午二時起，在清涼山開始進行，連賽三天，業經大會函請各院部會長官蒞場評判，頒給獎品，所有會場秩序，應請貴局飭派長警前往維持，以策安全」等語。另一封公文（公文順序號12）則是邀請和通知褚民誼「擔任評判，並先期於二十八日（星期六）下午四時，在中日文化協會藝術組，召開評判員談話會，請察照，準時蒞臨為荷。」從上列兩份公文中，可略見組織該賽事的一些細節。

至於上述中小學生踢毽子比賽活動，則於4月2日結束後，又專門安排在5月3日，在褚民誼親自主持下，舉行發獎典禮。《民國日報》（1942，5，4）上報導稱，「中日文化協會，前於國府還都二週紀念時，舉行之中小學生踢毽比賽，業於上月2日舉行完畢，特於昨日上午十時在該會舉行給獎儀式。當到有參加中小學等廿餘單位，學生一百餘人。由褚理事長親臨給獎，並闡述踢毽運動之意義，語多勖勉。」優勝者計有小學組盤踢和交踢，中學組盤踢和交踢四個組，每組各三名，以及中小學表演組六名（所公佈的得獎者姓名和所屬學校的名稱這裡從略），各得銀盾、銀盃、獎旗及文具品等獎品。其他各校參加學生而未錄取者，均由該會發給鉛筆、簿本、文具等獎品，藉示鼓勵，直至十一時許始畢。

接著，第二屆踢毽比賽，於1943年3月3日在中日文化協會新建成的興亞堂舉行，由市公私立各中小學校選送代表每校三人報名參加，分為男生盤踢組和交踢組，女生盤踢組，不分性別的表演組，以及民眾組，進行比賽。取每組優者五名給獎。（《中報》1943，2，25）

與此同時，各種形式的運動會，也在當時的條件下相繼舉辦起來，1942年內就先後有過三次規模較大的運動會。據《民國日報》（1942，5，3）報道，中日文化協會、中國體育協會和日本南京體育協會，昨日假座中日文化協會舉行首次籌備會議，由褚民誼主席，議決由三團體聯合主辦「中日聯合運動會」，聘請褚民誼外長和重光大使擔任大會名譽會長，大會籌備處設在中日文化協會內，大會所需經費由大會向各方捐助，不足之數歸主辦單位分攤。此外還對大會的舉辦時間和地點、競賽和表演項目、參加人數以及大會職員等問題

分別作出決定。該運動會原擬作為一個項目，在前述由中國體育協會發起的「體育復興周」內進行。後因活動延期，而改在6月20日假中央軍官學校操場舉行。到褚部長、周市長、楊教育局長、日澀澤總領事、前田體育協會會長等以及全體裁判員和來賓共約二百餘人。上午九時開幕。運動員入場式和團體操表演後，即舉行田徑比賽，下午繼續並進行馬拉松賽跑，至下午五時許運動結束，旋由褚會長致閉幕詞，並發表成績和給獎。（《民國日報》1942，6，21）

繼1940年6月在日本東京首次召開「東亞運動大會」（簡稱「東運會」）之後，第二屆東運會於1942年8月轉至滿洲新京長春舉行。為準備參加這次東運會，南京政府教育部自1942年5月份起即佈置南京等各地教育局進行選拔工作，並於6月20日發佈首批參加東亞運動會籌備委員會委員名單。聘請教育部體育委員會委員長褚民誼任籌委會委員長，教育部次長戴英夫及華北教育總署署長張心沛任副委員長，常務委員為教育部司長趙善銘、趙如珩，外交部顧問張超等七人。並敦請行政院院長汪精衛為名譽委員長，其他政府各院院長、華北政務委員會委員長及蒙疆德王為名譽副委員長，各部會及各省市長官為名譽委員。（《民國日報》1942，6，20）

接著，於6月25日下午在教育部舉行第一次籌委會議，由李教育部長、褚委員長、戴副委員長主持。會議討論修正通過了「參加東亞運動大會全國決選注意事項」草案，其中增加國術及出國代表體格檢查兩項。關於派出代表之名額，由原預算所定之職員15人和選手45人，另加排、棒球兩隊各12人及國術組6人，共計90人。並決定全國決選於7月11日至20日借南京中央陸軍軍官學校場地及中央大學宿舍進行，聘任以褚民誼為委員長的全國決選委員會，分為田徑、球類及國術三組組織決選。（《民國日報》1942，6，26）決選活動結束後，於7月21日至27日在原地舉行集訓。集訓之初，由褚民誼和趙如珩選出選手代表十餘人，於21日下午觀見南京政府主席汪精衛。（《民國日報》1942，7，22）集訓結束，最終參會名單確定後，汪主席又于28日下午特假國際俱樂部茶會招待行將參加東運會的全體職員及選手，並親行授旗禮。當晚籌委會名譽會長教育部長李聖五，為慰勞全體職員並勗勉出國健兒，在中德文化協會舉行冷餐會。臨行前，全體職員和選手在總領隊褚民誼的率領下，於30日上午恭謁國父陵寢，次日即乘津浦車離京北上赴賽。褚民誼由於公務繁忙，隨後趕往匯合（《民國日報》1942，7，29；31）第二屆東亞運動會於8月8日上午10時開幕，中日滿選手680餘名參加競賽，至8月11日下午閉會結束。（《民國日

報》1942，8，8-11）

此後不久，迎來了雙十國慶日，教育部等單位聯合於10月10日舉行「首都學生運動大會」。通知發出後，各校積極回應，進行訓練和選拔。10月6日《民國日報》上（見右下圖），公佈了籌備處於5日聘定的大會職員和裁判員名單，其中褚民誼及教育部長李聖五和南京市長周學昌任名譽會長，宣傳部長林柏生任會長，褚民誼還兼任總裁判長。

運動會的田徑預賽，先於10月9日上午十時在國立中央大學體育場開始舉行，到大會副會長、副總裁判長等，暨新運會服務隊、各大中學校選手及學生等千餘人，至下午五時始畢。10月10日上午進行田徑決賽，並作團體操、國術及足籃球等項目的表演。（《民國日報》1942，10，10）

接著，《民國日報》於10月11日報道，「紀念國慶首都學生運動大會，於昨下午三時，假天津路中大操場舉行盛大揭幕禮。下午二時，各校田徑男女選手及參加球類表演球員，參加檢閱童軍暨國民體操學生，均入場列隊。各隊學生，制服整齊，精神煥發。市民入場作壁上觀者，不下萬餘人，情緒至為熱烈。三時整，舉行大會揭幕儀式，汪主席親臨檢閱，政府長官到褚外長、李教長、劉總參謀長、陳秘書長、周市長、樊校長、李警備司令……等。」開會行禮如儀後，汪主席即訓話勉勵。「訓話畢，全體運動員由新運會服務隊，持火炬先導繞場一周，行抵司令台前，並行注目敬禮。運動員退出後，旋開始國民體操，由顧舜華擔任指導，參加者有模男女中、一中、二中、女中等學生共一千二百名。繼為童子軍檢閱，參加者……共七百零八人。各校學生及童子軍動作，至為敏捷整齊。「迄五時許始行檢閱完畢，末為中距離接力賽及球類表演，均精彩異常，六時許大會始圓滿結束。」

健康是人生最寶貴的資本，褚民誼為解國人體質長期羸弱之痛，大聲疾呼，身體力行，積數十年之經驗，提出了一系列增進民眾健康的主張，發明了以太極操為代表的諸多創新活動方法，並將此作為全人類的共同財富，不僅在國內大力推行，而且還不失時機地向世界推介。早在1930年，他作為我國參加

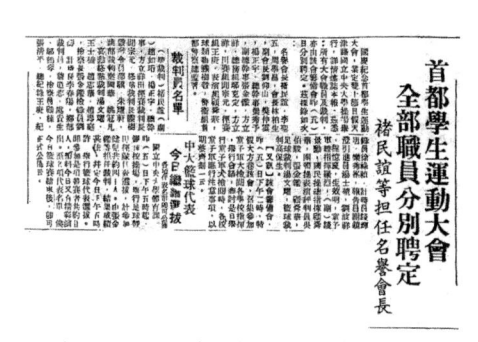

942年10月10日國慶日舉行首都學生運動會的全體職員名單發佈（《民國日報》1942，10，6）

比利時國際博覽會的總代表,便將國術科學化的太極拳推手器械帶到會上展出,親作演示,獲大會最優等獎,會後還接著到法國和美國等地表演(詳見第三篇第四章之第三節「精心組織,博覽爭光」)。1936年在德國柏林召開第11屆奧運會,我國第一次大規模正式組團參加,褚民誼是其中的一位主要組織者。他將我國近年來發展體育運動的經驗,特別是推廣太極操五年來所取得的顯著成果進行了總結。除當年主編《太極操特刊》[1.39]一書在國內發行外,還特意以德文並輔以法文和英文,編寫了《中國太極操:圓形體操》[1.40]和《中國體育——想像力和創造力》[1.41]兩本專著,獻給第11屆奧運會,並通過派出國術團在會上和會下表演,以及放映專題影片等活動,將太極操推上了國際舞臺(詳見第三篇第八章之第四節「奧林匹克,國術揚威」)。可惜由於1937年盧溝橋事變爆發,我國體育運動發展方興未艾之勢被迫中止。如前所述,在褚民誼的宣導下,從1942年起體育運動在淪陷區內又逐漸恢復其生機,太極操被列為國民體操,在學生和民眾中重獲推廣。褚民誼藉參加於1943年4月17至18日在東京召開「第二屆東亞醫學大會」之機,發表了題為〈健康與太極操〉的特邀報告[1.58],親自登臺演示,全面系統地將他增進健康的主張和行之有效的太極操再度推介於世。

4月19日《申報》上刊登了來自東京的報道,東亞醫學會第二屆大會,二日來經數十人之特別講演與普通演講,於18日圓滿閉幕。「當日上午八時開會,首登壇者為中國外交部長褚民誼氏,持各種器具,偕同助手隨講隨演約一小時。氏所講者為氏十三年來提倡研究之『太極操』……極為聽眾注意。下午開會,褚氏任主席。」五位來自中、滿、日的專家教授相繼演講後,大會閉幕。

該報還刊登了一篇對褚民誼講演的專題報道:「十八日為第二屆東亞醫學會第二日,國府外交部長褚民誼博士攜帶壓力計……等十二種。首先說明太極操之效能,略謂『健康之積極保持與

《中日文化》月刊[2.35]Vol.3, No.2-4 (1943,4)上發表的褚民誼的特邀演辭〈健康與太極操〉[1.58]

增進在鍛鍊身心。然鍛鍊身心之方法不可過難，以無論何人均可隨時練習為貴。』至此褚博士舉桌上之器具，說明各種測定體力方法後，解說太極操謂。太極操脫胎于宋時中國武術界武當派之太極拳，余復應用近代醫學原理加以改良與補充，其與歐美之運動與鍛鍊方法迥乎不同。兩者初視頗類似，但在其動作之原理則顯有不同。至此，褚博士呼出助手一人，先令表演太極拳。復以雞蛋、石子向空中拋去，說明其柔軟動作之原理。嗣復以助手為推手實地表演。並說明太極操之動作，約分手腰腿三段，細分則有十個動作。復開演太極操之電影，介紹其實態，約歷時十分鐘。最後，褚博士又說明太極操之特長，在不費時、不費力、不費錢。各國代表傾聆之餘，咸認為此為純中國式之運動，無不一致稱讚云。」

會後，他的這篇演講以〈健康與太極操〉[1.58]為題，如前頁右下圖所示，全文發表在《中日文化》[2.35]第三卷第二、三、四期的合刊（1943，4）上。文章以「健康是人的基本資產」的命題出發，從先天遺傳和後天努力，消極的衛生防禦和積極的體育鍛鍊等諸方面，全面分析了獲得健康的方法，明確指出過分講究衛生而忽略提高本身自有抵抗力，以及體育偏畸太過而導致傷害身體的兩種有礙健康的弊病。為了運動得當和普及，他提出並闡發了動作上「三要」（要慢、要柔、要圓），方法上「三不」（不費時、不費錢、不費力）和評定上「三驗」（檢驗體格、測驗體力、考驗體能）的主張。進而以他自己在體育上的長期體驗，介紹了中國自元代創立的太極拳深合科學哲理的精妙之處，並說明在此基礎上創編出來的太極操，既擷取了太極拳的精義，動作符合「三要」；又具備便於推行的「三不」特點，是一種良好的運動方式，值得在民眾中大力推行。

他在文中結尾時寫道，現在南京國民政府教育部將「太極操，定為國民體操，凡屬國民，全應當依法鍛鍊，全國各地，同時奉行。預想此後中國國民，自小學到大學，前後十五六年的長期，果能嚴厲推行，由淺而深、由簡而繁、由易而難，不使間斷，未來的國民體魄，必定是健康絕倫，這是本人半生從事體育的最大希望。假使太極操的根底立定之後，更進而練習太極拳和推手，由體魄健康，至於角勝致用，那不但是本人的希望，簡直是中國之幸和東亞之幸了。」

褚民誼這篇長13頁近二萬言的長文，全面總結了他發展體育運動、增強民眾健康的思想和主張，雖然這些內容在事變之前已多有闡發（詳見第三篇第八

章「全民體育，重在健身」）；但是正如該文編者按中所指出，褚先生的這篇演辭，「對於健康問題，發揮盡致，且多未經人道之語，故選刊於此，以告注意民族健康者。」本節附錄中摘登其要者，以更全面地加以展現。

除了上述以健康為中心的醫藥衛生、體育運動等各項活動外，褚民誼還很重視美育，不但自身愛好，如長於書法和攝影等，而且積極支持開展各種美術活動，特別是有利於廣泛交流和普及的美術展覽及其場館建設。早在1924年首次在歐洲舉辦中國古代和現代美術展覽會上，他即和蔡元培一起被推舉為大會的名譽副主席和主席。1930年他作為中國參加比利時國際博覽會的總代表，又將中國現代著名畫家的作品帶到比利時展出，並在法國等地展覽。已如本書第三篇第十章「提倡美術，酷愛攝影」中所述，教育部曾於1929年和1937年先後召開過二次全國美術展覽會，褚民誼積極參與組織，任總務委員會委員和常務委員，並在第一次展會上有多幅攝影作品展出。1935年他作為籌備委員會主任，在南京建築規模宏大的國立戲劇音樂院（後改名為國民大會堂）及其旁的美術陳列館。1937年4月，作為落成典禮，第二次全國美術展覽會就是在這座新建的美術陳列館內舉行的。

事變後，在褚民誼積極創議下，於1940年成立起來的「中日文化協會」，是在淪陷區的艱難條件下，開展各種文化活動的一個重要平臺。如本章第一節「文化溝通，化解干戈」中所述，協會成立之初的章程中就將「文化展覽會之舉辦」以及「圖書館、博物館、美術館等之設立及協助」列入該會應舉辦的文化事業之中。該會的會所設在原「公餘聯歡社」的舊址內。其所稱的「和平堂」和「建國堂」，用的是現成建築，尚不能滿足大型集會和舉辦大規模展覽會之需，在建會初期即將建設陳列館、圖書館等建築提上了議事日程，並於《中日文化協會周年紀念特刊》[3.48]上公佈了設計圖案。為達此目標，首當其衝的是經費來源問題，其困難在當時的情況下可想而知。經褚民誼在駐日本大使期間的多方努力籌措，得到了來自興亞院的捐助，陳列館遂得以於1941年12月動工修建，並相應地冠名為「興亞堂」。（《中日文化協會第一次全國代表大會特刊》[3.52]）

在陳列館建設落實之後，據1941年8月13日《民國日報》上披露，「中日文化協會，為慶祝成立二周年紀念，特舉辦第一次全國美術展覽會，定于本年雙十節在本京舉行。出品項目分中國畫、日本畫、油畫、金石、書法五類。所有漢口、蘇州、上海、杭州、廣州、華北等各地出品，已由該會令飭各地分會

進行徵集，統限於9月20日前送交南京總會云。」

1942年9月1日出版的《中日文化》月刊[2.32]第2卷第6-7期上，刊登了中日文化協會第一次美術展覽會籌備委員名單。外交部長褚民誼和日本駐華大使重光葵任名譽會長；國府委員溥侗和行政院政務委員蔡培分任會長和副會長；常務委員有考試院院長江亢虎，內政部長陳群，教育部長李聖五，交通部長丁默邨，宣傳部長林柏生，中日文化協會常務理事船津辰一郎以及上海、武漢、浙江、廣州和江蘇分會理事長李士群、張仁蠡、徐季敦、林汝珩和袁殊；委員有方君璧，吳湖帆，陳柱，陳宗虞，張超，清水董三，松村雄藏，池田千嘉太，谷田閱次和今關天彭（還有由各分會推薦二至八人為委員）。此外還設有顧問，由日駐華公使、興亞院華中聯絡部次官和文化局長，寗、滬、漢、蘇、杭、穗之日特務機關長，上海市長陳公博，以及浙江省、湖北省、廣東省和安徽省政府主席傅式說、楊揆一、陳耀祖和高冠吾擔任。為開展工作，在委員會下設立總務和審查兩組，前者由張超等人負責；後者由溥侗，方君璧等人負責。

嗣後，由於興亞堂竣工日期延後，遂將協會二週紀念、興亞堂落成暨美展揭幕三個典禮，同時於10月30日舉行。《民國日報》於次日報道，30日下午三時紀念典禮在協會和平堂內隆重舉行，「到名譽理事長汪主席、重光大使，名譽理事徐蘇中，興亞院太田長官，理事長褚民誼，常務理事陳群、林柏生，理監事陳春圃、陳濟成、蔡培、樊仲雲……等，及全體會員，滬、漢、粵、蘇、杭、皖、華北等各分會代表，」暨首都中日來賓等計數百人。「行禮如儀後，褚理事長首致開會詞，總幹事張超報告二年來會務經過畢，即敦請名譽理事長汪主席致訓，嗣由重光大使及興亞院太田長官等相繼致詞，繼由褚理事長答詞畢，即修改會章，改選理監事，紀念典禮於焉告成。至四時正，褚理事長又引導全體來賓、會員等齊赴興亞堂前，舉行落成典禮，首由興亞院太田長官剪綵後，褚理事長隨即啟門。全體隨汪主席魚貫入堂參觀第一次美術展覽會。全部出品，總計三百餘件，均由總會及滬漢等各地分會選送彙集，計分書法、國畫、日本畫、篆刻印章、油畫、水彩畫等各部門.「隨即在興亞堂內，舉行茶會，招待來賓，並全體在興亞堂前攝影留念而散。又至五時由上海戲劇學校學生等表演京劇，七時半舉行音樂大會，招待會員暨來賓，以助餘興，而資慶祝。」該報於活動的當日，在公佈大會秩序的同時，還預告了遊藝節目的內容。晚間的音樂會內容豐富，有中國古樂大紅袍、畫片劇王昭君以及軍樂隊的演出，節目單中除列有行進曲、圓舞曲、交響曲、歌劇等項演奏外，還有「中

國國民體操曲」和「太極歌」的演出，引人矚目。

全國美術展覽會自次日，即10月31日起對外開放以來，《民國日報》（1942，11，12）上報道，中日人士以及各校團體前往參觀者至為踴躍，於11月10日下午四時閉幕。

接著，在1943年11月21日紀念中日文化協會成立三週年之際，同時在南京舉行第二次全國美術展覽會。據《中報》（1943，11，19；21；22）及《京報》（1943，11，22）報導，會前20日晚上即開始舉行演講和電影餘興活動。21日下午三時在理事長褚民誼的主持下于中日文化協會和平堂舉行協會三週年紀念大會。會前下午一時在興亞堂舉行第二次全國美術展覽會揭幕典禮，內容計有全國各地現代畫家作品一百二十餘件，數量雖不多，但均為各地方分會精選出來的佳作。前往參觀的有參加紀念大會的總會和各地方分會的代表、中日來賓，以及中大學生、市立二中、日高等女中、日中學校學生等約計千餘人。晚上在和平堂舉行音樂會暨該會武術班表演。次日美展開放，直至11月27日結束。

褚民誼對遠在華北地區的文化體育活動也十分關心，並抓住不多的訪問機會，親臨視察指導。如本篇第三章第四節「收回租界，撤廢法權」中所述，在圓滿結束收回列強在華的全部租界之際，他於1944年代表中央北上監督交接最後的義大利在天津的租界，以及視察已接收各租界的近況，於8月16日由南京飛抵北平，轉道赴津。他在北平停留期間，在頻繁進行外交活動的同時，受到了華北文化體育各界的熱烈歡迎，《華北新報》連日來予以披露。

8月18日晨八時許，北平體育界人士李洲、趙亞夫、許禹生、阮蔚村、陳文海等，聯袂晉謁褚民誼部長。該報於次日報道，「褚部長首先垂詢華北體育之近況，當由李、趙兩君分別報告後，褚部長對於今後華北大規模之運動會，認為化整為零，改為地方制之運動會，於決戰體制下之體育方針頗為符合。並稱，在九月期間將於上海開全國體育會議，刻正由教育部及社會福利部會同進行中。惟對於本年十月間在上海舉行之全國運動會，據本人之意見認為，彼時正值各學校開學之時期，如各地方健兒，預選、訓練以及赴會參加各事，需時甚久，不若改為『地方制』，各自辦理為宜。至為今日體育採用明星制運動員，應加廢除，使各個人得有體育訓練之機會，而趨向於普遍化，方為正確云云。」又華北體協於是日在留日同學會歡宴褚外長。

是日下午三時，華北體育月報社，在華北教委會情報局和華北體育協會等關係方面贊助之下，在北京中南海游泳池舉辦「京津游泳比賽大會」，《華

北新報》（8，20）報道，出席者有該社名譽董事長褚民誼部長，偕全國體協常務理事張超公使、外交部高齊賢秘書主任，以及董事長吳承湜、政委會張仲直次長，京市財政局長、津市社會局長、京市府專員、教育總署代表、華北體育協會常務理事趙亞夫暨大會職員、選手、觀眾共三千餘人。「行禮如儀後，首由該社董事長吳承湜致開會詞、次由名譽董事長褚民誼部長致詞，繼由政委會張仲直次長致祝詞，旋即開始競技，共計男女十三項競技。」男子組一百公尺自由式及背泳兩項，均打破過去華北最高紀錄，實為大會收穫不少，至五時三刻賽畢。」即由大會發獎。褚民誼的致詞在提倡普及游泳運動的同時，強調「體育普及」之宗旨。略謂，「體育之功用，對於吾人進德修業上，實有密切之關係，東西各國皆重視之。「所惜我國體育事業，向不講求，縱有少數運動會之舉行，又僅側重選手之競技，殊失體育普及之宗旨。此種畸形發展，實有加以糾正與改進之必要，務使鍛鍊體格之各項運動，普及於廣大群眾之間，庶可以收『健民健國』之實效。此次京津游泳比賽會之舉行，用意不外喚醒國人重視此項運動之功效，觀摩砥礪，使之普及民間。此後風聲所播，必能使全國國民資為借鏡，更望諸君以先覺而覺後覺，汲引游泳之後進，則光大發揚，當屬意中事也。」

8月20日褚民誼視察新民會的先農壇中央訓練處，並參加體育座談會。《華北新報》於次日配以照片（見後頁圖）詳加報道。上午「十時許褚外長乘汽車偕張超公使、國府軍委會駐京辦事處郝稚暉處長、李洲等一行抵先農壇中訓處。「下車後，即至處長辦公室休息，當即由彭（黎民）副處長說明訓練處工作推進、訓練實施之要求，與受訓人員之生活狀況等，極為綦詳，即開始參觀各部。首先參觀學生宿舍，學生精神振奮抖擻，褚部長對此頗表滿意。繼至即將落成新廈，如禮堂和『保健醫院』參觀，對『保健』二字用法很覺適當，參觀畢，即與受訓同學講話，達一時之久。對近年來國府收回租界及最近之津義租界之收回經緯，闡述極為詳盡。講話畢即與該處彭副處長以次各幹部同拍一影，以資紀念，直至十二時許。褚外長一行辭出後，褚氏即赴北平市公共體育場參觀。褚氏巡視一週後，即垂詢建築經過，對於該場建築頗表滿意。」

繼而，「新國民體育學會，為歡迎褚民誼兼名譽會長蒞京，特於是日下午三時，在北海公園董事會舉行體育座談會。屆時出席者有褚民誼部長、張超公使、高齊賢秘書、新民會喻（熙傑）副會長、吳秋塵部長、吳承湜會長，及李洲、趙亞夫等七十餘人。由李洲理事長司會，開會後首由吳承湜會長致開會

詞，繼由褚部長致詞，對當今體育界問題發揮綦詳。最後由喻副會長致詞即行散會。會後並舉行崑曲助興，並聘崑曲家韓世昌演唱，褚部長特別清唱全部臨江會，實大聲宏，一時賓主極盡歡洽云。」

接著，據8月23日《華北新報》報道，「中國文化團體聯合會為歡迎國府褚外長北來，特於昨日下午三時，在北京飯店舉行茶話會。屆時除該會會長錢稻孫、理事長范宗澤、副理事長柳龍光出席招待外，褚外長、張超公使均行出席。各界來賓，到有政委會顧問阪本龍起、廣播協會會長周大文、情報局長管翼賢代表、教育總署文化局長劉士元，及林文龍……等文化界人士一百餘人。開會後由錢稻孫會長報告開會經過，繼由褚部長講話，對當今文化界各問題抒發綦詳，共達半小時之久。後由柳龍光副理事長致詞，廣播協會周會長致詞，最後由范宗澤副理事長至閉幕詞，即宣告閉會云。」該報在披露這條消息的同時，還以〈華北文化人歡迎褚外長〉為題，發表短評謂，「中國文化團體聯合會昨日歡迎名譽理事長褚民誼氏，舉行懇談，情緒極為熱烈，吾人對此舉深覺其意義非常重大。「代表我華北文化界之中國文化團體聯合會與褚外長作極熱烈之懇談，乃為華北文化界領導團體第一次歡迎中央大員。其出席者不但為華

1944年8月20日褚民誼在北平訪問之片段（《華北新報》1944，8，21）[1.63]
（左上圖）褚民誼（前右）視察先農壇中央訓練處。由彭黎民副處長（前左）引領
（右上圖）褚民誼（前右2）參觀北平市公共體育場
（左下圖）新國民體育學會在北海公園董事會舉行體育座談會歡迎褚民誼兼名譽會長（起立致詞者對面）范京

北一流學者，抑且為久負盛譽之矢志文化建設者。褚氏今以該會名譽理事長地位，與我華北諸權威的文化指導者懇談聯歡，相信於今後華北文化進路，必多有所指示與貢獻。」

此外，該報稱「北京佛教會，為歡迎褚民誼外長，特於昨日（二十二日）上午九時假西四宏慈廣濟寺內舉行歡迎會，屆時平市中日各佛教團體及各寺院主持僧眾，均行出席。褚外長於九時蒞臨，當由廣濟寺住持顯宗率闔寺僧人出迎。褚外長進寺後，首至大雄寶殿拈香拜佛，旋由顯宗陪同在寺內參觀一週，即至五觀堂內會場，舉行開會式。首由佛教會全朗法師致歡迎詞，繼由褚外長致詞，大意謂『希望世人本佛教光明正大之旨宣揚佛法，使世人相親相愛，期戰局早息，和平早現』云云。最後由敬天會會長白堅致詞畢，同進茶點，至十二時始行散會云。」

如前第三篇第六章之第三節「三民主義，電影促成」中所述，褚民誼一貫重視電影事業之健康發展。事變後淪陷區內之電影事業歸南京政府行政院宣傳部主管。據《新申報》（1943，5，13）報道，原有的「中華電影股份有限公司、中華聯合製片股份有限公司、上海影院股份有限公司，為適應戰時文化宣傳體制，奉令遵照國府行政院宣傳部頒佈中國電影事業統籌辦法，合併為中華電影聯合股份有限公司」，於五月十二日在上海舉行創立會，會上選舉宣傳部長林柏生為董事長，川喜多長政為副董事長。並由股東出面提議，通過聘請陳公博、周佛海、褚民誼為名譽董事長。褚氏此次北上亦與華北影藝界多有接觸，據1944年8月23日《華北新報》報道，「國民政府外交部長褚民誼，昨日上午十一時，特偕張公使，赴影藝學院參觀。屆時由龜谷利一院長領導，赴內

1944年8月22日褚民誼（右）訪問影藝學院時對全體學生講話（《華北新報》1944，8，23）[1.63]

1944年8月22日褚民誼（前右3）參觀華北電影公司攝影場（《華北新報》1944，8，23）[1.63]

第四章　一如既往，重視文體　237

部各處參觀，最後褚部長並對全體學生講話（見前頁左下圖），對當今電影問題闡述極詳。繼即至華北電影公司，由常務理事梁亞平領導，赴內部參觀甚久，最後褚氏即席發表感想，至十二時許，即行赴軍委會辦事處，應郝處長招待宴云。」前頁右下圖是褚民誼參觀華北電影公司攝影場時的攝影，上述兩圖一併刊登在該報上。

1940年8月18日法比瑞同學會成立大會攝影。褚民誼位於前排左7，其右是吳凱聲[1.63]

此外，中日文化協會和中華醫學會是褚民誼擔任理事長重點關注的文化團體，為了能在華北地區積極開展活動，在他的努力促進下，分別籌建起華北總分會。1944年10月26-30日，新民會年度全體聯合協議會在北平舉行，他為出席會議代表汪精衛主席致訓詞而再度北上。值此之際，他分別於10月25日和26日親蒞指導「中日文化協會華北總分會」和「中華醫學會華北總分會」之成立，均已分別在本章之第一節和前述本節中詳述。

在中外文化交流合作方面，褚民誼除主持中日文化協會和中華留日同學會外，已如本節開頭所述，他還對我國與德、義、法、瑞、奧等國的文化交流以及留學生和僑務方面的工作十分關注，任有關單位的理事長、名譽理事長或委員長等名義。後頁左上圖是1940年8月18日法比瑞同學會成立大會當日，在該會會所門前的攝影。褚民誼站在前排中央。

南京政府于1940年成立之初，即設有僑務委員會，先後由陳濟成和陳君慧任委員長。據《申報》（1942，8，21）報道，在1942年8月20日召開的第106次中政會上，議決由褚民誼接替陳君慧兼任僑務委員會委員長。此後不久他即以此名義出面接待來京訪問的上海華僑觀光團，《民國日報》（1942，10，6；8；10）上連日跟蹤報道。滬上華僑商業鉅子，組織華僑商

業觀光團一行三十餘人，在總團長謝筱初和副總團長胡桂庚率領下，於10月6日來京觀光，向「汪主席及褚委員長致敬，同時分訪中日各當局，遊覽名勝，預定作三四日之勾留。聞此次來京觀光，具有發展和平區內實業之抱負。」

六日下午二時半滬華僑觀光團抵京後，當即拜見僑務委員會褚委員長，繼而走訪日本大使館、日軍總司令部和海軍武官處。並於七時參觀中日文化協會後，赴褚委員長宴。此外，為表示熱烈歡迎，特於晚九時半舉行廣播，由褚委員長及觀光團長在中央廣播電台發表講話。七日上午九時卅分，在褚民誼等人的陪同下敬謁國父陵寢，繼遊覽明孝陵、毗盧寺，然後至大香爐參觀兒童教養院。正午日軍總司令部假中央飯店設宴招待觀光團全體，表示歡迎。下午三時拜訪各有關機關長官。先至僑務委員會，由褚委員長領導參觀，旋先後至中央黨部、社會事業協會、行政院、全國經濟委員會拜會，四時起由褚委員長導往參觀外交部和文物保管委員會，均受到熱情接待。五時卅分褚委員長以外交部長名義，假雞鳴寺景陽樓茶點招待全體觀光團。晚七時半汪兼院長假國際俱樂部設宴款待，由各院部會長官作陪。

1942年10月7日上午滬華僑觀光團全體成員在僑務委員會委員長褚民誼（前排左5）導領下敬謁國父陵園時的合影 [1.63]

八日上午十時半全體觀光團至中日文化協會參加崇正同鄉會茶會。十一時又至健康路惠源銀行參加茶會。正午邊疆委員會陳委員長假夫子廟太平洋歡迎觀光團。下午二時起先後赴內政部和實業部茶會，五時應周市長之邀遊玄武湖，晚七時交通部丁部長宴請，邀有國府長官多人作陪。觀光團原定九日返回，因參加首都雙十國慶紀念大會，改至十日下午返滬。

至此，數日來華僑觀光團緊張而熱烈的訪問活動圓滿結束。右上圖是10月7日滬華僑赴京觀光團全體成員在僑委會委員長褚民誼導領下敬謁國父陵園時的合影。《民國日報》（1943，10，8）上披露，「華僑觀光團由滬來京後，連日參觀首都各項建設，對國民政府於還都後之短期間中，慘澹經營，有如此

多之進步，表示敬佩。華僑商業聯合會為聊表華僑愛護祖國之熱忱，特獻金三萬元。當由僑務委員會褚委員長代表接受，並商得同意，分贈賑務委員會、中央醫院、社會事業各一萬元。」

　　僑務委員會按規定每年舉行一次全體委員大會，1942年11月11日在委員長褚民誼的主持下，于南京召開第三屆委員大會。據《民國日報》次日報導，「上午十時起假座中央黨部禮堂，舉行第三屆委員大會。出席委員長褚民誼，委員謝仲復、譚漢聲……等十五人」，列席主任秘書顧天錫，以及秘書，參事和處長沈留聲等多人。

　　行禮如儀後，褚委員長民誼致開會詞，略謂，大東亞戰爭爆發以後，「南洋情形，今昔迥異，諸位對於南洋情形，素所諳習，今日聚集一堂，務請發揮意見，詳細討論，至現在僑務工作，茲略舉如次：一、越南方面，國府已派張永福氏，以外交部駐越通商代表名義，前赴越南，嗣後可以就近處理僑務工作；二、臺灣方面，有總領事張國威氏，負責一切；三、泰國方面，已承認國府，俟交換使節後，僑務工作，即可著手進行。其他如星島、檳榔嶼等地，昔日沒有領事館，刻因尚在軍事狀態中，尚未恢復，但迭與友邦妥商，至少擬先派通商代表，處理僑務云云。」

　　次由行政院代表黃大中致詞，略謂「僑務工作，從前推進已難，現在環境，自必尤形不易，好在褚委員長與各位委員悉心策劃，自必有美滿之成績。」海外僑胞因常與外人接觸，備受外人輕視侮辱，「極希望祖國強盛。使他們有揚眉吐氣之一日。至政府對於僑務，素亦重視，蓋外國之管理僑民，僅設領事，而我國還有僑委會之設立，即為我國僑胞眾多，必須有專理僑務之機關，等云。」繼由特從粵省飛京的李仲猷常務委員報告華南僑務情形，其中特別提到，香港本有僑胞一百六十餘萬人，已疏散一半，尚余八十餘萬。目前治安良好，商業已恢復繁榮，「惟疏散之歸僑，失業失學者頗多。目前最重要之工作，為救濟失業歸僑，及失學歸僑子弟云云。」報告畢，即席通過了向國民政府汪主席的致敬電，表示大會要以和平興亞建國之宗旨，「共為僑民福利之商討，推進僑務之工作。」旋即下樓攝影，該照片亦同時刊登在該報上。如後頁右上圖所示，褚民誼著國民禮服位於前排中間。

　　下午一時半分組審議提案，第一組由謝仲復召集，審查關於僑民教育諸提案；第二組由譚漢聲召集，審查關於僑民管理諸提案。接開討論提案會議，通過重要議案十九件。經臨時動議，決定用大會名義，發表告海外僑胞

書。務希各地僑胞在新形勢下,「不遺在遠,休戚與共,甘苦同嘗,「群策群力,作同舟之共濟,則僑胞幸甚,祖國幸甚。「時屆下午六時,大會遂宣告圓滿閉幕。褚委員長在官邸歡宴各委員,席間再暢談各項計畫,觥籌交錯,盡歡而散。」次日,11月12日為孫中山誕辰紀念日,僑務委員會全體委員,定於晨八時半,由褚委員長引導,赴國父陵園致敬,並參加致祭革命先烈,以表實現國父革命遺願之志。

1942年11月11日僑務委員會第三屆委員大會攝影。委員長褚民誼位於前排右3(《民國日報》1942,11,12)[1.63]

《附錄》褚民誼著〈健康與太極操〉摘登([2.33]Vol.3,No.2-4,1943,4)

原文編者按:「褚先生在東京第二屆東亞醫學大會席上之演辭,對於健康問題,發揮盡致,且多未經人道之語,故選刊於此,以告注意民族健康者。至於太極操法,知者已多,恕不更列。」現摘其要者如下:

「健康為人生的基本資產,吾人一生事業的成敗,精神的愉快與煩鬱,肉體的舒適與痛苦,均以健康與否為判別,故西諺有『健康之精神,寓於健康之體魄』的話,就是這個道理。「健是健全,也就是強壯;康是康泰,也就是快樂。一個人有了強壯和快樂作資本,一生的幸福,自然會取之不盡,用之不竭了。

「怎樣可以得到健康呢?肯定地說:是由於遺傳和習慣而來的。遺傳是先天的,習慣是後天的。「先天的好不好,不是人為,而是遺傳,所以不可假借。一個人自誕生以後,父母的教養訓練得當,順他自然,助他發展,先天

好的，得此更好，先天不好的得此補救，也可以使他轉好，這好不好的分別，成功在我們有生之後，而且本人可以作主，所以叫作後天的。「提倡優生學的人，最注意的，就是先天，他們希望生出來的嬰兒，個個強壯。我們提倡健康，卻不是這個意思。我們認為先天強，固然好，就是先天不強，也不要像古代的斯巴達一樣，把不健康的嬰兒們活活弄死。我們要用衛生和體育的方法，給他們一個轉弱為強的機會，人造健康的幸福。有了人造的健康，再一代一代的傳下去，自然也就沒有先天不好的人。所以我主張健康問題，必須衛生與體育並重，單講究衛生，不講究體育，固然不可；單講究體育，不講究衛生也是不可。

「衛生是健康的消極方法，體育是健康的積極方法」。衛生本來就是醫學中的一種專門學問，不用費辭，這裡建議的是「要矯正一般人對於衛生講究得太過的弊病。「這種過分講求衛生的人，他們但求用衛生的方法，避免致病的原因；他們卻忽略了人們身體上本有克服致病原因的天然能力。比如風霜寒暑燥濕，都可以使人們生病。人們設法避免這種風霜寒暑燥濕的侵襲，以免生病，這固然是可以的；然而不如加強我們本身自有的抵抗力，使我們身體雖然感受了寒暑燥濕，也不致生病，這比較只求避免生病就強得多了。有些嬌養慣了的人，往往出外發生『水土不服』的毛病……這是最不好的習慣。「不但如此，就是一年四季的各種傳染病，固然可以用注射的方法預防；但是把身體上的抵抗力加強，也可以減少傳染病的侵襲。不然，祇靠注射力，沒有本身的抵抗力，亦有時不能避免傳染之患。」

至於在體育方面則「要矯正一般人對於體育偏畸得太過的弊病。「這種片面用功的體育家，只知道加強其身體外表的力量，卻忽略了身體內臟的功用，甚至於違背生理，這是很可惜的。

「體育的方法，各國不同，單就中國來說，有固有的方法，又有外來的方法。固有的方法是舊的，是古人傳下來的；外來的方法是新的，是外國傳佈來的。但是不論固有，不論新來，我們對於這些方法的功用，絕不忽視。「單就中國固有的方法來說，大別可以分為甲乙兩派：甲派主張動作快、用力猛、動作的姿勢是走直線；乙派主張動作慢、用柔勁、動作的姿勢是走圓線。」他詳細分析對比了後者明顯優於前者的原因後說道，「中國的武術，最著名的是少林、武當兩派。前面說的甲派，就是少林派；前面說的乙派就是武當派。武當派的產生大約在宋朝時候……以太極拳為主。太極拳為什麼大家都信仰呢？就

是他的動作慢、用力柔、走圓形，極合于物理、生理、心理的自然現象。」

他指出，體育運動是用「調和生理與加強生理」的方法，其作用在於「暢運血脈、活動筋骨，「不運動的人，往往血脈運行得不暢，血也就不能貫注到全身，尤其是身體偏遠的部分，更不能到……但是運動太過，也有弊害，因為運動太過，血脈流行太快，能使心臟膨脹、肺臟急迫，以至受傷」，這是不應提倡的。至於「說到筋骨，一定要轉動靈活，使全身輕便。所以運動的時候，不要蠻動、不要硬動、不要亂動、不要暴動。蠻動、硬動、亂動、暴動，都能傷害身體。所以說運動要得當。運動不得當，非但得不到好處，反而有害于生理。

再談心理方面：人身的一舉一動，都要拿意志來指揮他、貫徹他。大學上說：『心不在焉，視而不見，聽而不聞，食而不知其味。』這話的意思，就是說，沒有意志的動作，是得不到動作的功效的。簡單的說，就是人在動作，必要『用心』。

我對於運動的動作，主張舉動要慢。要慢的原故，就是要用自己的意志來指揮自己的運動，貫澈自己的運動，換句話說，就是要自己作自己運動之主。使自己的眼睛，自己的呼吸，都要跟著自己的意志轉移。眼睛要看著手，手的或上或下、或前或後、或左或右，眼睛要不離開他。呼吸的動作，手臂的動作在伸展開時，心中應當想，這是把空氣吸進來；手臂的動作在縮回來時，心中應當想，這是要把炭氣呼出去；能如此，纔能得到身心一致的功效。」

關於呼吸的方法，「普通的呼吸，有胸腹兩種。在兩種之中，我們要行腹呼吸，把氣下沉，名曰氣沉丹田。氣沉丹田，能使我們的重心穩定。「胸呼吸的短處，因為氣往上升，能使人身輕浮；並且呼吸的機構，是運用全部肋骨伸縮，消費非常之大，所以是很不經濟的。腹呼吸，能夠使人沉著，並且呼吸的機構，是運用橫膈膜上下，消費較為節省。不但如此，胸呼吸，影響心臟，因為受肺四周壓迫，所以心臟跳動的度數增加；腹呼吸，便不如此，自然不會影響心臟。

「還有一點，用意志來活動我們的筋骨。可使每一舉動，都有分寸，要重就重，要輕就輕；而且動作所走的圓形，也要用意志使他愈圓愈好。起初練習的人，就不容易圓。不用意志的人，恐怕永久也未必能圓。「分寸二字，即用力不多不少、不大不小、不輕不重。所謂剛剛正好，就是這個意思，但必須以意志運行，纔能達到這個地步。」

「以上所講，都是養成健康的種種方法。」而與此相對的問題則是如何

纔能知道人的健康程度。他主張,「要知道人的健康不健康,必須每人要有一個健康證……把身體上檢查得清清楚楚,記在上面。檢查身體的方法,照我所想,應分三種,從三個方面加以檢查,纔能得到一個人健康與否的答案。」這就是早在十餘年前就已提出的「檢驗體格、測驗體力、考驗體能的『三驗法』」。

一、檢驗體格,主張人的身體要均衡發展,其體重以及身體各部位的尺寸(包括,體高、體闊、胸圍、腰圍、頸圍以及小臂、大臂、小腿、大腿的尺寸)要合宜相配。為此,設計出一個「比較平均發展的體格檢驗表」,將上述測量所得的資料,以一定的格式繪入表內,連成曲線,便可從連線的平直度上顯示出人體各部分匹配的優劣情況。本文中他還補充說道,除了人體的外表,還要「檢查人的內部,要用X光線,看他有無毛病,或是檢驗他的血液、小便、大便,以及眼、耳、鼻、舌、身等,把各部分的狀況,一一記載出來,那麼這個人是否健康,就可以一望而知。」

二、測驗體力,「人們肌肉和筋絡的力量,有種種不同,如臂和手有握力、推力、拉力、托力、提力、挾力等等,而兩手的分力、合力,左右手的開弓力、腰力、腿力、肩力,這些都是全身的體力。體力的大小,和健康至有關係,所以我們都應當把他測驗出來。」以上所列各種力量,再加上兩腿的挾力,共計十二種力量,可以用測力計配合不同的附件進行測量,將其結果逐一登錄在表格中,人們即可相互進行分力和總力的比較,而分別決出其高下。「這樣測驗體力,也就是體力的比賽,不過是間接的比賽而已。間接比賽比較直接比賽好得多……間接比賽,是客觀的,是用儀器度量衡來證明一切的……而且可以因此確定人的健康程度,因此,這是我們應該極力提倡的方法。人與人互相比賽,如用直接方法,各人都要拚命爭勝,不甘失敗,這是其中最容易發生不幸的事項。間接比賽,是以儀器度量衡來測驗人的力量,競賽的人,只要各人盡各人的體力就夠了,無所用其拚命競爭的,既然非常公平,自亦不傷情感。」

三、考驗體能,「就是考驗我們身體各器官的功能,尤其是心臟和肺臟的功能。」對此,他提出下述兩種考驗方法:即「在同一距離同一時間,作同樣運動,或登高或跑遠,在運動以前與以後,「考驗他們在每分鐘內

脈搏和呼吸的次數增加多少,「增加的次數越少,人的體能也就越好。因為脈搏增加的少,就可以知道他的心臟健強,血管有彈性;呼吸次數增加的少,就可以知道他的肺臟堅強,肺量宏大。反之,若是增加的較多,那就不是堅強康健的現象了。」這樣考驗以後,經過一定時間間隔(如五分鐘、十分鐘、十五分鐘),再照樣檢查一次,以恢復到運動前原來狀態所需的時間越短,則表明其體能越好。

「我認為以上的三種體驗方法,是提倡體育的必要條件,亦是求達健康的最好方法。不用這三驗,而提倡體育,那就叫盲目的提倡,不但得不到健康,反而把好的身體弄壞,即名之曰斲喪健康,亦無不可。」

對此他疾呼道,「諸位先生,現在猛力而激烈的運動,不但到處流行,而且是盡力的勉勵、獎勵和鼓舞,簡直無異上下一致,把健康的身體,設法斲喪,以致無餘。我說這話,諸位或者以為太過,或以為決非事實,甚或要受到破壞體育的責難,諸位!本人的話決不太過。我們姑舉眼前最普通的事作個例證罷!一百公尺或二百公尺的賽跑,往往十幾個人,同時競賽,拼命爭先,那種捨死忘生的情形,沒有不超過他自己能力本來限度的。「這種爭前恐後的態度,固然可以博得觀眾的鼓掌歡呼,實在說起來,我以為太殘酷了,太不人道了。我們看見過跑馬跑狗的賭博,現在我們卻把人當作馬當作狗一樣的來跑。諸位,你們總看見過罷!當觀眾歡呼鼓掌的時候,賽跑者已倒在人的臂彎中人事不知了,這不是殘忍是甚麼呢?本人並不反對賽跑,所反對的是方法。賽跑時為什麼不採用跳高跳遠的方法,規定在一同一距離之間,個個自由的單跑,而以跑的時間最短為勝利,不是可以免除那不人道的競賽麼?

「本人對於賽跑,十年以前,即主張用電鐘來計算,平常用跑馬錶計算是不準確的……並且是主觀的。電錶則可以計算到一秒的百分之一到二百分之一,並且是客觀的。」文中他還介紹了如何用電錶代替跑馬錶測定跑步時間的具體辦法,以供世人採用。

「以上所說,是體育的三驗,這種方法,不但能判定人們健康的程度,而且還能測定體育方法功效的價值。所以本人對於體育效能的驗定,主張用以上的三驗。」他進一步提出,體育方法的動作,除須具備前述的「三要」(要慢、要柔、要圓)以外,還須具備「三不」-「不費時、不費力、不費錢」。並謂只有「三要三不而能兼全,纔配稱體育的良好方法。」

「甚麼叫不費時,因為隨時隨地,皆可運動,不拘一定的時間,不拘任何地

點，一個人可以運動，十個百個千個萬個，也一樣可以運動，所以叫做不費時。

甚麼叫不費力，因為運動時不用力，所以也就不耗費氣力。這種不費力的運動法，不但練習之後，身體不覺疲乏；而且在身體靜止已久，發生不舒的感覺時，或是精神在從事靜默的工作已久，發生疲倦的情緒時，在這種情況以下，如能將那不費力的運動法來練習一二次，不但能把不舒的感覺、疲倦的情緒予以消除，而且還能使精神增加，體力活躍。因為運動的功用，是要維護精神，保全體力。那些過分用力的體育法，無異將精神、體力，付於浪費。因為他的方法是消耗體力，所以運動以後，轉而疲乏。我們拿電器來作比吧，用力的體育法，消耗能量，等於發電；不用力的體育法，培養力量，等於蓄電。明白此點，不用力的好處，自然可以完全知道了。

甚麼叫不費錢？因為運動時不要特製的服裝，無需特別的設備，室內可運動，室外也可以運動，有錢的人可運動，負販走卒甚至於乞兒告化，也可以同樣運動。健康是不受階級限制的，所以好的體育法，必須不費錢。能滿足以上三要、三不，而且能勝三驗的運動方法，據本人所知，祇有太極拳與太極操有這種資格了，因此，以下專論太極操。」

對此，他從講述本人的體育經歷開始，依次介紹了太極拳的特點以及太極推手器械和太極操的發明過程。其主要內容在第三篇第八章之第二節「發揚國術，太極創新」中已有詳述。他在說明太極拳「深合哲學、物理學、生理學、心理學各種學說的原理」之後，著重講述了太極拳「以柔克剛」之真功妙用。他分析道，「剛纔說的以柔克剛，其實，與其說是克剛，還不如說是化剛。因為太極拳極妙的成功，不是力舉千斤的蠻力，而是遇剛則化的黏力。敵人雖有拔山扛鼎的大力量，交手之後，一經受黏，這種力量便化為無有。「這個黏，就是如膠似漆的黏。太極拳家與人交手，但一接觸，便能彼此吸合，不再分離，人進則退，人退則進，隨合膠著，如吸如黏，這樣對方的力量便沒有用了。照力學的原理來說，兩力相抵，纔分勝敗。勝敗的公式，自然是力大的勝利，力小的失敗。若是一方面用力，一方面相隨，這個用力量的人，他的力量便等於失掉了物件，自動自作，得不到抵抗的比較。因此，他的力量雖大，在功用上說也就等於零了。對方的力量既然化為無用，我們再乘勢一擊，立刻可以把對方打倒，得到勝利。」

為了形象地說明「黏力、吸力、化力的情形」，他舉了兩個例子，其一是太極拳家將一個自由的小鳥放在手掌上，藉太極拳術所獨有的黏力，化解了

小鳥曲腿聳身之力，而使其無法蹬足起飛離開拳師的掌心。另一個是太極拳家用一個瓷盤去接取拋到空中落下的雞蛋、鐵球或皮球時，可以做出使蛋不破、盤不碎及球不彈起的驚人表演，這是因為在下落的球體與盤子將一接觸的一剎那間，「拿盤子的手，立即變更他原來動作向上的方向，球原是向下，盤子也隨之向下，向下的速度，與球體相同。球體著了盤子，本來是要表現他的力量的。經這樣一來，本來的力量，便被宣洩而無所發展，只好隨著盤子下來，無聲無臭的完結了。所以太極拳功夫好的，鐵球或雞蛋和盤子相遇時，連一點聲音都沒有。不知道這道理的人，必定以為奇怪，如今這樣的解釋，諸位當然都能明白他的真義了。」

不過「我們說著是容易得很，做起來就不容易了。因為能夠感覺到鳥腿的曲伸，和球盤的初接，這真是一種微妙達於極點的感覺；隨著這種感覺立即就發出適應的動作，這更是一種微妙達於極點的動作。這樣的敏捷和速動，絕不是隨便可以做到的。感覺動作，雖這樣快，但是鍛練的時候，卻不能從猛快的方法，求取成功。那麼太極拳家為什麼能夠有這樣的敏感和速動呢？我敢鄭重的告訴諸位，那就是太極拳的精妙之處，也是太極拳家鍛練成功獨有的工夫。這種工夫，就是由於習練太極拳推手養成的。以上這些話，可以說是太極拳中心的解釋，然而還不過是百分之一罷了。

「本人練習太極拳所得的功效，也無一樣不是理想與希望完全符合，想不到在中國故舊的武術當中，會埋藏著這樣深合學理的體育方法，這是值得慶倖的一件事。可是想來想去，終於覺得有一點不大美滿的地方。就是因為太極拳的真功妙用，都在推手上練習獲得的。而練習推手，必須兩個人對練，纔有效益。假使得不到對手同練，那便任何好處，也不能得到……因此，我便朝思暮想，企圖打破這種缺憾。後來居然被我想出補救的辦法來了。「發明了太極拳推手球和太極拳推手棍，球又分手球、腳球、鬥球幾種。自從有了這幾樣東西以後，太極拳推手的練習，在找不到對手時就可以閉門獨練了。太極拳的發明者，是元朝武當山的張三豐先生，到現在，已然是七八百年了。在這七八百年的當中，沒人注意到這一點。現在經過這一點小小的發明，不能不說是太極拳又一階段。民國十九年（1930年）的時候，本人奉命代表國民政府參加比利時建國百年紀念的萬國博覽會于黎業斯，即將此種球棍，在會場上公開陳列，並且廣贈說明書，親身在會中當眾表演。當時比利時亞爾培國王，親身到會場參觀，並對表演動作、功能效益，深加詢問，備極贊許，並獲得最優獎品。散

會之後，又到比國京城布魯塞爾和法京巴黎等地，公開展覽，並且講演太極拳的原理，表演球棍的功用，希望把這種有益的方法，公之世界，當時很驚動了不少運動家和學者的注意，得到了不少的榮譽與同情。後來由歐到美，又在紐約、芝加哥、三藩市，三處宣傳表演，熱烈的情況，過於歐洲。

現在對諸君歷歷敘說這些話，並不是使諸君知道本人當日怎樣獲得廣大的榮名，是要諸君明瞭一件事轉變的過程，並不十分簡單。太極拳在好幾百年以來，並沒有想到他有不足之點，到了推手球棍發明以後，照理應當是沒有缺陷了；然而本人在當時的心理上，仍時常感覺著好像有點不十分美滿。這種心理，就是因為感覺太極拳雖然理法並佳，功用周美；可是手法繁複，練習較難，合宜於特殊鍛鍊，不合宜於普通修養；而且體育的功用，要的是容易得到健康，角力爭勝卻不是一般的需要。太極拳有能使人人得到健康的功能，只可惜繁複難練，而且必定有老師傳授。假如能夠簡單一點，看了書，聽了講，練習一兩次就會。倘能這樣容易鍛鍊，那真是十全十美的體育方法了，可惜太極拳卻不能如此。於是懷著這種思念，常常的不能自安，雖然得了非常的光榮，然而卻並不自滿。

到了由美返國的時候，坐在太平洋航行的春洋九上，忽然覺悟過來，於是本著太極拳的原理和精神，仿照著太極拳姿式和動作，化繁為簡，把整個太極拳的動作，改成了三步驟六段落的體操，滿足了不費時、不費錢、不費力的要求，完成了走圓形、用柔勁、動作慢的方法，舉凡年老身弱，成年的男女，以及大中小各級的男女學生，人人可練，個個可學，每天但得幾分鐘練習的時間，自然能得到健康的功效。因為他是太極拳式的體操，所以就名曰太極操。即太極拳體操化，亦即體操太極拳化。及至春洋九到了上海，我這太極操的編著，也已完成。登岸之後，即行發表。發表不久，即風行一時，並由教育部把他列為體操課程，普及各級學校。中央黨部把本人教練的口令，更製成留聲機片，每天早晨在無線電中廣播。南京的居民，很有不少人家，在這時候隨著口令練習。倘若沒有這次事變，至今早已家喻戶曉了。

國民政府還都以後，教育部把他定為國民體操，凡屬國民，全應當依法鍛鍊，全國各地，同時奉行。雖然有過不少次專設的太極操師資訓練班，但是指導的人才，仍感不能足用。以後自應益加培植，廣為造就。預想此後中國國民，自小學到大學，前後十五六年的長期，果能嚴厲推行，由淺而深、由簡而繁、由易而難，不使間斷，未來的國民體魄，必定是健康絕倫，這是本人半

生從事體育的最大希望。假使太極操的根底立定之後,更進而練習太極拳和推手,由體魄健康,至於角勝致用,那不但是本人的希望,簡直是中國之幸和東亞之幸了。」(該文發表時,略去褚民誼在大會上演講時對太極操的說明,全文到此結束)

第四節　崑曲集淨,元音試譯

　　關於褚民誼步入崑曲殿堂,從喜愛聲歌,涉足京劇,到醉心於崑劇的過程,在第三篇第十章之第三節「傳承崑曲,樂為票友」中已有詳述。他為重振崑劇昔日輝煌而殫精竭慮,首先計劃編撰出版了《崑曲集淨》(上、下冊)[1.54]及其附輯《元音試譯》[1.55],為我國戲劇事業的發展做出了開創性的歷史貢獻。該書由中日文化協會出版組負責發行,在1942年6月1日的《中日文化》月刊[2.35]第二卷第四期上,如右下圖所示,對「褚民誼博士大著—崑曲集淨」的面世公告如下:「本會理事長褚民誼博士,雅好崑曲,造詣極精,因見我國曲譜,門戶之見太深,學者難得正軌,乃於三四年前,發願整理,今第一部大著已然出版,定名——崑曲集淨——舉凡崑劇中淨角諸戲為七紅、八黑、三僧、四白等共計五十五[23]齣。約略盡矣。曲文曲譜,均經大戲曲家紅豆館主溥西園先生,精加點正,足當準繩,並由老曲師陸炳卿、沈傳錕兩君,詳為校對,俾免錯誤;每劇各附本事,由本組主任高見思先生考訂說明,足當

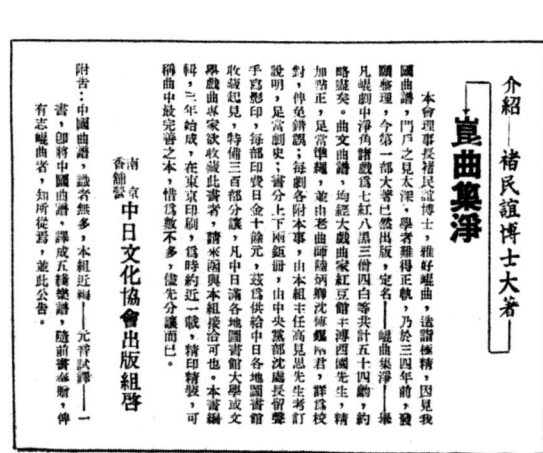

1942年6月1日《中日文化》月刊介紹褚民誼著《崑曲集淨》的公告(《中日文化》[2.35]Vol.2, No.4,1942, 6, 1)

---

[23] 原文誤為五十四。

劇史；書分上下兩鉅冊，由中央黨部沈處長留聲手寫影印，每部印費日金十餘元，茲為供給中日各地圖書館收藏起見，特備三百部分讓。凡中日滿各地圖書館、大學或文學戲曲專家欲收藏此書者，請來函與本組接洽可也。本書編輯，三年始成，在東京印刷，為時約近一載，精印精裝，可稱曲中最完善之本，惜為數不多，儘先分讓而已。南京香舖營中日文化協會出版組啟。

附告：中國曲譜，識者無多，本組近編——元音試譯——一書，即將中國曲譜，譯成五線樂譜，隨前書奉贈，俾有志崑曲者，知所從焉，並此公告。」

褚民誼編撰的《崑曲集淨》[1.54]，如後頁圖所示，為精製線裝本，尺寸27×19釐米，分為上下兩冊，書銘由著者本人親題。全書匯集了崑劇中幾乎所有的淨行腳本，涵蓋民間流傳的紅、黑、僧、白四大類計22位淨角的55齣劇目，收集之全前所未有。書中曲譜依中國傳統的「工尺」調體系，按曲文逐字標註其旁，並相應地插入對話旁白，每戲之前還列有劇情介紹，科白工譜並列無遺，堪稱習唱者之範本，可謂「一集在握，所需幾全，應有皆詳，無勞旁取」（該書「例言」中語）。為導引讀者閱讀，褚民誼特撰寫「自序」「緒論——崑曲與崑劇」和「例言」三篇，置於文前。全書總計四百餘頁（每頁按兩面計），以淨腳紅加白和黑加僧均分為上、下兩冊。鑒於劇本的曲文、曲譜以及旁白等文字編排錯綜複雜（見後頁圖及本節附錄2中的「訓子」劇全段），難以用通常方法排版印刷，只能採用手寫印影。從圖上可見，全書繕寫在崑曲專用標有褚民誼別名的「樂天居士用牋」上。當時囿於國內條件，只得拿到日本東京印製，費用昂貴，每冊達日金十數元之多。由於製作困難，原來為了醒目，擬採用三色或兩色套印的計劃，未能如願。鑒於其製備的本數有限，僅祇三百本，誠屬一書難求。

據公告中記載，著者「於三四年前，發願整理」「編輯三年始成。在東京印刷，為時近一載。」由此，當可推斷出褚民誼編輯出版該書的下述時間表：工作起步於1938年初，歷經三年努力，於1941年2月褚氏奉命出使日本時初告編成；為了高質量地出版該書，褚氏在日本期間及1941年底歸國後，花費了近一年時間，至1942年春，才以手寫影印的方式精製完成；成書後由中日文化協會出版組負責發行，並可以《中日文化》月刊上刊登前述公告之日，即1942年6月1日，確定為《崑曲集淨》一書的公開發行日。

本書下冊　　　　　本書上冊

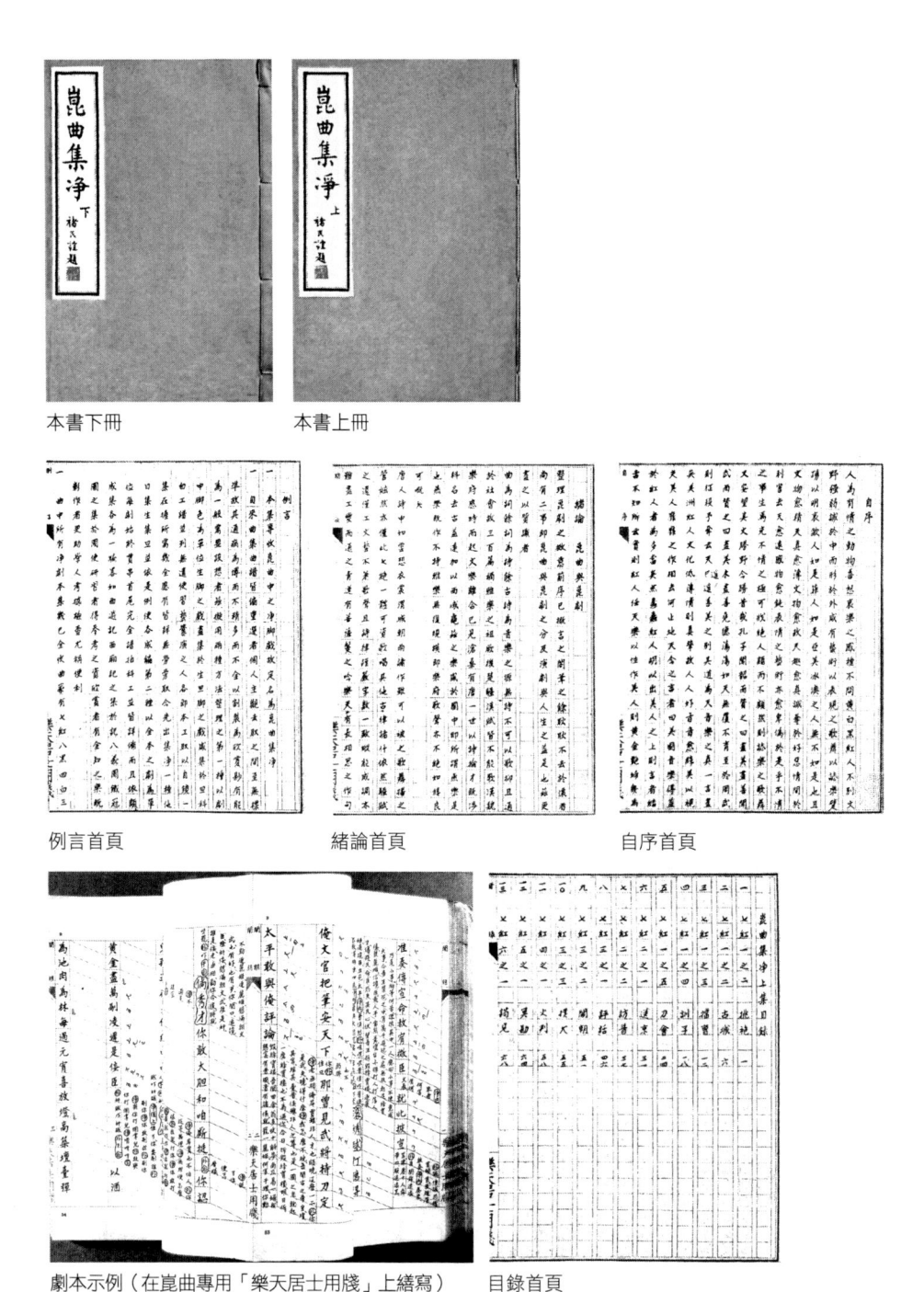

例言首頁　　　緒論首頁　　　自序首頁

劇本示例（在崑曲專用「樂天居士用牋」上繕寫）　目錄首頁

褚民誼編著的《崑曲集淨》（上、下冊）。影印精製1942年6月1日發行[1.54]

如前第三篇第十章之第二節「公餘聯歡，正當娛樂」中所述，褚民誼為了提倡正當娛樂，於1934年在南京建立「公餘聯歡社」，其下的戲劇組內設有話劇、平劇和崑劇三股，自此以後他才深入接觸崑曲和崑劇，並為其高雅所折服。作為該社的理事長，他在兼任體育組主任之外，還於1936年初先後被推舉擔任平劇股和崑劇股股長。由於他的虛心求教，加之有較好的京劇功底，不二年後便能自如地登臺演唱崑劇。

1937年1月該社社刊[2.35]（Vol.2，No.12）上發表了署名木石，題為〈刀會崑劇以後〉的文章，對不久前公餘聯歡社舉行的第七次彩排中，褚氏扮演「刀會」中關雲長的宏亮演唱、英武扮相以及得體動作，倍加讚揚，嘆為「聲容並茂，十分出色！」

褚民誼緊接前文，隨即發表了題為〈對于崑曲的認識〉的論文。在簡述自己學習崑曲的過程，並對木石先生的過於贊許自感慚愧之後，為了復興崑曲，文中首次提出了要將工尺譜改寫為五線譜以及增加中國戲劇音調變化等諸多設想，誠願與各地名家共同努力予以實現。褚民誼在該文中所表達的，努力繼承和發揚崑曲的志願，也可以說是他之後發奮編撰鴻篇鉅作《崑曲集淨》之前奏吧！

1937年七七事變後，已如本篇第一章「抗戰爆發，堅守崗位」中所述，褚民誼在戰爭的烽火中，於11月11日從南京輾轉到達上海法租界內，堅守中法國立工學院中方院長之職，並接受西撤國民政府教育部的委託，維護滬上教育；同時積極從事他所創辦的「生產建設協會」等方面的工作。鑒於當時的上海法租界處於被日軍包圍的險惡環境之中，他更多的是在校內開展活動。11月29日他在致重慶吳稚暉的信中，稟報他在上海的生活起居情況時，附言道，「孤島生活扼要：除三餐一覺外，每日練拳、習字、教書、拍曲、看報、談天等等，有此規定職務與正當娛樂，故亦不覺閑也。」褚民誼是一位閑不住的人物，他在從事上述所列看似平凡的消遣活動中，仍念念不忘為國家和社會竭盡綿薄之力。

例如上述的「習字」活動，這既是他之所長，也是他每日持之以恆的必修課。在蟄伏上海「孤島」的年月裏，他曾於1939年1月響應上海難民救濟協會發起的徵集善款活動，書寫對聯五百幅，鬻書救濟難民（詳見本篇第一章之第二節「發展生產，鬻書救難」）。此外，自1937年秋起他即在南京應陳璧君之請，工楷繕寫汪精衛所譯之《陽明與禪》全文，轉至上海後繼續前功，至1939年春卒成全篇，後經褚民誼纂輯，同名該書[1.56]，由中日文化協會於1942年10月出版發行（詳見本篇第四章之第四節「陽明與禪，明心見性」）。之後，

他又為紀念生母吳氏逝世五十週年和繼母蔣氏逝世三十九週年，先後於1939年7月30日和11月15日逐日手書完成了《金剛般若波羅蜜經、般若波羅蜜多心經》[1.50]，和《佛說阿彌陀經》[1.51]。這兩部手書佛典後於1940年間以字帖的形式精裝影印出版，供後人臨摹誦讀。

「拍曲」亦是褚民誼之所愛，正如他在《崑曲集淨》[1.54]的「自序」中所述，「每遇二三素心，當筵一曲，情適性怡，俗慮頓捐，仿佛天帝拍肩，風雲生袖，其樂有非可以語言形容者矣。」然而，他並不單純地將此作為個人的一種娛樂消遣；他想得更多的是如何與民共享，將崑劇這個中國戲劇中的瑰寶，能夠不斷地傳承和發揚下去。此時的「孤島」上海處於相對平靜之中，是褚民誼可以專心致志地對散亂浩繁的崑曲遺產，進行系統整理的大好時機。為此，他在到達上海後不久的1938年初，便立即從他熟悉的「淨角」著手，廣集資料，進行編輯，是為編寫「崑曲集淨」鉅著之濫觴。

值得指出的是，褚民誼在滬的這一舉動，頗受媒體關注。在上海出版的義大利文刊物《馬可波羅，義大利遠東評論》[2.33]於其1939年11-12月間出版的第2卷第3期上，發表了褚民誼撰寫的題為〈崑曲與崑劇〉（中譯名）的長篇論文。該文內容與嗣後1942年出版的《崑曲集淨》中的同名緒論基本相同（詳見第三篇第十章之第三節「傳承崑曲，樂為票友」）。這也可作為當年他在滬埋頭編著《崑曲集淨》[1.54]的一個佐證。

這裡還要補充的是，在此期間褚民誼還編輯出版了多部著作。例如，徐慕雲編著的《中國戲劇史》[1.47]，在褚氏擔任主編的大力支持下，得以於1939年12月以燙金硬板精裝本問世（詳見第三篇第十章之第四節「戲劇文化，大業圖宏」）。他為移風易俗、提倡群育，在中法國立工學院撰寫的《花甲同慶》[1.49]專著，也於1939年6月出版發行（詳見本章下節）。此外，為了生產救國，褚民誼於1937年12月，以上海為基地，發起成立了全國性的「生產建設協會」，並擔任理事長。為了普及生產知識，以助生產自救，在他的主編下，於1939年2月出版了汪向榮編著的《生產教育叢書》第一輯[1.48]，全書一套五分冊，書中所列的生產方法簡易實用，深受歡迎，數年內多次再版（詳見本篇第一章之第二節「發展生產，鬻書救難」），如此等等。在抗日戰爭全面爆發後的短短二三年內，身處上海的褚民誼，在艱難險惡的條件下苦苦支撐，心無旁騖地從事了諸多有價書籍的編輯出版工作，盡心竭力，有目共睹。

如前所述，褚民誼在《崑曲集淨》[1.54]的正文前，寫有「自序」「緒論」

和「例言」三文，其中有關崑曲和崑劇的發展歷史、崑劇表演在培養「五育」方面的作用，以及他本人的學習過程等內容，在第三篇第十章之第三節「傳承崑曲，樂為票友」中已有引用。至於編輯本書「整理崑曲之微意」，他在「自序」中，敘述其醉心於崑曲之感悟後寫道，「惟是好之既深，習之彌力，此中得失，亦漸能詳。第文詞聲律，前之辨者已多，後之來者，方繼如茲，犖犖敢讓諸賢。若夫曲集之雜而不純，曲譜之大而無當，或欠科學整理，或應分類改編，不徒了了於心，且欲汲汲從事。不賢識小，旨在合實，區區此心，敢質大雅，有同感者，或是亮焉。」（注：原文並無標點，引文中的符號係本書著者所加，後同）

他更進一步指出，「普通曲集曲譜，類皆各依所好，選擇而成。以故劇無全文，腳無一色。使習一全劇者，必檢詞索譜於多書；使專一腳色者，必覓類尋同於多集，至不便焉。予習淨，故小事收拾，亦以淨始。茲先成崑曲集淨一書，凡淨之曲，約略幾備，離文正拍，並附本事，使凡習淨者，得此一編，即可以供其所求，無須他取。他日集生集、旦集、末集、丑集，一準於是，則崑曲以演人為單位者，庶乎盡焉。此外，更擬以劇為類別，為一編，如西廂記、雙紅記，各以全劇著於記；鐵冠圖、八義圖，各以全劇著於圖，比事類分，各專厥系。茲之所舉，僅別以文，蓋明例也。

曲於文藝，獨樹一幟，聲價之隆，無事詞贊；曲於音律，紹承遞變，上下千秋，雅重高醇，更難僕述。區區所集，脫能有裨於事，使元音雅奏，重返勝時，世俗人情，復歸純樸，誠所大望。異日譯工尺為線譜，使擅提琴VIOLIN、鋼琴PIANO、薩克司風SAXOPHONE等樂器者，依譜奏之，依奏唱之，則五洲各邦，同傳雅樂，並時人類盡解華謳，此固久切予心，而不勝大願者也。今日之舉，特跬步於萬里之遊而已。世有同心，幸匡不逮，跂予望之。」褚民誼欲以本書為起點，對崑曲進行系統整理和創新，以達雅樂遍五洲之宏大願景，溢於言表。

關於本書之概要，他在「例言」中寫道，「自來曲集曲譜皆偏重選者個人主觀，去取之間至無標準，故其通病為，博而不精，多而不全，以割裂為欣賞，鮮有能為一般需要設想者。茲擬用兩種方法整理之，第一種以劇中腳色為單位……第二種以全本之劇為單位。「本集專收崑曲中之淨腳戲，故定名為『崑曲集淨』。」「曲中所有淨劇，本集幾已全收。曲家有七紅、八黑、四白、三僧之說，其戲咸在於是。惜道途烽火[24]，將護為難，如三國志中『訓弟』『水淹』等

---

[24] 指1937年11月由寧報轉至滬的途中所失。在此，他對國之「遺珠」遭劫戰火而痛心疾首。

韻，劫灰既付，璧缺難全，滄海遺珠，殊堪痛惜，他日有得，當補錄之。」

他在感謝本集參與者各自之貢獻時指出：「自來曲譜各有所宗，入主出奴，互為門戶。第譜為聲從，拍為樂節，雖曰人籟，實具天聲，順者為工，拗者則左，貌如無律，中實有章，非深於樂理之人，不能明其正鵠。本集曲譜，承溥西園先生點正訛誤，足當準繩。

「每劇事情，皆有所本，惟分齣唱演，則首尾俱失，良深遺憾。蓋演劇者不知劇情，絕難肖其聲色；觀劇者不明本事，絕難識其忠姦。舊集諸本多忽於是，以致曲雖終唱，演者昧昧，觀者茫茫，事出何時，人居何地，得失何若，善惡何分，劇之情實不知，劇之功用遂減。本劇承高見思先生，對於本事劇情，詳加考證，事時人地，無論觀者演者，苟能於從事之前，先看本事，則劇中一切，咸可瞭然，為益既多。

「本集由沈留聲先生精心繕寫，陸炳卿、沈傳錕兩曲家，詳加校對雅頌，得所帝虎用虛。」

接著，為使讀者得識書之全貌，他在「例言」中逐一列出了全集22位腳色相對應的55齣劇目。為簡明計，現依目錄順序將其匯總在本節後的「附錄1」中。此外，為供檢索，書中每頁邊欄處標以劇名，頁之左上角標示劇目之總編號，左下角標示全書之總頁碼，還在本事頁的邊欄處標明按人分劇之順序，一目瞭然，方便查找。作為示例，本節「附錄2」上，轉載了書中紅淨之首的關壯繆（關羽）「訓子」（按目錄為七紅一之四）一劇的全段。該劇在關羽教導其子關平的談話中，講述三國形成之歷史及蜀吳聯盟之意義。

鑒於已有近八百年歷史的崑曲雅樂，均以中國傳統的工尺曲譜流傳下來，除少數專業人士外，識者無多。為此，褚民誼在編輯《崑曲集淨》的同時，選擇其中他所熟悉的淨腳戲《訓子》《刀會》和《訪普》，以及《彈詞》（包括，一枝花、梁州第七、九轉貨郎和尾聲四段）等四齣，嘗試將工尺曲譜，轉換為現代流行的五線譜，取名《元音試譯》[1.55]，如後頁上圖所示，作為《崑曲集淨》[1.54]的附輯，由中日文化協會出版組印行，隨書發送。此舉，為崑曲國粹的普及化，及其融入世界音樂發展大潮，邁出了可喜的第一步，開我國音樂戲劇發展歷史之先河。

褚民誼在《元音試譯》[1.55]開篇的引言中，對於編輯本輯之旨意及這一開創性工作的難點時寫道，「予印崑曲集淨既成，念曲譜雖訂自名家，而賞音必難周被。蓋吾國曲譜，識者無多，苟欲廣其流行，必先譯為新譜……況改良

第四章 一如既往，重視文體

崑曲樂器，本為予之素志，使不先成新譜，亦殊無以導源。新譜者，五線譜而為一般音樂嗜好者所共識也；譯而通之，崑曲可以無國界矣。

「顧又不然。崑曲牌目，雖不甚多，但同一曲目之曲，未必同一唱法，其疾徐抗墜之際，一以曲文為轉移，欲以符號表明，於事殊難為效，此譯譜困難之點一。崑曲第一小節，無論曲目為何，歌時例不入板，而其曼衍紆徐之處，諸曲各異，咸恃口傳，在譜無能明指，此譯譜困難之點二。崑曲歌法，極講字音，平有陰陽，樂亦別律，所謂高吹低唱等是也，此譯譜困難之點三。崑曲歌法，低徊百變，然轉折抑揚之際，並非專為入聽，蓋一字之間，疊韻雙聲，均有定法；收聲歸韻，各具良規；歌者神而明之，欲於曲譜求準繩，於事亦不能為效，此譯譜困難之點四。其他尚有，不備論焉。惟此皆精微之言，尋恆尚不能及。新譜不譯，門限何通，吾所不能，且俟賢者。

因取四劇，付許文女士手譯，許女士亦有同感，則告之曰：不有草創，孰且進焉，名曰試譯，誌吾悍也。

雖然，入門之途，吾已示夫來者矣。

壬午立夏[25]　吳興褚民誼重行甫識於白下樂天簃」

在此他指出，雖名為試譯，細節尚不完備，但卻朝這個方向邁出了開創性的第一步。

為便於讀者原汁原味地瞭解曲譜的轉換情況，現以《訓子》一劇為例，將《崑曲集淨》中工尺譜的全劇，與《元音試譯》中該劇的五線曲譜，一併列於本節「附錄2」中以茲對比。

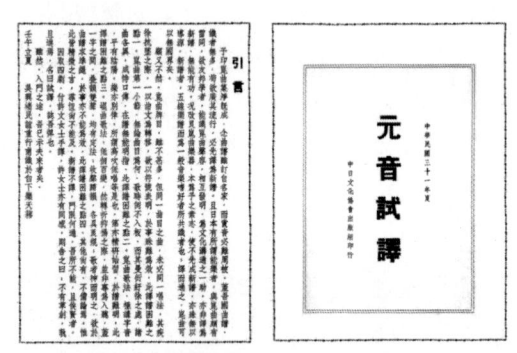

1942年6月1日褚民誼編輯的《元音試譯》由中日文化協會出版組印行：（右）封面；（左）引言[1.55]

---

[25] 公元1942年5月6日。

以下數照，示出了褚民誼在那個時期從事崑曲和崑劇活動的片斷。上圖是1940年4月他到訪蘇州時與蘇州的名家潘振霄等演唱崑曲（全期）時的情景。繼後二張則是1942年4月，褚民誼出席在漢口召開的中日文化協會第一次全國代表大會暨漢口特別市政府成立三週年和武漢中日文化協會分會成立一週年紀念大會期間，登臺表演崑劇慈悲願之黑淨尉遲恭，及進行化妝時的情景，照片刊登在《長江畫報》1942年第6期上。

1940年4月褚民誼（右）在蘇州與崑劇名家潘振霄等演唱崑曲全期[1.63]

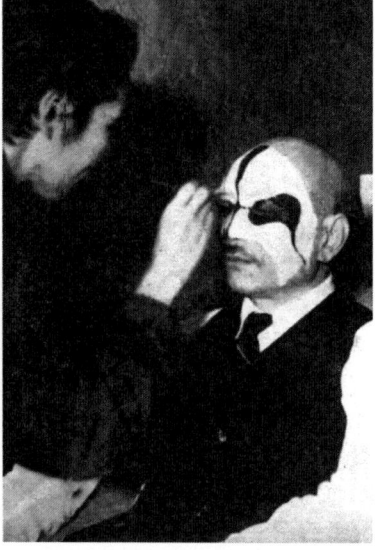

1942年4月褚民誼出席中日文化協會第一次全國代表大會期間，登臺表演崑劇黑淨尉遲恭（左），及進行化妝（右）時的情景（《長江畫報》1942年第6期）

第四章　一如既往，重視文體　257

褚民誼除在發掘整理崑曲和崑劇上作出上述貢獻外，還在百忙中一如既往的積極推動賑災義演和培植人才的工作，媒體上亦不時予以披露。例如1943年6月15日《新聞報》上，以〈褚民誼籌組賑災劇團〉為題報道，「外交部部長褚民誼等，為救濟華北災黎，特發起組織華北振濟劇團籌備會，各項籌備事項，現已完竣，特於十五日下午三時假中日文化協會東亞廳，舉行成立會，並商討演劇及振款等事宜。」

另據1944年1月7日中央社南京電（發表在次日的《新申報》和《新聞報》等報刊上），「外交部長褚民誼，及政府各長官江亢虎、李謳一、馬嘯天，暨劇界馬連良、李義良等，為發揮國劇，特擬在南京創辦首都國劇學院。該院地址已決定設四象橋浙江會館內，現正在籌備中，最近期間即可成立。」

此外，褚民誼還很關心1940年在上海成立的「中華國劇學校」，該校主要傳授京劇和崑劇，沿襲科班制教學，培養出許多優秀演員，在戲劇界頗具影響。《申報》於1944年9月11日，以〈褚部長昨蒞中華劇校訓話〉為題報道，「中華國劇學校為徐慕雲、李松齡二氏所創辦，迄今業已三年，成績斐然。自去歲十月間離滬，歷在錫、常、鎮、杭各埠公演，聲譽甚佳。上月初載譽榮歸後，復增聘名教師數人，改組校董會，由褚民誼擔任董事長，徐慕雲任校長，其餘校董如林康侯、鮑國昌、汪育賢、劉南生等皆係海上知名人士。現已決定每星期四五六三日日場假座黃金大戲院長期公演。該校男女學生百餘人，優秀者居泰半，武戲尤擅專長，與滬人睽別一載之小天使，又可重見於紅氍毹上。日昨褚部長於公務倥傯中特抽暇視察新校舍（斜橋徽寧醫院舊址），並懇切訓話，愛護備至」等云。

中華戲劇是廣植在民眾中的優良文化傳統，從上述的點滴報道中，可以窺見褚民誼在淪陷區的困難條件下，予以維護和傳承所作努力之一班。

《附錄1》褚民誼著《崑曲集淨》（上、下冊）劇目[1.54]

上冊（七紅四白，共11人、26劇）

七紅一（三國志之關壯繆，5齣）：1-挑袍，2-古城，3-擋曹，4-訓子，5-刀會

七紅二（風雲會之趙匡胤，2齣）：6-送京，7-訪普

七紅三（八義圖之屠岸賈，3齣）：8-評話，9-鬧朝，10-撲犬

七紅四（九蓮燈之火判官，1齣）：11-火判

七紅五（一種情之炳霛公，1齣）：12-冥勘

七紅六（雙紅記之昆崙奴，5齣）：13-謁見，14-猜謎，15-擊犬，16-盜綃，17-青門

七紅七（西遊記之回回王，1齣）：18-回回

四白一（虎囊彈之魯智深，1齣）：19-山亭

四白二（水滸記之劉唐，1齣）：20-劉唐

四白三（浣沙記之吳王夫差，3齣）：21-打圍，22-進美，23-採蓮

四白四（鐵冠圖之一只虎，3齣）：24-別母，25-亂箭，26-刺虎

下冊（八黑三僧，共11人、29劇）

八黑一（三國志之張飛，4齣）：27-三闖，28-敗惇，29-負荊，30-花蕩

八黑二（財神記之鍾馗，1齣）：31-嫁妹

八黑三（牡丹亭之胡判官，1齣）：32-冥判

八黑四（宵光劍之鐵勒奴，6齣）：33-相面，34-報信，35-掃殿，36-鬧莊，37-救青，38-功宴

八黑五（人獸關之包拯，1齣）：39-惡夢

八黑六（千金計之項羽，8齣）：40-起霸，41-鴻門，42-撇身，43-夜宴，44-楚歌，45-別姬，46-十面，47-烏江

八黑七（慈悲願之尉遲恭，2齣）：48-北詐，49-北餞

八黑八（精忠記之金兀朮，3齣）：50-草地，51-翠樓，52-敗金

三僧一（祝髮記之達摩，1齣）：53-渡江

三僧二（吳天塔之楊五郎，1齣）：54-五台

三僧三（西廂記之惠明，1齣）：55-惠明

《附錄2》崑曲《訓子》工尺譜全劇[1.54]與試譯的五線曲譜[1.55]

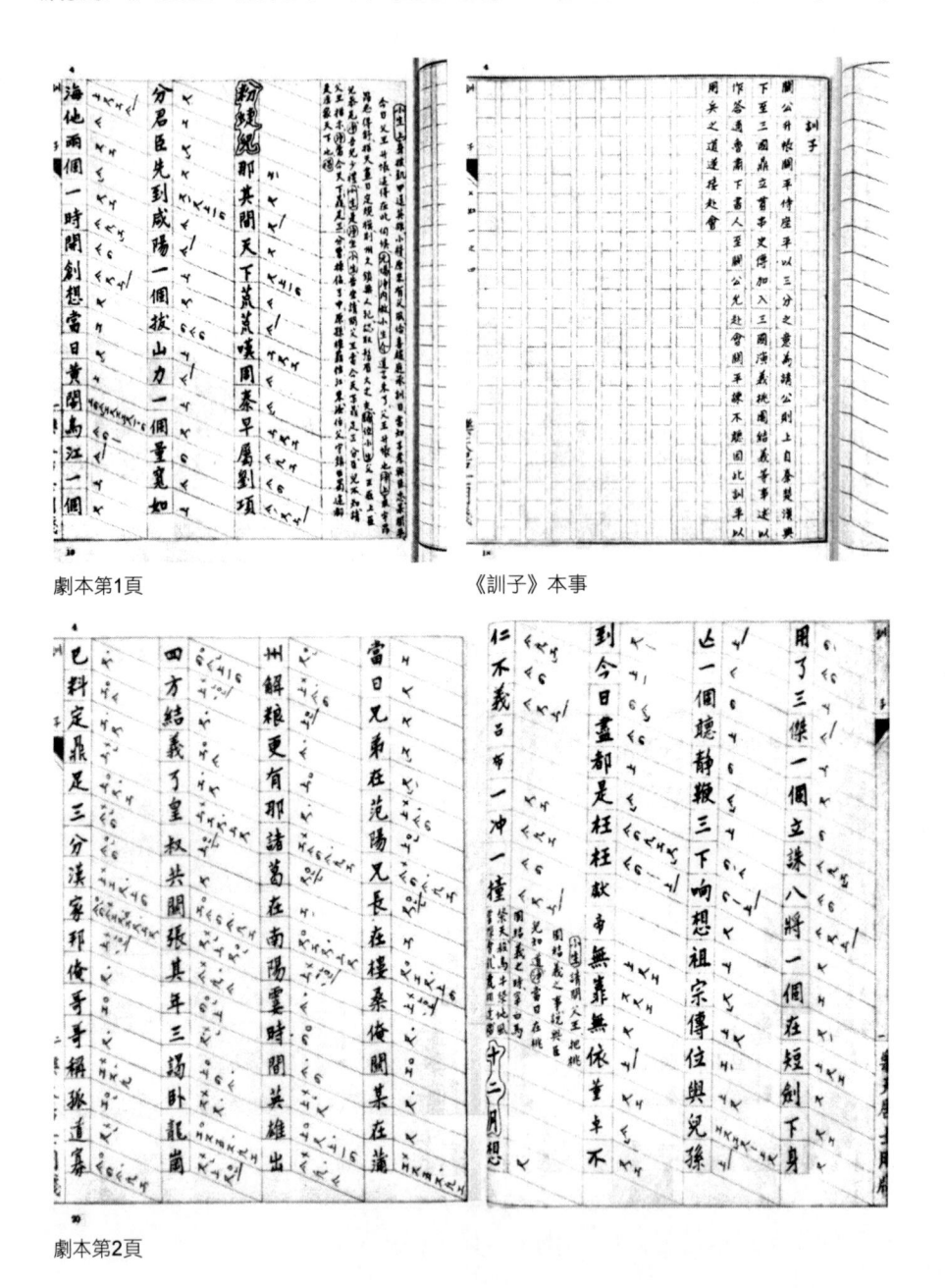

劇本第1頁

《訓子》本事

劇本第2頁

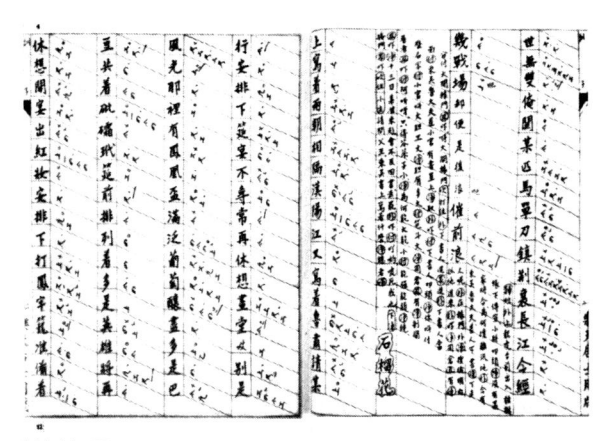

劇本第3頁

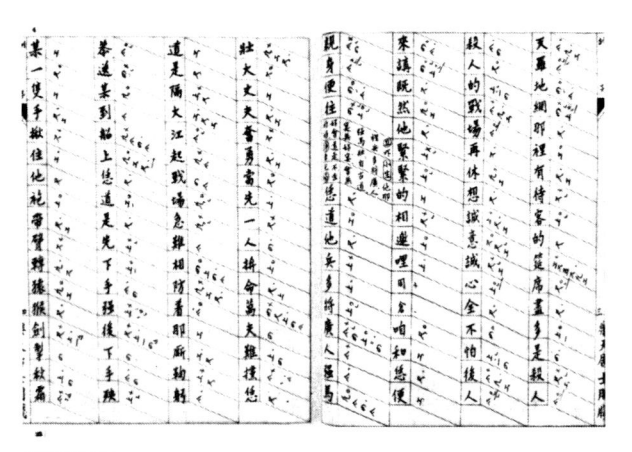

劇本第4頁

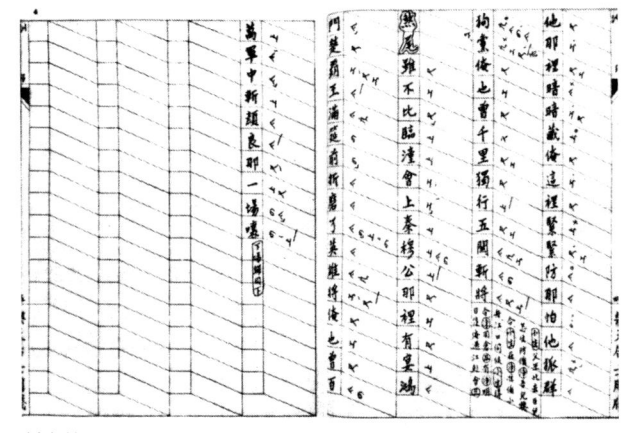

劇本第5頁

《訓子》五線譜第1頁

《訓子》五線譜第2頁

《訓子》五線譜第3頁

第五節　移風易俗，花甲同慶

「花甲同慶」俗稱集團慶壽，是褚民誼於1939年6月發表的《花甲同慶》[1.49]專著中首先提出來，作為全國每年統一舉行的一項敬老祝壽活動。如下圖所示，該書封面由浙江篆刻和金石名家褚德彝以古樸的篆字題寫，蒼勁典雅；褚民誼則於次頁以通用的楷體書寫題銘，端莊秀麗。全書共99頁，包括正文「花甲同慶」（75頁），文前的「花甲同慶序」（2頁）和文後的「花甲同慶芻言」（14頁）及「干支用法說明」（8頁）共四節。

褚民誼提出「花甲同慶」的倡議，其中心思想在於移風易俗、力行群育。已如前第三篇第二章之第二節「斡旋統一，謀劃訓政」及其第九章之第二節「倡導五育，全面發展」等部分中所述，在國民革命從軍政轉入訓政時期的關頭，褚民誼於1928年國民黨二屆四中全會上提出的改組國民黨之提案中，為加強民眾教育，在提倡德、智、體、美諸育外，首次提出了實行「群育」，以「集合群眾，努力於國民革命」的主張，並在嗣後他的長期教育實踐中積極探索實行群育的有效方法。他於中華民國二十八年六月己卯夏至（1939年6月22日），在中法國立工學院為《花甲同慶》[1.49]一書撰寫的序言中，開宗明義地寫道，「或問花甲同慶何由作？則應之曰：提倡群育而已！「國於今世，強不強之所由分，即群不群為之判也；群則致強，不群則致弱，群為公，不群為私而已！「往者以德育、智育、體育語當世，聞者無不韙其言。一人智德且健，厥智、厥德、厥健猶在私，欲大其功，非群不可；使能群其群而智仁勇，則智育、德育、體育之為用，不更壯耶？且吾國之社會，宗法社會也。雖視頑鄙民族圖騰社會為較美，然自私自利之存在，仍未能盡脫家族主義之藩籬；長戴此蒙，雖美何利？「群育之敵，厥為宗法；宗法之著，則為慶壽；花甲同慶，顛撲宗法社會，力行團體生活，而提倡群育者也。以花甲同慶而推動之智德體三育，育斯群於大智、大仁、大勇之域，疇謂家族之私不能去，國族之位不能強哉？」寥寥數語，道出其提倡「花甲同慶」，圖群育致國強之真意。

書中對我國敬老慶壽之演進歷史，晚近壽慶中之陋習和改革之必要，以及化私祝為公祝舉行六十花甲同慶之意義和實施方法進行了全面論述。其中特別詳細地介紹了如何按照我國自古以來的十二生肖和干支紀年法，以生肖地支「一元始終」和干支「取同貴多」為原則，確定出每年舉行花甲同慶之年、月、日、時

的方法,並列出了自民國29年(1940年)至民國64年(1975年)期間,逐年舉行花甲同慶的時間表,提請政府當局列為固定節日頒佈實施。與此同時,為樹立孝悌仁愛、去奢崇儉之風,文中對於同慶之儀,分為壽堂、壽禮、受賀、演說、比健、攝影、壽宴、餘興、文獻、獎勵等十個儀節,詳加規範。

1939年6月出版的褚民誼專著《花甲同慶》[1.49]:
(右上)封面,褚德彝題寫;
(左上)扉頁,褚民誼題銘;
(右下)褚民誼序;
(左下)正文首頁

「一年一度之花甲同慶，推行既溥，人數必多。惟事不自行行於人，臨期既須人主持，事前更須人籌備」。為此，他在「花甲同慶芻言」中，對於主辦、登記（含各種表格之設計）、審查、舉辦、會務等各項事務之執行，逐一給以具體指導。「干支，為我國最早記年、記月、記日、記時之工具，緬想古人採用此法，誠為無上聰明。」為使今之民眾瞭解該法，他還在書末，專附「干支用法說明」一節。綜觀全書，他為花甲同慶之普及推廣，在理論和方法上作出了全面地論述和安排，真可謂煞費苦心。關於花甲同慶的具體內容，將在下面介紹的「花甲同慶要義」（《中日文化》月刊[2.35]Vol.2，No.2）一文中簡述。

　　「花甲同慶」的倡議提出來後，由於時局變遷，直至1942年壬午馬年才得以正式推行。褚民誼在翌年籌辦第二屆花甲同慶前夕，於《民國日報》（1943，4，9）上發表的題為〈今年的花甲同慶〉一文中，回顧其發展歷史時記述道：「花甲同慶，倡始於民國28年（1939年），其理論及辦法，曾有專書，詳為敘述。最初本擬陳請政府，著為禮法，公告全國，一體奉行。不意戰爭遷延，四方雲擾，政府忙於應變，社會失其故常，花甲同慶之公佈請求，乃不能不因而中止。

　　民國29年（1940年）庚辰，國府還都，中樞有主，地方秩序，亦漸復元，蘇州陳省長則民、南京高市長冠吾，鼓吹和平，改良社會，首先照花甲同慶辦法，鄭重舉行，雖以時間倉促，未能普及，而斯法造端，實基於此。民國30年（1941年）辛巳，余奉使東京，國內無人倡導，因此未得舉行。民國31年（1942年）壬午，本京承周市長學昌之贊助，由社會局主持籌備，得各鄉鎮長從事調查，乃於7月28日正午，假座中日文化協會，為首都第一次花甲同慶之舉行，市民參加，至為熱烈……會中製有壬午禮壽年紀念章分贈佩戴，並備各種獎品，以贈高壽健康之人，用資獎勵，此花甲同慶過去之經歷。」

　　花甲同慶是一個新生事物，為做好首都第一次活動的輿論準備，如後頁右上圖所示，褚民誼在1942年3月1日出版的《中日文化》月刊[2.35]（Vol.2，No.2）上發表了題為〈花甲同慶要義〉的論文，對花甲同慶的意義、內容和方法扼要地進行介紹，略謂；「何謂花甲同慶？花甲同慶就是集團慶壽。集團慶壽何必冠以花甲二字？甲乙丙丁戊己庚辛壬癸十個天干，子丑寅卯辰巳午未申酉戌亥十二個地支，輪換併合，以記年月日時。頭兩個字合併起來就是甲子，十和十二錯綜交互，滿六十癸亥之後，又是甲子，所以干支記年，普通叫六十

年一個甲子……或者叫花甲重開。花甲同慶的辦法,是以每年滿六十歲適巧花甲重開的人,為同慶之目的人物,名之曰主壽,所以叫作花甲同慶。

舉辦花甲同慶,有何意義?

大要有四:第一,實行敬老。孝悌之道,是中國的美德,花甲同慶是實踐孝悌的美德的。古時『養國老於上庠,養庶老於下庠』,三老五更之尊,直至中古不廢,所以國人有所表率。晚近孝悌且不講,敬老更不必說了,國無老誠,寧不可畏。花甲同慶便是實行敬老的方法,意義至為重大。第二,改良慶壽的惡習。慶壽不是壞事,但是現在的慶壽,則不能不算壞事;尊長之壽,慶之尚可;本身之壽,可慶可不慶,已須斟酌自己的年齡、地位、環境等等,方能確定;現在的人,不但尊長壽、本人壽,而且太太的壽,甚至於兒子的壽,最屬害是死人的冥壽;簡直是不論死活,無人不壽,無壽不慶,這真是要不得的。何況慶壽的目的,並不在壽,而別有主觀呢?花甲同慶,就是糾正這種惡習的惟一妙法。第三,提倡群育。合群互助,群策群力,這是現在人生不可或離的,所以團體生活的練習,各國家各民族之間,無不積極從事,因為欲求現代的生存,祇有合群互助;花甲同慶,便是提倡群育的好方法。第四,屬行節約。國家到了今日之下,打算求恢復、圖富強,除了屬行節約以外,沒有其他方法……但節約不是單指金錢來說的,精神、物資、時間、意識,都要節約起來,方算節約節得徹底。花甲同慶,就是根據此種意義制定的,所以花甲同慶,是節約的極則。我們試想!假使社會上充滿了『敬老』『純正』『合群』『節約』的氣象,這個社會,應當是怎樣的純良優美呢?」

1942年3月1日褚民誼在《中日文化》月刊上發文〈花甲同慶要義〉之首頁 ([2.35]Vol.2, No.2,1942,3,1)

「花甲同慶的應用,可以分四部說明:

(一)壽齡　吾適謂花甲同慶為集團慶壽,實在說起來,此不過把花甲同慶的整個內容,解釋了一半,若要再說得切近一點,應當叫做統一慶壽;或者叫做慶壽劃一。因為集團慶壽,並不包含有任何限制的

意思，而花甲同慶，卻是極端的、制定的慶壽方法。為容易瞭解，所以叫做集團慶壽，但比集團結婚等等，完全不同。

慶壽必有壽翁，花甲同慶的壽翁，就是每年恰正滿足六十歲的人，不論男女，皆是本年的壽翁。比如今年是壬午，凡是生於前清光緒八年壬午，生肖屬馬的人⋯⋯都是今年的壽翁。「所以滿足六十歲（中國歲數是六十一歲）的這個歲數，就給他起個名字叫做壽齡；每年都有適合壽齡的人，每年舉行同慶一次，來慶祝他們的壽開重甲，所以每年適合壽齡的人，都是各該本年的壽翁，用花甲同慶規定的名辭來說，就叫『主壽』。

（二）聯壽　每年一次的花甲同慶，若是單單慶祝六十花甲的壽翁，不但人數不能甚多，而且一個人不到滿足六十歲，沒有被祝的資格；過了六十以後，又沒有被祝的資格；一生一世，祗被祝壽一次，未免偏枯而少興趣。因此，花甲同慶於每年的主壽翁之外，又有聯壽壽翁之規定⋯⋯主壽是大生日，聯壽是小生日；主壽有被祝的資格，聯壽也有附帶被祝的資格；如此纔能擴大同慶的範圍，提高同慶的興趣，廣收同慶的功效。

今年主壽的生肖是馬，聯壽的人，不問老幼男女，凡屬馬的人，全是今年壬午的聯壽。詳細分起來，照中國歲數說，今年六十一歲屬馬的人，是今年的主壽。今年一歲、十三歲、二十五歲、三十七歲、四十九歲、七十三歲、八十五歲、九十七歲、一百零九歲、一百二十一歲這許多屬馬的人都是本年的聯壽。」再詳細分起來，年齡比主壽大的稱為上聯壽；比主壽年齡小的稱為下聯壽。主壽聯壽同被人祝；年小者慶祝年長者，每十二歲之差，為一慶祝與被慶祝之分而已。

（三）壽辰　花甲同慶之壽辰，以『一元始終』之法，規定一切。即以今年說吧，今年是壬午年，壬午的生肖是馬，以屬馬的人為主壽聯壽，馬就是今年一元的中心，依馬尋求，今年的壽辰，自然是馬年、馬月、馬日、馬時。但是馬的分別很多，比如甲午、丙午、戊午、庚午、壬午，都是馬。因此，在馬的地支規定外，更應當選配天干。最好是沿著年的干支，為日月時的標準。今年是壬午，壬午年以下，能得壬午月、壬午日、壬午時，自然最好，但是干支相

錯，此時四部一式不能得，三部相同也不能得，祇有兩部各自相同，成為壬午年、丙午月、壬午日、丙午時了。所以今年的壽辰是民國三十一年七月二十八日正午十二時，即舊曆壬午年六月十六日正午十二時，這個日子就是今年全國各地舉行花甲同慶規定的日子。」

上述就是按照本年生肖地支「一元始終」、干支「取同貴多」，來選擇壽辰月、日、時的一個例子。「總之，選擇的結果，有四同、三同、兩對各同、一對獨同、四部全差五種格式；為易於記憶，依次稱為，仁壽年、義壽年、禮壽年、智壽年、信壽年，今年則禮壽年也。」

（四）壽儀　本年七月二十八日正午十二時，為今年花甲同慶舉行之時，各省市縣鄉之省主席、市長、縣長、鄉長以及各種民眾團體，宜各以其所在之處所為本位，舉行本地之花甲同慶。其舉辦之法，應先期通告，調查各地聯壽主壽之人，使之登記。然後選定本地公共場所為行禮之地，屆時，主壽聯壽齊集會場，各家族親友等，均可入場行禮。主壽聯壽者，受家族親友之祝賀；主壽之人，更受聯壽者之祝賀；聯壽之人，更依年分班，長者受幼之者祝賀。行禮既畢，可以舉行演說會、聚餐會、遊藝會，以及健康測驗、攝影紀念、刊印文獻等事，事之大小多少，視經濟狀況定之。經濟之來源，分（一）地方之津貼或補助；（二）各方面之捐款；（三）主壽聯壽之公份，數目隨定；（四）家族親朋之壽儀，數目隨定。如此，則每地一年，祇作一次生日。此次同慶外，凡遇本人真正誕生之日，除家人父子私相慶祝不加禁止外，其餘任何儀式，皆不必舉行。凡個人私行公祝者，無論何種地位，均應認為與花甲同慶相抵觸，應一律停止，此花甲同慶之要義也。

此法果能積極推行，則每年每地祇有一個壽辰，當壽齡者，人來祝我；非壽齡者，我來祝人；則一地之人，老幼男女，貧富貴賤，濟濟一堂，穆穆雍雍，足興孝悌之感，其利一。主壽聯壽之公份有定，親朋之賀儀，分等有差，欲奢不得，欲侈無自，教約從儉，其利二。聚餐遊藝，同樂同歡，聯絡感情，陶冶群育，進而為合作互助之勸，其利三。化私公為，化零為整，化無用為有益，金錢省、時間省、事體省，觀念得以正確，行動得以有意義，精神得以受

涵養，思想得以受感動；而且各地人民，可藉以得到相當之統計，苟能力行不報，其有造於社會國家民族者為何如，故花甲同慶之功，不在任何改進社會運動之功以下也。」

在1942年6月28日，壬午馬年7月28日花甲同慶舉行前一個月，褚民誼又通過廣播發表了題為〈花甲同慶的真實意義〉的講話，全文刊登在《外交公報》[3.64]第68期上。他在這篇面向全國民眾的演講中，通俗地說明了花甲同慶的內容和方法，著重從移風易俗出發說明倡行花甲同慶的要義。他解釋道：「第一，壽慶有保存的價值，必須設法弘揚；第二，壽慶的習俗甚壞，必須設法改善。因此，在保存真義、革除積弊的旨趣下，便發起了這種集團慶壽的『花甲同慶』。東方文明的的基礎，就是孝悌，孝是尊親，悌是敬長，整個的人生大道，都包含在孝悌兩字的當中。所以孔子說過，『孝悌也者，其為仁之本歟』。為仁就是作人，為人能孝悌，自然能仁義，自然能忠恕，仁義忠恕，人道之大綱盡矣。所以說，孝悌是東方文化的大本源，慶壽的真正精神，就是使人實踐孝悌之道的一種方法。因此慶壽一事，不但應當保存，而且應當力謀發展。

可是現在一般的壽慶辦法，離開這種意義太遠了。壽慶真實意義，必須先夠得上稱壽的年齡，『花甲同慶』以花甲為壽齡，這正是循名貫實的第一要義。慶壽的意義，至少應當貫徹孝親敬長的精神。現在習俗相沿，壽妻壽妾，固已成了見慣的司空，更有人家對於兒女的生日，也居然請客稱觴，甚而至於搭台唱戲，孝親既說不上，敬長更不對題。老實說，這種慶壽，不但悖禮，而且亂倫，倘不加以革除，社會人心，焉能教正。並且慶壽的要義，是遵道行禮，現在一般慶壽的目的，卻不如是，不是誇多潤富，便是別有用心。有的人借著慶壽打秋風，有的人借著送禮行賄賂。本是講孝修悌，轉成藏垢納污。

「花甲同慶的要旨，有糾正壽慶陋俗的四要點，第一是易私為公，第二是去奢崇儉，第三是敬孝重悌，第四是同樂觀摩。因此，『花甲同慶』的舉行，對於新國民運動的前途，也是有相當的影響。」褚民誼這一席提倡「花甲同慶」革故鼎新之言，針對時弊，字字珠璣，時至今日，仍富有警世意義。

1942年在南京舉行的首次花甲同慶，得到了南京特別市市長周學昌的積極支援，指定市府社會局負責籌辦。現今南京檔案館保存當年南京特別市社會局的檔案中，含有題為「花甲同慶、推行要義、登記須知、同慶辦法、會議記錄、收支概算書、人數統計表、獎品分配表」的卷宗（全宗號1002，目錄號2，卷號1355），詳細記載了該次花甲同慶的籌辦過程。後第二頁圖中選登了

其中褚民誼發起花甲同慶和同意獎品分配方案致函南京市政府的先後二封親筆信，市府社會局開展籌備工作的呈報，同慶活動之主壽和聯壽人數統計表，壽慶獎品分配名單以及活動費用收支清單等項文件。

褚民誼於6月23日致南京特別市市長周學昌的信函（圖-1）中，為說明花甲同慶的意義和舉行的辦法，同時附寄了二份油印材料，亦保存在該檔案中。一冊名為〈花甲同慶要義〉，原文刊登在上述的《中日文化》月刊[2.35]（Vol.2，No.2）上；另一冊題為〈花甲同慶推行要義〉，係《花甲同慶》[1.49]一書中「花甲同慶芻言」部分之復製件。信中殷切地寫道，「今隨函附上要綱、辦法各一冊，希大力主持是為至幸。此事與人口統計、社會風化均有關係，倘能逐漸推廣，可計日以待其功也！」

市社會局蒯局長接任務後，於7月10日向周市長呈報擬開展籌備工作的函件（圖-2），函中稱，「鈞長交下花甲同慶要義及花甲同慶推行要義各一份，著即進行籌備等因，奉此查花甲同慶為集團祝壽，意義深長，茲值舉辦伊始，關於擴大宣傳、普遍登記、選擇場所、管理經濟各項事務，手續煩重，日期迫促，設非多方面協力，自難期臻完善，謹擬聯合本府市社運會、宣傳處共同組設花甲同慶籌備委員會以利進行，並擬訂於本月十三日（星期一）召開第一次組織會議」等云。

南京市花甲同慶籌備處成立後，制定出「南京特別市花甲同慶登記須知」和「南京特別市花甲同慶辦法」，並即按此在籌備處下設立總務、宣傳和登記三股積極開展工作（這二份文件均收納在上述檔案中）。7月20日《民國日報》上公告稱，「外交部褚民誼提倡『花甲同慶』，已由市政府代為籌辦。自今日（廿日）起在各區公所開始登記。昨（十九日）各區長並召集坊長談話，說明舉辦『花甲同慶』之意義，關於登記辦法，略誌如下：花甲同慶之壽翁，不分男女貧富，應以六十一歲主壽為對象，其餘一歲、十三歲、二十五歲、三十七歲、四十九歲、七十三歲、八十五歲，均可登記參加，作為聯壽。「關於開始登記，應向所在地之區公所填寫登記表，並由各坊長向登記者說明意義，勸導人民參加；壽翁謙請親友，所購入席証，每張五元，應由登記處先二日彙齊款項，解交籌備處應用；各登記處所登記人數，應先一日報告登記股，以便統計。」

據南京五個地區主壽聯壽人數的統計結果（圖-3）：計有主壽140人（男110、女30），上聯壽28人（男19、女9），下聯壽112人（男80、女32），合計

1942年7月28日由褚民誼倡議南京市政府主辦的「花甲同慶」之部份檔案資料（「南京市檔案館」）

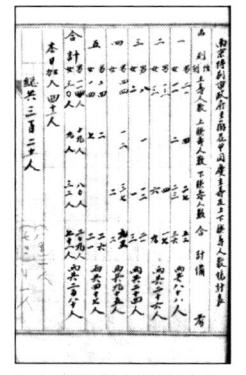

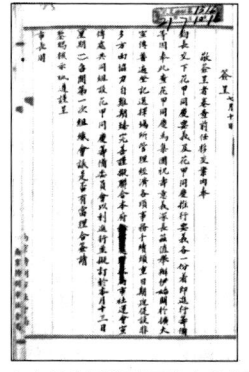

3-主壽聯壽人數統計表　　2-市社會局籌備工作之呈報　　1-褚氏致周市長發起信

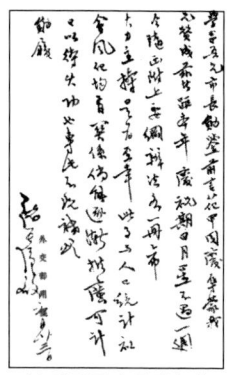

5-褚民誼贊同獎品分配函圖　　4-壽翁獎品分配表圖

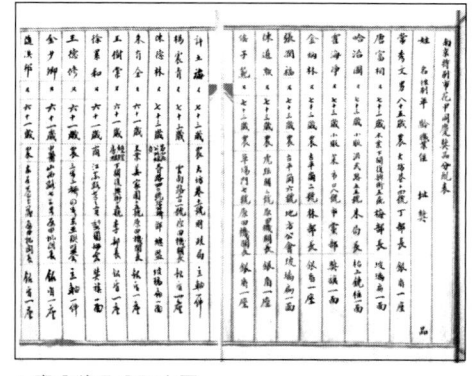

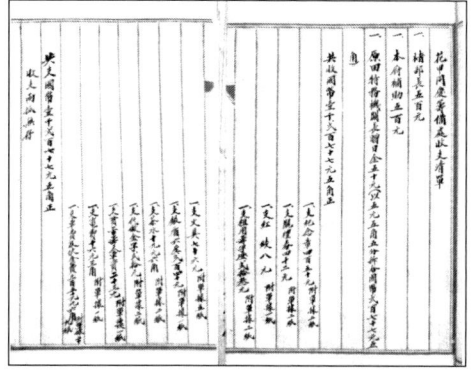

6-活動收支清單（收入來自褚氏捐助、市府補助及原田贈金）

第四章　一如既往，重視文體　271

280人（男209、女71）。此外，呈報當日又臨時增加41人，最後總計321人。

1942年壬午，南京特別市政府主辦之花甲同慶，準時於7月28日正午12時，在中日文化協會隆重舉行。如左下圖所示，《民國日報》於次日報道其盛況，並刊登了褚民誼在大會上演講的照片。文中略謂，「參加同慶壽翁，計有上聯壽、主壽、下聯壽，男女一百餘人，其中上聯壽七十三歲、八十五歲有十四人，均白髮蒼蒼，而精神矍鑠。中日長官參加者有外交部褚部長、內政部陳部長（徐司長代）、原田特務機關長、富永聯絡長、市社運會沈科長、社會局蒯科長、宣傳處黃科長等，濟濟一堂，情況熱烈。禮堂佈置異常鮮豔，國旗下置放霓虹燈之大壽字，台前陳列銀盾、鏡框、立軸、旗幟等獎品。十二時整，由主席褚民誼領導行禮如儀，並報告花甲同慶之意義……繼由長官內政部徐司長、原田特務機關長、地方公會陶錫三相繼致詞，語多祝賀。旋上聯壽、主壽、下聯壽人相互一鞠躬。末由主席報告祝壽人體格檢查成績，並頒給紀念章及獎品，至二時始於音樂聲中禮成。」

按花甲同慶辦法中規定，由市衛生局派員免費為壽人進行體格檢查，並依此對高齡健康者頒發獎品，以資鼓勵。8月12日市社會局向市長呈報了「南京特別市花甲同慶獎品分配表」（見前圖-4）。表中列出了經醫師檢驗合格的17位壽人的姓名、性別、年齡、職業、住址以及獎品的來源和名稱。其中上聯壽85歲者1人、73歲者10人，主壽61歲者6人。得獎者中以農民為多，計8名，約佔半數；其次是小販、手工業者和商人，餘為中醫和區公所辦事員各1人。獎

1942年7月28日正午12時在南京中日文化協會舉行第一次「花甲同慶」之報道。褚民誼主持並演講（《民國日報》1942.7.29）

品除九座銀盾外,還有玻璃扁、鏡框、立軸和獎旗等,分別捐贈自政府部局長官,以及市黨部、地方公會、梨園協會和東亞聯盟會等單位,原田機關長的獻金則全部代購成其中的六座銀盾。為慎重起見,周市長批示先將此獎品分配方案請示褚民誼。褚氏於8月20日復函(見前圖-5)謂,「花甲同慶獎品分配表均已拜悉,此事一再勞神至為銘感,所擬獎品分配辦法具見,平亭得宜」,弟贊同云云。

對於這次首屆南京花甲同慶活動,褚民誼除在言論上積極倡導外,還在經費上大力解囊相助。會議結束後,社會局蒯科長於8月18日向市局呈報了花甲同慶費用收支清單(見前圖-6),並附單據四十八紙。該清單中列出經費收入計三項:(一)褚部長捐助500元;(二)南京政府補助500元;(三)原田特務機關長贈日金50元(折合國幣277.5元),共計1277.5元。支出項目包括:支付紀念章、禮卷、紅綾、租用壽字燈、文具、銀盾六座、茶水、代做金字、貧苦壽人車資、電費、車費及伙食費等,共計1277.5元,收支兩抵無存。至此,南京市主辦的首屆花甲同慶,秉承節約原則,圓滿結束,為後繼的花甲同慶開了一個好頭。

進入1943年後不久,褚民誼於4月9日《民國日報》上發表了題為〈今年的花甲同慶〉的署名文章,在闡述花甲同慶之歷史、意義及其行使等內容的同時,特於文前就本次花甲同慶之特點說明道,「予倡花甲同慶,於今五年。五年之中,庚辰、壬午兩度舉行,龍、馬當年,隨人致賀。今年癸未,壽始及予[26]。六十年一度之被慶資格,適於今歲及之;且國府寅朋之中,不乏癸未同年之人。「而尤可慶者,主席汪先生,亦為癸未同年之人……親故賓僚,咸謀嵩祝,主席聞之,以為壽在一人,勞及有眾,殊非古人與民同樂之意,復以多士之心度,不忍峻拒,因念花甲同慶之義,端為壽與人同,爰頒手諭於民誼,宣示贊花甲同慶之意旨。」

在同日的《申報》上同時公告稱,汪主席之誕辰為1883年之5月4日,褚民誼按其「與民同慶」之手諭,將原來推定的壽辰日期略加變更(月日提前、年時仍舊),「決定5月4日為本年同慶之期」,並將該癸未年冠以「泰壽年」之稱號。

此後不久,汪氏多次發聲「謝絕祝壽矯正習俗」,4月25日《申報》上,

---

[26] 褚氏誕於清光緒九年、農曆癸未羊年12月20日,按公元則為次年1884年之1月17日。

以此為標題報道了汪主席於昨日（24日）手諭徐文官長，略謂：「去歲兆銘六十生日，因事前未曾防備，以至臨時忙亂，筵席擺在寧遠樓，壽禮送去文物保管委員會，種種麻煩，實為可惱。今歲預先聲明，一切謝絕，友朋好意，不但不領情，反而嘔氣，不如息事寧人，較為合宜也。」

接著，為嚴禁用祝壽名義獻金，汪兆銘主席於4月27日簽發了國民政府命令，《申報》（1943，4，28）上公佈稱：「各地國民獻金，出於愛國熱忱，政府自應嘉納。惟近來有用祝壽名義者，此係西安事變前之醜態[27]，深可傷心，著嚴切制止，此令。」

此外，時任考試院院長的江亢虎，也恰遇花甲之年，為響應花甲同慶移風易俗之舉，於4月28日《民國日報》上，刊登了〈江亢虎為南方大學徵求圖書啟事〉。文中稱，「本年欣逢花甲同慶，親友學生有議賀壽者，已一概謝絕，倘蒙惠贈圖書，無論新舊多少，悉數捐入南方大學，另加鈐印，以資紀念，至現款禮物，則堅決不收，尚希諒之。」

1943年5月4日下午三時南京市第二屆花甲同慶在市政府大禮堂舉行，《民國日報》於次日報道，略謂「到有江考試院長、褚外交部長、陳內政部長、周市長，及參加之主壽翁，上聯壽、下聯壽，計二百餘人。壽堂中懸掛紅色電炬壽字，兩旁懸掛對聯。「三時整，隆重儀式開始，行禮如儀後，全體遙向汪主席致敬。繼由主席周市長……褚外交部長、陳內政部長相繼致詞，旋由壽翁代表江院長致答詞，末全體三呼汪主席萬歲，至五時許禮成。」

該報同日還分別報道稱，南京政府汪主席誕辰日，「日本代理大使掘內、滿洲國大使呂榮寰、德國代理大使哥德、義大利大使戴良誼等，於是日上午十一時許，先後赴主席官邸覲謁拜賀。」當日晚汪主席，邀來京各地方長官，及各院部長官，在北極閣設宴歡聚。」

此外，據5月5日《申報》報道，除南京外，淪陷區內蘇州、南通、泰州、廣州等地，亦於5月4日隆重舉行花甲同慶，褚民誼的這項統一慶壽倡議，逐步在各地推廣開來。

---

[27] 指1936年蔣介石五十大壽時之盛大祝壽活動。

第五章　盡心竭力，維護國寶

第一節　保護文物，執掌文管

　　具有悠久歷史的燦爛中華文明，積澱了大量寶貴的文物資料，南京、上海和江浙一帶乃我國文化薈萃之地，遺存尤豐。七七事變爆發，日本發動大規模侵華戰爭，國內諸多地區相繼淪陷，其內所有中央研究院、國立暨省市立圖書館、博物館、公私立大學等重要文化機關，在激烈的戰火紛飛中陷於無人管理的混亂狀態，大量圖書、儀器、古物、檔案，以及有關天文、地質、農礦、教育各種標本等珍貴文物，面臨焚毀散佚之災。日軍佔領當局以這些文化資料和設施的重要價值，將其收繳保管。淪陷區內南京政府成立後，經中日雙方關係當局之協議，於1941年3月27日由國府外交部與駐華日本大使館聯合發表文物交還接收共同聲明，決定將事變以來日方整理保存的中國史蹟文物移交中國政府。中方則相應成立「行政院文物保管委員會」（簡稱「文管會」）予以妥善接收管理。

　　褚民誼一貫重視維護我國的文物古蹟，已如前第三篇第六章之第一節「國難當頭，國府任職」中所述，早在1931年九一八日軍入侵東北後不久，經國難會議議決，成立了隸屬於行政院的「中央古物保管委員會」，立即著手將北平故宮等處的大批古物南遷，並於1936年底在南京朝天宮建設「國立北平故宮博物院南京分院保存庫」，曾任行政院秘書長的褚民誼，為此做出了積極努力。1937年日軍大舉入侵，隨著大片國土淪喪，無數蘊含中華文明的珍貴古蹟文物遺留散失在淪陷區內，令人堪憂。在當時的逆境中，如何設法盡力予以妥善保存，其意義之重大，任務之艱巨，不言而喻。南京政府文管會成立之初，正值褚民誼被派出任駐日本大使，由暫時接任外交部長的徐良擔任文管會委員長。1941年10月27日褚民誼回到南京繼任外交部長，行政院院長汪兆銘即於次日按院第83次會議議決，親書批文「文物保管委員會委員長徐良呈請辭職應照准，特派褚民誼為文物保管委員會委員長。」（「中國第二歷史檔案館」館藏資料）褚民誼接令後，即於是月30日蒞會視事，並在11月5日上午補行就職典

禮後，主席召開了第四次委員會會議，會上議決成立研究部，公請褚民誼兼任該部部長。自此，文管會的各項工作便在他的領導下全面開展起來。作為會務步入正軌的標誌，在他的主持下編輯出版了《行政院文物保管委員會年刊》[3.45]，如下圖所示，相繼出版了民國三十年（1941年）年刊、三十一年（1942年）年刊以及三十二年和三十三年（1943和1944年）的合併年刊。褚民誼親題刊頭，並在首卷撰寫「弁言」，聲言其「應將（本會）所辦事項編製報告與統計，每年公告一次」以宣人知之旨意。年刊翔實記載了文管會在淪陷區內盡力維護我國文物所做的努力，本節敘述的材料除另作標明外均源於此。

在首卷1941年度的年刊上，以本會之成立、本會之組織、經費、會議、工作紀要和附載七個章節，詳細報告了文管會的籌建經過、基本情況和成立近八個月以來的工作進展。

據刊中所載，在1941年3月27日國府外交部與駐華日本大使館聯合發表的文物交還接收共同聲明中，列出了日方移管於南京政府的史蹟文物，計有「南京革命紀念塔，南京明孝陵，南京紫金山天文臺，南京北極閣舊氣象台及地震計，南京前中央研究院之房屋，南京前實業部地質調查所之房屋，杭州前浙江省立西湖博物館之房屋，杭州前浙江省立圖書館孤山分館之房屋，在南京、杭州及上海保管中之圖書雜誌及其他出版物及圖表，在南京保管中之檔案，在南京及杭州保管中之學術標本類，在南京保管中之古物」等共十二大項。

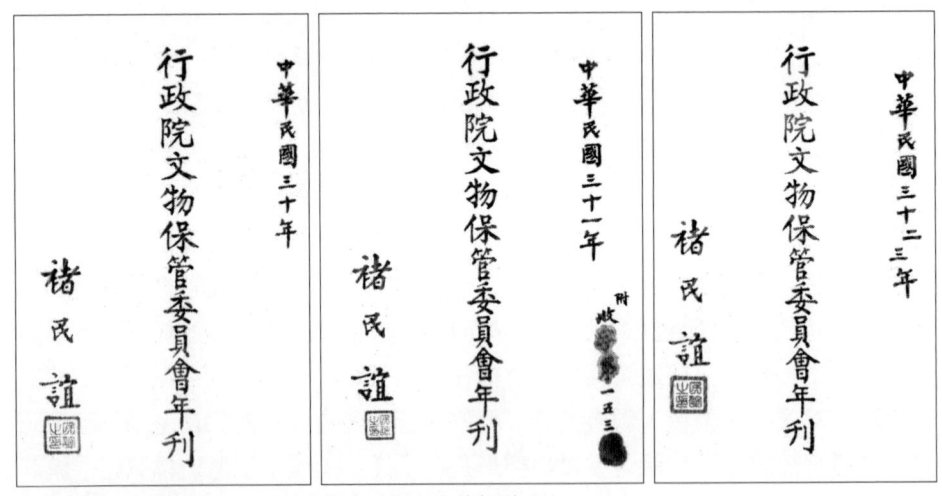

「行政院文物保管委員會」1941年度至1944年度的年刊[3.45]

關於日方收集保管上述文物的經過，日本伊東文化局長在交接典禮上的報告稱，1937年秋江南各地爆發戰爭後，「是年12月由日軍特務部主持，協同東亞同文書院、滿鐵公司上海事務所及上海自然科學研究所等，組織佔領地區圖書文物接收委員會，負責調查並接收上海、南京及杭州三地之圖書文獻。繼組織以上海自然科學研究所為主體之學術資料接收委員會，開始接收保存南京及杭州之學術標本後。接收人員於是年12月起，挺身於炮煙之間……收集八十餘萬冊之貴重圖書、文獻及中國學者辛苦結晶之數十萬學術標本。」特別是「上海自然科學研究所所長新城新藏博士，不顧高齡（時年65歲）親在戰塵未收之南京，指導人員工作」，至1938年8月1日，因天氣酷熱，病故於工作崗位。「於是上述兩委員會分別解散……9月所組織之中支文化機關處理委員會（以陸、海、外及民間代表委員組成），為整理圖書標本計，乃設置圖書標本整理事務所，開始第二階段工作。及1939年3月興亞院華中聯絡部成立，乃將其事業歸該部管理，上述委員會改為中支建設資料整備委員會」，從事整理和和分類保存。

　　二年後的1941年3月，經南京政府外交部、教育部和內政部與日方數度接洽，決定將這批文物歸還我國，移交中方成立的文管會保管。3月25日行政院第52次行政會議上議決派外交部長徐良為文管會委員長，溥侗、陳群、趙正平、陳柱、丁默邨、林柏生、陳君慧、樊仲雲為委員。接著，於4月15日第55次行政會議上議決通過了文管會組織條例，委派委員趙正平、陳柱和陳群分別兼任圖書專門委員會、博物專門委員會和天文氣象專門委員會主任委員，成立秘書處派陳曾良為處長，並確定文管會的開辦費及經常費由院總預備項下撥給。

　　按雙方協議，交接工作由原日方收管中國文物的「中支建設資料整備委員會備具南京圖書部所藏圖書文獻明細書，暨施設並器具類目錄；南京標本部施設並器具類目錄，暨所藏標本古物明細書；復興部紫金山天文臺、北極閣氣象台施設並器具類目錄，暨明細書」，移送中方。4月21日在前中央研究院院址，舉行文物交還接收儀式，中日官員參加者百餘人。文管會徐委員長、伊東文化局長、日高公使先後致詞和來賓致祝詞後，即將日方送達的上述目錄暨明細書，交由文管會三個專門委員會分別辦理接收手續。由於茲事體大，而且紫金山天文臺、北極閣氣象台，及舊中央研究院、舊地質調查所等各項建築物並器具施設，原歸日軍當局管理，需由外交部與日軍當局機構直接辦理解除軍管手續，從5月8日至15日辦理一週始告竣事。期間三專門委員會亦同時分別由相應的移交人、接收人和證明人，分門別類署名蓋章接收，並附聲明云：「前項

目錄暨明細書所載品類繁賾，因時間關係，未及逐加檢點，俟接收後仍由各專門委員會督同日方原負責人員續整理登記」等語。為鄭重起見，這些文件還逐一由徐委員長按冊署名蓋章，並抄錄一份呈報行政院備案。至於杭州、上海兩處博物館及圖書館，則當由文管會前往接收後，即交由省市政府接管。

文管會的會址設在從日軍手中接收回來的雞鳴寺路一號前中央研究院（現為北京東路39號中國科學院南京分院）內。按文管會組織條例，該會直隸於行政院，掌理國民政府指定保管之圖書、檔案、標本、古物、天文氣象儀器，並與文化有關之建築物等事宜。委員會置委員長一人，委員八人，由行政院派充之。委員會每月舉行會議一次，由委員長召集之。文管會下設秘書處和圖書、博物、天文氣象三個專門委員會。三個專委會各設主任委員一人，由本會委員兼任之，委員若干人由委員長聘任之。此外，為實行學術研究得設置研究部。按研究部章程規定，研究部下暫設國學、社會科學、生物學、地質學、美術學、考古學、天文學、氣象學八個系。研究部設部長、副部長各一人。各系得設主任研究員、研究員、技正、副研究員、技術員、助理員，分任各系研究工作。上述人員除在各專門委員會實行專門研究外，還可在該專委會兼職。

文管會於1941年5月1日開始正式辦公，10月底褚民誼出任委員長後，充實和完善了該會的組織機構。在1941年年刊上刊登了文管會的組織機構示意圖（見後頁下圖）和本會全體職員名單。其成員略述如下：

一、本會

委員長褚民誼，委員李聖五、陳柱、陳群、溥侗、林柏生、丁默邨、陳君慧、樊仲雲，顧問日高信六郎、李宣倜、許遜公、何庭流，秘書處處長陳曾亮，及其以下之秘書、專員、科長、會計主任、科員和助理員等15人；

二、圖書專門委員會

主任委員李聖五（兼），專門委員楊鑲溥、王蘊章、方鴻聲、徐漢，顧問12人，以及科長、各組主任、科員、組副主任、組員、技術員、助理員和臨時組員等27人；

三、博物專門委員會

主任委員陳柱（兼），專門委員周靈殊、王修、傅弼、張超，顧問10人，以及科長、各組主任、科員、組副主任、組員、技術員、書記員等19人；

四、天文氣象專門委員會

主任委員陳群（兼），專門委員徐玉相、徐匯平、費學權、吳孝先，顧問2人，以及科長、科員、助理員等5人，天文臺主任及技士、辦事員等5人；

五、研究部

部長褚民誼（兼），副部長清水董三，研究員張資平、谷田閱次（兼），總幹事陳曾亮（兼），副總幹事藤谷釋男（兼）、幹事顧天錫、沈任（兼），副研究員陳國平，技術員焦宇。

（機構中之人員時有變動，其全體職員名單每年在年刊上更新發佈一次）

文管會的組織條例中，對三個專門委員會的職責分別做出規定。圖書專委會的職責包括：關於圖書及檔案之分類編目、庋藏和閱覽，善本影印，圖書版本考訂，圖書徵集交換，以及有關史料之檔案編印等事項。博物專委會的職責包括：關於標本及古物之分類編目、保管儲藏、攝影傳布、調查研究和陳列展覽，標本採集調製和交換，古物登錄和公告，以及古物鑑定、傳揚出版等事項。天文氣象專委會的職責包括：關於天文氣象觀測研究、報告、儀器保管庋藏和儀器裝置修整等事項。

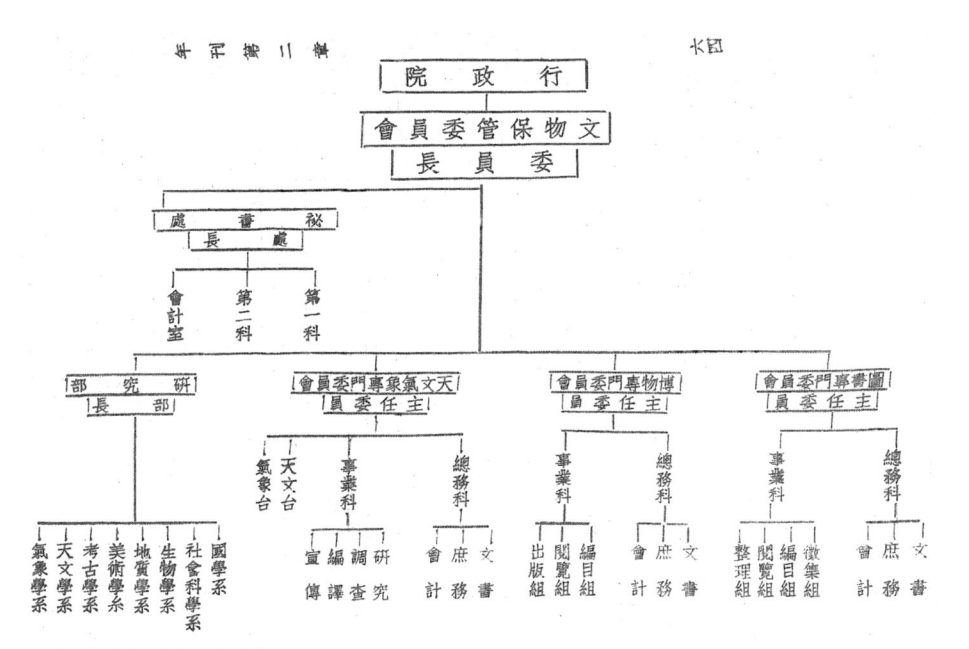

行政院文物保管委員會機構示意圖[3.45]

從上述的職責中可見，文管會不僅是一個接管文物的政府機關，同時也是為社會提供文化服務的一個重要平臺。在接收和整理文物資料的基礎上，恢復和重建圖書館和博物館，儘早向公眾開放，是文管會的一項重要任務。在當時資金和人力匱乏的條件下，對此進行了大量籌備工作。如後頁三圖所示，博物館設在雞鳴寺1號本會會所內，圖書館則設在珠江路942號前地質調查所（現為珠江路700號南京地質博物館）內。在1942年5月27日文管會第六次委員會會議上，除各專委會報告籌備工作外，主席褚民誼在工作報告中還特意提到，「本委員長此次（3月下旬）前往華北接收英租界，派秘書處陳曾亮隨行，並就便調查北平圖書館、故宮博物院古物陳列所設置情形，俾供本會圖書博物兩專委會開放時參考。」會上根據籌備狀況，按褚委員長之提議，議決兩館於7月1日正式開放，並於是日同時在本會進行開放儀式。嗣後，《大陸畫刊》[2.34] Vol.3，No，9（1942，9，15）上，用多幅照片報道了當時的盛況，如後頁上圖所示，在文管會的大門處搭建了一座用松柏和彩燈裝飾的大型牌樓，橫幅「開放圖書館、博物館典禮」高懸其上，「行政院文物保管委員會」和「博物館」兩塊銘牌分列大門兩側。

　　《民國日報》（1942，7，1）報道稱，典禮於是日上午九時舉行，儀式簡單隆重。開會程式依次為全體肅立，向國旗及國父遺像敬禮，委員長褚民誼致開幕詞並報告籌備經過，國民政府汪主席訓詞，來賓致詞，末宣讀賀電而閉幕。後第二頁圖示出的是，博物館開幕式後，褚民誼陪同汪精衛入館參觀時的情形，亦刊登在上述《大陸畫刊》[2.34]上。當日會前褚民誼於中央廣播電台發表廣播演說，講述整理之經過及開放之意義，以廣宣民知。此外，鑒於原上海自然科學研究所所長新城新藏博士為在戰爭中保護文物而犧牲所作的奉獻，行政院前於1941年9月24日發佈褒獎令，並在文館會內樹碑予以紀念，亦於會前揭幕。

　　中方接收日方提交的全部物品明細錄，刊登在首期1941年年刊[3.45]上。繼後本會及各專門委員會的工作情況詳載於後續的各年刊中。《民國日報》（1942，6，30）在圖書和博物兩館開放典禮前夕發表了有關圖書資料和陳列品的統計數據，從中可以瞭解新開放的圖書館和博物館之收藏和陳列概況。

　　圖書館經接收整理後可供閱覽的所有圖書資料，按該報上披露，總計達926，871冊，包括：漢籍413，471冊，中日文洋裝單行本269，100冊，歐文單行書32，100冊，中日歐文定期期刊雜誌194，200期，地圖11，00枚及190軸，

1942年7月1日行政院文物保管委員會舉行開放圖書館和博物館典禮：
（上）文管會大門前；（中）文管會內之博物館；（下）位於珠江路之
圖書館（《大陸畫刊》[2.34]Vol.3,No.9,1942,9,15）

私人藏書有繆鳳林氏藏書7,000冊。其中以漢籍類書最為豐富和珍貴,計有古今圖書集成14部,四部叢刊10部,四部珍本初集9部,四部備要10部,叢書集成9部,百納本二十四史6部,清史稿114部,府縣誌200部,八千卷樓元明版善本2,600部,舊國立編譯館藏書經部10,000冊、史部100,000冊、子部20,000冊、集部及叢書50,000冊,清代實錄漢文2,988冊、滿文3,790冊。

特別值得提出的是,在籌備開放圖書館期間,驚喜地發現了宋、元、明、清時期的古版珍籍。在文管會5月27日第六次委員會會議上,圖書專門委員會在會上特此報告稱:「本會所存(南運來京之)故宮檔案箱計有1217箱,因人力、房屋兩不敷用,曾經擬有計劃設立專處予以清理,嗣以經費無著,奉令暫從緩議。此次因籌備開放,挪動該箱一部分時,其中有八箱外貌雖與他箱無異,而重量逾恆。當由本會專門委員楊鑲溥、科長福崎峯太郎、周詩祺共同啟視。詎箱內所藏,乃為八千卷樓善本書籍。計宋版36種、宋版鈔配本4種、元版17種、明清兩朝版40種,共計97種。」其中以宋元版及鈔配本57種最為名

1942年7月1日文管會博物館開館典禮後汪精衛(前右)在褚民誼(前左)陪同下入館參觀(《大陸畫刊》[2.34]Vol.3, No.9,1942,9,15)

貴，作為文管會的重要收藏，在1942年年刊中，專欄列出了他們的目錄。按中國傳統的分類法，內容涉及：經部之易、詩、禮、春秋及諸經總義各類，史部之正史、紀事本末、詔令奏議及地理各類，子部之儒家、兵家、醫家、雜家、類書及小說家各類，集部之楚辭、別集、總集及詞曲各類，共計1,113冊。《民國日報》（1942，5，30）在披露上述消息後補充說明道，「此項八千卷樓書籍，為浙江杭州丁輔三之藏書……當端方督任兩江（總督）時，曾在本京龍蟠里建室收藏斯書，嗣後復由江蘇圖書館長柳貽徵予以保管。故斯書極為珍貴，此次之發現，實為中國文獻之一大發揚。」

據上述《民國日報》（1942，6，30）之報道，此外，尚有上海圖書部所藏圖書文獻，計漢書漢籍28,834冊，中日歐文洋裝單行書29,490冊，中日歐文定期刊物雜誌17,540冊，總計75,864冊。杭州圖書部所藏圖書文獻，計漢籍經史子集部80,000冊，木板經史子集部170,000冊，中日文洋裝單行書31,262冊，總計281,262冊。

至於博物館開放前之準備工作，按1942年年刊[3.45]中博物專委會之報告，大致可分為整理、印刷、營繕、購置、制定章則和人事聘用等六個方面。「本會所藏之美術品、考古學標本、地質學標本、動物學標本，」報告中稱，「由研究部方面負責分類整理，擇其最有陳列之價值者，相度陳列室可容納之地位，選出若干種。然後分別製成說明卡片依次排列。」在植物方面，還利用會址內之眾多樹木，聘請專家一一定名，掛牌其上以資瞭解。「動物方面除標本之陳列外，並闢動物舍，畜養猴、兔、雲雞、松鼠、鸚鵡等以增參觀者之興趣。」此外，還將本會有代表性的建設及珍貴展品攝影製成明信片，「復將所有陳列品製成說明書一部付印，俾參觀者於卡片說明之外，更得詳細具體之瞭解」等云。

博物館分成下述兩大部分：以一號館為地質、動物標本陳列室，純以自然科學為主，共有16室，分設於該館之二樓和三樓；以二號館為美術品、考古學標本陳列室，純以人文科學為主，共有13室，分設於該館之一樓和二樓。按上述《民國日報》（1942，6，30）上披露，「此次展品包括：礦物岩石標本11,814點，化石標本24,051點，石器標本1,116點，土壤標本5,828點，動物標本14,211點，植物標本12,227點，考古學出土文物2,525點，人類學、民族學標本520點及獸骨四箱，以及故宮博物院舊藏美術品類11,979件，總數在85,000點左右。其中，此次展出之故宮博物院舊藏美術品，包括有書（含

拓本）2,470件，畫726件，緙絲102件，瓷器3,002件；銅器（含琺瑯器）460件，服飾（含鋪墊）3,305件，座鐘（含音樂盒）202件，什器文玩類887件，樂器446件，儀仗304件，特殊標本75件等，均十分名貴。」

　　1942年度結束後，對上述兩館的開放進行了總結，於其年刊上，分別刊登了圖書館和博物館的閱覽和參觀的分月統計表。從人數統計表上可見，圖書館全年閱覽人數共計11,111人，其中國人約佔2/3，日人約佔1/3。一至六月間，每月閱覽人數在580人左右；正式開放後，閱覽人數明顯增加，逐月上升至12月份時達到每月1,770人。開放六個月來，按閱覽人之年齡分為兒童、16-25、26-35、36-45、46-55和55以上等六個年齡段進行統計，結果表明以16-25歲的人數最多，佔52.6%；26-35歲者次之，佔31.2%；兩者合計佔83%以上。按閱覽人之職業分為政、法、軍、警、農、工、商、學、醫八類統計，結果以學類最多，佔35.9%；政、軍類次之，分別佔33.0%和24.6%。按閱覽書報類別人數，分為圖書、雜誌公報、新刊書報三類統計，分別佔72.9%，14.8%和12.3%。此外還按閱覽書報類別數量，分為總部、哲學、宗教、自然科學、應用科學、社會科學、史地、語文、美術、雜誌、公報、兒童讀物、新刊書報、萬有文庫、辭典、漢籍等各類進行了統計，以瞭解讀者之興趣和需求。

　　至於博物館的參觀人數，分月統計結果表明，上半年的參觀總人數為1,012人。正式開放後的下半年則增加到9,412人（國人佔57.6%，餘為日人），日平均參觀人數62人。

　　此後，文管會除對文物資料繼續進行清點和整理外，圖書和博物兩館的對外開放，成為其一項主要的日常工作。與上述1942年度相似，繼後每年都要對圖書閱覽和博物館的參觀情況進行總結，將其統計結果刊登在1943-1944年的年刊上。從圖書閱覽人數的統計表可見，全年閱覽人數逐年明顯增長，從1942年的11,111人，增加到1943年的20,771人，和1944年的44,055人。1944年度的閱覽和借貸圖書總冊數分別達到47,077冊和234,267冊。博物館的開放亦受到人們的歡迎，參觀人數按統計，1943和1944年度分別為35,169人和29,613人，參觀者以機關、學校、團體為最多。

　　為提升文館會的作用，在1943-1944年的年刊中記載，1943年10月19日舉行的第十次委員會會議上，主席褚委員長在會上報告稱，「本會議中最重要事項可值得鄭重報告者，為奉國府令准將本會改為國立中央研究院，以本會委員為籌備恢復國立中央研究院當然委員一案。中央研究院為國家最高之學術研究

中心，藉以促進我國之學術文化，其使命較現在之保管文物更進一層。本委員長又擔任籌備會之主任委員，應如何繼往開來，益覺責任重大。」

「查本年三月間」，他在詳細報告此事之經過時說道，「行政院據全國大學教授協會呈請恢復國立中央研究院，當飭令教育部審議具復。迨4月3日經教育部呈請先成立恢復國立中央研究院籌備處，附呈中央研究院現況調查報告及審查意見書，並擬具恢復國立中央研究院籌備處組織規程暨經費支出概算到院。復經第165次院議修正通過，呈請中央政治委員會核示。（汪）主席諭交褚部長民誼、陳部長群、李部長聖五、林部長柏生、陳部長君慧共同審查。乃由李部長負責召集，簽具審查意見三項，『擬將行政院文物保管委員會改為國立中央研究院，以該會委員為恢復國立中央研究院籌備委員會當然委員，另聘學術家四人至六人為委員；經費概算擬照行政院秘書處審查意見修正；並另擬恢復國立中央研究院籌備委員會組織規程』呈復。旋於6月17日提出第18次最高國防會議議決，照審查意見修正通過送國民政府轉飭遵照，並指定民誼為恢復國立中央研究院籌備委員會主任委員，加聘蘇體仁、周作人、錢稻孫[28]、張廷金[29]、胡敦復[30]、趙正平[31]、林汝珩[32]、陳煥鏞[33]為委員，至恢復國立中央研究院籌備委員會組織規程，仍交行政院另擬呈核。嗣本會於7月13日奉行政院令知，以本案已奉國府令『6月24日第19次最高國防會議，據恢復國立中央研究院籌備委員會主任委員褚民誼呈，擬具本會組織規程及經常費支出概算書，並請加聘程演生、顏福慶、龍沐勛、胡瀛洲為本會委員，呈請鑒核等情，請公決案。決議通過，送國民政府轉飭遵照』等因……遵令組織籌備委員會，開始辦理。」

在主任委員褚民誼的主持下，恢復國立中央研究院籌備委員會於1943年10月20日召開第一次會議，開始著手籌備工作，文管會內各部門為此而積極努力。接管並整理全部被日人收管的文物，是將文管會撤改為國立中央研究院的首要工作。如本節開頭時所述，七七事變後不久，日軍即在淪陷區內建立組織，負責調查並接收上海、南京及杭州等地的大批文物資料，並進而於1938年秋開始先後設置圖書標本整理事務所和中支建設資料整備委員會，專事進行整理和保管，歷時逾二年。1941年春南京政府行政院文物保管委員會之成立，即

[28-33] 據《民國日報》」（1943，6，18）上介紹，錢、張、胡、趙、林五人分任當時的北大、交大、大同大學、上大和廣大校長，陳煥鏞係國立中山大學教授，事變後曾隻身保存植物標本，奔走港粵，於去年榮受政府表彰。

以從日方接收這批文物為直接起因。在中日雙方舉行的文物交還接收儀式上，日方原保存機關向文管會提交了文物資料的目錄暨明細書。鑒於資料數量巨大，特別是其中許多資料十分珍貴，需經中日雙方嗣後認真逐件點收，並添置必要設施妥善保存，方能竣事。由於當時人力和經費短缺等問題，工作進展緩慢，使恢復國立中央研究院的日期一再推延，而終未能實現。

1943-1944年年刊最後的「附載」部分，刊登了1945年上半年秘書處的工作摘要。對於文管會的工作及行政院近日提出的機構改革等問題，褚民誼委員長於4月12日致行政院函中謂，「本會圖書、博物、天文氣象三專門委員會所有圖書、檔案、古物、標本、儀器等，由日方交來全部目錄。接收時經雙方負責人簽印註明，『此次交還之圖書、檔案、古物、標本、儀器及備品等係按照日方已編定之明細書並目錄接收。因時間關係，其詳冊數、件數及損壞程度尚未逐加點檢，俟與日方負責人員繼續會同整理後，另作登記，特此附註。』除圖書部份已整理就緒，成立圖書館開放閱覽，紫金山天文臺仍由日方認為軍事區域借用外；博物館雖開放展覽，而對於交還之故宮古物，僅檢點古瓷一小部分，計45件，其餘全部古物仍在日方派遣員負責保管整理之中。茲據該員聲稱，擬於最近時間將全部儲存者，續加共同點檢。惟須趕造木箱等件方能妥為收藏，估計需款約一萬萬餘元，此種用費本會尚無法籌措。且際此目下非常時期，本會會址雞鳴山下，近由日方軍隊開掘隧道，連日轟炸山石，震動至為劇烈，博物館所藏古物為將來計，是否安全，殊為可慮；即圖書館地點，因接近城內外兩飛機場，日前已有報告到會，人物兩方均小有損傷。迭經該兩專委會主任委員簽請，如何另為計劃保管，藉策萬全。民誼以職責攸關，每代徬徨，莫知所措。尤覺根本之圖，亟應一面趕速施行點檢，一面另覓安全之地，擇古物之尤貴重者及善本書籍另行庫藏，以盡為國家保存瑰寶及文獻之責任。」文中袒露出他在淪陷區的逆境中，以維護國寶為己任的情懷。

不久，行政院4月26日令，褚民誼辭任外交部長，改任為廣東省省長兼廣州綏靖主任。（《申報》1945，4，27）相應地，在5月9日最高國防會議上，議決通過文管會委員長由新任外長李聖五接替。（「中國第二歷史檔案館」館藏資料）後頁上圖是5月5日文管會同仁歡送褚民誼委員長調任廣東省長，在院內物華館門前的留別攝影。

值得補充說明的是，在上述年刊中還記載，在1943年年度內，文管會進行了兩項重要的接收保管工作。一是於2月23日接收日軍於南京中華門外發現的

1945年5月5日行政院文物保管委員會同人歡送褚民誼委員長（前排左5）調任廣東省長，在院內物華館門前的合影[1.63]

唐三藏玄奘法師的頂骨及其附葬品，在博物館內陳列保管，並集資建塔重葬。另一是日軍在法租界宋慶齡住宅內發現的孫中山珍貴遺物，於3月16日移交博物館陳列保管。上述兩項將分別詳述於本章後續的第四節「重建骨塔，萬世景仰」和第二節「竭誠維護，國父遺珍」中。

第二節　竭誠維護，國父遺珍

　　孫中山（1866-1925）是中國民主革命的偉大先行者，中華民國和中國國民黨的締造者。他創導和高舉三民主義的旗幟，不屈不饒地長期引導中國人民進行徹底的反帝反封建鬥爭，為中國的獨立、民主、富強，鞠躬盡瘁奮鬥終生，做出了不朽的豐功偉績，得到了全國人民的擁戴，以「國父」的尊稱留芳於世。聳立在南京紫金山麓的中山陵，莊嚴雄偉，寓意深遠，充分體現了他的革命精神和波瀾壯闊的一生，供後人世世代代緬懷和瞻仰。在紀念孫中山誕辰120週年之際，

第五章　盡心竭力，維護國寶　287

南京市檔案館和中山陵園管理處合編，由江蘇古籍出版社於1986年出版的《中山陵檔案史料選編》[3.62]（簡稱《中山陵檔案》），提供了1929年到1948年間，有關孫中山靈柩的奉安以及中山陵的籌建、管理和變遷的大量歷史資料。

　　1929年中山陵建成和靈柩奉安後不久，即於7月3日通告成立了「總理陵園管理委員會」，對中山陵及其周圍區域進行管理和規劃建設。[3.62]1937年七七事變後不久，南京陷落，國府西遷，中山陵一度陷於無人管理的境地，令人堪憂。此時褚民誼身在上海堅守工作崗位，已如第四篇第一章「抗戰爆發，堅守崗位」和第二章「參政初衷，初期活動」等章節中所述，1939年8月他在汪精衛召開的國民黨第六次全國代表大會上被推舉擔任國民黨中央秘書長，接著又於1940年初被任命為還都籌備委員會委員長。他親赴南京辦理的第一件事，就是謁拜中山陵，並立即著手進行維修管理。

　　褚民誼在〈答辯書〉[1.62]之第六條中回述道：「自民國二十九年擔任南京國民政府還都籌備委員會委員長，即於二月七日由滬赴京，輕車簡從，空拳赤手，入日軍之佔領地，維新政府之施政區，籌備還都。決於翌日由維新政府高市長冠吾、日軍人濱田等陪同，謁總理陵墓。入靈堂，見總理大理石座像莊嚴的巍巍然仍在堂中，即以本黨之儀式，唱黨歌、向總理遺像致最敬禮、恭讀總理遺囑默念，在堂內旁立之日人亦同行禮向之。以中國國民黨為敵者，今則亦公然致敬我黨總理矣。自國軍撤退兩年四個多月以來，本人為最先謁陵之人。禮畢後入靈櫬室，見總理大理石之臥像亦仍然安然於原處，惟孫哲生（孫科）先生、夫人敬獻之銀花圈不翼而飛，其他除盛銀花圈之空玻璃櫃仍在外，餘物蕩然無存。祭堂內外，所用之祭桌、祭俱、橡皮地毯及休息室之椅、台、幾等，均由本人於十餘日內佈置完畢。」

　　「嗣後，任陵園管理委員會主任委員，又從事修理陵園一帶，如正氣堂、革命紀念館及塔，皆監工修好。直至民國三十一年三月二十八日，恭移

1946年7月7日《蘇報》上全文刊登陳舜貞6日之訴狀及所附的褚民誼呈報的〈國父遺臟奉移經過〉的原文

總理靈臟由北京協和醫院南來,奉安於空玻璃櫃中,計兩木匣,內盛玻璃瓶,以藥水浸注靈臟外,覆以黨、國旗各一,曾以詳細紀錄送南京寧海路二十五號李法官轉呈政府在案。」

這裡,褚民誼所述的通過李法官向當時國民政府轉達的呈文,是抗戰勝利後不久,他早期在南京看守所拘留期間,於1946年1月6日書寫的〈國父遺臟奉移經過〉報告(下簡稱〈奉移經過〉)。1925年3月12日孫中山在北京逝世,病重期間曾在美國人開辦的協和醫院醫治,認定為嚴重的肝癌晚期。病故後,按他本人的遺願,將遺體送至協和醫院解剖,取出內臟後進行防腐處理。然而院方卻未依家屬的要求將其內臟火化,而私下將它保存了下來。1941年底太平洋戰爭爆發,日軍強行將協和醫院接收,改為日本陸軍病院分院,孫中山的遺臟亦落入日人手中。1942年初,褚民誼聞訊立即負責向日方索取,並奉移到南京中山陵保存供奉。嗣後,褚民誼被關押到蘇州監獄,在提起再審的過程中,褚妻陳舜貞為了進一步證實褚民誼在保護孫中山珍貴遺物中所起的重要作用,於1946年7月6日具狀續請江蘇省高等法院轉呈最高法院,附孫總理靈臟奉安實況照片一冊,計三十六頁;並抄錄上述褚民誼在南京看守所時已呈交李法官之〈奉移經過〉原文一件,計二頁。如前頁右下圖所示,《蘇報》於次日,以〈國父靈臟奉移陵寢玻璃龕中——陳舜貞提呈經過實況〉為題,全文刊登了陳氏之訴狀及褚氏前已於1月6日呈報的《國父遺臟奉移經過》之原文。

「民國三十一年(1942年)春」褚民誼在〈奉移經過〉呈文中寫道,「各報紛載日軍接收北平協和醫院,發現國父遺臟事(日人稱為國父靈臟)。民誼閱悉之後,即言於汪先生,主張全部收回,並即與日本駐華大使館及軍部進行交涉,復由日軍部與北平日軍部往返洽商。結果,日方對於我國收回一點,均表贊同。先是收回天津英租界,已與日方商定,於三月二十八日,在津舉行接收儀式。為奉移國父遺臟,民誼乃提前於三月廿四日,率隨員先至協和醫院視察。首至國父養屙時所居之室,見床幾各物之陳列,一如國父治療時,未嘗移動。且自國父逝世後,此屋即未嘗居人,蓋已成為該院之永久紀念矣。民誼率領眾人員,鞠躬入室,瞻謁一週。旋至右側一較大房,即中日人所設之祭堂在焉,香燭花圈,輝煌肅穆,中懸國父遺像,祭臺上,供置三匣,外結潔白布袱。民誼與中日在場人員,敬謹致祭。當由日方軍醫說明發現經過,謂協和醫院之試驗室中,瓶甌至多,上標籤號,各瓶中所儲何物,初不得知,及按號檢閱存儲紀錄,始發覺第A294Z及A294F為中華民國國父孫中山先生靈臟。遂逐袱開解,每包中均有木

匣，中置巨瓶，貯藥水浸置國父遺臟，一匣置國父遺臟之病理醫學組織切片及臘塊，另一匣置國父遺臟之空瓶二隻，為易瓶後所不忍棄者。民誼一一敬謹檢視後，交日軍醫重行包封，並商定於明日奉移，令備專車等事而退。」

當時於1942年5月出版的《接管津粵英租界行政權實錄》（簡稱《接管英租界錄》）[3.51]中，刊登了褚民誼奉移國父遺臟回京事畢後，對中央社記者的談話，介紹他此行在北京的活動概況，略謂「本人此行奉命接收天津英租界之行政權，並奉迎國父遺臟。3月21日由京首途，22日下午七時半抵北平……23日起開始與各方交換意見，均極順利。25日大致就緒。26日晨十時，舉行國父遺臟移接儀式於協和醫院。本人率隨員外交部顧問張超、總務司長陳國豐、簡任秘書高齊賢，同往參加。」日本方面由總參謀長安達二十三主持，副參謀長、軍醫少將、海軍武官、興亞院長官及大使館參事官等參與。華北政務委員會委員長王揖唐亦蒞臨參加。「十時半安達參謀長，即以國父遺臟及原置瓶器，並病狀說明書等，鄭重移交。本人代表國府敬謹接收，並申謝意……27日晨八時，自協和醫院奉移至前門東車站貴賓室暫停。王委員長、華北最高指揮官岡村大將、及中日各機關長官、各團體領袖、德義滿各國使領，均親臨敬禮，數逾千人。國父遺臟過處，中日人士敬禮有加，為北平近年尠有之盛舉。」《大陸畫刊》[2.34]Vol.3，No.5（1942，5，15）上刊登了多幅照片，報導了當時國父遺臟奉移典禮的盛況，下圖是其中的一幅。

1942年3月26日在北京協和醫院舉行國父遺臟移接儀式。褚民誼（中）代表國府敬謹接收（《大陸畫刊》[2.34]Vol.3,No.5,1942,5,15）

在北平車站舉行的盛大奉移祭奠禮告成之後，褚民誼奉國父遺臟，隨員分奉遺像及其他各件，即在前門東車站登車。他在〈奉移經過〉中繼續寫道，「專車一節，已然備妥，並由日方派人連夜清除車中座位，裝置小型祭堂。另一大節則滿貯中日要人所送花圈，其數在百架以上⋯⋯到津之後，因須停留一日，故津方已先在車站貴賓室佈置祭堂一所，門結素彩，莊嚴燦灼，不下北平。仍由民誼率員恭奉國父遺臟、遺像等供置堂中，並行祭奠。『天津市長』溫世珍以下，及日方海陸軍使領館，及中日各界負責人，均到堂參謁，民誼與王揖唐及隨員等一一答禮，與在北平時同。3月28日，辦理接收天津租界手續後，正午重至祭堂舉行祭禮，然後恭奉國父遺臟、遺像等，登車南下。到站恭送者，王揖唐、溫世珍以下黨政人員，及日方各部人士千餘人。車行之後，民誼與隨員分班守靈。沿津浦路各站『中國地方政府』各級人員及日本駐在軍隊，均預先得有『華北政務委員會』及日軍部等分別電知。火車入站停後，紛紛登車，向遺臟、遺像恭致敬禮，並獻花圈等物，雖在中夜，所停之站，未嘗異也。（車內設立的小型祭堂示於右下圖，照片引自相冊[1.63]）

29日下午四時，車抵浦口，『中央大員』來接者甚眾，均登車行禮如儀，乃由民誼率領隨員奉移渡江，時汪先生已在國父陵墓恭候。於是直赴陵墓，暫安遺臟於國父靈寢前桌上，恭祭而退。返城之後，共商奉安之所。民誼主張即供奉於原置孫哲生先生夫婦所獻銀花圈之玻璃龕中。該龕以銅框鑲厚玻璃，至為堅固，原貯之銀花圈，日軍入城時已失矣，眾以為可。越日，由汪先生領導，即將國父遺臟及靈瓿二隻，奉安於玻璃龕中，即今置於國父臥像足前龕中，覆以黨、國旗者是也。是日民誼以勞倦致疾，臥病床上，故未能恭於典禮。至於切片及臘塊一匣，為醫學成器。民誼曾記在民國二十三四（1934-35年）年間，中央黨部通過一案，懸賞五萬元，徵求研究肝癌症有成功者（原提案人似為陳果夫先生）。民誼本當致力於醫學，自愧於癌症無所研

奉移國父遺臟在火車上所設的小型祭堂。恭立者右起為張超、褚民誼和陳國豐[1.63]

第五章　盡心竭力，維護國寶　291

究。時上海中比鐳錠療養院,由留比研究癌症之湯于翰醫師主持。民誼即言於汪先生,將是項研究責任,屬之湯君於翰,湯君能有成就,亦屬人類幸事。湯君請假是項切片及臘塊作參考。民誼復言於汪先生許之,約參考後,仍還供於該龕中。今聞鐳錠醫院已非湯君主持,該項切片臘塊,亦係國父遺體,應即設法奉還也。又浸置國父遺臟之藥水,每屆二三年應更換一次。民誼本定於去年,國父誕辰更換,因羈業未果,並請設法迅於注意,以免腐化。

再者,國父陵墓禮堂屋脊之左方玻璃角,曾經被雷擊毀,靈寢內之水門汀上亦嘗崩裂,寢前之平臺亦崩裂,及下水管堵塞甚多。民誼為日軍入京後恭謁陵墓之第一人,並掌陵園管理委員會事宜,對於上項殘破,皆親領匠人,設法修治,並此說明。中華民國三十五年(1946年)一月六日,褚民誼記。」後頁示出的是登載在《接管英租界錄》[3.51]上的兩張照片,其上圖原標注曰「奉移國父遺臟在浦口攝影」,係3月29日下午褚民誼率隨員奉移孫中山遺臟乘火車到達南京浦口車站時所攝(相同的照片可見於書[3.67]中,但被標以錯誤的說明);其下圖原標注為「奉移國父遺臟抵達陵園時所攝影」,圖中可見浦口渡江當日,不顧旅途勞頓的褚民誼,懷捧國父遺臟,一起被抬上孫中山陵寢時的情景。

《中山陵檔案》[3.62]中亦登載了與上述奉安活動相應的檔案資料。先是南京政府參軍處總務局於3月27日以「本月二十九日下午四時,國父遺臟到達陵園」為由;接著,參軍處又於4月3日以「四月五日上午九時,舉行國父遺臟敬謹安放禮」為由,致函陵園管理處,「即請貴處將陵堂打掃乾淨,並將寢門開放是荷。」

1942年4月5日,在中山陵隆重舉行國父遺臟安放典禮後,為了加強對陵園的管理,南京政府主席汪精衛即於次日(4月6日)指定,由各有關部門的負責人組成管理委員會。(《中山陵檔案》[3.62])據此,在褚民誼主持下,先後於4月7日和5月14日召開了第一和第二次會議。會後,他以國父陵園管理委員會主任委員之職,於5月28日向汪主席呈報了該兩次會議的紀錄。(中國第二歷史檔案館二○○二——440號「孫中山陵園管理委員會呈送第一、二次會議記錄案」)國父陵園管理委員會第一次會議在中央黨部會議室舉行,褚民誼主席,徐蘇中、蕭奇斌、周學昌、蘇成德等出席。褚氏首先報告組織本會之經過,「略謂,本月六日奉主席手令『茲指定中央黨部秘書長褚民誼、國民政府文官長徐蘇中、代參軍長蕭奇斌、南京市長周學昌、首都員警總監蘇成德共同

1942年3月29日褚民誼率隨員奉移孫中山遺臟到達南京時之攝影：（上）在浦口車站下車渡江（褚氏居中）[3.51][1.63]；（下）登中山陵（褚氏懷捧遺臟）[3.51]

第五章　盡心竭力，維護國寶　293

組織國父陵寢保管委員會，辦理保管事宜。經費由中央黨部撥付，辦理事宜由各主管機關分別執行。」因是項組織急待進行，故決定於今日召開第一次會議，並遵照主席命令，擬具本會組織規程草案。」

會議審議修正通過了〈國父陵園管理委員會暫行組織規程〉，確定本委員會以中國國民黨中央執行委員會秘書長、國民政府參軍長、內政部部長、南京市市長、首都員警總監組成。置主任委員一人由中國國民黨中央執行委員會秘書長擔任，綜理本會會務；副主任委員一人由內政部部長擔任，襄理本會會務。本會應處理之事項包括，有關陵墓保管及整潔、陵園景物保護、陵園公產整理、陵園警衛及陵園其他設備等事項。為處理日常事務置總幹事一人、副總幹事二人，下設總務、工程、警衛三組，各設組長一人、並酌設辦事員若干人辦理各組事務。本會職員由各機關調任，為無給職。本會經費暫由中國國民黨中央執行委員會撥發。本會每月舉行會議一次，由主任委員召集等等，共計十二條。

此前，為了繼承尊孔重教的傳統，南京政府成立了「孔廟管理委員會」，以維護淪陷區內的孔廟古蹟，並組織春秋兩季釋奠活動，亦由中央黨部秘書長褚民誼擔任主任委員（詳見本章下節「管理孔廟，尊師重教」）。為了精簡機構，節省開支，經1942年11月5日第115次中政會通過，由南京政府行政院於19日訓令，將「國父陵園管理委員會與孔廟管理委員會合併組織為一個機關，即以陵園管理委員會經費勻用，不另撥款，以節公幣。並派中央黨部褚秘書長民誼為主任委員、內政部陳部長群、教育部李部長聖五、宣傳部林部長柏生、軍事委員會劉參謀長鬱芬、國民政府文官處徐文官長蘇中、國民政府參軍處唐參軍長蟒、南京特別市周市長學昌、首都員警總監署鄧總監祖禹為委員。」（《申報》1942，11.6；《中山陵檔案》[3.62]）

自孫中山靈柩奉安南京後，原北平香山碧雲寺內之停靈處，被闢為總理衣冠塚，曾設「北平總理衣冠塚留守辦事處」進行管理。繼淪陷區內上述國父陵園管理委員會成立後，南京政府於1943年9月9日發文，奉主席諭，「北平總理衣冠塚留守辦事處應即改正名稱為『國父衣冠塚留守辦事處』，並將該處簡章酌於修正，劃歸國父陵園管理委員會直接管轄。」在所附的辦事處簡章中規定，本辦事處為維護國父衣冠塚及舉行祭掃典禮而設立，直屬國父陵園管理委員會，地址設於北平香山碧雲寺。辦事處設主任一人，由北平特別市黨部主任委員兼任，下設護陵員、事務員各一人，辦理日常事務。祭典分特別及臨時

兩種，前者每逢國父誕辰及逝世紀念日，由本辦事處會同各機關、團體舉行；後者為中外各機關、團體及個人臨時參謁時舉行等，共計七條。（《中山陵檔案》[3.62]）褚民誼每次北上出差平津等地時，均赴碧雲寺國父衣冠塚拜謁。右下圖是褚民誼1942年赴北平奉移國父遺臟期間，於3月24日清晨，在原總理衣冠塚留守辦事處主任汪翰英的導引下，率隨員參拜國父衣冠塚時，在碧雲寺的合影。（《接管英租界錄》[3.51]；[1.63]）左下圖是1944年8月褚民誼赴天津參加接收義大利租界典禮期間，於19日偕隨員敬謁北平香山碧雲寺國父衣冠塚時的合影。（《申報》1944，8，20；[1.63]）

此外，在1943年1月13日《申報》上報導稱，「日軍於日前在上海法租界宋慶齡舊宅，發現國父大批遺物後，即交由日駐華大使館保管。」經與南京政府聯絡，於12日在大使館內舉行國父遺物移交式。南京政府派外交部亞洲司長薛逢元和內政部禮俗司長徐世清前往接收，按所提供十八件遺物清單，逐一點收。

國父遺物十八件之目錄如下：

1) 陣太刀一把（備前長船住清光銘（久原房之助贈）（菊花並五三桐禦紋章附）連目錄箱）
2) 指揮刀一把（二環式）

褚民誼屢次偕隨員敬謁北平香山碧雲寺國父衣冠塚時的合影[1.63]：（右圖）攝於1942年3月24日晨（褚氏和辦事處主任汪翰英分別位於左3和4）；（左圖）攝於1944年8月19日（褚氏位於前排右4）

第五章　盡心竭力，維護國寶　295

3）中華民國軍政府大元帥證書一枚（連紙函）
4）政務總裁證書一枚（連紙函）
5）國民政府建國大綱一卷（立軸）
6）照相簿二冊（四開大一冊，書翰型一冊）
7）紀念冊三冊（孫文書信二冊，名士所寄書信一冊）
8）照片一袋（大小各種）
9）兵工計劃書二卷（每卷六部）
10）克利醫生病況報告一束（孫文病況書）
11）中國之革命一冊（孫文著親筆書）
12）會議通則自序一冊
13）會議通則自卷一至卷五五冊
14）孫文學說自第一章至第五章八冊（原稿）
15）孫文學說自第一章至第五章三冊（印本）
16）民族主義孫文題著一冊
17）民權主義孫文題著一冊
18）廣州市証卷物品交易所發行五〇圓証卷二十枚（宋瓊英）

在現今南京中國第二歷史檔案館的檔案（案號二〇〇三——1282）中，保存有當時南京政府有關國父在滬遺物的若干往來公文。1943年1月4日外交部長褚民誼，將日本大使館擬移交國父遺物的來函及所附的十八件遺物目錄呈報行政院院長。汪院長於是月7日答復，「應由外交部會同內政部派員接收，其有價值者，送交文物保管委員會陳列，俾供眾覽。」12日遺物接收後，內政部長陳群和外交部長褚民誼聯名於2月2日報汪院長謂，已派員「按照原送目錄，如數接收。訖此項物品，均有歷史價值，並經外交部全部移送文物保管委員會保管。」嗣後不久，3月16日文物保管委員會委員長褚民誼上報稱，「經派員赴（外交）部按照目錄逐件點收，即發本會博物專門委員會分別保存陳列。」

據行政院文物保管委員會《1943-44年刊》[3.45]中記述，褚民誼派員將上述國父遺物領回後，即發交屬下博物專門委員會，令將「有關歷史性者酌量陳列；其紀念冊、照片、證卷各件，內有屬個人所有者，並為保存，等云。」

從上述的一系列事實可見，褚民誼對於遺留在淪陷區內的孫中山遺珍，包括中山陵、國父遺臟、國父在滬遺物等，十分珍惜，盡力予以維護保管。事變後，1940年初他一踏進南京作為進謁中山陵之第一人，便著手對陵園進行

修繕整理。直至抗戰勝利後，即便他身處囹圄，對這個義不容辭的職責仍念念不忘。早在從廣州被拘押到南京看守所期間，他就主動於1946年1月6日向政府詳細呈報了發現和接收國父遺臟的經過，鄭重地說明了遺臟及其標本的分別去向。明確提出國父遺臟切片及臘塊曾借給中比鐳錠醫院湯于翰（齊平）醫生從事肝癌研究參考，「今聞鐳錠醫院已非湯君主持，該項切片臘塊，亦係國父遺體，應即設法奉還。」至於國父遺臟本身，則至今置於中山陵「國父臥像足前龕中。」他特別提醒道，「浸置國父遺臟之藥水，每屆二三年應更換一次。民誼本定於去年，國父誕辰更換，因羈業未果，並請設法迅於注意，以免腐化。」其崇敬國父孫中山之情，溢於言表。

孫中山遺臟的驚人發現和妥善保存是抗戰勝利後各界人士一度十分關切的問題，作為戴笠去世後接任軍統局主任的特工頭子鄭介民，親自主持對此進行調查，並多次稟告蔣介石。在「臺國史館」的檔案中保存有當時的機密來往公文。

鄭介民在調查取得成果後，如後頁左側上部兩圖（「臺國史館」001016141003005-8a，原文共四頁）所示，於1946年5月22日向蔣介石親筆遞呈報告（秘京發150號）。他以黃埔軍校學生自稱道，「竊生在平（指北平）時，獲悉總理遺臟在北平協和醫院解剖時，其體內之腑臟各部均存於協和醫院內。太平洋戰事爆發，敵接收協和醫院後，發現總理遺體內臟，旋交由褚逆民誼攜往上海，轉交鐳錠醫院醫生湯齊平保管。故經電由上海派員向湯醫生洽取，計收回總理遺體內臟切片與臘塊標本共一盒、總理臨床紀錄照片一冊。」接著，文中著重呈報了5月15日派員赴蘇州提詢褚民誼關於接收總理遺臟之經過，以及於21日派員面詢陵園管理委員會警衛處處長馬湘關於當年親視總理含殮經過的談話紀錄。「綜合上述觀察」，最後他寫道，「生局所收回之標本，當屬總理遺體無疑。理合將原標本一盒、臨床紀錄照片一冊，一併賫呈，恭請睿察，謹呈校座。」

蔣介石閱後，如後頁右上圖的電文稿（「臺國史館」001016141003011a）所示，於1946年6月20日，發文致電陵園管理委員會稱：「據軍統局五月二十二日報告，賫呈總理遺體內臟切片與臘塊標本共一盒、臨床紀錄照片一冊前來。茲將原呈總理遺體切片與臘塊標本一盒及臨床紀錄照片一冊，抄同原報告一份隨電附發，希謹敬保管為要，總裁蔣中正（卅五）巳（巧），府軍義。附件如文。」（該電文及附發的鄭介民報告抄件，現藏於中山陵園管理處，見《中山陵檔案》[3.62]）

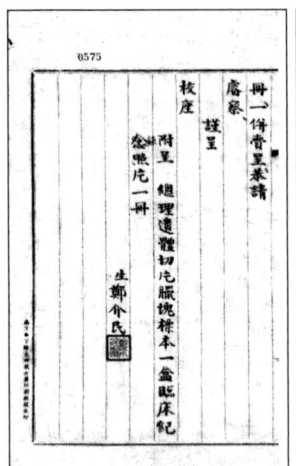

1946年5月22日鄭介民親筆致蔣介石的密告原件（秘京發150號），原共四頁：
（右）首頁（「臺國史館」001016141003005A）
（左）尾頁（「臺國史館」001016141003008A）

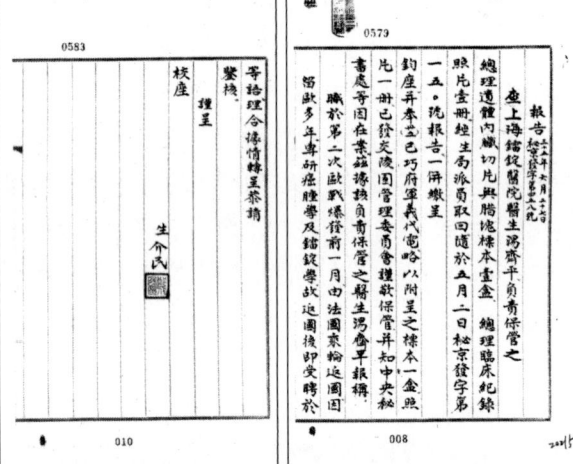

1946年6月20日蔣介石發往陵園管理委員會和中央秘書處吳秘書長的電文原稿（「臺國史館」001016141003011A）

1946年6月27日鄭介民親筆致蔣介石呈報「上海鐳錠醫院醫生湯齊平負責保管總理遺體內臟切片與臘塊標本及總理臨床記錄照片詳情」的密告原件（秘京發字第458號），原文共五頁：
（右）首頁（「臺國史館」0010161410030012A）
（左）尾頁（「臺國史館」001016141003016A）

1946年7月2日草擬之電文原稿（「臺國史館」001016141003011A）。擬將上述鄭介民呈報之報告發往江蘇高等法院和中央秘書處，因蔣介石批註「不發」（見右上角）而壓下。

298　褚民誼紀實全傳　第四卷　捨身濟世

與此同時，還一併通電中央秘書處吳秘書長，告知已將總理遺體切片與臘塊標本一盒及臨床紀錄照片一冊發交陵園管理委員會謹敬保管，並隨電抄發了鄭介民的報告原文。

　　從該電文稿原件上可見，除在其右角上有蔣介石親批的「先發」二字外，在其右側邊處還附有「另復鄭介民」的批註。鄭介民接文後，如前頁左下兩圖（「臺國史館」001016141003012-16a，原文共五頁）所示，於6月27日以「秘京發字第458號」文，親筆呈報蔣介石。「查上海鐳錠醫院醫生湯齊平負責保管之總理遺體內臟切片與臘塊標本壹盒、總理臨床紀錄照片壹冊，經生局派員取回。」

　　前已報告，並奉鈞座之電「已發交陵園管理委員會謹敬保管並知中央秘書處等因在案。」他開篇說明本文之原委後，全文呈報了湯齊平醫生的報告。湯氏在簡述其專研癌腫學及鐳錠學之經歷和褚民誼奉移總理遺體標本發交鐳錠醫院鑑定研究之過程後，著重說明了他為保管此項標本所作的努力。湯氏（文中自稱「職」）謂，接事後即將該標本「秘密供奉於院內安全之處，院中人員均不知情。惟鐳錠治療院係中比合辦，國府西遷後，港上環境日趨惡劣，而鐳錠又為敵寇覬覦之重要物資，誠恐敵軍搜查，併受損失。故經策劃，由比國政府託管五年，因當時比利時仍為中立國也，並經國府中比庚款委員會核准在案。後因比利時之事業，亦為敵寇接收。職初即將中比鐳錠治療院、比國政府醫事事業委員會之文件案檔，以迅速方法，委託梵蒂岡天主教聖芳濟教會保管，至於該院則用公立性質之姿態出現。惟不久敵陸海空軍憲兵隊及大使館、特務機關、興亞院等機關，均先後來院調查，不下二十餘次，意圖侵佔。職亦數被敵寇傳拘，盡極威脅。職以鐳錠為國家之至寶、醫學救星，國內除協和醫院原存之一部分已被敵寇劫去，他處尚存有微量外，唯中比鐳錠治療院，為以鐳錠治病最早，故不避危險，多方設法，予以保全。至國父遺體標本，隨亦取出，秘供於上海湖南路三一八號，以精良之保險箱保存。迨三十四年（1945年）因盟機轟炸上海，復經設法密移杭州，存於仁愛醫院，至抗戰勝利，始經取出」等語。「理合據情轉呈」，鄭介民在結尾時寫道，「恭請鑒核，謹呈校座」。

　　關於在淪陷區內接收和保管國父遺臟事件，雖然褚民誼早在拘押初期已將實情上報，但在啟動對他進行審訊和再審以後，為了貶低和抹殺他在這方面的功績，質疑之聲四起，甚至誣稱他私藏遺臟、要挾政府等等不一而足。作為當事人的湯齊平醫生，在提交國父遺臟標本的同時，親述其艱難曲折的保管過程，澄清

了事實真像。蔣介石原擬將鄭介民的上述報告，轉達「江蘇高等法院」和「中央秘書處」，如前二頁右下圖所示，在7月2日起草的電文原稿（「臺國史館」001016141003018a）中稱，「奉諭抄送上海鐳錠醫院醫生湯齊平負責保管總理遺體內臟切片與臘塊標本及總理臨床記錄照片詳情報告一件，即請查照參考為荷」。但是沒幾天，蔣介石卻於7月8日批示「不發」（見此文右上角），而壓了下來，其用意如何不敢妄測，難道是他不願看到真相大白而引起有利於為褚民誼辯護的局面出現嗎？

　　最後，值得記述的是，曾幾何時，在淪陷區內曾遭戰亂損壞的中山陵園，經「國父陵園管理委員會」的盡力維修

褚民誼率其子，叔炎、季燊和幼義拜謁整修一新的中山陵時的攝影。以示國父遺志之後繼有人[1.63]

整頓，而煥然一新。如前所述，集體參謁中山陵，成為褚民誼當年組織各種重要活動和接待外賓時的首要程式。不寧惟是，如右圖所示，陵園修整工作竣工後，作為「國父陵園管理委員會」主任委員的褚民誼高興地率領他的三個兒子，叔炎、季燊和幼義專程前往拜謁中山陵，並恭立攝影留念，以示國父遺志之後繼有人。據本書著者回憶，雖然父母並不主張其後人從政（詳見「後記」）。但是，通過父輩的言傳身教，「實現三民主義，救國救民」的理念，自幼就已植根在孩子們的心靈深處，可以說這就是父輩遺傳給我們的最寶貴的精神財富！

第三節　管理孔廟，尊師重教

　　作為南京國民黨中央黨部秘書長的褚民誼除掌管文物保管委員會外，還於1942年初擔任「孔廟管理委員會」主任委員，以尊師重教、維護和傳承中國的文化遺產。此時，他出任斯職，絕非偶然。在我國努力擺脫貧困落後，步入科學時代的進程中，他一貫重視中國優良的文化傳統，既反對固步自封，又反對全盤西化，力主東西方文化的互鑑融合。

先師孔子，魯人，名丘，字仲尼，生於西元前551年（周靈王21年），卒於西元前479年（周敬王41年），是中國偉大的思想家和教育家，為儒家之祖。他著書立說影響深遠，他的教育實踐堪稱楷模，二千餘年來被歷代尊為師表。在他的家鄉山東曲阜和其他許多地方都建有孔廟，以茲祭祀。

事變前，1934年7月23日國民政府訓令第502號[3.60]上發佈，經國民黨中常會第123次會議議決，將孔子誕辰日定為國定紀念日，並於7月5日召開的第128次中常會上修正通過了先師孔子誕辰紀念辦法及所附的紀念會秩序單，並令教育部制定孔子紀念歌。除令頒各級黨部外，特錄案函達國民政府照辦。

紀念辦法中規定，8月27日定名為「先師孔子誕辰紀念」，休假一天，全國各界一律懸旗誌慶，各黨政軍警機關、各學校、各團體分別集會紀念，並由各地高級行政機關召開各界紀念大會。宣傳要點為，講述孔子生平事略、孔子學說、以及國父孫中山先生革命思想與孔子之關係。紀念會的秩序為：全體肅立、奏樂、唱黨歌、向黨國旗總理遺像及孔子遺像行三鞠躬禮、主席恭讀總理遺囑、主席報告紀念孔子之意義、演講、唱孔子紀念歌、奏樂、禮成。

是年8月27日孔子誕辰紀念，黨中央與國府於是晨八時，在佈置一新的南京中央大禮堂，合併舉行擴大紀念儀式，推定汪精衛、戴傳賢報告演講，通告各中委全體職員及國府各機關派員參加。（《申報》1934，8，26）

鑒於本年為第一次舉行孔子誕辰紀念，經國民黨第135次中常會議決，由國民政府派大員至曲阜致祭，指定主祭人為國民政府委員葉楚傖；陪祭人為，五院各一員，內政、教育兩部各一員，山東省政府主席，山東民政、教育兩廳長，曲阜縣長、孔氏奉祀官。（[3.60]國民政府訓令第588號，1934，8，23）時任行政院秘書長的褚民誼作為陪祭人，同往曲阜致祭。《申報》於8月26日報道，「據褚民誼云，祭孔儀式，悉依舊例，一切祭祀禮物，已由葉主祭至魯指導，魯省府辦理音樂全用國樂，祝告文由國府文官處擬就，與中央紀念會所用相同。」

《文華藝術》月刊[2.17]No.51（1934，10）上，以多幅照片圖文並茂地報道了這次曲阜祀孔的盛況，後頁圖是其中的三幅。其右上圖，是中央特派祀孔大員葉楚傖領導各代表謁孔陵，陪祭官褚民誼站立其後第一排左二；左上圖是孔子七十七世孫衍聖公孔德成領導孔氏家族在孔廟舉行家祭，行跪拜禮之情形；下圖則是孔氏家祭時之樂舞生，其後可見孔廟中之古樂——鐘鼓琴瑟。

翌年，據《時事新報》（1935，7，8）報道，被國府新任命為聖裔奉祀

1934年8月27日國民政府在山東曲阜祭祀孔子誕辰（《文華藝術月刊》[2.17]No.51,1934,10）：
（左上圖）葉楚傖（前立者）領導各代表謁孔陵。褚民誼在其後的前排左2；
（右上圖）衍聖公孔德成（跪拜者）領導孔氏家族在孔廟舉行家祭；
（下側圖）孔氏家祭時之樂舞生及古樂器鐘鼓琴瑟

官的孔德成暨配奉祀官顏世鏞、曾繁山、孟慶棠等人，於7月7日晨由魯抵京。中央代表褚民誼及國府有關院部代表，及孔、孟、曾、顏四族旅京代表等共約百人到車站歡迎，國府軍樂隊在站致敬。「車抵月臺，樂聲大作，孔顏曾孟等下車後，由褚民誼介紹與歡迎人員一一點首為禮」。諸聖裔隨眾渡江入城後，直往勵志社下榻。「七日午京各機關去歲派赴曲阜祭孔代表，假公餘聯歡社歡宴，晚中央黨部歡宴，定八日晨謁（中山）陵。據孔語記者，此次來京係專向中央及各當局答謝政府尊孔，及去歲致祭並任命奉祀官之盛意，別無其他任務。預定在京留一週左右，即返曲阜等云」。後頁左上圖是褚民誼與諸聖裔孔

德成、孟慶棠、曾繁山、顏世鏞的合影。該圖轉載自孔德成表妹陶芳辰所寫的題為〈小聖童年心影：孔德成早年的故事〉的回憶文章，發表在《中外雜誌》第46卷第6期（1989年12月號）上。

　　1937年事變爆發，紀念活動被迫中斷，為了恢復我國一貫尊孔重教的傳統，褚民誼出任「孔廟管理委員會」主任委員後，立即著手重修南京的朝天宮，改造其內的大成殿專門祀奉孔子，並在其後另修歷代聖賢祠，以祀堯舜禹湯、文武周公、顏曾思孟及歷代先賢先儒。據南京中國第二歷史檔案館內保存的，關於「撥款修理朝天宮」（1942，8）的檔案（檔案號二〇〇三——3959）中記載，「由內政部陳部長、外交部褚部長會提臨時動議，前奉中央規定每年9月28日為先師孔子誕辰，並於是日舉行祀孔典禮。現本京朝天宮孔廟損壞甚多，擬請撥款修理。」（預算6萬4千元）「經行政院第122次會議通過：（一）經費在總預備費項下撥付，並報中央政治委員會備案；（二）朝天宮交由南京特別市政府修理，並歸該市府保管。」要求8月13日開工，限9月10前竣工。當年的《民國日報》，亦於8月13日刊登了一篇報道南京市長執行行政院決議，飭令工務局對孔廟年久失修的狀況進行考察，並著該局剋日動工修建，限9月10日前竣工的消息。

　　修建後的大成殿，其外景如右下圖所示，面貌煥然一新。其時，如本篇第三章之第一節「職權範圍，迎來送往」中所述，9月22-27日，日本前首相平沼、前外相有田和前遞相永井三位特使組成的答訪團一行二十餘人訪問南京。外交部長褚民誼負責接待，帶領他們到朝天宮拜謁至聖先師孔子。該圖是他們一行在新修大成殿前的合影。

1935年7月中央代表褚民誼（前左）與聖裔奉祀官孔德成（中）及配奉祀官孟、曾、顏聖裔的合影（《中外雜誌》第46卷，第6期，1989年12月號）

1942年9月下旬褚民誼（前排左4）帶領日本三相答訪團拜謁至聖先師孔子，在新修建的朝天宮大成殿前的合影[1.63]

第五章　盡心竭力，維護國寶　303

位於京都的孔廟及其後的歷代聖賢祠修飾完竣後，褚民誼即向中央建議恢復孔子釋奠典禮。《申報》（1942，11，6）報道，「中央政治委員會於5日上午舉行第115次會議，委員褚民誼等簽呈擬請國府明令，恢復孔子春、秋釋奠典禮，並改崇聖祠[34]為歷代聖賢祠。當經決議通過，並決定將孔廟歸國父陵園管理委員會管理，即將陵園管理委員會、孔廟管理委員會合併，加推李聖五、林柏生等為委員。至於釋奠典禮日期。春祀為清明節，秋祀為九月廿八日[35]。」南京政府文官處即於是月9日發文（中國第二歷史檔案館，檔案號二〇〇二——718）稱，該兩委員會合併組織為一個機關，即以陵園管理委員會經費勻用，不另撥款，以節公帑，並派中央黨部秘書長褚民誼為主任委員，陳群、李聖五、林柏生、劉郁芬、徐蘇中、唐蟒、周學昌和鄧祖禹等八人為委員。

　　繼1942年秋南京朝天宮的第一期興建工程告竣後，又於翌年春進行第二期工程，以迎接即將舉行的盛大春祀活動。《民國日報》（1943，2，2）上報道，工程不日完工，孔廟管理委員會主任委員褚民誼，於日前偕工務局長等，前往視察，對該廟修理一新，頗表滿意。

　　1943年4月5日清明節來臨，按照褚民誼提出的建議，「首都文武官員學生，隆重舉行祀孔典禮」，《申報》於次日報道，「五日為先師孔子春祀之期，中樞當局除派國府委員溥侗赴曲阜致祭，以示尊崇外，特於上午十時在朝天宮內舉行隆重春祀典禮。文官著國民禮服或藍袍黑褂、黑褲、黑襪、黑鞋常禮服，軍官著軍服佩刀，學生一律著學生裝，計到有文武長官及學生、民眾團體代表二千餘人。祭典開始時，空氣至為肅穆莊嚴。」上午九時許，各院部長官紛紛到會，汪主席亦禦國民禮服蒞臨。上午十時正，典禮開始，奏樂後，主祭者汪精衛暨陪祭者陳公博、溫宗堯、江亢虎、梁鴻志四院長，及陳群、褚民誼、李聖五三部長就位，全場肅立唱國歌，向先師孔子行最敬禮，默念一分鐘致敬。在獻花、奏樂、恭讀祭文後，主祭者領導全體陪祭者至歷代聖賢祠致祭，行最敬禮，並獻花奏樂。禮畢全體回大成殿，主祭者獻詞，全體唱紀念歌，而後禮成。

　　是年9月28日為先師孔子誕辰紀念日，南京政府於9月16日令，特派國民政府委員兼外交部長褚民誼前往山東曲阜致祭。消息傳出，前往參拜者甚為踴躍。（《申報》1943，9，18；23）如右圖所示，《申報》於9月30日刊登

---

[34] 位於大成殿後。
[35] 孔子的公元誕辰日。

曲阜隆重舉行
孔聖誕辰紀念
由褚民誼任主祭

中央社曲阜航訊，至聖先師孔子第二四九四周誕辰秋祭大奠，於二十八日在曲阜先聖故居隆重舉行，事前文官會方面曾派周委員靈珠來魯，會同山東省府當局，經多時之籌備。同時國府明令特派國府委員外交部長褚民誼氏為祭孔主祭官，內政、教育兩部亦派代表陪祭，以昭鄭重。廿七日褚氏一行數十人由京啟程來魯。廿八日清晨三時抵達曲阜，當即至孔聖故府接見來賓，旋即開始祭祀。由褚氏率同陪祭官內政教育兩部代表及山東省長唐仰杜、華北政委會教育督辦蘇體仁，及孔子七十七代後人孔令垣

1943年9月28日在山東曲阜隆重舉行孔子誕辰紀念，褚民誼任主祭官《申報》（1943年9月30日）

了一篇中央社曲阜航訊，對此次盛典記述甚詳，謂「至聖先師孔子第二四九四周誕辰秋祭大奠，於28日在曲阜先聖故居隆重舉行，事前文官會方面曾派周委員靈珠來魯，會同山東省府當局，經多時之籌備。同時國府明令特派國府委員外交部長褚民誼氏為祭孔主祭官，內政、教育兩部亦派代表陪祭，以昭鄭重。27日褚氏一行數十人由京啟程來魯。28日清晨三時抵達曲阜，當即至孔聖故府接見來賓，旋即開始祭祀。由褚氏率同陪祭官，內政、教育兩部代表及山東省長唐仰杜、華北政委會教育督辦蘇體仁，及孔子七十七代後人孔令垣，由聖府列隊步入孔廟。是時各地代表團肅立於大成殿前，靜候祭祀。與祭者不下數千之眾，全場空氣異常肅靜。九時正開始祀祭，主祭官身禦藍袍黑褂禮服，肅立居中，陪祭官列隊於後，來賓分列兩傍。禮樂開始，全體肅立，高唱國歌，向先師孔子行最敬禮，獻奉鮮花，由孔令垣恭讀祝文後，即由主祭官領導全體陪祭官，至歷代聖賢祠致祭，最後瞻仰孔廟全景，直至十一時始告禮成。中午唐省長、孔令垣特設宴於孔聖府，歡宴褚主祭官及全體代表。二時在孔府召集懇談會，對發揚孔道，及實踐剿共問題有所談論。三時全體出發參觀孔林。四時返回孔府，褚氏旋即接見中日記者發表談話。晚餐後一行即乘車離曲阜返京。」上圖是主祭官褚民誼率全體陪祭官及聖裔赴孔林謁孔墓，在尊稱為「大成至聖文宣王」的孔子墓前攝影，褚氏的左右分別是唐仰杜省長和聖裔孔令垣。

與此同時，南京中樞亦於9月28日上午八時，在朝天宮隆重舉行紀念孔子誕辰的秋祭典禮，由汪精衛主席任主祭，其儀式與前述春祀基本相同。同日下午三時，中日文化協會在宣傳、教育兩部及日本大使館的支持下，在該會和平堂舉行孔子誕辰紀念演講電影大會。到中日學生六百餘人，講學結束，放映孔夫子電影，至七時半始畢。（《申報》1943，9，29）

《申報》上還分別報道，蘇州在三元坊孔廟大成殿，武漢在省府和市府兩處，以及蘇北的南通等地，由各地長官主持，於同日舉行秋季祭孔典禮。此外，據《民國日報》（1942，10，5）報道，杭州市前於1942年10月4日已將勞

第五章　盡心竭力，維護國寶　305

1942年9月28日主祭官褚民誼（右3）率全體陪祭官及聖裔赴孔林謁孔墓，在孔子墓前的合影。褚氏的左右分別是唐仰杜省長和聖裔孔令垣[1.63]

慟路的孔廟興修竣工，氣象一新，並專設管理委員會嚴格維護，如此等等。可見，在中樞的倡導下，尊孔重教的風氣在淪陷區內已日益恢復發展起來。

第四節　重建骨塔，萬世景仰

　　唐代著名高僧玄奘法師（596-664），於貞觀年間，為探求佛教真諦，孤身遠涉西域，遍訪印度各地，不畏艱難萬險，行五萬里，歷十七載，攜回大量梵經，潛心譯著，其為佛教發展和中印文化交流之貢獻無人能及，其一往無前的求真精神更受萬人敬仰，誠不愧為我中華「民族的脊樑」（魯迅語）。以他為原形的「西遊記」主人公唐三藏，千百年來家喻戶曉，已融為中華文化不可分割的組成部分。1942年冬，日軍高森部隊，在南京中華門外原金陵製造局內，為建築稻荷神社平整山丘時，意外地發掘出塔基下的古代石棺及其內的遺骨和隨葬物，經專家鑑定確認為唐玄奘法師之靈骨，揭示了法師遺骨屢次遷葬

的歷史真蹟，消息傳出，震驚國內外。時任外交部長和文物保管委員會委員長的褚民誼，對此十分重視，從日人手中鄭重接收後，重建三藏塔於南京小九華山上，供養法師頂骨，以垂永久。在他的主持下，如後頁圖所示，文物保管委員會下設的「玄奘法師頂骨奉安籌備處」於1943年仲春彙編出版了《唐玄奘法師骨塔發掘奉移經過專冊》[3.54]（後簡稱《專冊》，記述了當年有關法師靈骨發掘和奉移經過之詳情。全書含如下八部分：

（一）圖像（玄奘法師繪像並附傳略以及含三藏塔在內的明代大報恩寺全圖）

（二）攝影（出土文物照片七幀）

（三）拓片（出土石函二面分別於宋代和明代的石刻文字）

（四）序文（褚民誼1943年3月中澣序）

（五）新聞記載（1943年2月3日至24日《民國日報》和《中報》上之報道五篇）

（六）報告（三藏塔遺址之發掘報告）

（七）考證（玄奘骨塔考證及西行取經研究等四篇，附唐玄奘至天竺取經路線圖）

（八）附錄（高森部隊、外交部以及文物保管委員會之有關來往公文五件）

褚民誼在序言中寫道，近日日軍發掘所得之三藏塔故基，「是處原有三藏殿，殿後為三藏塔；據志籍所載，謂為埋葬唐代三藏大偏覺玄奘法師頂骨之處。惟經清代咸豐間洪楊兵燹，致殿毀塔亡；雖其地尚存留三藏殿名稱，但一般人士，已不知三藏稱謂之果誰屬矣。

此次經發掘結果，塔基下之千載埋藏，盡行出土；法師靈骨，亦隨石函鐫刻之文字，呈露眾前。經文物保管委員會研究部谷田閱次暨顧天錫兩君之檢討古籍，著文考證，而唐代長安，因黃巢之亂發塔，由金陵僧可政遷葬法師遺骨南來之一段因緣，於以明顯。

「至於出土頂骨，及附葬品，逐一由部隊長高森隆介氏，點交日本駐華大使館，移交我國接管保存。民誼於二月二十三日，謹代表我國政府，會同日本駐華重光大使，恭迎法師靈骨至雞鳴寺麓文物保管委員會，香花供養，俾大眾咸得頂禮瞻仰。並擬從事籌募鉅款，相度名勝，設計重建骨塔，用垂久遠，昭示來者。

第五章　盡心竭力，維護國寶　307

1943年仲春玄奘法師頂骨奉安籌備處編印的《唐玄奘法師骨塔發掘奉移經過專冊》[3.54]

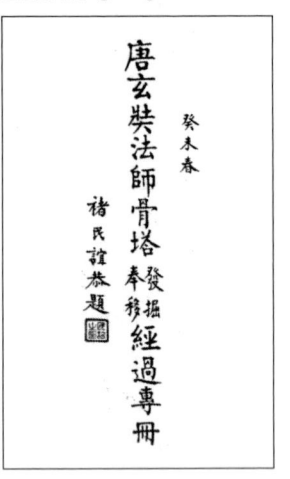

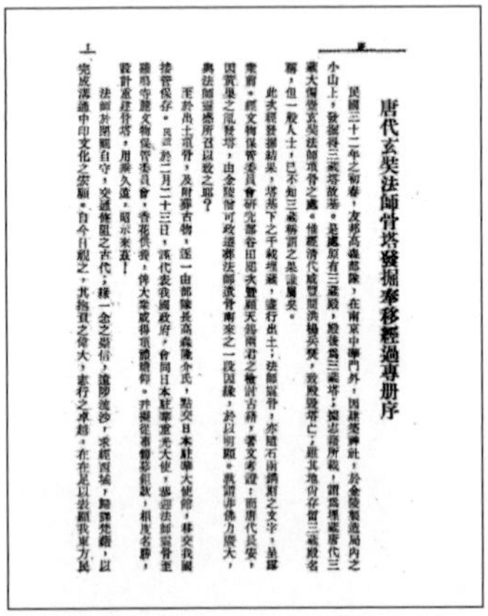

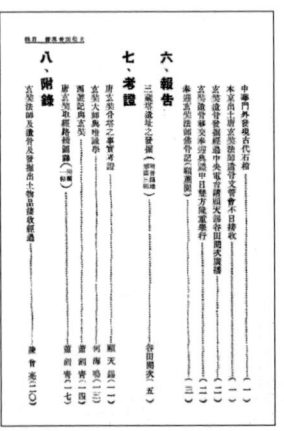

版權頁　　　　　　玄奘法師繪像　　　　　　封面

褚民誼序之首頁　　　　目錄-2　　　　　　目錄-1

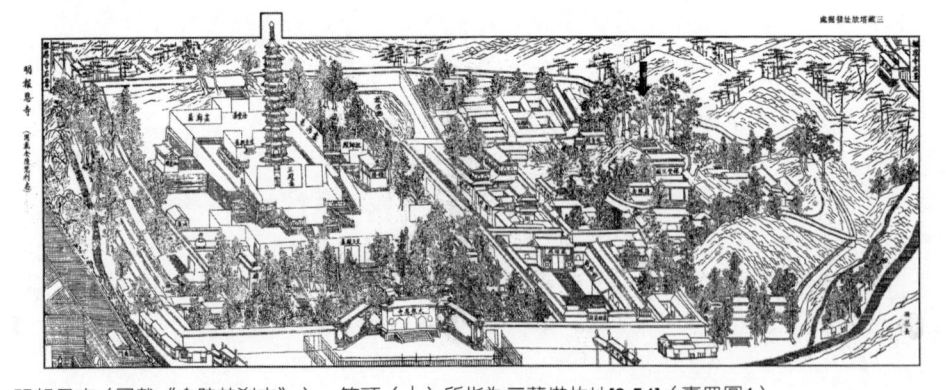

明報恩寺（圖載《金陵梵剎志》）。箭頭（↓）所指為三藏塔故址[3.54]（專冊圖1）

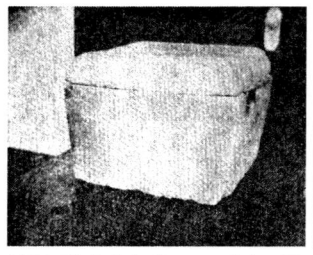

出土之玄奘法師遺骨石函及鐫刻在其兩面文字的拓片[3.54]（專冊圖2）
（中圖）石函（兩側均刻有文字）；
（左圖）宋代天聖五年石刻文字拓片；
（右圖）明代洪武十九年石刻文字拓片

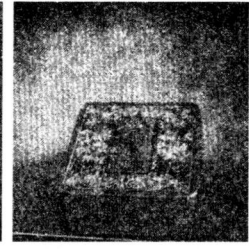

出土石函內所藏之玄奘法師頂骨及其隨葬物[3.54]（專冊圖3）：
（中圖）新製合金質方盒內存玄奘法師頂骨；
（左圖）金質佛像（前）及有元代廣演刻字的銀匣（右）和鐵匣（左）；
（右圖）金銀玉器寶石珊瑚等珍玩三十六件（置於新製的木盒內）

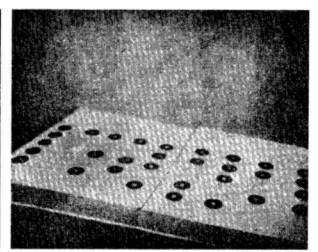

[3.54]（專冊圖4）：
（中圖）銅質香爐、燭台及銅洗等；
（左圖）宋瓷花瓶一對及香爐瓷洗等；
（右圖）唐、宋、元、明四代故錢，完整者三百二十二枚

第五章　盡心竭力，維護國寶

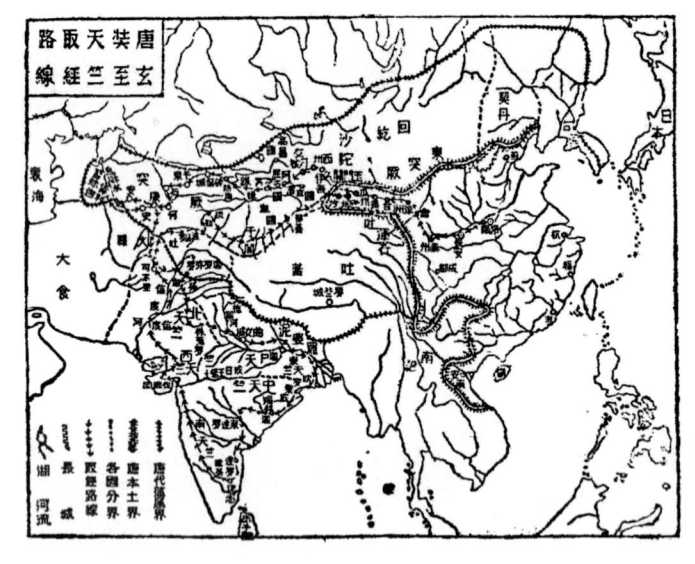

唐玄奘至天竺（印度）取經路線圖。以箭頭「→」指示其往返路線（蕭劍青以《大唐三藏聖教序》《玄奘塔銘》《舊唐書本傳》等為參證而製作）[3.54]（專冊圖5）

「法師於閉關自守，交通阻修之古代；緣一念之崇信，遠陟流沙，求經西域，歸譯梵藉，以完成溝通中印文化之宏願。自今日觀之，其抱負之偉大，志行之卓越，在在足以表顯我東方民族任重致遠之精神，為後世法式焉。乃屬顧君天錫，裒集三藏骨塔發掘奉移經過之報告考證文字，附以攝影，輯成專冊。爰弁文卷首，藉表崇敬，而資紀念云爾。」

已如本章前面「保護文物，執掌文管」一節中所述，在行政院文物保管委員會中設研究部，委員長褚民誼兼任該部主任，褚序中提及的谷田閱次（日人）和顧天錫（蔗園）分任該部研究員和幹事。日軍平地建社發現古塔遺址後，谷田閱次即參與發掘工作，並與顧天錫一起查閱歷史資料，對出土文物進行考證。在《專冊》[3.54]中的報告和考證部分，分別刊登了兩人撰寫的關於發掘經過和事實考證的論文。谷田氏在完成發掘工作後提交的〈三藏塔遺址之發掘〉報告中謂，1942年11月高森部隊在原大報恩寺遺址平治土地，「在切平丘陵突出部之工程時，從切開約30糎之斷面內，露出若干整齊之石材。計其場地，當屬於大報恩寺範圍內，惟不辨為何物，工程乃為之中斷。至於正確認定其地位，則由筆者調查得來。當時所能見者，僅為在丘陵突出部約2糎厚之土下，露出三方石材，更下則有倒圓錐形，此乃從其周圍之土質上觀察而得者……細察石材，即能知其為建築物之基礎，其下部嵌有一層異質之泥土。為探明建築物基礎之性質，乃決定將縱斷丘陵之工程停止，改為先將覆於其上之泥土削去，以全部露出建築物之

基礎。左下圖是三藏塔遺址早期發掘現場的照片。其右圖是該文中給出的「發掘所得的建築物基礎從東方觀測的全面示意圖」。根據該基礎的形狀尺寸以及周圍散佈的各種式樣的磚塊，並參照明代《金陵梵刹志》之大報恩寺圖（見專冊圖1），可以推斷原三藏塔當為一座大型的塔婆形建築，其形狀與右下圖示出的明代建於南京的「行覺禪師塔」相似。

三藏塔塔基既現，為進一步探明該塔的性質，發掘工作，如中下圖所示，繼續向嵌入塔下倒圓錐形之異質土層發掘。「其下，恰當塔基壇之中心部，直下約三米半許」，他接著寫道，「發現一石槨。石槨之內圍為59×78糎（釐米）之長方平面，深約57糎。在其內，更藏有51糎平方，高30糎之石函。石函用磚作蓋，體之兩側刻有文字。」（參見專冊圖2），一面之刻文：「大唐三藏大遍覺法師玄奘頂骨，因黃巢發塔，今長幹演化大師可政，於長安傳得，於此葬之。天聖丁卯二月五日，同緣弟子唐文遇，弟文德、文慶，弟子丁洪審，弟子劉文進，弟子張靄。」（原無標點）該文明確記載了唐代黃巢之亂以後，玄奘法師頂骨從長安遷來，在宋天聖丁卯年（西元1027年）二月五日（玄奘圓寂日），安葬於此的經過。

在上述刻文之反對方向石函上，尚另有刻文：「玄奘法師頂骨塔初在天禧寺[36]之東崗，大明洪武十九年，受菩薩戒弟子黃福燈□□□□□普寶遷於寺之南崗三塔之上。是歲丙寅冬十月傳教，比丘守仁謹誌。」（原無標點）依據刻文可以確知，前天聖五年埋骨之塔位在天禧寺之東崗，今次之發掘地則在南崗，係嗣後於明洪武十九年（西元1386年）所遷葬者。

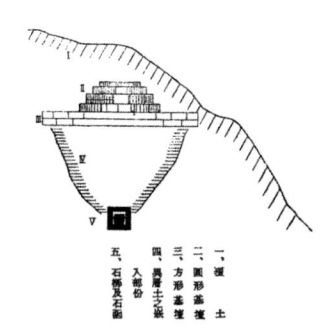

發掘現場從東方觀三藏塔基礎之全面示意圖（《專冊》[3.54]） 　　三藏塔遺址之早期發掘現場攝影（《大陸新報》1943,1） 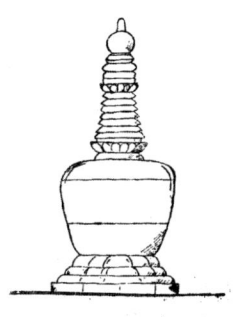　　明代建於南京的「行覺禪師塔」。原三藏塔形（見專冊圖1）與之相似

---

[36] 該寺始建於後漢，初名建初寺，後相繼在晉有長干寺、在宋有天禧寺和在明有大報恩寺之稱。

文中概述了石函中所藏之遺物，計兩部分（見專冊圖3）。其一是「頭骨之一部分」「為藏于薄銅板匣（方16.5糎，高5.5糎）內，連帶耳部之頭骨一部分[37]。所謂薄銅板匣者，已相當腐蝕，可以推想為匣蓋之部，僅係數枚破片，故稱之為匣，乃屬推想者也。破片之上，有堂皇之字，可以判明為『唐』『三藏』『師』等字。」

另一件是「鎔鑄小箱」（16.1×9糎，高10.5糎）。其內裝有「銀質小箱」（12.5×7.3糎，高6糎），「有蓋，蓋上有雲龍紋，一部曾鍍金。蓋之四邊及箱身之周圍飾以唐草花紋。箱底刻『大唐三藏』四大字，其旁有『壬申四月吉日』文字。蓋之外側刻有『大元至順三年壬申四月吉日天禧寺主持弘教大師演吉祥置』之銘文。銀質小箱之中，藏有用金打成之僧形細工像（高3.5糎）一枚，及小玉器、念珠，以及各種小珠凡三十五點，和璧玉一點（徑8糎）。」

此外，尚有前述石槨之內，石函之外的附葬物（見專冊圖4）：

銅器計有盌（徑14.4，高5.5糎）一點，鼎（徑6.5，高6.8糎）一點和燭台（高22糎）二點；

瓷器計有青瓷瓶（體徑10.5，高19糎）二點，青瓷香爐（徑14，高9.5糎）一點和青瓷洗（徑13，高5.5糎）一點，其他一點；

古錢連破片在內有三百數十點之多，種類則有唐、宋、元、明各代，上自開元，下至洪武，集然並存。

文中綜合上述埋藏品的發掘，得出如下結果：

「第一，僧可政既於宋代自長安將玄奘三藏頂骨遷來，至天聖五年始葬於天禧寺境內」；

「第二，元至順三年（1332年），天禧寺住持僧廣演以某種理由開啟石函，以銀鑄小箱為裏，外套鑄物小箱，而供養之。前文所述之金質細工僧像，或係玄奘三藏相。其他各種如小玉器等為其附加物。」

「第三，降及明初，墓由寺之東崗而遷葬於南崗。埋藏品中之銅器、瓷器及錢幣若干，諒為當時所附加者……石槨則全為明初物，塔之基壇亦建於斯時。」

谷田氏在文章結尾時除「感謝高森部隊部隊長以下各位在作業時注意用道」外，還特意說明，「發掘之際有關實測上諸事，得南京博物館館員南波弘君之助，又引證文獻則得文物保管委員會研究部總幹事顧天錫氏之提示，特表

---

[37] 日方移交時將該頂骨存於圖中所示的新製合金方盒內保存。

感謝之意。」

　　這裡應該提出的是，在發掘工作之前，原來的三藏塔連同其前面的三藏殿建築，已於清末太平天國戰亂期間摧毀殆盡。雖然在不少歷史文獻中曾有唐三藏玄奘法師遺骨南遷至大報恩寺安葬的記載，但缺乏實證，自明代起就有人提出質疑。起因在於「三藏」者本為尊稱精通經、律、論三部之名僧者。唐代玄奘法師被冠以「大唐三藏大偏覺法師」稱號，然而在他之前，尚有高僧鳩摩羅什，從西域龜茲國來，亦曾將大量梵經翻譯成漢語，並到各地宣講，於晉代被尊稱為，「譯經三藏國師」。玄奘法師取經歸國後從未到過南京；然而鳩摩羅什法師卻曾親至南京傳教，並有在天禧寺建造白塔供養其舍利的歷史記載。因而，就有將大報恩寺內之「三藏塔」與上述白塔混為一談的推測。日軍發掘出三藏塔塔基的消息傳出後不久，《中報》於1月29和30日上，就曾連載署名陳廖士、題為〈南京中華門外新發掘三藏國師石棺考證〉的長文，以不久前南京《大陸新報》（日文）上報道石棺出土文物的記載，引據某些典籍資料，認為「這次發掘出來的三藏國師石棺，是屬於鳩摩羅什，而不屬於玄奘。」

　　為了鄭重確認這次重大發掘的成果，據《中報》（1943，2，5）報道，「文物保管委員會研究部與博物館，於2月3日下午二時在研究部會議室舉行研究懇談會，計出席研究部總幹事陳曾亮、幹事顧天錫，及主任研究員濉博士、研究員趙資平，及副研究員等十數人。首由谷田研究員報告日前在中華門外發掘唐三藏法師玄奘之遺骨經過，並依據文獻研究報告，確係玄奘之遺骨。」會後由顧天錫根據發塔事實於2月9日和10日在該報上發表了詳盡的唐玄奘骨塔之考證論文。前述曾持不同意見的陳廖士，嗣後亦信服於石函上的刻文，公開發文糾正其以前之誤判（《中報》1943，2，24）。

　　在確證玄奘法師遺骨的同時，接收工作亦在積極籌劃之中。《中報》於2月11日透露，「茲悉文管會褚委員長已會同友邦當局，於前日前往參觀掘出之全部歷史珍品，並聞雙方口頭約定，約期由文物保管委員會向友邦引渡接收，將來擬在該會博物館陳列，公開展覽」，並就中日雙方合作設計遷葬建塔事宜進行了探討等云。2月21日（星期日）下午，南京中央廣播電台特請顧天錫發表了題為〈唐三藏法師玄奘遺骨發掘之經過〉的廣播講話，詳述發掘經過，並聲稱於日內向日軍方接收全部掘出遺物。（《中報》及《民國日報》，1943，2，20）

　　1943年2月23日舉行隆重的移交逢迎典禮。如後頁上圖所示，《中報》於

第五章　盡心竭力，維護國寶　313

1943年2月23日在發掘現場舉行玄奘遺骨移交大典後又在文物保管委員會舉行奉迎式的報道（《中報》1943，2，24）。圖中照片：（上）日重光大使將移管目錄遞交褚外長；（下）褚外長等參觀發掘現場

次日報道，玄奘法師遺骨及附葬物，於23日晨十時半在中華門外發掘現場，「由日本大使館正式移交我國，參與是典者，計有國府外交部長褚民誼、內政部陳部長代表、禮俗司長、周市長代表、文管會谷田研究員、中日文化協會張超等各關係者；日本方面到有重光大使、清水書記官、原田特務機關長、憲兵隊長代表、報道部鷹尾中尉、總軍部代表，高森部隊全體官佐，及中日各有關方面及僧侶等五百餘人，行禮如儀後，由日本僧人誦經，繼由中日雙方僧侶上香，主祭者高森部隊長讀祭文、副主祭報告三藏法師遺骨發掘經過後，即舉行移管式。首由高森部隊長手持移管目錄遞轉重光大使移交褚外交部長，復由我國僧人朗誦阿彌陀經，中日雙方代表上香致祭畢，由重光大使致詞……繼由褚外長致詞，對唐、宋、元、明、清、民國以來三藏法師遺骨奉葬經過，闡述頗詳，約至十二時許，始告禮成散會。」

緊接著，行政院文物保管委員會於當日正午十二時，「在大禮堂舉行奉迎典禮，由褚委員長親自主持，到考試院江院長、中大樊校長、審計部王次長

及友軍高森部隊長等十人。全體肅立，齊向三藏法師遺骨致最敬禮畢，褚委員長報告接收經過，並對此次發掘之友軍高森部隊長致謝意，繼由高森部隊長致詞。詞畢，即由中日僧侶先後誦經，褚委員長及全體來賓等相繼上香致敬，儀式肅穆莊重，迄二小時餘始畢。」

高森部隊於2月23日提交的發掘品目錄共列如下十項（見《專冊》[3.54]之附錄）：「頂骨壹部分；坐佛像壹座；納骨小龕及銀製錫製箱三點；石龕壹點；黃銅佛器四點（香爐一點、容器一點、燭臺二點）；磁陶佛器五點（花立二點、容器二點、線香立一點）；鍔形玉飾壹點；珠玉其他雜品三十五點；古錢三百二十二枚及破片三十八個；供養麥粒壹包。」

曾參與此次發掘鑑定事宜的文管會研究部幹事顧蔗園（天錫），在褚民誼委員長的率領下，參加了上述移交和接收兩幕隆重儀式，於次日在《中報》上撰文〈奉迎玄奘法師佛骨記〉，向公眾披露了接收和點驗上述出土珍品時的細節。文中謂，昨天上午在發掘現場舉行奉移儀式禮畢後，「遂由部隊長和他的僚屬，恭捧遺物，送上汽車，隨同魚貫進中華門，到達雞鳴寺文物保管委員會時，恰恰中午十二點鐘。頂骨和一應出土遺物，分裝大小十個盒子，用潔白布疋包成九包，上罩黃綢，看起來異常鄭重！到達以後，由會方職員，逐一接捧，恭迎至大禮堂上，供奉在預設的香案上面，而奉迎典禮，也就此開始。又經過中日雙方官員的致詞、答詞、上香，中日僧侶的宣誦佛號，頂禮跪拜以後，完成此第二幕隆重儀式。」

「典禮完成，褚部長恭送中日賓客僧侶上雞鳴寺，特設素筵五席款待。等到午宴竣事，已將下午三點多鐘了。又送客出寺下山，仍回到文物保管會大禮堂，於香煙繚繞之中，由中日要員，逐一揭開十個盒子，點驗玄奘法師頂骨和全部出土遺物。

『第一個』是錫盒子，內盛玄奘法師頂骨一塊，骨色灰褐，形態長方，約二寸寬、四寸長，邊緣破碎成不等邊式，千年古骨，經三次發掘埋藏，尚未遺失，多嗎珍貴！鎏金坐佛造像一軀，金光燦然若新！銀質破盒片一包，尚隱約有字可辨。數百年腐朽米麥一包，與泥土無從分辨。此外，還有和土混合的碎骨片一包。

『第二個』是木盒子，內裝宋龍泉哥窰淡清色開片瓷花瓶一對，高約7寸餘，其中一個口足均有破裂。『第三個』木盒，內裝小銅香爐一個，約二寸徑、二寸高。銅蠟燭臺一對，約七寸高，製工極精巧。『第四個』木盒，內裝

宋龍泉哥窰豆清色開片竹筒型瓷香爐一個，很古雅。『第五個』木盒，盒內格成三十六格，裝金、銀、寶石、玉器等類三十六件。計有小銀錠一個，盤螭白玉拱璧一個，刻生肖（牛、羊、雞、蛇等）玉件六個，舒卷軸式白玉版一個，鐫刻玉福鹿（祿）一個，零星瑪瑙寶石十來顆，金質斷腳二個，銀質底板一個。『第六個』木盒，內裝長方形銀盒一個，盒蓋鏤鐫凸型浮雕雙龍，邊刻『大元至順三年廣演』款文，盒內底刻『大唐三藏』四字。『第七個』木盒，內裝較大長方形銅盒一個，就是套在上述銀盒外的，兩盒都很完整。『第八個』木盒，內裝宋龍泉弟窰豆清色不開片瓷燭台一個，完整。『第九個』木盒，內裝宋龍泉弟窰豆清色不開片瓷洗一個，完整，上述兩瓷器，都有古香古色之致！『第十個』木盒，內裝黃銅洗一個，直徑約一尺、高達五寸，胎質很薄。洗內貯唐、宋、元、明古錢三百二十二枚，因為入土已久，銅質銹蝕，綠色盎然！其中除宋代的（元祐）年號，明代的（洪武）年號可辨外，多半銹蝕得模糊不清了。另外，還有破碎古錢片一紙包，約三十八個。

以上十個盒子和內裝物件，已經由會方點交博物館接管，預備整理以後，陳列公開展覽。」

不幾日，《民國日報》於2月27日上發佈消息稱，文管會博物館「頃已整理竣事，已在該館二號館二樓公開陳列，計有三藏法師頂骨一盒、三藏金像一座、珠寶及璧三十六件，最為珍貴。此外並有銅缽、鼎、燭臺、青瓷瓶、香爐、瓷洗，及明代三藏塔所用各種磚石，亦屬罕見。故日來前往參觀者，愈見踴躍。」後頁上圖示出了陳列玄奘法師頂骨及金質僧像等的展示櫃，文管會委員長褚民誼作為國寶之「護衛者」，身著國民禮服、脫帽恭立其旁。

已如前述《中報》（1943，2，11）上報道，早在2月上旬褚民誼參觀發掘現場之初就曾提出，擬將出土之玄奘法師頂骨接收後「遷葬於南門外普德寺，另建鞏固石塔，俾垂久遠，其設計、遷葬、建塔事宜，「將由中日有關重要人員，合組一委員會，主持一切，褚委員長、重光大使、谷田閱次、顧蔗園、陳柱等，均將參加。」

為了使佛法重光，建塔遷葬事關重大，且需資不菲。鑒於中日佛教同源，在淪陷區的艱難條件下，爭取中日雙方在資金等各方面的廣泛支持在所必行。為此褚民誼與重光葵大使聯名發出〈重建三藏法師頂骨塔募捐緣起〉啟示，闡明「為法師重建骨塔，俾垂久遠」之重要意義，提出「敢乞十方居士、中外名人，具大善知識，作慷慨佈施，」共襄其成的倡議。

文物保管委員會博物館展廳內，褚民誼恭立在陳列三藏塔出土遺物的展櫃旁。內置玄奘法師頂骨的合金方盒位於櫃右，隨葬品金製僧人坐像及盛載他的內外二個銀質和熔鑄小箱位於櫃左[1.63]

　　此後不久，重光大使於3月底奉調回國任外相。4月10日褚民誼以文化人士出面，帶隊出席在東京召開的第二屆東亞醫學大會並作特邀報告（詳情見本篇第四章之第三節「力所能及，普惠於民」），值此機會褚民誼為籌建三藏骨塔在日本廣為宣傳。他在完成赴日任務，於是月28日離日返國前夕，應日本記者之請，發表此次訪日感想，刊登在4月30日的《申報》上。其中特意談到，「前在南京，曾為日本高森部隊發表三藏法師之頂骨案。三藏法師於中國佛教之傳播與發達，厥功甚偉，而佛教之直接傳入日本，又始於唐代。故三藏法師於日本佛教之流傳亦殊有功績。此次無意中，於南京發現其頂骨，擬為建塔俾垂之久遠。本人因此曾舉行茶會，招待佛教及文化各界，共襄盛舉。幸得日本人士之熱心贊助，將來骨塔完成，為中日兩國佛教信徒共資瞻仰，亦為兩國佛教交流之徵象。佛教因三藏法師之介紹，始廣流傳，其所譯經文，實於中國佛教有偉大功績。其後佛教流入日本，又自成流派甚多，益放異彩，對日本之文化影響殊大。今後為求中日兩國佛教之愈益發揮，實有賴於兩國佛教信徒之合作」等云。

重建三藏塔完工後，褚民誼撰寫建塔碑記，負責項目工程的建築師張靜波隨之在《附碑》上，詳述三藏塔的設計和建造過程（全文見本節附錄2）。對於上述早期籌建過程，他在該附碑中寫道，1943年2月6日隨褚公及日重光大使，蒞中華門外發掘處參觀。「同月二十三日褚公接受法骨、殉物奉移供養，因命靜波設計重建，是為籌建新塔之開始。三月三十日重光大使返國任外相，靜波所擬草圖及計劃，咸由褚公轉交攜日，廣徵贊助。」4月中旬東亞醫學大會在日舉行，「靜波隨褚公前往參加，藉以考察彼邦佛塔建築之工事。同月十九日，假座帝國飯店二樓展覽所擬計劃及三藏新塔之模型。褚公與重光外相署柬奉邀。於是，日本佛教徒及名流學者率皆蒞止，獲益匪淺。五月五日返國，根據在日所得，重行定計，並蒙日本駐華新大使谷正之氏之贊助，躬行踏勘新址。時褚公所發起之三藏骨塔籌備委員會亦於六月十五日成立。褚公受戴，始以委員長名義負建塔全責，聘靜波為設計委員，計劃一切。」

　　《申報》此前於6月13日有一消息透露，玄奘法師頂骨及附葬古物，在文管會博物館「公開展覽，業逾三月，民眾頂禮人數，達數十萬。刻聞褚氏得朝野群彥之贊助，暨友邦人士之支援，捐集鉅貲，擬在京重建三藏塔、興修毗盧寺[38]、並建舍利塔[39]，業已擬就緣起，於昨日發出通函，定15日下午五時，假中日文化協會建國堂，邀請有關人員，共同發起，商討建築辦法，成立籌備委員會」等云。

　　6月28日，重建三藏塔設計專門委員會召開首次會議，《民國日報》次日報道，「到會者褚民誼、張超、陳曾亮、顧天錫、沈留聲、張靜波、賀德新等，由褚民誼主席，顧天錫記錄，聞所有重要議決案為：（一）所有修寺建塔，以重建三藏塔為主要前提，決定設計先從三藏塔入手；（二）重建三藏塔地點，陳委員曾亮提出大報恩寺原址、普德寺、毗盧寺及雞鳴山四處地點，徵求大眾意見，俾彙齊作為參考，然後提供大會決定；（三）三藏塔型式，決定仿照西安之玄奘塔形式，塔頂配以莊嚴剎柱，相輪九重，用魚肚式（即中間一輪特大，上下漸小之流線式）；（四）三藏塔建築材料，決定為磚塔，由張靜波繪圖設計，從事估價；（五）古塔藏經原有先例，將來重建三藏塔時，擬徵集善知識圖工楷寫經，與玉器珍玩錢幣等物，一同附藏塔中以作紀念。」此外，為推進工作，分設總務、募捐、工程各股，派定正副主任、幹事和事動

[38-39] 分別指擴建毗盧寺內供奉十一面觀音之觀音殿和修建內置舍利的靈谷寺內之國民革命紀念塔。

員，均係義務職，即日起假香鋪營中日文化協會為會址分股辦事。

接著，重建三藏塔籌備委員會於7月23日召開第二次工程設計委員會，重點討論三藏塔的選址問題。《民國日報》於次日報道了會議情況，到會人員與前次基本相同，由褚民誼主席，並報告三藏塔建築地點，略謂「前曾預擬大報恩寺、雞鳴寺、毗盧寺、普德寺四處。迨經實地調查以後，均不甚適宜。最近覓得太平門內之雞籠山（又稱覆舟山），上有小九華廟。其地居國民政府之左方，與雞鳴山左右掩映，擅風景之勝，與玄武湖一城堞之隔。在昔六朝、宋齊兩代，於此開館興學。明初建築亭台，與雞鳴十廟齊名。今若重建三藏塔於此，不特玄奘法師遺骨，可以永葬名山；而塔影隔城倒映入湖，益增玄武湖頭風景之美。本人已偕谷正之大使親往察勘，認為頗屬適宜。」會議最後議決，將實地測勘雞籠山情形報告籌備委員會，建議擇此為重建三藏塔處所。「將來重建三藏塔時，設計於雞籠山小九華廟之上，後方建築三藏殿，殿後建塔約三丈高，永藏玄奘法師頂骨於此。」建塔籌備委員會擬於近期內召開第二次籌備會議，決定建築地點後，即可實地施工。

工程股主任張靜波在前述《附碑》中接著記述道：「七月二十三日，會議通過新塔決定建於玄武山，靜波受命實地勘測。八月十九日，新塔圖形繪製就緒。二十七日提會討論，咸以塔高三丈為式過低，因復增加二丈，改為五丈。形式既定，爰即招標。投標者六家，得標者為公記營造廠，標價為國幣壹佰伍拾伍萬元。九月五日署約，遂即興工清除山地，並劃定建築線。同月九日，褚公因公赴粵，二十一日返京，翌日親臨主持破土典禮，決定建塔方位。此後，工程積極進行至速，惟山地岩石過多，非先轟炸取平，不易著手。於是公記廠主另行招商從事轟炸，而證明檔輾轉需時，幸得日本採石公司協助，始於十月四日從事開轟。同月十一日，褚公偕日滿德各國使節來觀，時水泥已受軍約，市上無從購致。十月二十六日，依所需量數，請日本大使館代為幹旋，亦以供求不如，未能即決。十二月四日，褚公與日谷大使同來視工，是時塔基岩地均已開成，塔身表面砌築所需之糯米、石灰等亦均齊備，惟水泥不至，工事為延。於是褚公谷使併力周旋，乃於三十三年一月六日獲得一部。同月十日鋼骨水泥之塔基底腳賴以築成。三月一日刻石人黃慰萱自蘇來，因即開鑱取經路線圖。三日塔基避潮層完工，塔基墻亦同時砌就。塔身內部襯墻原擬以水泥黃砂施築，顧水泥艱困，恐礙全工，三月五日商榷，褚公改用黃砂冷灰漿為代，至同月十四日始勒腳砌平。十八日初以糯米石灰砌墻。四月九日底層斗拱擺成，

簷角齒磚排砌，事關形美，故褚公及谷大使同日臨視。四月十三日首層樓板紮鐵，翌日澆築混凝土。二十日奠基石刻完成。五月三日澆築二層混凝土樓板，是日正午褚公偕呂大使榮寰來視。十一日路線圖框石完工。十七日褚公私人集款添建之牌坊及山麓進出口之工程署約，翌日勘定是項路線及牌坊位置。二十日澆築三層混凝土樓板。二十五日鑲砌取經路線圖碑石入牆。翌日三藏法師事蹟碑鐫刻工竣。二十九日與地藏廟交涉上下山路線讓地問題，並即署約。三十一日澆築四層混凝土樓板。六月二日掘築牌坊底腳。七日澆築牌坊柱基。十一日全場工作人員舉行祀魯班師合尖典禮，褚公親臨參加。十二日，塔身所用磚料全部運至。十三日，三藏法師事蹟碑發拓。十六日，牌坊工程澆築勒腳。十七日，第一號平臺石塊牆落成，塔頂澆築水泥混凝土。二十一日，褚公臨行安鉢禮。七月五日，重建三藏骨塔籌備委員會柬邀各界，舉行結頂儀式，隆重莊嚴，得未曾有，建塔工事至此已成。他日過京滬路，遙見塔勢巍峨，有發為無量功德之讚歎者，皆褚公熱誠毅力之所樹也。」從上述經過中可見，在淪陷區內重建三藏塔之艱難曲折，以及建設者之盡心和智慧．

報載7月31日南京中央社電稱，「本京玄武山重建唐三藏玄奘法師骨塔，全部工程，已次第完成，預定本年雙十節舉行落成典禮。茲聞籌委會方面已擇定九月二十二日，奉迎法師頂骨入塔，並即封閉藏骨石室。委員長褚民誼氏昨特分函全國各界領袖人士，徵求有現時代意義之紀念物品，隨同頂骨附葬入塔，俾久垂後世，藉以表示重建骨塔時代之歷史文物。」（《中報》1944，8，1）

1944年10月10「隆重舉行頂骨奉安典禮」，《民國日報》於翌日報道，下午二時在文物保管委員會大禮堂，舉行三藏玄奘法師頂骨奉安典禮，我國方面計到政府長官褚民誼、江亢虎、諸青來、陳濟成……及中國青少年總代表喻熙傑和地方士紳陶錫三等；外賓到有日本谷大使、宇垣大將、阪西中將等軍政官員，以及德義滿等國使節和印度政府特派代表，還有中日僧侶暨中日佛教信徒，共計三百餘人。由褚部長擔任主席，設壇供奉頂骨。典禮開始，大眾肅立、鞠躬、拈香後，行分骨儀式，唱佛寶讚，說四句偈，大眾三鞠躬後禮成。「嗣即由褚部長親捧法師頂骨匣，江亢虎等十餘人捧持所徵得之我國歷代錢幣，及褚部長等親筆所寫之佛經，與足以代表近代文化等附葬物，其他參加人均各手持棒香一枝，隨中日僧侶之領導，由文物保管委員會，於細雨濛濛中，列隊步行，恭送頂骨向玄武山出發，抵達後，遂於塔前設壇舉行入塔典禮。」大眾肅立、鞠躬，各代表依次拈香，中日僧侶念齋佛儀，由褚部長讀頌詞，日

褚民誼私人集款添建的三藏塔牌坊現貌（2008年）

滿印等國代表致詞，中日僧侶同誦讚三十頌，恭奉頂骨入塔，然後大眾繞塔，左右各三匝，唱佛寶讚，全體肅立而禮成。「至是頂骨乃安置於塔底穴中之石匣內，附葬物置於四週，立即封閉，至四時半，全部大禮於焉告成。」

　　後頁上兩圖記錄的是唐三藏玄奘法師頂骨和隨葬品奉安入葬玄武山巔三藏塔的現場片段。左圖示出的是褚民誼（右5）著深色長衫馬褂禮服，恭捧盛放法師頂骨的合金盒，率領眾僧人和手捧諸多隨葬品的隊伍，徒步登臨三藏塔的情景。右圖是從山麓進口處新建的三藏塔牌坊向上拍攝的全景。牌坊左右兩側繫有國旗以表慶祝。據建築師張靜波在《附碑》中所載，此牌坊為「褚公私人集款添建」。圖上清晰可見，牌坊上有褚民誼親題的大字橫批「益仰高明」，和兩側由他撰寫並題書的對聯：「勵經心經其經以取經百折無回傳大藏；本道意道所道而為道一誠獨往見真知」，與三藏塔《附碑》上的記載一致。當年三藏塔周圍空曠開闊，以牌坊處為入口向上仰望，即可一覽無遺地瞻仰到聳立在

1944年10月10日唐三藏玄奘法師頂骨和隨葬品奉安入葬玄武山巔三藏塔的攝影。（左圖）褚民誼（右5）恭捧法師頂骨合金盒率隊伍徒步登臨山巔；（右圖）從山麓進口新建的三藏塔牌坊處向上拍攝的全景，碑上褚氏題寫的橫批和對聯清晰可見（《大陸新報》1944,10）

山巔的三藏塔。現今該地區已被開發建設，三藏塔及三藏禪寺劃入「九華山公園」內（九華山為原「覆舟山」「玄武山」之現名）。如前頁上圖所示，該三藏塔牌坊的遺址現被隔在九華山公園大門之外，包圍在市區建築物之中。牌坊的外型依舊，但是原牌坊上的橫批「益仰高明」已被更改為通往「九華山公園」的標識，兩旁柱子上的對聯亦蕩然無存，令人惋惜。

關於入塔物品，文管會委員長褚民誼事後向行政院呈報中稱，「業將三藏法師頂骨及舊所附葬全部物品，分裝合金方盒一件，又木箱九件，點交重建三藏塔籌備委員會……送往玄武山新塔封裝完妥。」（《1943-1944年刊》[3.45]）。此外，《民國日報》（1944，10，16）上還披露了新徵集的諸多附葬入塔的物品，包括佛經、古錢、佛像、古瓷、珍寶等各類。就中含有國父遺墨，褚民誼書寫的金剛經心經合冊、阿彌陀經和唯識三十頌，溥西園的粉書心經，五臺山等地僧人的血書心經三冊和其他善信所寫的各種佛經，以及較完備的明清兩代和中華民國的各式錢幣等等，均體現時代之意義。上述物品入塔前大多曾在博物館公開展出。

為了紀念佛塔重光，如後頁圖所示，重建三藏法師頂骨塔委員會、中日文化協會、南京日本佛教會聯合編輯《大唐三藏玄奘法師紀念冊——頌聖集》[3.55]（簡稱《頌聖集》），由木村印刷所承印，於1944年10月10日玄奘法師頂骨入塔大典之際出版。日本佛教界對重建三藏塔十分重視，並為此作出較大貢獻。本紀念冊之編輯出版，得到中日雙方熱烈響應，徵得稿件36篇。由於語言印刷出版等問題，拆分為兩輯。以第一輯為主，第二輯集中刊登來稿中之12篇日語論文。

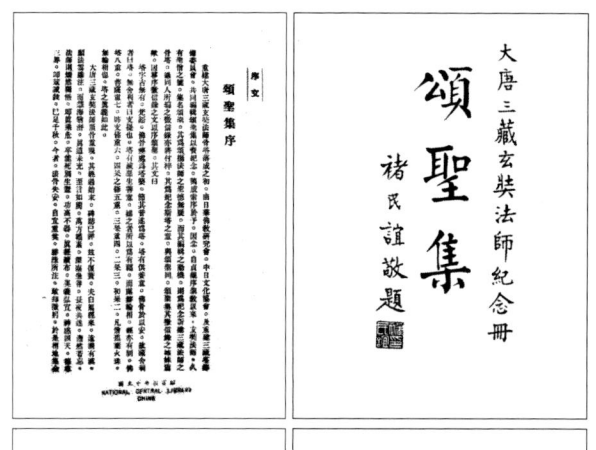

1944年10月10日出版的《大唐三藏玄奘法師紀念冊-頌聖集》[3.55]：（右上圖）封面；（左上圖）褚民誼序之首頁；（右下圖）褚撰《唐三藏大遍覺法師玄奘頂骨塔碑記》之首頁；（左下圖）版權頁

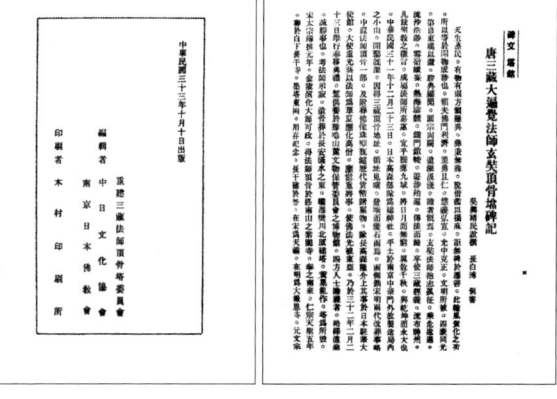

　　依《頌聖集》（第一輯）的目次，其內容包括：圖像、攝影、拓片、序文、碑文及塔銘、讚詞、論文、考證和跋九個部分。重建三藏法師骨塔委員會委員長褚民誼和日本大使谷正之分別作序。褚序中寫道，「自貞觀序聖教以來，玄奘法師，久有聖僧之號，集名頌聖，其為頌揚法師之聖德無疑。而其編輯之動機，則為紀念新建三藏法師之骨塔。」他在說明梵語塔之意為「佛骨瘞處」，而「今者，法骨失安，自宜重奠」之目的後，著重闡發此舉在於弘揚玄奘法師真人崇真之真意：「夫萬事崇真，不真則偽，偽則欺証冒濫無不至。顧宇宙萬有，悉本自然，真既非心，偽寧有意，真偽皆泯，兩俱無尊。人惟能欺，真乃彌貴，而澆俗漓世，真人轉不易求，理實難酬，由來舊矣。法師一誠獨往，是謂真人，夷厥所為，為真真道，真真相應，振絕古今。予總法師一生，惟覺其真趣盎然，充沛流溢，者番建塔，矢盡此衷，藉慰大師，期於不負。

第五章　盡心竭力，維護國寶　323

頌聖作者，倘亦允諒斯旨，立身行道，共矢真誠乎，則予馨香禱祝以望者也！」寥寥數語，盡現真言，針砭鄙俗，發人深省。

該書序言之後，刊登了由褚民誼撰文、溥侗書寫的《唐三藏大遍覺法師玄奘頂骨墖碑記》（全文見本節附錄1）和由江亢虎撰寫的「唐三藏大遍覺玄奘大法師紀念塔銘（並序）」。褚氏在碑記中首先概述了日本部隊於1942年12月23日在南京中華門外小丘上發現唐玄奘法師骨塔遺址的發掘奉移經過，以及法師示寂後其頂骨南來三遷三葬的歷程之後寫道，「（明）洪武迄今，又六百餘年矣，法相重光，斯其兆乎。夫玄奘法師一意皈真，百折無悔，關山萬里，浩氣常新，貝葉千篇，宗風丕著。念一十七年之艱困，益仰高明，撫六五七部之經文，彌欽博厚。遺骨既見，封葬寧虛，爰集同人，特組重建三藏骨塔籌備委員會。塔式屢擇，基地頻求，終乃決承長安玄奘塔之原規，建於首都玄武山之淨域。玄武山者，右撫北極，左攬紫金，背衍湖光，面臨阡陌，居高俯下，指掌全城，用奠法師之靈，勝業應無逾此。而北方善信，聞風興起，乃於其年（1943年）十二月二十八日舉行分受法師靈骨典禮，奉之北行，建塔故鄉，俾靈骨光輝，南北並耀。至於原殉諸珍，留複紀緣。庶敦古人風義，別增有關文物，附儷垂後，昭示時代精神。民誼忝司締造之工，深愧壤流之補……感承多士之贊裏，敬勒貞瑉，藉存顛末。敢云慰乎前哲，聊以式乎來茲，爰為贊曰：

翳維法師，華夏之光，希真向道，越國出疆，九死一生，卒成其志，貝葉千篇，永垂後世，因緣不滅，法衍彌寬，傳茲靈骨，奠於長幹，三顯三潛，幽光耿耀，象教復興，有斯其兆。中華民國三十三年二月二十八日，歲次甲申二月初五日，為法師示寂，第一千二百八十一週年紀念日敬立。」

序言之後的「讚詞」部分，有來自中國鎮江、高郵、青島、上海等各地的名寺高僧和善信，包括中國佛教會理事長、副理事長和青島同願會會長等的讚頌詩辭9篇，還有來自日本的大日本佛教會及日華佛教研究會會長等的來件4篇。「論文」部分中發表的文章，主要涉及對玄奘法師業績及其佛教思想的研究，第一輯中刊登8篇，除1篇來自日本東京大正大學學長外，均來自國內。其他來自日方的12篇日語論文集中刊登在第二輯上。在隨後的「考證」部分，轉載了原《專冊》[3.54]中關於遺址發掘和取經路線的二篇報告。

紀念冊最後的跋，是本書編輯負責人，南京日本佛教會會長、日華佛教研究會副會長林彥民所作的編後記，並在其附記中列述了日本方面先後提交的入塔附葬品的情況。

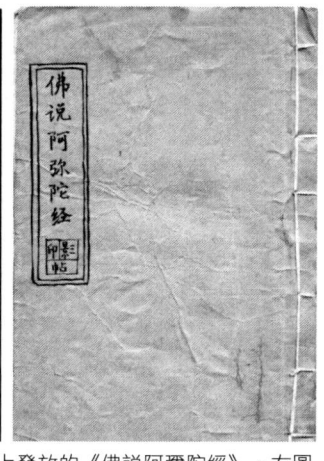

全乘法師保存三藏塔落成典禮上發放的《佛說阿彌陀經》。右圖為更改後的封面；左圖是褚民誼敬題的經文首頁，原件見[1,51]

　　全乘法師（1923-2017）時年21歲，在南京古林寺為僧，親身參與了奉迎玄奘法師頂骨以及三藏塔落成大典時舉行的一系列佛事活動。2009年他作為住持在金粟庵，對首次前往訪問的本書著者褚民誼的後人講述了當年活動的一些細節。「落成典禮時下著細雨，路上有些泥濘，主持人褚民誼身穿深色長衫馬褂，佩帶串珠，一路徒步前行。」他回憶道，「會上發了二份材料：《頌聖集》和褚民誼書寫的《佛說阿彌陀經》。」上圖所示，是他多年的珍藏本，為避免在文革中被查抄，將封面等加以改頭換面，而得以保存，特向本書作者出示。（其原版[1.51]見本書之「褚民誼書法概覽」部分）

　　重建的唐三藏大遍覺法師玄奘頂骨塔，以「三藏塔」之美名流傳後世，通過當年建設者們的精心設計和施工，「仰賴法師之呵護」，歷經七十餘載的風雨滄桑，如下圖所示，至今仍巍然聳立在南京玄武湖畔小九華山之巔。圖中，刊登了三藏塔攝於2008年的照片，並與昔日之塔相對照。塔高五丈（16.7米），以西安興教寺玄奘塔為原型，五層四方形。塔身為磚結構，用陰坯青磚磨磚對縫和糯米石灰漿精心砌築，塔基和各層樓板則用鋼筋水泥澆築，傳統和現代工藝結合，莊嚴秀麗又鞏固持久。首層正面拱門對開，塔底正中下部為藏骨石室奉安之所，蓮臺高築，其上立有刻文「玄奘法師靈骨」之碑石。拱門上端牆體上，鐫刻「三藏塔」三個大字，係褚民誼所題，未予落款。本書著者幼年時曾見他在書房內恭筆書寫，從多幅中擇其優者，此番情景至今仍歷歷在目。

第五章　盡心竭力，維護國寶　325

（右上圖）今日三藏塔全貌
（左上圖）塔之正面「三藏塔」三字係褚民誼所題
（右下圖）塔內中部玄奘法師頂骨入葬處
（以上三圖均攝於2008年）
（左下）昔日三藏塔全貌

三藏塔的基臺。其上示出了原鑲砌於中間的圓形和兩邊長方形的三塊石碑的位置（2008年）

如上圖所示，三藏塔坐落在山頂碩大的塔臺之上，塔臺用石塊築牆，前方有寬闊的平臺，兩邊有石梯可繞行登塔。在塔臺正面的石牆上，鑲砌有中間圓形和兩邊長方形的三塊石碑，是當年重建三藏塔的歷史見證，不幸原碑現已被毀壞和替換。通過本書作者努力，終於發現了保存至今的原來這三塊碑的拓片，分述於下。

右圖是中部圓形的玄奘法師取經路線圖碑的拓片，其圖形係根據前述《專冊》[3.54]上所發表的玄奘法師繪像和蕭劍青繪製的取經路線圖（見專冊圖5）鎸刻而成。碑中右側，刻有褚民誼題寫的碑銘：

「大唐三藏玄奘法師取經路線圖

中華民國三十三年二月二十八，歲次甲申二月初五，法師示寂第一仟二百八十一年紀念日，為奠法師頂骨建塔立碑於南京玄武山，並鎸此圖於塔臺之前，以誌勝業。

重建三藏塔籌備委員會委員長褚民誼識並書」

（注：原無標點，係著者所加）

其左右兩塊石碑的拓片得自臺北「國家圖書館」（臺國圖MA002220588），分示於後頁左右兩圖。右圖是褚民誼撰、溥

大唐三藏玄奘法師取經路線圖碑之拓片

第五章　盡心竭力，維護國寶　327

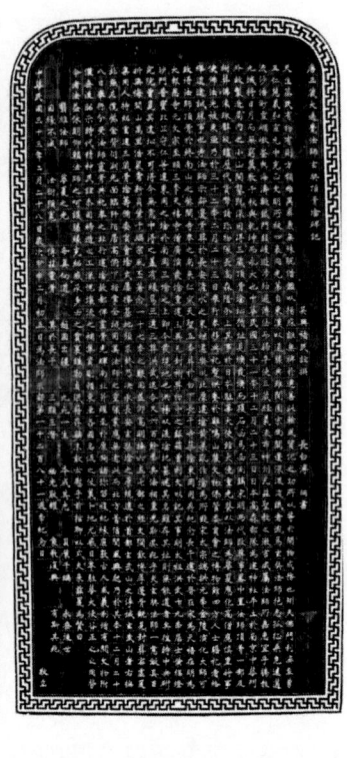

三藏塔碑之拓片：（右圖）褚民誼撰、溥侗書《唐三藏大遍覺法師玄奘頂骨墖碑記》；（左圖）張靜波撰寫的《附碑》（臺國圖 MA002220588）

侗書《唐三藏大遍覺法師玄奘頂骨墖碑記》的拓片，該碑的碑文同時發表在《頌聖集》[3.55]和《中日文化》月刊[2.32]Vol.4，No.1（1944，3）上（全文見本節附錄1），其主要內容本節前面已作摘引。左圖是其《附碑》之拓片，碑文由建築師張靜波於建塔完工之結頂紀念日撰寫，詳記建塔工程設計之經過（全文見本節附錄2）。碑之上部按日期記述了建塔的全過程，前已引用。碑之中部繪製了三藏塔包括塔臺在內的平面設計圖，可見塔臺正面上述三碑之所在位置。碑之下部示出了褚民誼私人集款在塔前入口處添建牌坊的圖形，及其上的橫批和對聯。此外，在該設計圖的兩旁，還一應俱全地詳細列出了建塔本身用材和施工設備用材的具體項目和數量，以及建塔所用的各種人工和時間，其一絲不苟之精神，盡顯無遺。（按碑文記載，上述三碑均由吳縣黃慰萱刻石）

　　三藏塔之落成，使失安的玄奘法師頂骨得以重奠。已如前述，玄奘法師靈骨從石函中出土時，由於年代久遠，原來用以盛載的匣子業已腐蝕解體，按顧蔗圓參加完全部驗點工作後的報道（《中報》1942，2，24），奉移接收的法師靈骨，包括裝在新製合金盒內的法師頂骨一塊，以及和土混合的碎骨片一

包。前者為法師頂骨之本體,接收後被原封不動地裝在新製的盒內供奉於重建的三藏塔內;後者則保留下來,為滿足各地尊崇法師的建塔願望,予以分贈,以使「靈骨光輝四方並耀」(褚語見後)。於是便有了建塔之初分受法師靈骨北上,以及在法師頂骨入塔奉安典禮過程中向日本佛教會分贈靈骨等活動。

此外,建塔後不及,褚民誼本人在赴粵接任廣東省長等職時,又親奉法師靈骨南下,廣州《公正報》(1945,7,11)上報道,三藏法師靈骨之一部份,業已奉移來粵,將在六榕寺大雄寶殿供養,「前日(八日)十時,褚省長親自送往,事前由該寺住持鐵禪法師佈置一切,十時許舉行迎接典禮,隆重肅穆,盛極一時。」據稱該靈骨已在文革中被毀,右下圖是現今收藏在「廣東省立圖書館」內六榕寺昔日鎮殿之寶的照片,自右至左分別為,三藏法師靈骨,西遼國銅質佛像和澹歸和尚手卷。

然而樹欲靜而風不止,抗戰勝利後,隨著褚民誼遭拘押和監禁,「法師頂骨何處去?」的質疑聲鵲起。對於這種有意無意地混淆頂骨本體和混土碎骨片的責問,他在獄中〈答辯書〉[1.62]之第六條中,對當時的分骨實情做出如下說明:「唐三藏法師玄奘之靈骨,由日本軍隊在南京中華門外大報恩寺三藏殿後發現,即由日本大使館奉還我國,由本人代表政府接受。始則供養於文物保管委員會之博物館,即發起建塔。各地善信聞風興起,乃於民國三十二年十二月二十八日舉行分授法師靈骨典禮,由白堅居士增奉之北行,欲建塔故都。翌年雙十節於三藏塔落成,重葬靈骨本體前,分一部分於日本佛教會,由該會派倉持與水野兩代表親自恭移至日本,供養於東京郊外之慈恩寺,以便建專塔供養;另一部分予南京佛教會,以為日後建一小型三藏塔於靈骨發掘處,以為紀念,由陶錫三居士代表接受。民國三十四年五月五日玄武山三藏禪寺落成時,又分一部分供養在正殿之壁間。同年七月五日,由本人親自奉移一部份至廣州,供養於六榕寺。留下一部分於博物館,以便他日另有別處信善發起建塔者。以上三部分,在塔落成重葬正骨時留下者,及分讓北京、南京、東京者,均為發掘時見靈骨本體四週有淨土,與正骨同化,有千百年

1945年7月由褚民誼攜往廣州供養於六榕寺內的玄奘法師部分靈骨(右側),與寺內其他寶物的舊照(廣東省立中山圖書館)

第五章　盡心竭力,維護國寶　329

之久，視正骨同樣重要。特以尊敬及欽仰法師故，即以此培葬之淨土視為罕物而寶貴之、供養之，他日如能各地建塔，靈骨光輝四方並耀也。關於此事，中央研究院曾派有金祖同者採訪本人，當以懇切之態度詳答之，並將以上各日期、地點相告。不意彼乃不以實情登報，且語氣間有侮辱本人處，未免有失學者之態度！」

通過本書對當年歷史真情的回溯，可以告慰於世人的是，屢經遷葬的千年玄奘法師頂骨，在淪陷區內再度出土後，其本體已被完整地供養在屹立至今的南京玄武湖畔小九華山之巔的「三藏塔」內，供萬世景仰。曾經籠罩在聖潔「三藏塔」之上的迷霧，願從此得以冰釋！

最後需要補充的是，如前〈答辯書〉[1.62]中所述，主持重建三藏塔的褚民誼，當時兼任國父陵園管理委員會主任委員，除按職責管理維護中山陵外，還負責對陵園區一帶進行修整，包括靈谷寺內之「正氣堂、革命紀念館及塔等，均監工修好」。其中的國民革命烈士紀念塔，是中山陵建成後，於1929年為紀念在國民革命中犧牲的萬千忠烈們而興建起來的標誌性建築。該塔高66米，九層八角，用鋼筋水泥築成，抗戰時期遭受損壞。右下圖示出的是，1944年被修建一新後，褚民誼高興地在塔前的留影。

本節前面業已引用的有關三藏塔的集資消息中披露（《申報》1943，6，13），褚民誼為重建三藏塔向國內外募捐的同時，還為修建毗盧寺並建舍利塔集資。本篇第三章之第三節「觀音大士，普渡眾生」中，對於集資擴建毗盧寺內供奉東來十一面觀音之觀音殿，已有詳述。對於舍利塔的建設項目，則是與修建靈谷寺國民革命烈士紀念塔合併進行的。

該佛舍利的奉贈者是日本的苦行頭陀藤井行勝法師，他曾遍歷印度，據稱從佛教發祥的廢墟裏，得此釋迦牟尼的舍利子。靈谷寺是明太祖在南京合併南朝四百八十寺為一個大叢林的佛教勝地，如今更有九層的國民革命紀念高塔，將舍利子

1944年靈谷寺國民革命烈士紀念塔修整竣工後，褚民誼（左4）與眾有關人員在塔前的留影[1.63]。

供養於此，實為金陵佛教之盛事。（《民國日報》1944，10，8）獲贈的佛舍利事先供養在雞鳴寺景陽樓內。國民革命紀念塔裝修工程完竣後，於1944年10月4日先後舉行奉移和入塔典禮。《中報》和《民國日報》於次日報道，典禮由褚部長主持，施主藤井法師亦專程從日本趕來出席。是日上午九時在雞鳴寺景陽樓舉行奉移式，有政府長官、外國使節、中日僧侶和信徒等百餘人參加，行禮如儀，上香唪經和繞座三匝，由褚部長恭讀讚詞後禮畢。二顆豆粒大的舍利子盛於外置玻璃罩的容器內。由褚部長恭捧上車赴靈谷寺，於十時半在國民革命烈士紀念塔前舉行供養式，褚部長主祭，上香如前儀式後，親自恭捧佛舍利沿盤旋樓梯登至塔頂，然後由建築師張靜波和二位工匠架梯，用倒懸方式，將盛有佛舍利子的玻璃鐘，高嵌在塔的頂幔正中，中日信徒相繼上香後，於十一時廿分，儀式告成，下圖是出席典禮人員在塔前的合影，褚民誼身穿長衫馬褂，手捧盛載舍利子的玻璃鐘，站立正中，其右是江亢虎。

1944年10月4日在南京靈谷寺國民革命烈士紀念塔前舉行佛舍利入塔供奉典禮攝影。褚民誼主祭，手捧盛載舍利子的玻璃鐘，居中站立[1.63]

《附錄1》褚民誼撰《唐三藏大遍覺法師玄奘頂骨塴碑記》（臺國圖 MA002220588）

　　天生蒸民，有物有則，方類雖異，彝秉無殊。脫借鑑以揚麻，詎無禆於遷善，此輪風貿化之功，所以等於開物成務也。矧夫佛門利濟，至勇且仁，慧義弘宣，允中克正，文明所被，四表同光。第自東漢以還，勝典雖聞，圓宗尚闕，遺深汲淺，識者慨焉。玄奘法師抱志孤征，乘危遠邁，流沙浩渺，雪嶺嶔崟，熱海濤醽，鐵門鎖峻，遊涉殆遍，傳法而歸，卒使三藏經義，流布神州，凡茲聖教之微言，咸屬法師所嘉惠。宜乎騰聲九域，將日月而無窮，翼教千秋，與乾坤而永大也。中華民國三十一年十二月二十三日，日本高森部隊為建神社，平土於南京中華門外故製造局內之小山。開鑿既深，因得三藏頂骨塴址，循址見壙，發壙而獲石函焉。函側鏤宋明兩代改葬事略，中置法師頂骨一部，及附葬佛像、珠璧瓶鑪、歷代貨幣諸靈物。隊長高森隆介上其事於日本駐華大使館，大使重光葵以法師為華夏應化高僧，應慎重將事，使佛法光被東亞。乃於三十二年二月二十三日舉行奉移典禮，暫供養於雞鳴山麓文物保管委員會之博物館，四方人士瞻禮者，絡繹道途，誠勝事也。考法師示寂，遺骨葬於長安滻水之東，繼遷樊川北原建塔，黃巢亂作，塔為所毀。宋太宗端拱元年，金陵演化大師可政，得法師頂骨於終南山之紫閣寺，奉之南來。仁宗天聖五年，葬於白下長干寺，築塔東崗，用存紀念。長干建於晉，在宋為天禧，在明為大報恩寺。元文宗至順三年，天禧寺僧廣演，發塔重建，未異元封，附葬物中之銀箱，曾刻文以記其事。明太祖洪武十九年，居士黃福燈、沙門普寶、比丘守仁等，遷東崗之塔，於南崗三塔之上，即今發現地也。洪楊以後，塔圮基迷，其名雖存，其址則無能道者矣。往時中央研究院曾覓其遺址不可得，今無意中得之，蓋有緣焉。三遷三葬，洪武迄今，又六百餘年矣，法相重光，斯其兆乎。夫玄奘法師一意皈真，百折無悔，關山萬裡，浩氣常新，貝葉千編，宗風丕著。念一十七年之艱困，益仰高明。撫六五七部之經文，彌欽博厚，遺骨既見，封葬寧虛。爰集同人，特組重建三藏骨塔籌備委員會，塔式屢擇，基地頻求，終乃決承長安玄奘塔之原規，建於首都玄武山之淨域。玄武山者，右撫北極，左攬紫金，背衍湖光，面臨阡陌，居高俯下，指掌全城，用奠法師之靈，勝業應無逾此。而北方善信，聞風興起，乃於其年十二月二十八日舉行分受法師靈骨典禮，奉之北行，建塔故都，俾靈骨光輝，南北並耀。至於原殉諸珍，留複紀緣，庶敦

古人風義，別增有關文物，附儷垂後，昭示時代精神。民誼忝司締造之工，深愧壞流之補，集資則賴東亞各國名流之仗義，卜地尤感日本駐華大使谷正之之同勞。今者法益休明，仰賴法師之呵護，勝緣克紹，感承多士之贊襄，謹勒貞瑉，藉存顛末，敢云慰乎前哲，聊以式夫來玆，爰為贊曰：

翳維法師，華夏之光，希真向道，越國出疆，九死一生，卒成其志，貝葉千編，永垂後世，因緣不滅，法衍彌寬，傳茲靈骨，奠於長干，三顯三潛，幽光耿耀，象教復興，有斯其兆。中華民國三十三年二月二十八日，歲次甲申二月初五日，為法師示寂，第一千二百八十一週年紀念日敬立。

吳興褚民誼撰，長白溥侗書

（注：碑文並無標點，下同）

《附錄2》唐三藏大遍覺法師玄奘頂骨塴碑記《附碑》全文（臺國圖 MA002220588）

中華民國三十一年冬，大唐三藏骨塔故基由日本高森部隊發現，翌年春，重光大使奉移我外交部部長褚公民誼，奉迎後謀建新塔諸經過俱鐫褚公所撰碑誌中，茲不復贅。靜波恭承褚公大命主持重建工事，始終躬赴，知之較詳，不能無言以告後之引據工事者，因為之記曰：

中華民國三十二年二月六日隨侍褚公及日本重光大使，蒞中華門外兵工廠土山發掘處參觀。同月二十三日褚公接受法骨、殉物奉移供養，因命靜波設計重建，是為籌建新塔之開始。三月三十日，重光大使返國榮任外相，靜波所擬草圖及計劃，咸由褚公轉交攜日，廣徵贊助。四月九日東亞醫學大會在日舉行，靜波隨侍褚公前往參加，藉以考察彼邦佛塔建築之工事。同月十九日，假座帝國飯店二樓展覽所擬計劃及三藏新塔之模型。褚公與重光外相署柬奉邀。於是日本佛教徒及名流學者率皆蒞止，獲益匪淺。五月五日返國，根據在日所得，重行定計，並蒙日本駐華新大使谷正之氏之贊助，躬行踏勘新址。時褚公所發起之三藏骨塔籌備委員會亦於六月十五日成立。褚公受戴，始以委員長名義負建塔全責，聘靜波為設計委員，計劃一切。同月二十八日，會議通過塔式，決仿西安玄奘塔之原型。七月二十三日，會議通過新塔決定建於玄武山，靜波受命實地勘測。八月十九日，新塔圖形繪製就緒。二十七日提會討論，咸以塔高三丈為式過低，因復增加二丈，改為五丈。形式既定，爰即招標。投標者六家，得標者為公記營造廠，標價為國幣壹佰伍拾伍萬元。九月五日署約，

遂即興工清除山地，並劃定建築線。同月九日，褚公因公赴粵，二十一日返京，翌日親臨主持破土典禮，決定建塔方位。此後，工程積極進行至速，惟山地岩石過多，非先轟炸取平，不易著手。於是公記廠主另行招商從事轟炸，而證明文件輾轉需時。幸得日本採石公司協助，始於十月四日從事開轟。同月十一日，褚公偕日滿德各國使節來觀。時水泥已受軍約，市上無從購致。十月二十六日，依所需量數，請日本大使館代為斡旋，亦以供求不如，未能即決。十二月四日，褚公與日谷大使同來視工，是時塔基岩地均已開成，塔身表面砌築所需之糯米、石灰等亦均齊備，惟水泥不至，工事為延。於是褚公谷使併力周旋，乃於三十三年一月六日獲得一部。同月十日鋼骨水泥之塔基底腳賴以築成。三月一日刻石人黃慰萱自蘇來，因即開鎪取經路線圖。三日塔基避潮層完工，塔基墻亦同時砌就。塔身內部襯墻原擬以水泥黃砂施築，顧水泥艱困，恐礙全工，三月五日商榷，褚公改用黃砂冷灰漿為代，至同月十四日始勒腳砌平。十八日初以糯米石灰砌墻。四月九日底層斗拱擺成，簷角齒磚排砌，事關形美，故褚公及谷大使同日臨視。四月十三日首層樓板紮鐵，翌日澆築混凝土。二十日奠基石刻完成。五月三日澆築二層混凝土樓板，是日正午褚公偕呂大使榮寰來視。十一日路線圖框石完工。十七日褚公私人集款添建之牌坊及山麓進出口之工程署約，翌日勘定是項路線及牌坊位置。二十日澆築三層混凝土樓板。二十五日鑲砌取經路線圖碑石入墻。翌日三藏法師事蹟碑鎪刻工竣。二十九日與地藏廟交涉上下山路線讓地問題，並即署約。三十一日澆築四層混凝土樓板。六月二日掘築牌坊底腳。七日澆築牌坊柱基。十一日全場工作人員舉行祀魯班師合尖典禮，褚公親臨參加。十二日，塔身所用磚料全部運至。十三日，三藏法師事蹟碑發拓。十六日，牌坊工程澆築勒腳。十七日，第一號平臺石塊墻落成，塔頂澆築水泥混凝土。二十一日，褚公臨行安鉢禮。七月五日，重建三藏骨塔籌備委員會柬邀各界，舉行結頂儀式，隆重莊嚴，得未曾有，建塔工事至此已成。他日過京滬路，遙見塔勢巍峨，有發為無量功德之讚歎者，皆褚公熱誠毅力之所樹也。頂骨奉安文物附葬典禮，已定於九月二十二日舉行，並訂於十月十日為全塔落成紀念日，屆時善信逢迎可以預蔔。茲特撮記其要，以備覽觀。材料人工，清單於下。

　　甲申五月十五[40]結頂紀念日張靜波謹記

---

[40] 公曆七月五日。

（一）建塔材料

陰坯青磚　十四萬二千一百九十五塊；石灰　二萬九千七百公斤；本山亂石　九千五百二十二立方公尺；白砂　十五立方公尺；水泥　八百包；油毛氈　一百二十平方公尺；黃砂　一百十八立方公尺；紫銅相輪　全副；避雷針　全副；鋼筋　四千二百七十二公斤；糯米　四石五斗；柏油　一百二十七公斤；蘇石碑　五塊；紫磁塔頂　全副；玻璃油燈　一隻；鋼窗　十六樘；條石踏步　四塊；鐵絲　三十二公斤半。

（二）施工設備材料

施工圖樣　五十八張；開山火藥　二百四十隻；鷹架毛竹　八百根；棕繩　七百根；蘆蓆料房　七間；稻柴　一千二百五十公斤；腳手板　八十九平方公尺；搗水泥殼子板　一百〇二平方公尺；洋釘　七十四公斤；木水桶　二十隻；鐵水桶　十隻；竹畚箕　一百二十隻；竹籮　十八隻；拱圈架　二十隻；斗拱模型　三套；角磚模型　二套；花磚模型二套；金錢眼模型　一套。

（三）建塔人工及時間

開山工人　一千七百八十工；刨磚工人　一千九百三十六工；泥水匠　二千三百六十工；木匠　六百〇九工；石匠　三百二十三工；小工　四千一百八十三工；銅匠　六十工；揚花匠　一百八十工；刻字匠　四百〇三工；建築師張靜波　自破土至完工；承包人邱文祥　自破土至完工；駐場助理建築師秦濟民　自破土至完工；監工員金圖南　自破土至完工；工料指揮員孫福田　自破土至完工；庶務淩念萱　自破土至完工；晴期　二百三十九天；雨期（停工）五十三天；雪期（停工）三天；冰期（停工）二天；颶風（停工）四天。

```
國家圖書館出版品預行編目

褚民誼紀實全傳. 第四卷, 捨身濟世 / 褚幼義
主編. -- 臺北市：獵海人, 2025.07
  面；  公分
ISBN 978-626-7588-20-8(平裝)

1.CST: 褚民誼  2.CST: 傳記

782.886                      114002502
```

褚民誼紀實全傳　第四卷
捨身濟世

主　　編／褚幼義
出版策劃／獵海人
製作銷售／秀威資訊科技股份有限公司
　　　　　114 台北市內湖區瑞光路76巷69號2樓
　　　　　電話：+886-2-2796-3638
　　　　　傳真：+886-2-2796-1377
網路訂購／秀威書店：https://store.showwe.tw
　　　　　博客來網路書店：https://www.books.com.tw
　　　　　三民網路書店：https://www.m.sanmin.com.tw
　　　　　讀冊生活：https://www.taaze.tw

出版日期／2025年7月
定　　價／700元

版權所有・翻印必究　All Rights Reserved
Printed in Taiwan